Rechtswirklichkeit und Effizienz der Strafverteidigung

Europäische Hochschulschriften
Publications Universitaires Européennes
European University Studies

Reihe II
Rechtswissenschaft

Série II Series II
Droit
Law

Bd./Vol. 1043

PETER LANG
Frankfurt am Main · Bern · New York · Paris

Thomas H. Vogtherr

Rechtswirklichkeit und Effizienz der Strafverteidigung

PETER LANG
Frankfurt am Main · Bern · New York · Paris

CIP-Titelaufnahme der Deutschen Bibliothek

Vogtherr, Thomas H.:

Rechtswirklichkeit und Effizienz der Strafverteidigung / Thomas H. Vogtherr. - Frankfurt am Main ; Bern ; New York ; Paris : Lang, 1991
(Europäische Hochschulschriften : Reihe 2, Rechtswissenschaft ; Bd. 1043)
Zugl.: Göttingen, Univ., Diss., 1990
ISBN 3-631-43167-8

NE: Europäische Hochschulschriften / 02

D 7
ISSN 0531-7312
ISBN 3-631-43167-8

Meinen Eltern

VORWORT

Die hier vorgelegte Untersuchung ist Bestandteil eines größeren, vom Bundesministerium der Justiz geförderten Forschungsprojektes über die "Rechtswirklichkeit und Effizienz der Strafverteidigung". Sie wurde im Sommersemester 1990 von dem Juristischen Fachbereich der Georg-August Universität Göttingen als Dissertation angenommen.

Den Leitern dieser empirischen Untersuchung, Herrn Prof. Dr. H. Schöch und Herrn Prof. Dr. H.-L. Schreiber, möchte ich auch an dieser Stelle für ihre mannigfache Unterstützung, für Rat und stete Gesprächsbereitschaft danken.
Mein aufrichtiger Dank gilt auch Herrn Ministerialdirektor Prof. Dr. P. Rieß für seine wichtigen Anregungen und Herrn Präsidenten des OLG Celle a.D. G. Mützelburg für die Übernahme eines Teils der Interviews.

Dieses Projekt wäre nicht möglich gewesen ohne die Gesprächsbereitschaft und Offenheit der befragten Anwälte in Deutschland und England. Ihnen gehört der Dank der Projektleiter und des Verfassers. Trotz allgegenwärtiger Zeitnot haben sie es möglich gemacht, für die Befragung zum Teil auch mehrere Stunden zur Verfügung zu stehen, mitunter sogar bis nach Mitternacht.
In diesem Zusammenhang darf sich der Verfasser nochmals für die ihm persönlich gewährte Hilfe bei der (organisatorischen) Durchführung des Forschungsvorhabens bedanken.
Ich danke auch meinem Ausbilder im Referendariat, Herrn RA Ernst Bäumel, Regensburg, für seine bereitwillige Unterstützung.

Den Justizministerien in Niedersachsen, Hessen und Bayern, sowie den Leitenden Oberstaatsanwälten in Göttingen, Hannover, Kassel und Nürnberg und ihren Mitarbeitern ist zu danken für die Gewährung der Akteneinsicht und die Hilfe bei der Auswahl und dem Herbeischaffen der Akten.

Auch der rechtsvergleichende Teil wäre nicht ohne vielfältige Unterstützung möglich gewesen. Ich möchte hier an erster Stelle Herrn Dr. H.P. Romberg und seiner Gattin für einen äußerst informativen Tag in Bath danken.
Für Rat und Empfehlungen während der Vorbereitungen danke ich Herrn Dr. H.-D. Preyer, Generalsekretär der Deutsch-Britischen Juristenvereinigung, und Herrn Prof. M. Zander, London School of Economics and Political Science.
Für die Vermittlung von Interviewpartnern sowie für intensive Gespräche danke ich Herrn A. Lockley (The Law Society), Herrn M. Hill, QC (Criminal Bar Association) und Herrn A.T.A. Edwards (London Criminal Courts' Solicitors Association). Herrn Prof. K.R. Simmonds danke ich für die Erlaubnis, die Bibliothek des Queen Mary College sowie das Institute of Advanced Legal Studies benutzen zu dürfen.

Mrs. Jean Moles danke ich für ihre unübertreffliche Gastfreundschaft.

Zu danken habe ich auch Herrn Norbert Grünthal für die zuverlässige Durchführung der zur statistischen Auswertung notwendigen Berechnungen, sowie den Kollegen Dr. Dr. habil. Dieter Bönitz, Prof. Dr. Dieter Dölling, Ewald Lambertz, Dr. Bernd-Dieter Meier, Karin Vehrenkamp und Dr. Karin Werner und meinen Freunden Dr. theol. Werner Führer und Harald Schwarzmann.

Ansbach, im Juni 1990 Thomas H. Vogtherr

INHALTSVERZEICHNIS

Seite

Seite

Seite

Seite

Seite

Seite

Seite

TABELLENVERZEICHNIS

SCHAUBILDERVERZEICHNIS

ABKÜRZUNGSVERZEICHNIS

Die verwendeten Abkürzungen entsprechen dem "Abkürzungsverzeichnis der Rechtssprache" von H. KIRCHNER, 3. Aufl., Berlin, New York 1983.
Die abweichenden bzw. darüber hinaus verwendeten Abkürzungen bedeuten:

AK	Alternativ-Kommentar
Ankl.schr.	Anklageschrift
Aufl.	Auflage
bzw.	beziehungsweise
C	Korrelationskoeffizient C
ca.	cirka
DAV	Deutscher Anwaltsverein
DRiZ	Deutsche Richterzeitung
EB	Erhebungsbogen
Einl.	Einleitung
erw.	erweitertes
et al.	et alii (und andere)
FB	Fragebogen
FBB	Fragebogen Barrister
FBS	Fragebogen Solicitor
gem.	gemäß
ggf.	gegebenenfalls
h.s.	hoch signifikant
Inst.	Instanz
k.A.	keine Angabe
KK	Karlsruher Kommentar
KOK	Kriminaloberkommissar
KMR	(vgl. Literaturverzeichnis)
KZfSS	Kölner Zeitschrift für Soziologie und Sozialpsychologie
LR	Löwe-Rosenberg
m.	mit

m.E.	meines Erachtens
n.s.	nicht signifikant
o.ä.	oder ähnliches
polizeil.	polizeilich
ri.	richterlich
s.	signifikant
Schwurg.	Schwurgericht
sog.	sogenannt
s.s.	sehr signifikant
SSE	Soziale Selbsteinschätzung
staatsanwaltl.	staatsanwaltlich
Strafk.	Strafkammer
StV	Strafverteidiger
SV	Sachverständiger
u.a.	unter anderem
usw.	und so weiter
v.	vom
V.	Verteidiger
z.T.	zum Teil

1. KAPITEL: EINLEITUNG

"Ich bin ganz sicher, daß mindestens 90% aller Prozesse von selbst gewonnen oder verloren werden und daß das Endergebnis immer dasselbe geblieben wäre, gleichgültig, welche Anwälte sich die Parteien ausgesucht hätten. Natürlich kann ein Prozeß durch einen schlechten Anwalt verloren werden ... Aber gilt auch das Gegenteil? Ist es denkbar, daß ein genialer Anwalt einen Prozeß gewinnt, der ohne seine hervorragende Leistung verloren worden wäre? Sicher kommt derartiges vor, aber doch nur ganz selten."

So faßt einer der erfolgreichsten englischen Strafverteidiger, SIR PATRICK HASTINGS[1)], die Rechtswirklichkeit und Effizienz der Strafverteidigung zusammen.
Mit der hier vorgelegten Untersuchung wird versucht, die Rechtswirklichkeit und Effizienz der Strafverteidigung unter dem geltenden deutschen Strafprozeßrecht zu erforschen, um damit empirisches Material über die rechtlichen, faktischen und ökonomischen Grundlagen der Verteidigung für eine Gesetzesreform zur Verfügung zu stellen.
Es soll mit diesem Projekt zugleich eine seit längerer Zeit beklagte Lücke[2)] in der empirischen Strafverfahrensforschung wenn nicht geschlossen, so doch zumindest verengt werden. Nach den Arbeiten über die polizeiliche Ermittlungstätigkeit[3)] und die Staatsanwaltschaft[4)], nach Forschungen zur Einstellung der Verfahren gemäß §§ 153, 153a StPO[5)] und zur Hauptverhandlung[6)] sind Untersuchungen zur Strafverteidigung eine notwendige Ergänzung, auch um der Bedeutung des Verteidigers in dem rechtsstaatlichen Strafverfahren der Bundesrepublik Deutschland gerecht zu werden.

---

1) Zitiert und übersetzt bei ROMBERG, a.a.O. 1965, 37.
2) Vgl. MÜLLER, E., a.a.O. 1981, 1803; HANACK, a.a.O. 1981, 560.
3) STEFFEN, a.a.O. 1976.
4) BLANKENBURG, SESSAR, STEFFEN, a.a.O. 1978.
5) AHRENS, a.a.O. 1978; HERTWIG, a.a.O. 1982.
6) DÖLLING, a.a.O. 1978; SCHUNCK, a.a.O. 1982; SCHREIBER, SCHÖCH, BÖNITZ, a.a.O. 1981.

Dieses vom Bundesminister der Justiz geförderte Forschungsprojekt wurde mit den Methoden der empirischen Sozialforschung durchgeführt, d.h. es wurden Rechtsanwälte, Staatsanwälte und Richter befragt, Strafakten analysiert und Hauptverhandlungen beobachtet.
Ziel der Untersuchung war die deskriptive Darstellung der Rechtswirklichkeit der Verteidigung und die hypothesenprüfende Analyse der Effizienz der Verteidigung.

Der hier vorliegende Teil des Gesamtprojekts enthält die Ergebnisse der Interviews mit den Verteidigern und der Analyse der Strafakten.
In der deskriptiven Darstellung der Verfahrenswirklichkeit wird u.a. den Fragen nachgegangen, in welchem Stadium des Verfahrens die Verteidiger eingeschaltet werden, welche Aktivitäten von den Verteidigern entwickelt werden und in welchem Umfang, welche Spannungen es im Verhältnis zwischen Anwalt und Mandant geben kann und in welchem Stadium, wann und wozu informelle Kontakte zu Staatsanwälten und Richtern aufgenommen werden, in welchem Umfang Rechte der Verteidigung in Ermittlungsverfahren genutzt werden usw.
Die Prüfung der Effizienz stieß bei den Verteidigern auf eine gewisse Skepsis, da sie der Ansicht waren, die Effektivität ihrer Tätigkeit ließe sich nur schwer messen, da sie nicht allein darin bestünde, daß der Mandant etwa zu einer geringeren Strafe verurteilt wird, sondern auch darin, die Sache des Beschuldigten zu Gehör zu bringen und den Mandanten die Angst vor den Organen der Strafverfolgung, auch vor der Hauptverhandlung zu nehmen, ferner darin, daß es durch die Verteidigung eine institutionalisierte Kontrolle der Ordnungsmäßigkeit des Strafverfahrens gibt. Es ist den Strafverteidigern zuzugestehen, daß in dieser Untersuchung diese Aspekte nicht vollständig erfaßt werden konnten, dennoch konnten in dem hypothesenprüfenden Teil einigen der in der Literatur aufgeworfenen Fragen (etwa die Qualitätsunterschiede zwischen Wahlverteidigung und Pflichtverteidigung, der Einfluß der Verteidigung auf die Verfahrensdauer

und die Effektivität der Nutzung von Verteidigerrechten) nachgegangen werden.
Das hier angedeutete weite Spektrum des Forschungsgegenstandes bedingte zugleich eine Beschränkung in der Tiefe der Analyse. So wäre es etwa in den Interviews ein leichtes gewesen, zu vielen der angesprochenen Komplexe einen ebenso langen Fragenkatalog zu entwickeln, wie er für das gesamte Projekt verwendet werden konnte.
Insofern versteht sich diese Untersuchung auch öfters eher als ein Instrument zur Aufdeckung von Problemfeldern, ohne sie vollständig beschreiben oder gar einer Lösung zuführen zu können.

Die hier untersuchten Fragestellungen decken sich zu einem gewissen Teil mit denen, die auch Gegenstand der jüngsten Arbeiten zur Anwaltsforschung[7)] waren. Diese Arbeit versteht sich jedoch im Gegensatz zur Anwaltsforschung, die die Anwaltschaft primär unter dem Aspekt ihrer Dienstleistungen bzw. des auf ihr lastenden Expansionsdrucks und Modernisierungszwanges betrachtet, als eine empirische Untersuchung zum Strafverfahrensrecht und ist somit der Strafprozeßrechtswissenschaft zugeordnet.

Während der Durchführung dieses Projekts erschien die in der Zielsetzung vergleichbare Studie von BARTON[8)], der ebenfalls Akten analysierte und Hauptverhandlungen beobachtete. Die hier vorgelegte Untersuchung unterscheidet sich davon u.a. jedoch darin, daß auch die Aktivitäten der Organe der Strafverfolgung erfaßt wurden, so daß die Initiativen der Verteidigung auch im Kontext des Verfahrens dargestellt und interpretiert werden konnten. Die Auseinandersetzung mit der Studie von BARTON und mit anderen Untersuchungen, die ebenfalls - wenn auch nicht zentral - zu Verteidigeraktivitäten Stellung genommen haben, findet sich bei dem jeweiligen Themenpunkt.

---

7) HOMMERICH, a.a.O. 1988a; HOMMERICH, a.a.O. 1988b; INFRATEST/ PROGNOS, a.a.O. 1987.
8) BARTON, a.a.O. 1984, 394ff.

Die Literatur wurde bis Ende 1988, vereinzelt auch noch darüber hinaus, berücksichtigt. Eine vollständige Auswertung konnte jedoch auf Grund der Weite des Themas nicht erfolgen, so daß jeweils nur die wichtigsten Beiträge herangezogen werden konnten.

2. KAPITEL: DER FORSCHUNGSGEGENSTAND UND DER FORSCHUNGSABLAUF

1. Der Forschungsgegenstand

Gegenstand dieser Untersuchung ist die Rechtswirklichkeit und Effizienz der Strafverteidigung unter dem geltenden Strafrecht und Strafprozeßrecht, wobei Schwerpunkte auf die Verteidigung im Ermittlungsverfahren und während der Hauptverhandlung gesetzt wurden, während die Verteidigeraktivitäten im Zwischenverfahren nur in geringerem Umfang untersucht wurden.
Die Untersuchung verfolgt dabei zwei Ziele: zum einen sollte die Rechtswirklichkeit der Strafverteidigung deskriptiv dargestellt werden, zum anderen sollte die Effizienz der Strafverteidigung einer hypothesenprüfenden Analyse unterzogen werden.[1]

Im deskriptiven Teil[2] *wird versucht, den Arbeitsalltag der Verteidiger zu beschreiben, ihren Umgang mit Mandanten, Staatsanwälten und Richtern darzustellen und ihre Probleme mit den Klienten, mit den Strafverfolgungsorganen und mit der Verfahrensordnung zu erfassen. Es wurde dazu z.B. folgenden Fragen nachgegangen: Wie kommt es zum Kontakt zwischen dem Verteidiger und seinem Mandanten? In welchem Stadium des Verfahrens wird der Verteidiger eingeschaltet? Wie oft und aus welchen Gründen kommt es zu Kündigungen des Mandats? Sind Interessengegensätze oder Spannungen zwischen Verteidigern und Beschuldigten erkennbar, welche Gründe gibt es hierfür und wie werden sie überwunden? Was unternimmt der Verteidiger im Laufe des Verfahrens für seinen Mandanten?*

Im hypothesenprüfenden Teil[3] *werden einzelne Hypothesen über die Verteidigung formuliert und auf ihre Bestätigung oder Widerlegung hin untersucht. Solche Hypothesen sind*

---

1) Das Bundesjustizministerium, das dieses Forschungsprojekt in Auftrag gegeben hat, machte keinerlei Vorgaben bezüglich besonderer Untersuchungsgegenstände oder einzelner Fragestellungen.

2) Deskriptive Aussagen beziehen sich nur auf die Beschaffenheit eines Merkmals, vgl. SCHÖCH, a.a.O. 1987, 20.

3) Hypothesen sind Behauptungen über den Zusammenhang von mindestens zwei Merkmalen, vgl. SCHÖCH, a.a.O. 1987, 20 m.w.N.

z.B.: Bei dem verteidigten Angeklagten wird die Tat ausführlicher und gründlicher aufgeklärt als bei unverteidigten Beschuldigten. Der verteidigte Angeklagte nimmt mehr Einfluß auf die Hauptverhandlung als der unverteidigte. In den Fällen der notwendigen Verteidigung ist zu erwarten, daß der Angeklagte mit einem Wahlverteidiger besser "wegkommt" als mit einem Pflichtverteidiger.

Zweck der Untersuchung ist es, empirisches Material über die rechtlichen, faktischen und ökonomischen Grundlagen der Strafverteidigung für eine Gesetzesreform zur Verfügung zu stellen, sowie den Kenntnisstand über die Verteidigung auf wissenschaftlicher Grundlage zu verbessern, um so insbesondere den Strafverteidigern eine Orientierung über Aktiva und Passiva der Verteidigung zu geben.
Neben der Untersuchung von BARTON[4] stellt dieses Projekt daher zum ersten Mal die Verteidigung in größerem Umfang in das Zentrum der Forschung. Der Forschungsgegenstand erstreckt sich auf die gesamte StPO; diese Weite des Forschungsprojekts bedingt zugleich seine Beschränkung: Da möglichst alle Verfahrensabschnitte erfaßt werden sollten, war es nicht zuletzt aus forschungsökonomischen Gründen notwendig, sich bei der Datenerhebung auf einige Fragen zu beschränken und in der Darstellung primär deskriptiv vorzugehen. Es werden so einige "Schneisen geschlagen", auf denen spätere Untersuchungen den hier aufgeworfenen, aber nicht oder nur unzulänglich beantworteten Fragen intensiver nachgehen können und müssen.

2. Der Forschungsablauf

Diese Untersuchung wurde mit den Methoden der empirischen Sozialforschung durchgeführt. Dort werden grundsätzlich drei Formen der Ermittlung von Daten unterschieden, nämlich die Befragung, die Beobachtung und die Inhaltsanalyse (Dokumentenana-

---

4) BARTON, a.a.O 1984, 394ff.

lyse, Aktenanalyse)[5]. Das Gesamtprojekt sah die Kombination aller dieser Datenermittlungsformen vor: die Befragung (von Anwälten, Staatsanwälten und Richtern), die Beobachtung (von Hauptverhandlungen) und die Inhaltsanalyse (von Strafakten). Hier werden die Auswertung der Befragung der Anwälte und die Ergebnisse der Strafaktenanalyse wiedergegeben;[6] es ist daher hier nur auf den Forschungsablauf (Konkretisierung der Methode, Stichprobe, Durchführung) der Interviews und der Aktenanalyse einzugehen.

2.1. Die Befragung

2.1.1. Methode

Bei der Beschreibung der Methode der Befragung ist zwischen den Interviewformen und den Frageformen zu unterscheiden:

Die Interviewformen:

Die empirische Sozialforschung kennt mehrere Formen der Befragung: das ungelenkte Interview, das Intensivinterview und die Befragung mittels standardisiertem Fragebogen.[7] In der Forschung werden auch Mischformen dieser Typen verwendet.[8]
Die Instrumente unterscheiden sich nach dem Grad der vorherigen Festlegung der Fragen und ihrer Reihenfolge im Interview (Strukturierung), nach der Frageform (offene bzw. geschlossene Fragen) und nach der Kategorisierung der Antworten (standardisiertes bzw. nicht-standardisiertes Interview), wobei jedoch

---

5) Vgl. SCHÖCH, a.a.O. 1987, 21; zum Experiment vgl. BÖNITZ, a.a.O. 1984, 287ff.
6) Der zweite Teil des Forschungsprojekts (Beobachtung von Hauptverhandlungen und Befragung von Richtern und Staatsanwälten) wurde von einer Kollegin bearbeitet.
7) MAYNTZ et al., a.a.O. 1974, 104.
8) ROTH, a.a.O. 1984, 155.

die termini technici nicht einheitlich verwendet werden.[9] Die hier verwendete Terminologie schließt sich an ROTH an, der nach den Elementen des Interviewprozesses differenziert zwischen:

> *"(1) (dem) Fragebogen, der den Inhalt, die Anzahl und die Reihenfolge der Fragen festlegt (Strukturierung);*
> *(2) (der) sprachlichen Formulierung jeder einzelnen Frage (wobei bei den 'geschlossenen Fragen' die möglichen Antworten vorgegeben werden, während bei 'offenen Fragen' dem Befragten keinerlei Vorgaben gemacht werden, er also bei der Beantwortung der Frage frei ist); und*
> *(3) (der) Verwendungsweise der Antwortkategorien (Standardisierung; insbesondere bei der Auswertung der Interviews mit offenen Fragen kann es notwendig sein, die erhaltenen Antworten in Kategorien zusammenzufassen, um sie miteinander vergleichen zu können)."*[10]

Die Auswahl bzw. die Kombination des Interviewtyps hängt von der Art der Befragung und von dem Ziel des Forschungsvorhabens ab. Der <u>strukturierte und</u> vorher <u>standardisierte</u> Fragebogen, also der Fragebogen, in dem alle Fragen, ihre Reihenfolge und die zugelassenen Antworten vor dem Interview festgelegt worden sind, wird vor allem bei der schriftlichen Befragung eingesetzt.[11]

Das <u>unstrukturierte und nicht-standardisierte</u> (ungelenkte) Interview eignet sich besonders für Voruntersuchungen[12], in denen Probleme geplanter Forschungsvorhaben abgeklärt werden sol-

---

9) KOOLWIJK, a.a.O. 1974, 17 versteht unter Standardisierung die Festlegung des Wortlauts und der Reihenfolge der Fragen, unter Strukturierung die Festlegung zulässiger oder möglicher Antworten; ähnlich versteht MANGOLD, a.a.O. 1967, 59 unter einem standardisierten Interview ein Interview, in dem "die Fragen vor dem Interview festgelegt worden sind und mit dem gleichen Wortlaut und in der gleichen Reihenfolge allen Befragten gestellt werden", er weist aber auch auf synonyme Begriffe (nicht-strukturiertes, offenes, Intensiv- oder Tiefeninterview) hin; BORTZ, a.a.O. 1984, 165 verwendet die Begriffe "Standardisierung" und "Strukturierung" synonym und spricht bei einer eindeutigen Vorgabe von Wortlaut und Abfolge der Frage von einem "standardisierten oder vollständig strukturierten Interview".

10) ROTH, a.a.O 1984, 150ff.

11) KROMREY, a.a.O. 1980, 203f.; FRIEDRICHS, a.a.O. 1985, 236ff.; SCHEUCH, a.a.O. Handbuch 2, 123f.

12) MANGOLD, a.a.O. 1967, 60.

len, und um neue Ideen für das Vorhaben zu sammeln.[13] Es wird hierbei völlig ohne Fragen- und Antwortvorgaben gearbeitet.
Bei dem Intensivinterview liegt ein Fragebogengerüst vor (Leitfaden, teilstrukturiertes Interview); der Interviewer hat die Möglichkeit, die Reihenfolge der Fragen zu variieren und - je nach Situation - weitere Fragen zu stellen. Es handelt sich um eine nicht-standardisierte Befragung, die es ermöglicht, sowohl den interessierenden Forschungsgegenstand tiefgreifend zu erfassen als auch in der Befragungssituation variabel zu sein.[14]
Bei der Auswertung kann sich allerdings die Notwendigkeit der (nachträglichen) Standardisierung der Antworten ergeben.
Bei diesen hier beschriebenen Befragungsarten handelt es sich um idealtypisierte Interviewformen, aus denen die dem Untersuchungsgegenstand angemessene Kombination gefunden werden muß.[15]

Die Frageformen

Bei den Frageformen wird zwischen offenen und geschlossenen Fragen unterschieden.[16] Bei den geschlossenen Fragen werden sämtliche zugelassenen Antworten vorgegeben, aus denen der Befragte die seiner Meinung nach richtige auswählen kann.[17]
Die offene Frage überläßt die Antwort vollständig dem Befragten; die Antworten können erst nach Abschluß aller Interviews kategorisiert werden.[18] Die Wahl der Frageform beeinflußt den Grad der Standardisierung; sie muß sich damit ebenfalls an dem Forschungsziel orientieren.

Die Bestimmung der Interview- und der Frageform

Das Forschungsziel war die deskriptive Darstellung der Rechtswirklichkeit der Strafverteidigung sowie die hypothesenprüfende Analyse der Effizienz der Strafverteidigung. Es sollten also

13) PHILLIPS, a.a.O. 1970, 137.
14) KROMREY, a.a.O. 1980, 204; MAYNTZ et al., a.a.O. 1974, 104.
15) ATTESLANDER, a.a.O. 1975, 93f.
16) MAYNTZ et al., a.a.O. 1974, 108; ROTH, a.a.O. 1984, 152f.
17) MANGOLD, a.a.O. 1967, 61; ROTH, a.a.O. 1984, 152f.
18) ATTESLANDER, a.a.O. 1975, 103; ROTH, a.a.O. 1984, 154.

vor allem für die Deskription der Rechtswirklichkeit die Aussagen der befragten Rechtsanwälte genutzt werden. Dies verbot eine Interviewform, in der die Antworten auf die Fragen (geschlossene Fragen) bereits vorgegeben waren, also eine standardisierte Befragung.
Auf der anderen Seite sollten mehrere Interviewer eingesetzt werden. Dies gebot, den Befragungen einen ausformulierten Fragebogen zugrunde zu legen, um die Vergleichbarkeit der Interviews und damit ihre Auswertung zu gewährleisten, sowie um sicherzustellen, daß möglichst alle Komplexe in den einzelnen Interviews angesprochen werden.
Es wurde deshalb für die Interviews ein strukturierter und nicht-standardisierter Fragebogen entwickelt[19]; man kann deshalb auch sagen, daß Intensivinterviews mit einem verbindlichen und ausführlichen Leitfaden geführt wurden.

2.1.2. Stichprobe

Zur Zeit der Durchführung der Interviews (1981, 1982) waren ca. 40 000 Rechtsanwälte in der Bundesrepublik Deutschland zugelassen.[20] Diese Größe der Grundgesamtheit (d.h. die Gesamtheit aller Anwälte) verbot aus zeitlichen und ökonomischen Gründen eine Vollerhebung, also eine Befragung aller Anwälte, und machte die Konstruktion einer Stichprobe (Auswahl einer Teilmenge aus der Grundgesamtheit[21]) notwendig.
Die empirische Sozialforschung kennt dazu drei Verfahren: die einfache Zufallsstichprobe, die geschichtete Stichprobe und die Klumpenstichprobe.[22] Eine korrekte **Zufallsstichprobe**[23] hätte dadurch gewonnen werden können, daß aus einer alphabetischen Kartei aller zugelassenen Anwälte eine hinreichende Anzahl von Interviewpartnern gezogen worden wäre. Gegen diese Zufalls-

---

19) Der Fragebogen ist als Anhang 1 abgedruckt.
20) HOMMERICH, a.a.O. 1988a, 13.
21) MAYNTZ et al., a.a.O. 1974, 68.
22) BORTZ, a.a.O. 1984, 110f.
23) Vgl. dazu MAYNTZ et al., a.a.O. 1974, 70f.

stichprobe sprach jedoch, daß in der so gewonnenen Anzahl von Interviewpartnern zu viele Rechtsanwälte gewesen wären, die keine Strafverteidigungen übernehmen. Da es aber für die Erreichung des Forschungsziels auf die spezifischen Erfahrungen von Strafverteidigern ankam, bot sich eine **geschichtete Stichprobe** an. Das heißt, die Auswahl der Interviewpartner aus der Gesamtzahl der Anwälte erfolgte unter dem Gesichtspunkt, daß die Strafverteidigung bei den ausgewählten Anwälten einen Schwerpunkt der anwaltlichen Tätigkeit darstellt. Diese spezialisierten Anwälte konnten aber nicht aus einer Liste der zugelassenen Anwälte ausgewählt werden, da eine Bezeichnung des Fachgebiets für Strafverteidiger nach wie vor fehlt.[24)] Deshalb war es notwendig, auf die speziellen Strafverteidigerorganisationen zurückzugreifen. Die Auswahl aus solchen bereits vorgruppierten Teilmengen wird als **Klumpenstichprobe** bezeichnet.[25)]
Dieser Untersuchung lagen fünf solcher Teilmengen zugrunde[26)]:

1. Mitglieder des Vereins "Deutsche Strafverteidiger e.V."
   ("Verein")
2. Autoren der Zeitschrift "Strafverteidiger" und Mitglieder der "Vereinigung Niedersächsischer Strafverteidiger e.V."
   ("Strafverteidiger")
3. Überregional bekannte Strafverteidiger, die über persönliche Kontakte gewonnen werden konnten.
   ("Private")
4. Anwälte aus den Städten Ansbach und Göttingen
   ("AN/GÖ")
5. Mitglieder des Strafrechtsausschusses der Bundesrechtsanwaltskammer
   ("Strauda")

In diesen Teilmengen sind sowohl die organisierten, politisch und standespolitisch engagierten und geprägten Mitglieder der

---

24) Auch die "Spezialistenlisten" bei den örtlichen Anwaltskammern sind noch nicht allgemein üblich.
25) BORTZ, a.a.O. 1984, 111.
26) Zu den einzelnen Rechtsanwaltsorganisationen vgl. auch HOLTFORT, a.a.O. 1979b, 188ff.

Strafverteidigerschaft als auch die nicht-organisierten Anwälte vertreten.
Der Auswahl aus den organisierten Gruppen lagen deren Mitgliederlisten bzw. Autorenverzeichnisse mit Stand vom Oktober 1981 zugrunde; die nicht-organisierten Anwälte wurden insbesondere über private Kontakte gewonnen. In den Städten Ansbach und Göttingen wurde die Stichprobe aus den örtlichen Telefonverzeichnissen gezogen; es wurde erwartet, daß damit auch Anwälte erfaßt werden, die nicht schwerpunktmäßig mit Strafverteidigungen befaßt sind.
Im Rahmen des Möglichen wurde darauf geachtet, daß keine dieser fünf Gruppen unterrepräsentiert ist.

Aus diesen Teilmengen wurden insgesamt 162 Anwälte angeschrieben, von denen sich 70 zu einem Interview bereit erklärten. Damit konnten rund 43% der angeschriebenen Anwälte für die Befragung gewonnen werden. Da die Anwälte als Berufstätige zu den (für statistische Zwecke) schwer erreichbaren Personen zählen[27)], ist dieser Prozentsatz erstaunlich hoch und zeigt, daß bei den angesprochenen Anwälten ein starkes Interesse an der Untersuchung bestand.
Die Verteilung der interviewten Verteidiger auf die fünf Gruppen ergibt sich aus der nachfolgenden Tabelle.

---

27) Vgl. SCHEUCH, a.a.O. Handbuch 3, 61ff.

Tabelle Nr. 1: Verteilung der Interviewpartner auf die Teilmengen der Stichprobe

	Teilmenge	absolute Zahl	Prozent
1	Verein	21	30
2	Strafverteidiger	16	23
3	Private	17	24
4	AN/GÖ	9	13
5	Strauda	7	10
	insgesamt	70	100

Diese Tabelle zeigt, daß die drei ersten Gruppen, die das Hauptkontingent der Befragten darstellen, etwa gleich stark vertreten sind. Es ist daher keine Bevorzugung oder Benachteiligung der einen oder anderen Richtung auf Grund der Stichprobe zu befürchten.
Die Vergleichbarkeit dieser Gruppen zeigt sich auch an der Dauer der Tätigkeit als Strafverteidiger.

Tabelle Nr. 2: Dauer der Tätigkeit als Strafverteidiger in Jahren

	Teilmenge	Jahre
1	Verein	13
2	Strafverteidiger	10
3	Private	14
4	AN/GÖ	11
5	Strauda	23
	Durchschnitt	14

Eine erhebliche Abweichung zeigte sich nur bei den Anwälten aus der Gruppe 5: Sie waren durchschnittlich 23 Jahre, also um rund ein Drittel länger als Strafverteidiger tätig als die Mitglie-

der der Gruppen 1 bis 4, die insoweit untereinander nur geringfügig abweichen.
Bei der geschätzten Anzahl der Fälle, die durchschnittlich von den Verteidigern pro Jahr bearbeitet werden, ergeben sich nur bei einer Gruppe (Gruppe 4) stärkere Abweichungen.

Tabelle Nr. 3: Geschätzte Fallzahlen pro Jahr im Durchschnitt

	Teilmenge	durchschnittliche Fallzahl/Jahr
1	Verein	138
2	Strafverteidiger	145
3	Private	160
4	AN/GÖ	77
5	Strauda	103
	Durchschnitt	125

Mit der Gruppe 4 wurden damit Anwälte erfaßt, die nicht schwerpunktmäßig mit Strafverteidigungen befaßt sind.[28)]

Die Stichprobe erfaßt somit die Hauptströmungen in der Strafverteidigerschaft, sowie auch solche Anwälte, die nicht als Strafverteidiger im qualifizierten Sinn bezeichnet werden können, und macht es so möglich, die Probleme sowohl aus der Sicht der Strafverteidiger als auch aus der Sicht der "Nicht-Fachanwälte" zu erfassen.

28) Die zur weiteren Unterscheidung der Anwälte unter kriminalpolitischem Aspekt gedachte Frage FB IX 1 und 2 (Verständnis von Strafe) brachte keine auswertbaren Ergebnisse.

2.1.3. Durchführung

Der Fragebogen wurde in einem **Pretest**[29] einer Bewährungsprobe unterzogen und konnte nach nur geringfügigen Änderungen für die restlichen Interviews eingesetzt werden.
Die Untersuchung sollte überregional durchgeführt, aber aus ökonomischen Gründen auf die Großstädte München, Stuttgart, Düsseldorf, Hannover, Hamburg, Kiel und Berlin beschränkt werden.
Auf Grund der privaten Kontakte und um die Vergleichbarkeit der Gruppen sicherzustellen, mußten dann aber doch in 20 Städten Interviews geführt werden.[30] Sie fanden zwischen Dezember 1981 und März 1982 statt und wurden von zwei Interviewern durchgeführt.
Zur Auswertung mußten die Antworten, die mit Zustimmung der Anwälte auf Tonband aufgezeichnet werden konnten, teilweise kategorisiert werden; dem damit verbundenen Informationsverlust wurde dadurch entgegenzuwirken versucht, daß in der Darstellung an wichtigen Stellen Originalzitate eingeblendet werden, um die ganze Antwortbreite einer Frage widerzuspiegeln.
Teilweise war es auch notwendig, die Angaben der Anwälte zu Größenordnungen in Prozentzahlen zu übersetzen[31], um die Auswertung der Angaben zu ermöglichen.
Diese Einschränkungen dürften aber den Wert der Intensivinterviews insgesamt nicht beeinträchtigen, da es hier primär nur um die Erfassung von Richtungen, Tendenzen ging, die nicht zwingend an ganz exakte Daten gebunden sind.

---

29) Vgl. zur Funktion des Pretests FRIEDRICHS, a.a.O. 1985, 153ff.

30) Die Anzahl der geführten Interviews verteilt sich auf die Orte wie folgt: Ansbach (2), Berlin (7), Bochum (1), Braunschweig (5), Butzbach (1), Düsseldorf (5), Frankfurt (5), Freiburg (1), Göttingen (7), Hamburg (4), Hannover (7), Kiel (5), Lübeck (1), Marl (1), München (8), Nürnberg (1), Saarbrücken (2), Stuttgart (4), Trier (1).

31) Dabei wurde folgende Zuordnung vorgenommen: sehr selten = 5%, selten = 10%, wenig = 15%; geringer Teil = 20%; häufig = 45%; großer Teil = 55%; viele = 60%; hoch = 65%; sehr häufig = 70%.

2.1.4. Repräsentativität

Die Gewinnung der Interviewpartner entspricht nicht den strengen Anforderungen der Zufallsstichprobe.[32] Es sind daher keine Angaben dazu möglich, ob es sich bei den ausgewählten Verteidigern um einen repräsentativen[33] Ausschnitt aus den Strafverteidigern oder sogar den Anwälten insgesamt handelt.
Da durch die Interviews die Bandbreite der Erfahrungen der Strafverteidiger möglichst umfassend erfragt werden sollte - und dies sind bisweilen nur singuläre Erfahrungen, in denen latente Probleme des Strafverfahrens manifest werden - konnte auf eine Zufallsstichprobe und damit auf Repräsentativität verzichtet werden, ohne daß dies die Relevanz der erfaßten Erfahrungen wesentlich beeinträchtigen oder mindern würde.
Auch auf eine Abschätzung, ob die hier gewonnene Klumpenstichprobe einigermaßen repräsentativ ist[34], wurde deshalb verzichtet.

2.2. Die Aktenanalyse

2.2.1. Methode

Neben dem Interview gehört die Inhaltsanalyse (Dokumentenanalyse) zu den klassischen Grundformen der Datenermittlung.[35] Unterschiedlich sind jedoch nicht nur die Bezeichnungen für diese Erhebungsmethode, so spricht ATTESLANDER[36] von Dokumentenanalyse, während Friedrichs[37] und Mayntz[38] den Begriff Inhaltsanalyse verwenden, sondern auch die Begriffsbestimmun-

---

32) Vgl. MAYNTZ et al., a.a.O. 1974, 68ff.
33) Vgl. dazu auch SCHÖCH, a.a.O. 1987, 24.
34) Vgl. hierzu SCHÖCH, a.a.O. 1987, 24.
35) Vgl. ATTESLANDER, a.a.O. 1975, 76; vgl. auch SCHÖCH, a.a.O. 1987, 21.
36) ATTESLANDER, a.a.O. 1975, 62.
37) FRIEDRICHS, a.a.O. 1985, 314.
38) MAYNTZ et al., a.a.O. 1974, 191.

gen: Atteslander definiert den Begriff Dokumente als "sämtliche gegenständliche Zeugnisse, die als Quelle zur Erklärung menschlichen Verhaltens dienen können"[39]; FRIEDRICHS beschreibt die Inhaltsanalyse als eine Methode, "Texte, Sendungen, Töne oder Bilder als Teil sozialer Kommunikation einer quantitativen Analyse zu unterziehen"[40]; ähnlich, aber textbezogener versteht Mayntz unter Inhaltsanalyse, "den Inhalt oder die Bedeutung bestimmter sprachlicher Konfigurationen - Worte, Wortkombinationen, Sätze oder längere Argumente - zu erkennen und sie entsprechend zu klassifizieren".

Speziell für den Bereich der kriminologischen Forschung wurde von DÖLLING eine Definition der Begriffe gegeben: unter **Dokumentenanalyse** wird "die Untersuchung aller von Menschen verfaßten gegenständlichen Zeugnissen" verstanden, "die zur Beschreibung und Erklärung von Verhalten, Einstellungen und sonstigen sozialen Tatbeständen dienen können."[41] Ein Unterfall dieser so definierten Dokumentenanalyse ist nach DÖLLING die Inhaltsanalyse, die "inhaltliche und formale Merkmale von Mitteilungen" beschreibt, "um Aufschlüsse über Bedeutungsgehalte und Strukturen von Texten zu gewinnen, Trends von Kommunikationsinhalten festzustellen und von den Merkmalen der Mitteilungen auf Eigenschaften der Produzenten und Empfänger und des sozialen Milieus, in dem die Texte entstanden sind, zu schließen."[42] Die Inhaltsanalyse in dem hier verwendeten Sinn ist eine "Berichtsauswertung" oder "äußere Dokumentenanalyse".

Die **Aktenanalyse** ist nach der Definition von DÖLLING[43], der hier gefolgt wird und die auch im Rahmen der oben wiedergegebenen Definitionen liegt, eine **Form der Dokumentenanalyse**, wobei sowohl inhaltsanalytisch als auch im Wege der Berichtsauswertung vorgegangen wird; es können aber auch beide Arten der Dokumentenanalyse kombiniert werden.

---

39) ATTESLANDER, a.a.O. 1975, 62.
40) FRIEDRICHS, a.a.O. 1985, 315.
41) DÖLLING, a.a.O. 1984, 268.
42) DÖLLING, a.a.O. 1984, 268.
43) DÖLLING, a.a.O. 1984, 268.

Untersuchungsobjekt der kriminologischen Aktenanalyse sind amtliche Schriftstücke mit kriminologisch relevantem Inhalt[44], also primär die Strafakten, aber auch Handakten der Staatsanwaltschaften und die weiteren amtlich geführten Akten mit ihrem gesamten Inhalt.

Gegen die Aktenanalyse sind immer wieder **Bedenken** erhoben worden. Der gravierendste Einwand ist der der **Unvollständigkeit der Akten** und die sich daraus ergebende verzerrte **Wahrnehmung der Wirklichkeit.**[45] Dieser Einwand ist z.T. berechtigt und kann hier auch mit zwei Beispielen belegt werden:

1. In dem Erhebungsbogen[46] war vorgesehen, die Anzahl der polizeilichen Vernehmungen des Beschuldigten festzuhalten, sowie das mögliche Wechseln der Einlassungen im Laufe der Befragung, um ggf. auch Einwirkungen der Verteidiger in diesem Bereich ermitteln zu können.
   Es zeigte sich jedoch, daß sich in den untersuchten Strafakten regelmäßig nur ein Vernehmungsprotokoll befand, nämlich die schriftlich niedergelegte Abschlußvernehmung. Aus diesem Protokoll kann aber in der Regel nicht mehr entnommen werden, ob der Beschuldigte zuvor andere Versionen des Tatgeschehens vortrug, ob seine Einlassungen zunächst widersprüchlich waren und ob er etwa erst nach einer Intervention seines Verteidigers ein Geständnis zu den Akten gab. Auf Grund der Unvollständigkeit der Akten konnte hier nur eine verkürzte Auswertung vorgenommen werden.
2. Als zweites Beispiel für die Unvollständigkeit der Akten sei aus dem Sonderbogen zu Fall 052 zitiert:

   In den Handakten der Staatsanwaltschaft heißt es:
   "... Festzuhalten ist abschließend, daß der Freispruch unter anderem auch seine Ursache in schlampigen Ermittlungen hat. Wesentliche Einzelheiten der damaligen Er-

---

44) DÖLLING, a.a.O. 1984, 266.
45) Vgl. DÖLLING, a.a.O. 1984, 269ff. m.w.N., ebenso MEIER, a.a.O. 1982, 72f.
46) Anhang 2, EB 147, 150.

mittlungen wurden erst in der Hauptverhandlung bekannt. **Sie waren nicht aktenkundig gemacht worden.** Die Polizei war insgesamt 3 Mal in der Wohnung ..., jedoch nur das erste Mal war vermerkt worden. Dabei waren insgesamt 4 Beamte in der Wohnung ..., allerdings nur, um nach (dem Angeklagten) zu suchen. Zwei weitere Male war ein ziviles Aufklärungskommando und KOK ... dort. Es hatte keine umfassende Durchsuchung der Wohnung ... stattgefunden."

Trotz dieser Beispiele von Aktenunvollständigkeit wird man DÖLLING[47] zustimmen können, daß formalisierte Maßnahmen (Durchsuchung, Sicherstellung, Haftbefehl) den Akten relativ zuverlässig entnommen werden können. Dies gilt sicher auch für die Erteilung der Vollmacht bzw. die Bestellung der Verteidiger.
Ebenfalls wird man der Ansicht zustimmen müssen, daß die Rekonstruktion des Verfahrens umso leichter fällt, je höher der Grad der Schriftlichkeit des Verfahrens ist.[48] Daraus erwachsen jedoch für das hier durchgeführte Projekt erhebliche Schwierigkeiten: Aus den Interviews ist bekannt, daß die **Anwälte vorwiegend mündlich** verteidigen, ihre Stellungnahmen somit nicht oder nicht regelmäßig auch zum Akteninhalt werden, sodaß die Datenbasis hier mit Sicherheit lückenhaft und unvollständig ist. Dies wird man sich auch für die Bewertung der Ergebnisse stets vor Augen halten müssen.
Auf der anderen Seite ergeben sich die wichtigen verfahrensgestaltenden Aktivitäten aus den Akten und machen es möglich, sie auf die hier interessierenden Zusammenhänge hin zu untersuchen.
Dies gilt insbesondere auch deshalb, weil die Aktenanalyse nicht das einzige Instrument ist, mit dem den gestellten Fragen nachgegangen wird, sondern diese ein Element des Methodenkanons aus Interview, Aktenanalyse und Beobachtung der Hauptverhandlung ist.

---

47) DÖLLING, a.a.O. 1984, 275.
48) Vgl. DÖLLING, a.a.O. 1984, 275.

2.2.2. Stichprobe

Für die Aktenanalyse wurde die Auswertung von 630 Strafakten angestrebt, wobei entsprechend dem Forschungsanliegen gezielt Verfahren mit Hauptverhandlungen ausgewählt werden sollten.
Es wurde deshalb eine geschichtete Zufallsstichprobe[49] festgelegt, in der die Schichtung nach den Merkmalen (Variablen) "Instanz" (Strafrichter, Schöffengericht, Große Strafkammer als 1. Instanz, Große Strafkammer als "Schwurgericht", Wirtschaftsstrafkammer, verbunden mit den Merkmalsausprägungen "eingestelltes Verfahren" und "Strafbefehlsverfahren") und "Verteidigung" (ohne Verteidigung, Wahlverteidigung, Pflichtverteidigung) vorgenommen wurde.
Innerhalb der so bestimmten Schichten sollte eine disproportionale Wahrscheinlichkeitsstichprobe[50] gezogen werden, d.h. pro Schicht eine gleich große Anzahl von Verfahren (also z.B. Schwurgericht: 20 Wahlverteidigungen und 20 Pflichtverteidigungen), wobei aber Größenunterschiede zwischen den Instanzen zugelassen worden waren.
Die Untersuchung sollte zudem überregional sein, um eine Aussagefähigkeit für die gesamte Bundesrepublik zu erreichen. Es wurden deshalb als typische Landgerichtsbezirke die Bezirke Göttingen, Kassel und Nürnberg ausgewählt. Damit wurde zugleich erreicht, daß Landgerichtsbezirke unterschiedlicher Größenordnung in die Untersuchung einbezogen wurden.[51]
Bei der Auswahl der Erhebungsorte mußte aber auch auf ökonomische Gesichtspunkte Rücksicht genommen werden; es konnte deshalb z.B. nicht in Frankfurt oder Hamburg erhoben werden.
Bei der Schwerpunktstaatsanwaltschaft in Hannover sollten gezielt 30 Wirtschaftsstrafverfahren (ohne Strafkammerverfahren) untersucht werden. Die folgende Tabelle gibt einen Überblick

49) Vgl. dazu MAYNTZ et al., a.a.O. 1974, 78.
50) Vgl. dazu FRIEDRICHS, a.a.O. 1985, 140.
51) Das STATISTISCHE BUNDESAMT, a.a.O. 1981, 4ff. weist für den Bezirk des LG Göttingen 484 000 Einwohner, für den des LG Kassel 821 000 Einwohner und für den des LG Nürnberg-Fürth 1 345 000 Einwohner als Wohnbevölkerung aus.

über die geplante Stichprobenanordnung in den drei Landgerichtsbezirken:

Tabelle Nr. 4: Stichprobenanordnung der Aktenanalyse (Soll-Zahlen)

Verteidigung	AG		LG		Insgesamt
	Straf-richter	Schöffen-gericht	Große Strafkammer 1. Inst.	Schwurg.	
ohne V.	30	30	-	-	60
Wahl V.	15	30	60	60	165
Pflicht V.	15	30	60	60	165
insgesamt	60	90	120	120	390

Daneben sollten insgesamt 150 eingestellte Verfahren (50 pro Staatsanwaltschaft) und 90 Strafbefehlsverfahren (30 pro Staatsanwaltschaft) ausgewertet werden.
Dies entspricht einer angestrebten Größenordnung von insgesamt 630 Verfahren.
Die Stichprobe sollte jeweils aus den Verfahren des Geschäftsjahres 1981 gezogen werden.

Bei dem Ziehen der Akten(zeichen) gab es prinzipiell keine Schwierigkeiten: es konnte auf die Geschäftsbücher (Göttingen, Hannover) bzw. auf die Karteien und Archive (Kassel, Nürnberg) der Staatsanwaltschaften direkt bzw. mit Hilfe der Geschäftsstellenbeamten Zugriff genommen werden.
Anhand der Registerzeichen wurde die Schichtung nach der Variablen "Verfahren"[52] vorgenommen werden.
Aus den so geschichteten Verfahren wurde dann entsprechend den Quotienten "Gesamtzahl der Verfahren: Stichprobengröße" die benötigten Akten ausgewählt.

52) EB 003.

Die Soll-Zahlen konnten so unproblematisch erreicht werden bei den eingestellten Verfahren, bei den Strafbefehlsverfahren und bei den Wirtschaftsstrafverfahren.
Leichte Einschränkungen mußten bei den Verfahren vor dem Strafrichter hingenommen werden: statt der angestrebten 15 Verfahren mit Pflichtverteidigern konnten für das Geschäftsjahr 1981 nur 11 Verfahren ausfindig gemacht werden; die Verfahren mit Wahlverteidigern übersteigen die Soll-Zahlen leicht.
Bei den Schöffengerichtsverfahren konnten statt der angestrebten 90 Verfahren nur 81 analysiert werden.
Größere Ausfälle gab es bei den Verfahren vor der großen Strafkammer: nur in Nürnberg konnten hier die Soll-Zahlen annähernd erreicht werden (39 statt 40 Verfahren), während die Zahlen in Kassel (28 statt 40) und Göttingen (18 statt 40) erheblich unter dem Soll zurückblieben.
Große Abweichungen der Ist-Zahlen von den Soll-Zahlen gab es auch bei den Schwurgerichtsverfahren: hier konnten statt der angestrebten 120 Verfahren insgesamt nur 48 Verfahren untersucht werden, auch nachdem der Untersuchungszeitraum von 1981 auf die Jahre 1975 bis 1982 ausgedehnt worden war.
Die Gründe für diese Abweichungen sind zum einen darin zu sehen, daß - besonders hinsichtlich der Schwurgerichtsverfahren - die Soll-Zahlen zu hoch angesetzt worden waren und somit nicht im Einklang mit der Realität standen, zum anderen standen - und dies gilt für alle Verfahren - der Auswertung, die an jedem Gerichtsort innerhalb weniger Wochen erfolgen mußte, die Unerreichbarkeit der Akten entgegen. "Versendung" und "Geschäftsgang" sind hier besonders zu erwähnen; hinzu kamen gelegentlich auch organisatorische Probleme.
Die nachfolgende Tabelle gibt eine Übersicht über die insgesamt ausgewerteten Verfahren (Ist-Zahlen).
Die Aufteilung erfolgte dabei nach den unten (4. Kapitel, 1., S. 208ff.) beschriebenen Verteidigertypen (Wahlverteidigung, Pflichtverteidigung und Wahlpflichtverteidigung).

Tabelle Nr. 5: Verteilung der ausgewerteten Verfahren (Ist-Zahlen)

Verfahren	ohne Vert.	Wahl-Vert.	Pflicht-Vert.	Wahlpflicht-Vert.	insgesamt
eingestellte Verfahren	142	32	1	0	175
Strafbefehl	78	21	1	0	100
Strafrichter	30	37	6	5	78
Schöffengericht	24	24	19	10	77
erw. Schöffengericht	1	3	-	-	4
Große Strafk. 1. Inst.	-	26	19	40	85
Schwurgericht	-	21	8	19	48
Wirtschaftsk.	-	1	-	2	3
insgesamt	275	165	54	76	570

Insgesamt wurden somit 570 Verfahren ausgewertet, von denen 275 (48,2%) auf Verfahren ohne Verteidiger, 165 (29,0%) auf Verfahren mit Wahlverteidigern, 54 (9,5%) auf Verfahren mit Pflichtverteidigern und 76 (13,3%) auf Verfahren mit Wahlpflichtverteidigern entfielen.
Die Ist-Zahlen unterschreiten die Soll-Zahlen um 10%; diese Schmälerung der tatsächlichen gegenüber der angestrebten Datenbasis beeinträchtigt die Aussagefähigkeit nicht wesentlich.
Die Auswertung fand zwischen Oktober 1983 und März 1984 statt, sie wurde vom Verfasser alleine durchgeführt.

2.2.3. Erhebungsbogen und Auswertung

Zur Durchführung der Aktenanalyse wurde ein Erhebungsbogen erarbeitet.[53] Dieser Erhebungsbogen enthielt alle Merkmale

53) Der Erhebungsbogen ist als Anhang 2 abgedruckt.

(Variablen), die auf Grund des Forschungsplanes (Forschungsgegenstandes) erfaßt werden sollten.
Der Erhebungsbogen wurde mit in Strafsachen kundigen Mitarbeitern des Juristischen Seminars der Universität Göttingen diskutiert und in einem Pretest[54] an 30 Akten erprobt und konnte nach leichten Korrekturen[55] in der nun vorliegenden Form verwendet werden.
Zusätzlich war ein Sonderbogen[56] vorbereitet worden, in dem nicht für die Computerauswertung vorgesehene oder geeignete Besonderheiten des Verfahrens festgehalten werden sollten. Das hier gesammelte Material wurde in den deskriptiven Abschnitten verwendet.

Bei der Auswertung konnten aus den Akten teilweise die Originaldaten als Merkmalsausprägungen einer Variablen übernommen werden.[57] Bei anderen Variablen mußten aber die möglichen Merkmalsausprägungen vorgegeben und in den Erhebungsbogen mit aufgenommen werden[58], da nur eine volle Standardisierung der Fragen eine praktikable und ökonomische Auswertung der Akten erlaubt. Auf diese Weise wurde zugleich erreicht, daß die für die Computerauswertung notwendige Codierung der Rohdaten schon während der Aktenauswertung vorgenommen werden konnte und eine nachträgliche, mit Fehlerrisiken behaftete Datenverschlüsselung entfiel.[59]

Durch eine **Grundauszählung** der im Erhebungsbogen erfaßten Daten wurde die Häufigkeitsverteilung der einzelnen Merkmals-

54) Vgl. dazu FRIEDRICHS, a.a.O. 1985, 153ff.
55) Es war in der ursprünglichen Fassung des Erhebungsbogens nicht erfaßt worden, ob eine Verhandlung wegen Ausbleibens des Angeklagten nicht stattfinden konnte.
56) Der Sonderbogen ist als Anhang 3 abgedruckt.
57) z.B. die Datumsangaben der Variablen EB 008 bis EB 029.
58) z.B. Variable EB 002 - Erhebungsort: 1 = Göttingen, 2 = Kassel, 3 = Nürnberg, 4 = Hannover.
59) Zur Datenaufbereitung vgl. FRIEDRICHS, a.a.O. 1985, 376ff.; MAYNTZ et al., a.a.O. 1974, 189ff.; ATTESLANDER, a.a.O. 1975, 267.

ausprägungen festgestellt. Die hier gewonnenen Ergebnisse (Minimum, Maximum, Mittelwert, Standardabweichung, Median) wurden in der deskriptiven Darstellung verwendet[60].
Die Hypothesenüberprüfung erfolgte im wesentlichen auf der Grundlage der durch den Signifikanztest und die Korrelationsanalyse gewonnenen Daten.
Mit dem **Signifikanztest** wird geprüft, ob die Unterschiede zwischen zwei Teilstichproben (z.B. Wahlverteidiger - Pflichtverteidiger bei einer der Merkmalsausprägungen) nur zufällig sind oder ob es sich um sachlich begründete Unterschiede handelt.[61]
Ein solcher sachlich begründeter Unterschied wird dann angenommen, wenn die Irrtumswahrscheinlichkeit einen bestimmten Wert nicht überschreitet. Üblicherweise werden folgende Signifikanzstufen gewählt[62]:

hochsignifikant: bis 0,1% oder $p < 0,001$
sehr signifikant: bis 1,0% oder $p < 0,01$
signifikant: bis 5,0% oder $p < 0,05$

Dies bedeutet, daß z.B. für einen hochsignifikanten Wert gesagt werden kann, daß mit 99,9%iger Wahrscheinlichkeit ein sachlich begründeter Unterschied zwischen den beiden Teilstichproben besteht.
Bei einem Wahrscheinlichkeitswert, der unter 95% liegt, wird in der Regel auch in den Sozialwissenschaften kein sachlich begründeter Unterschied mehr angenommen.[63]
Die Durchführung des Sigifikanztests hängt weiter ab von der Skalierung der Merkmale. Da hier fast ausschließlich nominalskalierte Merkmale untersucht wurden, wurde für die Signifikanzprüfung der Chi-Quadrat-Wert bzw. der korrigierte Chi-Quadrat-Wert verwendet.[64]

---

60) Vgl. dazu MOMBERG, a.a.O. 1982, 68; BEUTEL et al., a.a.O. 1980, 146 (Prozedur FREQUENCIES); SCHÖCH, a.a.O. 1987, 25.
61) Vgl. zum Sigifikanztest KÄHLER, a.a.O. 1986, 149; SCHÖCH, a.a.O. 1987, 24f.
62) Vgl. SCHÖCH, a.a.O. 1973, 124 m.w.N.
63) SCHÖCH, a.a.O. 1973, 109 m.w.N.
64) Vgl. hierzu KÄHLER, a.a.O. 1986, 150ff.

Mit der **Korrelationsanalyse** wird die Stärke des Zusammenhangs zwischen zwei Variablen ermittelt.[65]
Der Zusammenhang kann so quantitativ erfaßt und mit anderen Zusammenhängen verglichen werden.
Die Durchführung der Korrelationsanalyse ist abhängig von der Skalierung der Merkmale und der Größe der Tabellen.[66] Da hier nominalskalierte Merkmale untersucht werden, kam insbesondere der Kontingenzkoeffizient C in Frage.
Die Werte des Kontingenzkoeffizienten schwanken zwischen 0 und ±1, wobei bei einem Wert von 1 eine vollständige Korrelation angenommen wird, während für die übrigen Werte folgende Differenzierung gilt:
Werte über 0,5: relativ starker Zusammenhang,
Werte zwischen 0,5 und 0,3: Zusammenhang mittlerer Stärke,
Werte unter 0,3: schwacher Zusammenhang.[67]

2.2.4. Repräsentativität

Rechtstatsächliche Untersuchungen können dann Anspruch auf Repräsentativität erheben, wenn von der ihnen zugrundegelegten Stichprobe auf die Gesamtheit geschlossen werden kann.[68]
Da hier die Erhebung im wesentlichen in nur drei LG-Bezirken stattfand, hatten nicht alle Strafverfahren die Chance, in die Stichprobe mit einbezogen zu werden. Diese Untersuchung kann daher keinen Anspruch auf Repräsentativität erheben.
Die fehlende Repräsentativität beeinträchtigt aber nicht von vorneherein die Reichweite der Schlußfolgerungen[69], denn es kam hier primär nicht darauf an, die Häufigkeitsverteilung der Wahl- bzw. Pflichtverteidigungen in der Grundgesamtheit zu er-

65) Vgl. hierzu ATTESLANDER, a.a.O. 1975, 226ff.; MAYNTZ et al. a.a.O. 1974, 196ff.; MEIER, a.a.O. 1982, 36f.; MOMBERG, a.a.O. 1982, 68ff.; SCHÖCH, a.a.O. 1973, 122ff.; SCHÖCH, a.a.O. 1987, 26.
66) Vgl. hierzu KÄHLER, a.a.O. 1986, 133ff.
67) Vgl. SCHÖCH, a.a.O. 1987, 26.
68) Vgl. zur Repräsentativität ATTESLANDER, a.a.O. 1975, 233; MAYNTZ et al., a.a.O. 1974, 69.
69) SCHEUCH, a.a.O. Handbuch, 11f.

mitteln, sondern Forschungsziel war u.a., spezifische Unterschiede zwischen den verschiedenen Verteidigertypen und zwischen verteidigten und unverteidigten Beschuldigten herauszuarbeiten. Wenn es hierbei Unterschiede bzw. Zusammenhänge gibt, müßten sie sich auch bei einer nichtrepräsentativen Stichprobe aus 3 Städten zeigen, da wenig dafür spricht und es auch relativ unwahrscheinlich ist, daß diese nichtrepräsentative Stichprobe insoweit, d.h. bei den Auswirkungen des Verteidigerverhaltens, besondere Verzerrungen aufweist. Eine repräsentative Stichprobe bliebe zur Ausschaltung solcher Unsicherheiten zwar wünschenswert, ist aber für eine erste wissenschaftliche Herausarbeitung von Tendenzen nicht unbedingt erforderlich.

3. KAPITEL: DIE ERGEBNISSE DER INTERVIEWS

1. Stellung, Rechte und Pflichten des Strafverteidigers

Während hinsichtlich der **Aufgabe** der Verteidigung noch Einigkeit darüber besteht, daß der Verteidiger Defizite des Beschuldigten auszugleichen und Waffengleichheit herzustellen hat und daß er bei dieser Aufgabenerfüllung nur einseitig zugunsten des Beschuldigten tätig werden darf[1)], herrscht zum Teil heftiger Streit darüber, welche **Stellung** dem Verteidiger im Strafverfahren zukommt, sowie über die Existenz bzw. Ausgestaltung seiner **Rechte und Pflichten** im einzelnen.
In der vorliegenden Arbeit wurde der Problemkomplex "Organstellung des Verteidigers", sowie einzelne Rechte und Pflichten herausgegriffen, von denen hier zunächst die Fragen zu § 137 I (2) StPO (Beschränkung der Zahl der Wahlverteidiger) und § 146 StPO (Verbot der Mehrfachverteidigung) behandelt werden.

1.1. Der Verteidiger als Beistand und unabhängiges Organ der Rechtspflege

In der Legaldefinition der Stellung des Rechtsanwalts in der Rechtspflege beschreibt § 1 BRAO den Anwalt als ein "unabhängiges Organ der Rechtspflege". Diese Definition hat zwar Tradition[2)], sie wird aber auch in immer wiederkehrenden Wellen kri-

---

1) Vgl. Antwort der ARBEITSGEMEINSCHAFT SOZIALDEMOKRATISCHER JURISTEN (ASJ) IM BEZIRK HAMBURG, a.a.O. 1979, 67; ARBEITSKREIS STRAFPROZESSREFORM, a.a.O. 1979, 3, 37ff., inbesondere 39f.; DAHS, a.a.O. Handbuch, Rdn. 3 und 7; LR-DÜNNEBIER, a.a.O. 23, Vor § 137, Rdn. 12; PETERS, a.a.O. 1981, 221; ROXIN, a.a.O. 1987, 97; LR-SCHÄFER, a.a.O. 24, Einl. Kap. 9, Rdn. 7; WELP, a.a.O. 1978b, 814; ZOEBE, a.a.O. 1977, 229.
2) Vgl. HEINICKE, a.a.O. 1984, 275ff.; ISELE, a.a.O., 1976, 4f.; KNAPP, a.a.O. 1974a, 31ff., insbesondere 36ff.; SCHNEIDER, a.a.O. 1976, 63f.

tisiert.[3] Die jüngste und stärkste Kritik setzt etwa mit dem Jahr 1973 ein und bezieht sich - wie auch die frühere Kritik - ausschließlich auf die Stellung des Strafverteidigers (Anwalt-Verteidigers) im Strafverfahren. Das Wiederaufleben dieser Diskussion hat seine Ursache in der Gesetzgebung (Reaktionen des Gesetzgebers auf den Terrorismus der siebziger Jahre)[4], in der Rechtssprechung des Bundesverfassungsgerichts (BVerfGE 34, 293; 38, 105, 119)[5] und in der Literatur.[6]

In der wissenschaftlichen Literatur bildeten nach KNAPP (1974) vor allem die "Gegenmachtthese" (HOLTFORT, 1977), das

3) BEULKE, a.a.O. 1980, 176ff.; HEINICKE, a.a.O. 1984, 310ff.; KNAPP, a.a.O. 1974a, 40ff., 45ff., 101ff.; RÜPING/DORNSEIFER, a.a.O. 1977, 420.

4) Insbesondere Ergänzungsgesetz zum 1. StVRG vom 20.12.1974 und Gesetz zur Änderung des StGB, der StPO, des GVG, der Bundesrechtsanwaltsordnung und des Strafvollzugsgesetzes vom 18.8.1976.

5) Durch den Beschl. vom 14.2.1973 (BVerfGE 34, 293) wurde die Gesetzgebung zum Teil erst initiiert (Verteidigerausschluß), durch das unglückliche obiter dictum ("... Sein Beruf ist ein staatlich gebundener Vertrauensberuf, der ihm eine auf Wahrheit und Gerechtigkeit verpflichtete amtsähnliche Stellung zuweist.") in dem Beschl. vom 8.10.1974 (BVerfGE 38, 105, 119) wurde in einer ohnehin durch Verunsicherung und Sorge um eine (staats-)unabhängige Verteidigung gekennzeichneten Situation das Mißverständnis evoziert, die Anwaltschaft in ihrer Funktion als Strafverteidiger solle näher an den öffentlichen Dienst herangeführt und somit einer verstärkten staatlichen Kontrolle unterzogen werden. Daß eine solche Tendenz in der Rechtssprechung des BVerfG nicht vorhanden ist, haben nachgewiesen: BEULKE, a.a.O. 1980, 188ff.; RÖMER, a.a.O. 1977, 137; SCHNEIDER, a.a.O. 1979, 32.
Der Appell von DAHS, a.a.O. 1975, 1388: "die bisher so problemlose Anerkennung der Unabhängigkeit des Rechtsanwalts und Strafverteidigers, die Freiheit eines Berufes vom Staat, wieder ins allgemeine Rechtsbewußtsein zu rücken", als Reaktion auf den Beschl. des BVerfG v. 8.10.1974 läßt sich nur vor dem Hintergrund der damaligen politischen Situation erklären; sie ist gegenüber der ständigen Rechtssprechung des BVerfG nicht gerechtfertigt.
(Eine oberflächliche Darstellung der politischen Situation findet sich bei WURSTER, a.a.O. 1982, 21ff.)

6) Hier ist besonders zu erwähnen die Dissertation von KNAPP, a.a.O. 1974a, die darauf abzielte, die Diskussion um die Rechtsstellung des Verteidigers zu entfachen (KNAPP, a.a.O. 1974a, 1).

"Autonomieprinzip" (WELP, 1977), der Gesetzentwurf "Die Verteidigung" (ARBEITSKREIS STRAFPROZESSREFORM, 1979) und die Habilitationsschrift "Der Verteidiger im Strafverfahren" von BEULKE (1980) die Höhepunkte der Diskussion.[7)]

KNAPP kommt auf Grund seiner Analyse der Verwendung des Begriffs "Organ der Rechtspflege" zu dem Ergebnis, diese Bezeichnung besitze keinerlei Aussagekraft, sie sei unreflektiert in die BRAO übernommen worden und historisch stark vorbelastet, sie verlagere zudem den verfassungsrechtlichen Standort des Verteidigers gefährlich nahe an das institutionelle Gefüge des Staates. In Anerkennung eines weiten, von den Aufgaben des Staates strikt zu trennenden Freiheitsraumes des Verteidigers müsse der Begriff gestrichen werden.[8)]
Der entscheidende Einwand gegen diese Analyse besteht in ihrer geringen und nicht aussagefähigen Basis, nämlich den Entscheidungen des RG und des BGH.[9)] Als zentral wird dabei immer wieder der Beschluß des 4. Senats des RG vom 2.11.1926 angeführt, durch den zum ersten Mal ein Verteidiger (wegen des Verdachts der Begünstigung) von der Verteidigung ausgeschlossen wurde. Das Gericht[10)] hatte damals unter Berufung auf die "ganz überwiegende Mehrheit in der modernen Rechtslehre" die Auffassung vertreten, "daß der Verteidiger neben dem Gericht und der Staatsanwaltschaft ein gleichberechtigtes Organ der Rechtspflege ist". Diese Ansicht führe zwangsläufig dazu, den Verteidiger

7) Eine gute Übersicht über diese und weitere Diskussionsbeiträge findet sich bei BEULKE, a.a.O. 1979, 32ff.; eine übersichtliche Zusammenfassung der Ansichten gibt auch JOLMES, a.a.O. 1982, 50ff.
8) KNAPP, a.a.O. 1974a, 40f.; vgl. auch KNAPP, a.a.O. 1974b, 21ff. Für eine Streichung treten ebenfalls ein HUSMANN, a.a.O. 1971, 311f.; GEERDS, a.a.O. 1975, 347; REDEKER, a.a.O. 1987, 2612. Wegen der Möglichkeit, mit der "Organstellung" die Rechte der Verteidigung zu beschränken, halten den terminus für bedenklich DAHS, a.a.O. 1975, 1387; KRÄMER, a.a.O. 1975, 835; QUACK, a.a.O. 1975a, 260f.; QUACK, a.a.O. 1975b, 1338f.
9) Zur Kritik vgl. ferner BEULKE, a.a.O. 1980, 192; LR-DÜNNEBIER, a.a.O. 23, Vor § 137 Rdn. 9; RÖMER, a.a.o 1977, 137.
10) RG JW 1926, 2756f.

nicht "lediglich als einen Helfer des Angeklagten" zu betrachten. Das Gericht fuhr dann fort:

> *"Wie das Gesetz vorsieht, daß auch andere Organe der Rechtspflege, namentlich Richter, unter Umständen von der Mitwirkung in einer Strafsache ausgeschlossen sind, kann ein Verteidiger als solcher dann nicht mitwirken, wenn das Gesetz seine Mitwirkung im Interesse der Erforschung der objektiven Wahrheit verbietet."*

Als Beispiele für solche Verbote führte das Gericht an, daß "ein als Zeuge zu vernehmender Anwalt ... unter Umständen ... als Verteidiger mit Rücksicht auf § 243 StPO nicht auftreten" kann, wie auch "ein als Beschuldigter in Frage kommender RA nicht, weil ihm als Verteidiger Befugnisse zustehen, die einem Beschuldigten nicht zugebilligt werden können...".
Das zentrale Anliegen des RG in dem Beschluß ist es, die Erforschung der objektiven Wahrheit im Prozeß sicherzustellen. Um dies zu erreichen begründete das Gericht u.a. die Gleichbehandlung des Verteidigers mit den Richtern, die von der Mitwirkung ausgeschlossen werden müssen, wenn die gesetzlichen Voraussetzungen dafür vorliegen. Bei dieser Begründung griff das RG auf die "Organ-Formel" zurück, die damit nur ein untergeordnetes Argument in der Kette der Begründung des Ausschlusses des Verteidigers zur Sicherung der Erforschung der objektiven Wahrheit im Prozeß war.[11] Gleiches gilt auch für die von KNAPP[12] zitierten Entscheidungen des BGH, bei denen er zum Teil selbst zugibt, daß der Begriff "Organ der Rechtspflege" nur als Füllwerk - also als nicht tragender Entscheidungsgrund - angeführt

---

11) Als Nebeneffekt der Verwendung der "Organ-Formel" könnte man eine Aufwertung der Stellung des Verteidigers sehen, denn die Anerkennung als gleichberechtigtes Organ der Rechtspflege "war bisher nie in den Entsch. des RG zu lesen" (ALSBERG, a.a.O. 1926, 1757). Die "Kronentscheidung" in dem Kampf gegen die Organstellung (vgl. dazu auch MÜLLER, I., a.a.O. 1977b, 274f., 274 und MÜLLER, I., a.a.O. 1980, 209, der die Entscheidung ebenfalls einseitig interpretiert) könnte daher auch gerade anders herum gelesen werden. Vgl. hierzu auch AUGSTEIN, a.a.O. 1981, 53.
12) KNAPP, a.a.O. 1974a, 93ff.

wird.[13] Insbesondere hinsichtlich der zitierten Entscheidung des BGH in BGH St 18, 396ff.[14] hat BEULKE[15] ausgeführt, daß dort die Verteidigermacht gerade *erweitert* wird.
Die Beschränkung der Kritik auf die Verwendung des Begriffs "Organ der Rechtspflege" in den betreffenden Entscheidungen birgt die Gefahr in sich, die eigentlichen Probleme zu verdekken und sich im Kampf gegen einen perhorreszierten Begriff der Auseinandersetzung mit den die Entscheidungen tragenden Argumenten zu entziehen.[16]

HOLTFORT vertritt den Gedanken, der Verteidiger sei "ein Stück sozialer Gegenmacht", die "dem Bedrohten mit allen **gesetzlich** unverbotenen Mitteln helfen (soll), eine etwaige **illegitime** Machtausübung der Gesellschaft und das ihn bedrohende staatliche Gewaltmonopol abzuwehren."[17]

---

13) KNAPP, a.a.O. 1974a, 95.
14) KNAPP, a.a.O. 1974a, 95.
15) BEULKE, a.a.O. 1980, 192.
16) Verf. verkennt dabei nicht die Gefahren, die von einem unbestimmten Begriff ausgehen, wenn er im Wege der Interpretation (vgl. dazu v.a. RÜTHERS, a.a.O. 1987, 27ff. "Wir denken die Rechtsbegriffe um...") mit der (vorherrschenden) Ideologie gefüllt wird. Daß auch der Begriff "Organ der Rechtspflege" eine solche Umdeutung erfahren hatte, hat KNAPP, a.a.O. 1974a, 62ff., für die NS-Zeit belegt. Die damalige Umdeutung ist für sich alleine jedoch kein Argument für die Streichung dieses Begriffs aus der BRAO; insofern ist LR-DÜNNEBIER, a.a.O. 23, Vor § 137 Rdn. 9 zuzustimmen, daß die von KNAPP aus der NS-Zeit gewählten Beispiele überholt sind. Als Mahnung vor den Möglichkeiten juristischer Interpretation bleiben sie aber aktuell.
17) HOLTFORT, a.a.O. 1979a, 45f.; vgl. auch HOLTFORT, a.a.O. 1977, 315 "... kein Anwalt (kann) sich als 'Organ der Rechtspflege' verstehen, sondern nur als Vertreter von Mandanteninteressen, als parteigebundener Helfer und als ein Stück sozialer Gegenmacht, ohne die jeder Angeschuldigte jeder Staatsgewalt unendlich unterlegen wäre."
Dieser Ansatz, der neben HOLTFORT auch noch in der Stellungnahme der ARBEITSGEMEINSCHAFT SOZIALDEMOKRATISCHER JURISTEN (ASJ) IM BEZIRK HANNOVER (a.a.O. 1979, 61ff.) und in der Antwort der ARBEITSGEMEINSCHAFT SOZIALDEMOKRATISCHER JURISTEN (ASJ) IM BEZIRK HAMBURG (a.a.O. 1979, 66ff.) vertreten wird, ist nur rudimentär entwickelt. Eine Explikation findet sich bei BEULKE, a.a.O. 1980, 62ff.

BEULKE[18] ist diesem Ansatz mit der funktional-strukturellen Systemtheorie LUHMANNS entgegengetreten, wonach dem Verteidiger keine "Gegenmacht" im Sinn einer systemüberwindenden Kraft zugeschrieben werden kann, da er durch seine Einseitigkeit zugunsten des Beschuldigten sowohl die Integration des Beschuldigten als auch den Prozeß der Legitimierung staatlichen Entscheidens fördert.
Gegen die Theorie des Verteidigers als sozialer Gegenmacht ist weiter einzuwenden, daß die Zusammenfassung von Staatsanwaltschaft und Gericht zu einer Staatsgewalt, die den Beschuldigten bedroht (!), die innerprozessuale Aufgabenverteilung allzu schnell beiseite schiebt[19], um die Interessenvertretung umso plausibler begründen zu können. Dieser Ansatz wird damit der ausdifferenzierten Rollenverteilung im Strafverfahren nach der StPO nicht gerecht. Die Gegenmachtthese erweckt zudem auch den Eindruck, sie beschreibe die Rolle eines Verteidigers in einem Unrechtsstaat; sie ist insoweit nicht auf die heutigen Verhältnisse anzuwenden.

Auf WELP geht das sogenannte "Autonomieprinzip" zurück, wonach der Beschuldigte Prozeßsubjekt nur kraft seiner Autonomie sei, weshalb auch die Verteidigung "die Wahrnehmung **selbstdefinierter** prozessualer Interessen aus eigenem Recht" des Beschuldigten sein müsse.[20] Der Verteidiger ist in diesem Konzept konsequent kein Organ der Rechtspflege mehr, sondern er wird zum (mandantenabhängigen) Interessenvertreter.[21] Der WELP'sche Entwurf stellt somit den Beschuldigten in das Zentrum der Überlegungen und bestimmt aus der Verabsolutierung des Prinzips der

18) BEULKE, a.a.O. 1980, 62ff.
19) Es ist jedoch zuzugeben, daß das - schon von OSTLER, a.a.O. 1959, 124 beklagte und bis heute fortbestehende - Sitzen der Staatsanwaltschaft am Richtertisch diesem "bösen Schein" Vorschub leistet; hinzu tritt die Personalfluktuation zwischen Gericht und Staatsanwaltschaft (v.a. in Bayern), die der Unabhängigkeit der Gerichte nur abträglich sein kann.
20) WELP, a.a.O. 1978a, 117.
21) WELP, a.a.O. 1978b, 813ff., insbesondere 817.

Autonomie des Beschuldigten heraus Funktion und Grenzen der Verteidigung.[22]
An dieser Konzeption ist zu kritisieren, daß sie von einem idealistischen Bild des Beschuldigten ausgeht, der in der Lage ist, eine adäquate, fachkundige Verteidigungsstrategie zu entwickeln.[23] Dieses Bild stimmt nicht mit der Wirklichkeit überein; auch die Aktenanalyse[24] vermittelt den Eindruck, daß die meisten Angeklagten das Strafverfahren apathisch und ohne effiziente Gegenwehr über sich ergehen lassen. Die dort gemachten Erfahrungen stimmen tendenziell auch mit den von DÜRKOP[25] wiedergegebenen Untersuchungen von BOTTOMS und McCLEAN überein, wonach nur 1,3% der Probanden in der Lage waren, nachhaltig auf ihren Rechten zu bestehen, bei immerhin noch 15,1% der Probanden waren Anzeichen zu strategischem Vorgehen feststellbar, während 32,1% als passiv eingestuft wurden und bei 19,7% keinerlei Anzeichen von eigenem strategischen Handeln bzw. des Bewußtseins eigener Rechte festgestellt werden konnte. Sicher zu Recht wird auch auf die fehlende sprachliche Kompetenz der meisten Angeklagten hingewiesen.[26]
Vor diesem Hintergrund kann die Notwendigkeit einer unabhängigen Verteidigung zur Herstellung der Waffengleichheit und damit als eine der Bedingungen für die Garantie eines gerechten Urteils nicht bestritten werden.[27]

Der ARBEITSKREIS STRAFPROZESSREFORM definierte in § 1 seines Gesetzentwurfes "Die Verteidigung" die Aufgaben und die Stellung des Verteidigers. Dort heißt es:

---

22) Zu den Grenzen (Wahrheitspflicht) vgl. WELP, a.a.O. 1978b, 817ff.
23) Vgl. BEULKE, a.a.O. 1980, 72f.
24) Vgl. unten, S. 297.
25) DÜRKOP, a.a.O. 1979, 156.
26) DÜRKOP, a.a.O. 1979, 154.
27) Vgl. dazu auch BEULKE, a.a.O. 1980, 73ff.

(1) Der Verteidiger bestritt die Interessen des Beschuldigten.
Er stützt sich auf dessen Vertrauen.
(2) Der Verteidiger ist unabhängig.[28]

In der Begründung[29] wird angeführt, daß die Verteidigung ausschließlich die Interessen des Beschuldigten im Auge haben solle. Dies bedeutet, daß hinter der Konzeption des ARBEITSKREISES STRAFPROZESSREFORM das Autonomieprinzip WELPS steht, der einer der Autoren des Entwurfs war.[30] Zugleich wird damit aber auch deutlich gemacht, daß der ARBEITSKREIS STRAFPROZESSREFORM die Doppelstellung des Verteidigers oder anders ausgedrückt, die Anerkennung öffentlicher Interessen an der Verteidigung ablehnt.[31]
Gegen den Entwurf ist v.a. der Vorwurf mangelnder Stringenz erhoben worden, so, wenn der Entwurf in §§ 16, 17 dem Ersatzverteidiger auch die Funktion der Verfahrenssicherung zuweist, so wenn der Tatgehilfe nicht Verteidiger sein kann (§ 18), und indem er in § 4 die Verteidigung für notwendig erachtet nicht nur bei erheblichen Defiziten des Beschuldigten, sondern auch sobald Gegenstand der Untersuchung ein Verbrechen ist, denn damit wird das Beschuldigteninteresse, sich nicht durch einen Anwalt verteidigen zu lassen, negiert.[32] Ferner werden die Spannungen zwischen dem Autonomieprinzip und der Unabhängigkeit der Verteidigung - beides wird in § 1 des Entwurfes postuliert - (auch in der Begründung) nicht gelöst.[33]
Der Entwurf vermag somit weder auf theoretischer Ebene die von ihm selbst aufgestellten Forderungen an die Verteidigung miteinander in Einklang zu bringen, noch die Stellung des Verteidigers im Strafverfahren widerspruchsfrei zu bestimmen.

---

28) ARBEITSKREIS STRAFPROZESSREFORM, a.a.O. 1979, 37.
29) ARBEITSKREIS STRAFPROZESSREFORM, a.a.O. 1979, 39.
30) HANACK, a.a.O. 1981, 561.
31) Vgl. dazu die Darstellung des Entwurfs bei GRÜNWALD, a.a.O 1980, 6.
32) Vgl. dazu die Stellungnahme des STRAFRECHTSAUSSCHUSSES DER BUNDESRECHTSANWALTSKAMMER, a.a.O. 1984, 2f.
33) BEULKE, a.a.O. 1980, 78; HANACK, a.a.O. 1981, 562.

Einen grundsätzlich anderen Weg als die bisher dargestellten Ansätze geht BEULKE bei seiner Bestimmung der Stellung des Verteidigers im Strafverfahren, indem er die Erörterung aus der BRAO in die StPO zurückholt und die "Rechtsstellung auf der Basis der im Gesetz gegebenen Anhaltspunkte"[34)] definiert.
Neben der Darlegung der Aufgaben des Verteidigers als Helfer des Beschuldigten (Beistand)[35)] kommt dabei der Ermittlung der öffentlichen Interessen an der Verteidigung eine zentrale Rolle zu: Es werden drei öffentliche Interessen festgestellt, nämlich das öffentliche Interesse an der Effektivität der Verteidigung, an der Effektivität der Rechtspflege und an der Sicherheit der Bundesrepublik Deutschland.
Das öffentliche Interesse an der Effektivität der Verteidigung wird aus den §§ 140ff., 133, 146 und 138a I Ziff. 1 und 3 StPO abgeleitet[36)], das öffentliche Interesse an der Effektivität der Strafrechtspflege ("besondere Pflichtigkeit des Verteidigers") aus den §§ 147 und 138a I StPO[37)]. Das öffentliche Interesse an der Sicherheit der Bundesrepublik Deutschland ergibt sich aus § 138b StPO; gegen dieses Interesse als Verteidigerausschließungsgrund werden schwerwiegende Bedenken erhoben, es läßt sich aber de lege lata nicht leugnen.[38)]
Bei der Abwägung der privaten und öffentlichen Interessen an der Effektivität der Verteidigung[39)] kommt BEULKE zu dem Ergebnis, daß der Verteidiger an eine nachteilige Strategie des Beschuldigten dann nicht gebunden ist, wenn es sich um Abwehrmaßnahmen handelt, die sich für den Betroffenen günstig auswirken können; mithin überwiegt in diesen Fällen das öffentliche Interesse an der Effektivität der Verteidigung; demgegenüber hat der Beschuldigtenwille Vorrang bei dem Verzicht auf Rechtsposi-

34) BEULKE, a.a.O. 1980, 34; vgl. hierzu auch MEHLE, a.a.O. 1984, 205: "Sedes materiae ... ist allein das Prozeßrecht...".
35) BEULKE, a.a.O. 1980, 37.
36) BEULKE, a.a.O. 1980, 81f.
37) BEULKE, a.a.O. 1980, 88ff.
38) BEULKE, a.a.O. 1980, 103f.
39) BEULKE, a.a.O. 1980, 114f.

tionen.[40] Für die Abwägung der privaten und der öffentlichen Interessen an der Effektivität der Rechtspflege[41] formuliert BEULKE die sog. "Kernbereichsthese":

"Geriete durch eine Verteidigerhandlung die Funktionstüchtigkeit der Rechtssprechung in Gefahr, so muß sie aus übergeordneten öffentlichen Interessen unterbleiben, d.h. der Verteidiger ist verpflichtet, den ***Kernbereich der Effektivität der Rechtspflege*** *zu respektieren."*[42]

Auf der Grundlage dieser ermittelten Verteidigungsaufgaben wird die Stellung des Verteidigers im Strafverfahren festgelegt. Diese Stellung wird als "**eingeschränkte Organtheorie**" bezeichnet, die gegenüber der bislang herrschenden Organtheorie durch sechs Einschränkungen präzisiert wird.[43]
Die "eingeschränkte Organtheorie" ist verschiedentlich kritisiert worden.
GÖSSEL, der die Stellung des Verteidigers in dem Grundrecht des Beschuldigten auf Wahrung seiner Personwürde verankert sieht, lehnt eine Festlegung des Verteidigers auf "das vom Rechtsstaatsprinzip geforderte staatliche Ziel der **Aufrechterhaltung einer funktionstüchtigen Rechtspflege**" ab, fordert aber zugleich, daß der Verteidiger Wahrheitsermittlung und Urteilsfindung nicht verhindern darf.[44]
Gegen GÖSSEL ist einzuwenden, daß die Verankerung der Stellung des Verteidigers in grundrechtlichen Positionen des Beschuldigten keine ausreichende materiale Aussage über die Grenzen der Verteidigung zuläßt.[45]

40) BEULKE, a.a.O. 1980, 141.
41) BEULKE, a.a.O. 1980, 143ff.
42) BEULKE, a.a.O. 1980, 146.
43) BEULKE, a.a.O. 1980, 200f.
44) GÖSSEL, a.a.O. 1982, 29f.
45) Vgl. zur Kritik an GÖSSEL die von WEIGAND, a.a.O. 1981, 46ff wiedergegebenen Stellungnahmen v.a. von MÜLLER-DIETZ (S. 48f.), HASSEMER (S. 49f.), SCHROEDER (S. 50), BEULKE (S. 50f.) und GRÜNWALD (S. 51ff.).

HERRMANN kritisiert vor allem die "Kernbereichsthese" BEULKES, da sie eine zu geringe Aussagekraft habe.[46)] Die "Vagheit" der Kernbereichsthese wird von BEULKE selbst zugestanden, jedoch zieht er eine über den Einzelfall hinausgehende Formel einer katalogmäßigen Auflistung von Fallgruppen vor.[47] Es wird hier noch weitere Präzisierungsarbeit zu leisten sein.
Der Wert der Arbeit BEULKES besteht zum einen in ihrem methodischen Weg: indem die gesetzlichen Vorschriften der StPO zur Bestimmung der Stellung der Verteidigung herangezogen werden, wird eine normative Begriffsbestimmung vorgenommen[48)], die nicht der Gefahr erliegt, einen vorgegebenen Begriff (Organ der Rechtspflege) mit dem gewünschten Inhalt zu füllen.[49)] Zum anderen werden auf diese Weise die widerstreitenden privaten und öffentlichen Interessen klar zu Tage gelegt und Prinzipien gefunden, nach denen der jeweilige Vorrang des einen oder anderen Interesses festgestellt werden kann. Daß beim Austarieren der Interessen auch falsche Gewichte gesetzt werden können, ist nicht zu verkennen. Dies aber ist m.E. kein Argument gegen eine Theorie, die die bestehenden Spannungen zumindest konzeptionell erfaßt und zu lösen versucht.

---

46) HERRMANN, a.a.O. 1983, 109.
Das öffentliche Interesse an der Effektivität der Rechtspflege i.S. BEULKES wird auch kritisiert durch WASSMANN (a.a.O. 1982, 51ff.) und von STRZYZ (a.a.O. 1983, 195ff.), die jedoch beide die entsprechenden Beispiele BEULKES absichtsvoll verkürzen bzw. die von BEULKE differenzierten Interessen an der Effektivität der Strafverteidigung und an der Effektivität der Rechtspflege heillos verquicken (WASSMANN, a.a.O. 1982, 53).
Gegen den auch vom BVerfG gebrauchten topos "Funktionstüchtigkeit der Rechtspflege" wendet sich u.a. HASSEMER, a.a.O. 1982, 274ff. BOTTKE, a.a.O. 1984, 747f. weist sicher zu Recht darauf hin, daß dieser Begriff aus dem "Argumentationsarsenal der Dogmatik" nicht mehr zu eliminieren ist.
47) BEULKE, a.a.O. 1980, 146.
48) Vgl. dazu RÜTHERS, a.a.O. 1987, 65.
49) Insofern ist TEMMING, a.a.O. 1982, 540 voll zuzustimmen, der beklagt, daß sich "diese Worthülse mit jeweils eigenen Vorstellungen über Funktion und Rolle des Verteidigers ausfüllen" läßt. Der grundsätzlich andere methodische Ansatz BEULKES wird von ihm jedoch nicht voll gewürdigt.

Die "eingeschränkte Organtheorie" ist daher der derzeit beste theoretische Ansatz zur Bestimmung der Stellung des Strafverteidigers im Strafverfahren.

Vor dem Hintergrund dieser Diskussion wurden die Anwälte gefragt, ob sie als Strafverteidiger in ihren Bemühungen für den Mandanten (in der Hauptverhandlung) durch die Organstellung beeinträchtigt würden, bzw. ob die Stellung als Organ der Rechtspflege die Verteidigung erleichtere.[50]

Für die **Beeinträchtigung** ergibt die Auswertung:

69% : keine Beeinträchtigung;[51]

31% : Beeinträchtigungen kommen vor ("ja" = 26%, "manchmal" = 2%, "selten" = 3%).

Als **Beeinträchtigungen** wurden genannt:

1. Die Organstellung wird als Disziplinierungsinstrument gesehen;
2. Standesrechtliche Beschränkungen;
3. Grenzen für die Empfehlung einer geschickten Einlassung des Mandanten.

Für die **Erleichterungen** ergibt die Auswertung:

61% : keine Erleichterung;

39% : Erleichterungen kommen vor ("ja" = 35%, "häufig" = 2%, "manchmal" = 2%).

Als **Erleichterungen** wurden genannt:

1. Nur auf Grund der Organstellung hat man die Rechte des Verteidigers; nur deswegen kann man einiges erreichen;
2. Die Position gegenüber dem Beschuldigten und gegenüber Zeugen wird gestärkt;
3. Abwehr gegen Versuche, gesetzwidrige Informationen aus dem Verteidiger herauszuholen.

Aus diesen Angaben ist zu ersehen, daß die beiden gegensätzlichen Positionen zur Stellung des Strafverteidigers (Interessen-

---

50) Der Fragebogen (FB) ist abgedruckt als Anlage 1; hier Frage IV 8e) und b).

51) Die Prozentzahlen beziehen sich auf die Gesamtzahl der befragten Anwälte.

vertreter/Organtheorie) von jeweils beachtlichen Gruppen der befragten Anwälte dezidiert vertreten werden. In einer zusammenfassenden Einschätzung lassen sich drei Gruppen (mit jeweils ca. 30% der Verteidiger) ausmachen: die eine Gruppe sieht in der Organstellung eher eine Beeinträchtigung[52], sie wird primär von Anhängern der Interessenvertretertheorie gestellt werden, eine zweite Gruppe sieht in der Organstellung eine Erleichterung, weshalb man in dieser Gruppe die Vertreter der klassischen Organtheorie repräsentiert sehen kann. Eine etwa gleich starke dritte Gruppe sieht jedoch weder Beeinträchtigungen noch Erleichterungen; auf diese Gruppe trifft die Ansicht BEULKES am ehesten zu, "daß die Mehrheit[53] der Anwälte ihren Weg in dem Spannungsfeld zwischen dem Klienten einerseits und dem staatlichen Verfolgungsapparat andererseits ohne große Schwierigkeiten findet",[54] bei diesen Anwälten herrscht ein "doing as usual" vor. Eine Entscheidung zugunsten des einen oder anderen theoretischen Ansatzes ist auf Grund dieser Untersuchung nicht möglich.

Hervorzuheben ist, daß Konflikte bzw. Erleichterungen durch die Organstellung auch bei den Anwälten, die solche auf Grund ihrer je eigenen Erfahrungen bejaht hatten, nicht in jedem Verfahren vorkommen (dies trifft sicher auch für jene befragten Anwälte zu, die ihre Antworten nicht quantifiziert hatten).

Besonders erwähnt MÜTZELBURG[55] zu Recht die politischen Verfahren, in denen Beschränkungen am stärksten empfunden werden.

Eine Beschränkung der Verteidigung auf Grund der derzeitigen Rechtslage wird vor allem darin gesehen, daß es dem Verteidiger

---

52) MÜTZELBURG, a.a.O. 1982, 283 schätzt die Größe dieser Gruppe auf Grund der von ihm geführten Interviews auf ein Viertel. Die Exaktheit der Zahlen ist hier jedoch nicht so entscheidend, da es sich ohnehin nicht um eine repräsentative Untersuchung handelt.

53) Hier ist nochmals darauf hinzuweisen, daß diese Untersuchung nicht repräsentativ ist, so daß diese Ansicht tatsächlich von der Mehrheit geteilt werden könnte bzw. muß; vgl. TEMMING, a.a.O. 1982, 541.

54) BEULKE, a.a.O. 1979, 42.

55) MÜTZELBURG, a.a.O. 1982, 283.

nicht erlaubt sei, dem Mandanten eine geschicktere Einlassung zu empfehlen; im Kern geht es hier um die Bindung des Anwalts an die Wahrheitspflicht.
Interessant sind jedoch die Angaben zu den Erleichterungen soweit sie über die allgemeinen Äußerungen zur Organstellung hinausgehen insofern, als es dabei jeweils um die Unabhängigkeit des Anwalts vom Mandanten ging. So sehen die Verteidiger ihre Position gegenüber dem Beschuldigten (in Strategiefragen) und gegenüber Zeugen (wohl auch gegenüber dem Ansinnen des Mandanten, Zeugen zu beeinflussen) gestärkt und sie berufen sich auf diese Stellung, wenn sie sich gegen Versuche des Mandanten zur Wehr zu setzen haben, ihnen gesetzwidrige Informationen (aus den Akten, also z.B. bevorstehende Durchsuchungen, Haftbefehl etc.) zukommen zu lassen.
Insgesamt zeigt sich, daß das derzeitige System (mit Einschränkungen bei den politischen Verfahren) durchaus praktikabel ist und im Anwaltsalltag die Problematik um die Stellung des Verteidigers im Strafverfahren bei weitem nicht die Bedeutung hat, die ihr in den Jahren nach 1973 in der Literatur zugemessen wurde. Entsprechend resümiert MÜTZELBURG richtig: "Aus dieser Sicht verkürzt sich das oft hochgespielte Problem beträchtlich."[56]

1.2. Die Beschränkung der Zahl der Wahlverteidiger (§ 137 I (2) StPO)

Die Einfügung der Begrenzung der Zahl der Wahlverteidiger auf drei in § 137 I (2) StPO gehört mit zu den schnellsten Änderungen im Bereich der Strafverfahrensrechtsgesetzgebung. Der Entwurf der Bundesregierung zu einem Zweiten Gesetz zur Reform des Strafverfahrensrechts (2. StVRG)[57], das später als "Gesetz zur Ergänzung des Ersten Gesetzes zur Reform des Strafverfah-

56) MÜTZELBURG, a.a.O. 1982, 284.
57) BT-Drucksache 7/2526.

rensrechts" bezeichnet wurde[58], sah noch keine Veränderung des § 137 I StPO vor. Der Bundesrat schlug auf Initiative des Landes Nordrhein-Westfalen[59] in einer Stellungnahme zu dem Entwurf des 2. StVRG der Bundesregierung vor, die Zahl der gewählten Verteidiger auf fünf zu begrenzen.[60]
Die Bundesregierung zeigte sich jedoch in ihrer Gegenäußerung zu der Stellungnahme des Bundesrates skeptisch, ob sich durch eine Begrenzung der Verteidigerzahl Mißbräuche des Angeklagten (Prozeßverschleppung, Prozeßvereitelung) wirksam verhindern ließen.[61] Nach einer kurzen Debatte in der 46. Sitzung des Rechtsausschusses des Deutschen Bundestages am 4. Dezember 1974[62] wurde die heutige Regelung - Begrenzung der Zahl der Wahlverteidiger auf drei - beschlossen und durch das ErgG 1. StVRG[63] in die StPO eingefügt.[64]
Die Motive des Gesetzgebers ergeben sich aus den Materialien nicht vollständig. Ist dort[65] ausschließlich davon die Rede, daß die Begrenzung erfolgt, um Prozeßverschleppung und Prozeßvereitelung zu vermeiden[66], ergibt sich aus dem Zusammenhang mit der Terrorismusgesetzgebung[67], daß auch die Unterbindung der Kommunikation bei kollusivem Zusammenwirken[68] bzw. die Entflechtung der Verteidigung im Terrorismusverfahren als Grün-

---

58) BT-Drucksache 7/2989, S. 3.
59) BT-Rechtsausschuß, Protokoll 7/46, S. 45c.
60) BT-Drucksache 7/2526, S. 29.
61) BT-Drucksache 7/2526, S. 35.
62) BT-Rechtsausschuß, Protokoll 7/46, S. 45a ff., (4.12.1975).
63) BGBl 1974 I, 3686.
64) Die Regelung ist sowohl mit dem GG (BVerfGE 39, 156) als auch mit der MRK (EuGHMR EuGRZ 1978, 314, 328) vereinbar; vgl. zur Rechtsprechung auch MARTIN, a.a.O. 1977, 647ff.; SCHMIDT, a.a.O. 1977, 532.
65) BT-Drucksache 7/2989, S. 3f.
66) Dies geben als Motiv ebenfalls an: GÖDDEKE, a.a.O. 1980, 142; WEBER, a.a.O. 1975, 296; HERRMANN, a.a.O. 1976, 417; JUNG, a.a.O. 1975, 263; ARBEITSKREIS STRAFPROZESSREFORM, a.a.O. 1979, 47; SCHMIDT, a.a.O. 1977, 529; vgl. auch BVerfGE 38, 163.
67) RIESS, a.a.O. 1988, 162.
68) Dies geben als Motiv an: GÖDDEKE, a.a.O. 1980, 142; JUNG, a.a.O. 1975, 263.

de für die Gesetzesänderung angeführt werden müssen. Der Gesetzgeber hatte erkennbar jene Terroristenverfahren vor Augen, in denen einzelne Angehörige von bis zu sechzehn Verteidigern vertreten wurden.[69)]
Die neue Fassung des § 137 I StPO, die für alle Verfahren gilt, ist überwiegend auf Ablehnung und nur vereinzelt auf (eingeschränkte) Zustimmung gestoßen[70)].
Wie der Bundesrat hatte auch der Deutsche Anwaltverein[71)] eine Begrenzung der Zahl der Wahlverteidiger auf fünf befürwortet; diese Anzahl hielt auch die BRAK[72)] für ausreichend, die im Anschluß an den eine Beschränkung ablehnenden Arbeitskreis Strafprozeßreform[73)] darauf hinwies, daß "die Effektivität einer Verteidigung weniger von der Zahl der Verteidiger als von ihrer Qualität abhängt."
Demgegenüber hat HAMM[74)] die Begrenzung der Zahl der Wahlverteidiger schlicht als "ebenso ungeeignet wie über das Ziel hinausschießend" genannt. SCHMIDT-LEICHNER[75)] befürchtete, daß durch die Notwendigkeit der Umgruppierung bei der Wahlverteidigung eine Verfahrensverzögerung eintritt, die dem allgemeinen Reformziel der Beschleunigung der Strafverfahren entgegenwirke.

---

69) Vgl. dazu VOGEL, a.a.O. 1978, 1224. Grundsätzlich inakzeptabel ist jedoch die Ersetzung einer (ausführlichen) Begründung der Gesetzgebung durch den Verweis auf vermeintliche Evidenzen ("Es bedarf keiner näheren Begründung, daß diese Massierung von Verteidigern geeignet sein kann, jeden geordneten Verfahrensablauf zu verhindern" (VOGEL, a.a.O. 1978, 1224). Ebenso inakzeptabel ist es, den Gesetzgeber durch Horrorgemälde (BAUMANN, a.a.O. 1975, 42: "Dabei wissen wir doch, daß einige der demnächst zu verhandelnden Baader-Meinhof-Prozesse Angeklagte haben, die mit über 50 Verteidigern antreten werden") zum Handeln zwingen zu wollen.
Zu den Verteidiger-Zahlen vgl. auch BVerfGE 39, 159f.
70) KK-LAUFHÜTTE, a.a.O. 2, § 137 Rdn. 2; SCHMIDT, a.a.O. 1977, 529.
71) Stellungnahme des DEUTSCHEN ANWALTSVEREINS vom 2.12.1974, a.a.O. 1975, 17.
72) STRAFRECHTSAUSSCHUSS DER BUNDESANWALTSKAMMER, a.a.O. 1984, 4f.
73) ARBEITSKREIS STRAFPROZESSREFORM, a.a.O. 1979, 48.
74) HAMM, a.a.O. 1981, 52f.
75) SCHMIDT-LEICHNER, a.a.O. 1975, 420.

Während diese Kritik nur für eine Übergangsphase nach der Neuregelung zutreffend gewesen sein dürfte, ist es für die Verfahrensreform von größerer Bedeutung, daß es - nach einer Einschätzung von WELP[76] - durch die Beschränkung der Verteidigerzahl zu **keiner** Reduktion der Dauer von Großverfahren gekommen ist. Ein gewichtiger Einwand gegen die Neuregelung ergibt sich zudem aus dem **Prinzip der Waffengleichheit**, das dadurch verletzt wird, daß eine entsprechende Begrenzung der Zahl der Vertreter der Staatsanwaltschaft fehlt.[77] Als treffendes Gegenargument gegen die Neufassung des § 137 I StPO wird weiter angeführt, daß gerade die Arbeitsteilung unter den Verteidigern zu einer Verfahrensbeschleunigung in Großverfahren beitragen könne.[78] Aus diesem Grund und um die Unabhängigkeit der Verteidigung klarer zum Ausdruck zu bringen, wird von ROXIN[79], WELP[80] und BEULKE[81] die Streichung des § 137 I (2) StPO gefordert, also die Wiederherstellung der unbeschränkten Wahl von Verteidigern.

Obwohl die gesetzliche Begrenzung der Anzahl der Wahlverteidiger explizit ein Recht des Beschuldigten berührt, schränkt die Normänderung implizit auch das Recht und die Möglichkeit des Verteidigers ein, eine effiziente Verteidigung des Mandanten durch das Zusammenwirken mit mehreren Kollegen sicherzustellen.

---

76) WELP, a.a.O. 1980, 43; vgl. auch ARBEITSKREIS STRAFPROZESSREFORM, a.a.O. 1979, 47.
77) WELP, a.a.O. 1980, 43; vgl. auch ARBEITSKREIS STRAFPROZESSREFORM, a.a.O. 1979, 47f.; GÖDDEKE, a.a.O. 1980, 143; HERRMANN, a.a.O. 1976, 417; KREKELER, a.a.O 1979, 214. Auch § 227 StPO erzwingt diese Waffengleichheit nicht; LR-DÜNNEBIER, a.a.O. 23, § 137 Rdn. 8, appelliert an eine Selbstbeschränkung der StA.
78) KREKELER, a.a.O. 1979, 214; ROXIN, a.a.O. 1987, 105; WELP, a.a.O. 1980, 43; RÜPING, a.a.O 1979, Rdn. 120 spricht in diesem Zusammenhang von sachwidriger Beschränkung.
79) ROXIN, a.a.O. 1987, 105.
80) WELP, a.a.O. 1980, 43.
81) BEULKE, a.a.O 1980, 98.

Die Rechtswirklichkeit der Verteidigung nach der Reform des § 137 I StPO wurde durch eine vierfache Fragestellung[82] (generelles Vorkommen, prozentuale Häufigkeit, fallabhängige Ausschließlichkeit und übermäßiger Beschneidung der Verteidigung erfaßt).

Danach ergibt sich folgendes Bild:

87% der Verteidiger hatten Fälle, in denen sie **mit einem Kollegen** zusammen verteidigt hatten, **73%** der Anwälte hatten auch schon **mit zwei Kollegen** zusammen verteidigt (generelles Vorkommen, vor und nach der Reform).

Es kann daher gesagt werden, daß die weit überwiegende Anzahl der Verteidiger auch in Verfahren tätig ist, in denen die Verteidigung durch einen Anwalt allein nicht sichergestellt werden kann.

Bei der **Häufigkeit** der Verfahren, in denen mit einem bzw. mit zwei Anwälten zusammen verteidigt wurde, ergibt sich ein differenziertes Bild:

Tabelle Nr. 6: Häufigkeit der Verfahren mit zwei bzw. drei Wahlverteidigern

% der Fälle	Anzahl der Verteidiger (in %) mit einem Kollegen	mit zwei Kollegen
0-4	24 (34)	34 (48)
5-30	42 (60)	36 (52)
31-60	4 (6)	0 (0)
insgesamt	70 (100)	70 (100)

Die Übersicht zeigt, daß bei einem Drittel (bzw. fast der Hälfte) der Verteidiger Verfahren, in denen sie mit einem (bzw. zwei) Kollegen verteidigen, nur selten (0-4% der Fälle) vorkommen, während knapp zwei Drittel (bzw. gut die Hälfte) der Anwälte Verfahren haben, in denen sie in 5-30% der Fälle mit ei-

82) FB II 9a)-d).

nem (bzw. zwei) Kollegen verteidigen; bei nur 6% der befragten Verteidiger wurden zwischen einem und zwei Drittel der Fälle mit einem Kollegen zusammen bearbeitet.
Diese prozentuierten Angaben bestätigen die generelle Einschätzung, daß in über 66% der Kanzleien Strafverteidigungen mit einem bzw. mit zwei weiteren Verteidigern durchgeführt werden; es ergibt sich aber auch, daß - auch bei den auf Strafverteidigung spezialisierten Anwälten - die **durchschnittliche Zahl der Verfahren mit einem** weiteren Kollegen **10%** und die der Verfahren **mit zwei** weiteren Kollegen **5%** nicht übersteigt.
Die im Durchschnitt geringe Anzahl der Verfahren mit mehreren Wahlverteidigern deutet darauf hin, daß es sich bei der Begrenzung der Zahl der Wahlverteidiger nicht um ein Instrument handelt, mit dem etwa das generelle Reformziel der Verfahrensbeschleunigung wesentlich gefördert werden könnte, wohl aber könnten dadurch in speziellen Verfahrenstypen neue Probleme geschaffen worden sein.
Es wurde deshalb nach den **Verfahren** gefragt, in denen **nur mit einem oder zwei Kollegen zusammen** verteidigt wird.
Die Auswertung zeigt folgende Rangfolge (in Klammern: % der Verteidiger):

1. Umfangreiche Verfahren (48%)
2. Wirtschafts- und Steuerstrafverfahren (31%)
3. Revisionen (5%)
4. Politische Verfahren (5%)
5. In Einzelfällen wurden genannt: Landfriedensbruch, Totschlag und Jugendstrafverfahren

An vorderster Stelle stehen demnach allgemein "umfangreiche Verfahren" und Wirtschafts- und Steuerstrafverfahren, Verfahren also, die auf Grund der erfahrungsgemäß anfallenden Materialfülle kaum oder nicht von einem Anwalt zu bewältigen sind. Interessant ist hier auf der anderen Seite, daß diese Verfahren nicht unter den Angaben zu den Mandanten zu finden sind, deren Übernahme die Verteidiger ablehnen. Dies deutet darauf hin, daß in Umfangsverfahren und in Wirtschafts- und Steuerstrafverfahren eher ein weiterer Anwalt hinzugezogen als die Übernahme ab-

gelehnt wird.[83] Die anderen genannten Verfahren hängen eng mit der Qualifizierung bzw. Spezialisierung des Anwalts zusammen. In diesen Fällen wird auch eher das Mandat abgegeben.[84]
Hauptanlaß für die Führung einer Verteidigung durch **mehrere Wahlverteidiger** ist damit die **Materialfülle** bestimmter Verfahren.
Die wichtigste Frage in diesem Bereich lautete, ob es in der Kanzlei schon Verfahren gegeben habe, in denen die Anzahl von **drei Verteidigern nicht ausreichend** gewesen sei. Diese Frage wurde von **18% der Verteidiger bejaht**, während 82% der Verteidiger angaben, solche Verfahren noch nicht erlebt zu haben.[85]
Die Antworten zu der Frage, um welche Verfahren es sich gehandelt habe, in denen drei Wahlverteidiger nicht ausgereicht hätten, ergibt diese Reihenfolge:

1. Umfangsverfahren
2. Wirtschafts- und Steuerstrafverfahren
3. Politische Verfahren
4. Mordprozesse

Diese Reihenfolge stimmt weitgehend mit den Angaben zu den Verfahren überein, in denen mit ein oder zwei Kollegen die Verteidigung übernommen wurde. Aus der Sicht der befragten Anwälte kann es also Konstellationen geben, in denen die Neuregelung des § 137 I StPO zu einer Beeinträchtigung der Verteidigung führt, v.a. in Umfangsverfahren, in Wirtschafts- und Steuerstrafverfahren und in politischen Verfahren.

Da es wegen des aufgezeigten politischen Kontextes unwahrscheinlich ist, daß Satz 2 des § 137 I StPO - entsprechend den oben zitierten Forderungen in der Literatur - gestrichen wird, bleibt zu hoffen, daß die Beschränkung zumindest auf fünf Wahlverteidiger reduziert wird.

---

83) Vgl. unten, S. 108.
84) Vgl. unten, S. 107ff.
85) Einige Anwälte der zuletzt genannten Gruppe ergänzten ihre Antwort dahin, daß die Angaben auf Grund mangelnder Erfahrung mit derartigen Prozessen nicht gleichbedeutend sei mit der Billigung der gesetzlichen Regelung.

Um die Waffengleichheit zu sichern, ist es bei einer Beibehaltung einer Beschränkung dringend notwendig, die Zahl der Staatsanwälte ebenfalls adäquat zu beschränken.

1.3. Das Verbot der Verteidigung mehrerer Beschuldigter durch einen Verteidiger (sog. Verbot der "Mehrfachverteidigung", § 146 StPO)

Das Verbot mehrerer Beschuldigter durch einen Verteidiger, das häufig als Verbot der "Mehrfachverteidigung" bezeichnet wird, wurde durch die verunglückte Änderung des § 146 StPO durch das Gesetz zur Ergänzung des Ersten Gesetzes zur Reform des Strafverfahrensrechts (ErgG 1. StVRG)[86] zu einem für mehrere Jahre schwerwiegenden Problem. Erst durch das Strafverfahrensänderungsgesetz 1987 (StVÄG 1987)[87], das eine erneute Änderung des § 146 StPO brachte, ist eine gewisse Beruhigung eingetreten.
Gegen die Abkehr von der rund 100 Jahre lang unverändert geltenden Fassung des § 146 StPO[88] durch das ErgG 1. StVRG[89] wurden und werden generelle Bedenken erhoben.[90] Es ist dem Ge-

---

86) BGBl 1974 I, 3686 (20.12.1974). Diese Regelung war auch verfassungsgemäß (BVerfGE 39, 156-169). Vgl. zu dieser Entscheidung auch KRÄMER, a.a.O. 1978, 14; MARTIN, a.a.O. 1977, 656ff; RÖHMEL, a.a.O. 1976, 521f.; SANNWALD, a.a.O. 1980, 10ff.

87) BGBl 1987 I, 475.

88) § 146 StPO lautete bis zur Reform durch das ErgG 1. StVRG: "Die Verteidigung mehrerer Beschuldigter kann, sofern dies der Aufgabe der Verteidigung nicht widerstreitet, durch einen gemeinschaftlichen Verteidiger geführt werden."

89) § 146 StPO lautete bis zur Reform durch das StVAG 1987: "Die Verteidigung mehrerer Beschuldigter durch einen gemeinschaftlichen Verteidiger ist unzulässig."

90) Vgl. hierzu v.a.: ARBEITSKREIS STRAFPROZESSREFORM, a.a.O. 1979, 48; DAHS, a.a.O. 1975, 1387, 1390; DÜNNEBIER, a.a.O. 1976, 6f.; GÖDDEKE, a.a.O. 1980, 140f.; HAMM, a.a.O. 1981, 52; HANNOVER, a.a.O. 1978, 228f.; HASSEMER, a.a.O. 1980, 330; HELDMANN, a.a.O 1975, 315ff.; HELDMANN, a.a.O. 1977, 195ff; HERRMANN, a.a.O. 1976, 418; JUNG, a.a.O. 1975, 263; KRÄMER, a.a.O. 1976, 1664ff.; KREKELER, a.a.O. 1979, 214; MÜLLER, I., a.a.O. 1977a, 22; MÜLLER, I., a.a.O. 1980, 104;

setzgeber jedoch zuzugeben, daß nach der Entscheidung des Bundesverfassungsgerichts vom 14.2.1973 ("Schily-Beschluß")[91] die Ausschließung des Verteidigers insgesamt geregelt werden mußte, wozu auch der (unsystematisch plazierte) Komplex der Ausschließung wegen unzulässiger "Mehrfachverteidigung" gehört.[92] Auffallend ist jedoch, daß entgegen der Regelung der §§ 138a ff. StPO bei der Neuregelung des § 146 StPO durch das ErgG 1. StVRG ein wichtiger Teil, nämlich das Ausschließungsverfahren, nicht geregelt ist. Damit entsprach diese Neuregelung in wesentlichen Teilen nicht den Anforderungen, die das Bundesverfassungsgericht an die durch den Gesetzgeber zu schaffende Regelung des Verteidigungsausschlusses gestellt hatte.[93] Dies nährt die Mutmaßungen darüber, daß die Gesetzesänderung doch enger mit der Terrorismusgesetzgebung zusammenhängt, als dies in den Materialien und in den begleitenden Veröffentlichungen zum Ausdruck kommt[94]: Die Neufassung war zwar schon in dem Entwurf eines Zweiten Gesetzes zur Reform des Strafverfahrens-

QUACK, a.a.O. 1975a, 262; QUACK, a.a.O. 1975b, 1339; ROESEN, a.a.O. 1975, 132; ROXIN, a.a.O. 1987, 105; RUDOLPHI, a.a.O. 1976, 168f.; SCHMIDT-LEICHNER, a.a.O. 1975, 419; ULSENHEIMER, a.a.O. 1975, 115; WÄCHTLER, a.a.O. 1983, 49ff.; WELP, a.a.O. 1980, 43; v. WINTERFELD, a.a.O. 1977a, 225; ZUCK, a.a.O. 1975, 434f.

91) BVerfGE 34, 293-307.

92) Die Notwendigkeit der Änderung des § 146 StPO auf Grund der Entscheidung des BVerfG (BVerfGE 34, 293-307) bestreitet u.a.: KRÄMER, a.a.O. 1976, 1664; WÄCHTLER, a.a.O. 1983, 49. Für eine strenge Regelung vgl. u.a.: BAUMANN, a.a.O. 1975, 42; DEUTSCHER ANWALTVEREIN, a.a.O., 1975, 17; DEUTSCHE STRAFVERTEIDIGER, a.a.O. 1980, 26; GROSS, a.a.O. 1974, 30; RUDOLPH, a.a.O. 1973, 259f.; STRAFRECHTSAUSSCHUSS DER BUNDESRECHTSANWALTSKAMMER, a.a.O. 1984, 5.
Vgl. dazu auch die Diskussion im BT-Rechtsausschuß, BT-Rechtsausschuß 10/100, S. 13ff.
Die Notwendigkeit der Reform betont: RIESS, a.a.O. 1988, 162.

93) Vgl. BVerfGE 34, 293, 302: "... und wer im Streitfall darüber zu befinden hat." Vgl. dazu auch SCHMIDT, a.a.O. 1977, 529.

94) BT-Drucksache 7/2526, 11, 24f.; RIESS, a.a.O. 1977, 69f.; VOGEL, a.a.O. 1978, 1222.

rechts (2. StVRG) vom 6. September 1974[95] enthalten, ist dann jedoch in dem ErgG 1. StVRG vom 20. Dezember 1974 aufgegangen[96] und hat in Verbindung mit der Neuregelung des § 137 I (2) StPO (Beschränkung der Zahl der Wahlverteidiger) zu einer durchgreifenden Entflechtung der Verteidigung im Terrorismus-Verfahren geführt.[97] PETERS sieht daher den Sinn und Zweck der Bestimmung sicher nicht leichtfertig darin, "Zwischenträgereien unter den Beschuldigten über den gemeinschaftlichen Verteidiger zu verhindern."[98] Es bestehen somit nach wie vor Zweifel daran, daß die vom Gesetzgeber allein gegebene Begründung für die Änderung des § 146 StPO, nämlich Interessenkollisionen bei Verteidigung mehrerer Beschuldigter durch einen Verteidiger von vornherein zu beseitigen[99], nicht alle Motive des Gesetzgebers enthält.[100] Die von DÜNNEBIER erhobene Forderung nach einer

95) BT-Drucksache 7/2526; BT-Drucksache 7/2989, 3; vgl. LAMPE, a.a.O. 1975, 529.
96) BGBl 1974 I, 3686.
97) Für den engen Zusammenhang mit den Terrorismus-Verfahren sprechen v.a. die Ausführungen von REBMANN, a.a.O. 1979, 366. Die genannten Fehlleistungen des Gesetzgebers werden auch nur vor dem Hintergrund eines hohen Zeitdrucks auf Grund der Terrorismus-Verfahren verständlich, so daß auch von daher die von HEINICKE, a.a.O. 1978, 1497 in die Diskussion gebrachte und von REBMANN, a.a.O. 1981, 41, 42 aufgenommene Unterscheidung zwischen dem 2. StVRG und dem ErgG 1. StVRG zwar formal richtig ist, aber keine durchschlagende Überzeugungskraft besitzt. Vgl. zu diesem Komplex auch: KREKELER, a.a.O. 1981, 5; NESTLER-TREMEL, a.a.O. 1988, 107f.; RIESS, a.a.O. 1988, 162; RUDOLPHI, a.a.O. 1976, 168f.; v. WINTERFELD, a.a.O. 1977b, 266.
98) PETERS, a.a.O. 1975, 130; auch in späteren Kommentierungen wird dieser Zweck weiterhin angeführt; PETERS, a.a.O. 1981, 207.
99) BT-Drucksache 7/2526, S. 25.
100) Sehr eingehend diskutiert DÜNNEBIER, a.a.O. 1988, 271ff. die Entstehungsgeschichte und kritisiert: "... Aber der Übergang vom konkreten Interessenwiderstreit zu der objektiv gefaßten Gefahr einer Interessenkollision bleibt aufrechterhalten und der Anlaß zu dieser umstürzenden Änderung sowie die ihr zugrundeliegenden Fallkonstellationen sind nicht offengelegt." (a.a.O 1988, 284) Vgl. dazu auch NESTLER-TREMEL, a.a.O. 1986, 534.

offenen Darlegung aller Zwecke der Gesetzesänderung[101] kann daher nicht deutlich genug unterstrichen werden.

Die Fehlinterpretationen Vorschub leistende Unklarheit über die wirklichen Motive des Gesetzgebers, die fehlende Verfahrensregelung und nicht zuletzt die Strenge des Gesetzesverbots haben zu einer großen Zahl von Problemen für die Rechtsprechung geführt, von denen hier nur vier exemplarisch dargestellt werden sollen:

1. Kontaktaufnahme zwischen Mandant und Anwalt

Es war strittig, ob § 146 StPO schon der Kontaktaufnahme zwischen Verteidiger und Mitbeschuldigtem zur Prüfung einer evtl. Mandatsübernahme entgegensteht[102]; ebenso sollte auf der einen Seite die Auswahl eines Verteidigers für einen Mitbeschuldigten[103] unter § 146 StPO fallen, während auf der anderen Seite das Tätigwerden eines Verteidigers in Untervollmacht für den Verteidiger eines Mitbeschuldigten dem Verbot der "Mehrfachverteidigung" nicht entgegenstand, solange keine "Verteidigertätigkeit im eigentlichen Sinne"[104] entfaltet wurde.
Nach der Änderung des § 146 StPO durch das StVÄG 1987 ist es jedoch zulässig, ein Anbahnungsgespräch mit dem Mitbeschuldigten zu führen.[105]

2. "Mehrfachverteidigung" durch Sozietät

Hinsichtlich Sozietäten bestand die Gefahr, daß diese als eine Einheit angesehen wurden und somit eine Sozietät jeweils nur einen Beschuldigten eines Verfahrens hätte verteidigen können[106]; diese Tendenz führte auch zu rechtlich kaum haltbaren Differenzierungen, z.B. die Zulassung einer Sozietät zur Verteidigung mehrerer Mitbeschuldigter von ei-

---

101) DÜNNEBIER, a.a.O. 1988, 285.
102) Gegen ein Verbot von Anbahnungsgesprächen: OLG Düsseldorf StV 1984, 106; für ein Verbot: BGH St 28, 67; KG StV 1985, 405 m. Anm. Hassemer, der eine Reduktion des Anwendungsbereichs des § 146 StPO auf den **offensichtlichen** Widerstreit der Interessen fordert.
103) OLG München NJW 1983, 1688.
104) LG Bremen StV 1985, 143; vgl. dazu auch DAHS, a.a.O. Handbuch, Rdn. 90 n.w.N.; HAMM/LOHBERGER (HASSEMER), a.a.O. 1988, 14; NESTLER-TREMEL, a.a.O. 1988, 104.
105) NESTLER-TREMEL, a.a.O. 1988, 104.
106) Vgl. hierzu SCHNEIDER, a.a.O. 1977, 973 unter Bezugnahme auf OLG Hamburg NJW 1975, 1239 und OLG Karlsruhe NJW 1976, 249. Vgl. auch OLG Karlsruhe AnwBl. 1975, 247; LG Krefeld NJW 1976, 1415.

ner Interessenkollision abhängig zu machen, wobei eine solche dann nicht auszuschließen gewesen sein sollte, wenn die Sozien einer Zweiersozietät miteinander verheiratet waren.[107]
Dieser Tendenz wurde durch eine Reihe von Entscheidungen entgegengetreten, in denen klargestellt wurde, daß eine Verteidigung mehrerer Beschuldigter durch eine Sozietät dann nicht gegen § 146 StPO verstößt, wenn die Vollmacht jedes Mitbeschuldigten jeweils auf einen Sozius beschränkt ist[108]*, z.T. wurden dafür auch verfassungsrechtliche Gründe herangezogen*[109]*.*
Es ist nunmehr unbestritten, daß Sozietäten mehrere Mitbeschuldigte verteidigen können, wenn sich die Vollmacht jeweils nur auf einen Sozius erstreckt.[110]

3. Sukzessive Verteidigung

Unter "sukzessiver Verteidigung" versteht man solche "Fälle der Verteidigung mehrerer Beschuldigter durch einen Verteidiger, bei denen die einzelnen Mandate ***zeitlich nacheinander*** *ausgeübt werden".*[111] *Das Verbot der sukzessiven Verteidigung gemäß § 146 StPO galt nach der Rechtsprechung unabhängig davon, in welchem Umfang der Verteidiger in dem ersten Verfahren tatsächlich tätig geworden war*[112] *und auch dann, wenn sich die Tätigkeit des Verteidigers auf "rein formelles Gebiet" beschränkt hatte*[113]*; es kam ferner nicht darauf an, ob ein Interessenwiderstreit tatsächlich bestand*[114]*, ob die sukzessive Verteidigung in einem Verfahren*[115] *oder in getrennten Verfahren nacheinander stattfand.*[116] *§ 146 StPO stand bei einem Tätigwerden im mündlichen Haftprüfungstermin für den Mitangeklagten den Verteidigungshandlungen für den anderen Angeklagten nach Anklageerhebung entgegen*[117]*, anders war es jedoch, wenn der Mitbeschuldigte inzwischen ver-*

---

107) LG Hannover AnwBl. 1975, 405.
108) Vgl. LG Düsseldorf AnwBl. 1975, 366; OLG Karlsruhe AnwBl. 1976, 304; OLG München NJW 1976, 863; OLG Hamburg NJW 1976, 904; OLG Karlsruhe NJW 1976, 1417; OLG Karlsruhe AnwBl. 1976, 304; BGH NstZ 1983, 228.
109) AG Essen NJW 1975, 1239; LG Düsseldorf NJW 1975, 1849; grundsätzlich klärend: BVerfGE 43, 79-85; vgl. auch BVerfGE 45, 272-297.
110) NESTLER-TREMEL, a.a.O. 1988, 107; KLEINKNECHT/MEYER, a.a.O. 38, § 146 Rdn. 8.
111) GÜNTHER, a.a.O. 1981, 816. Vgl. zu der Diskussion um die sukzessive Verteidigung v.a. BEULKE, a.a.O. 1985, 289ff.
112) BGH NJW 1978, 1815.
113) OLG Düsseldorf NStZ 1983, 471.
114) OLG Frankfurt NJW 1980, 898.
115) OLG Hamburg NJW 1976, 250.
116) OLG Düsseldorf NJW 1975, 2220.
117) LG Frankfurt NJW 1977, 820.

storben war[118] bzw. wenn der Anwalt nur tatsächliche Verteidigungshandlungen vorgenommen hatte, ohne die rechtliche Stellung eines Verteidigers zu haben[119]. Strittig war, ob die Übernahme der Verteidigung des Mitbeschuldigten möglich war, wenn das Verfahren gegen den anderen nach § 170 II StPO[120] oder wegen Geringfügigkeit (nach § 47 OWiG)[121] eingestellt worden war. Ebenso strittig war die Anwendung des § 146 StPO bei rechtskräftigem Abschluß des Verfahrens gegen einen Mitbeschuldigten[122]. Die Niederlegung des Mandats führte nicht zur Befreiung vom Verbot des § 146[123], es sei denn, es wäre auszuschließen gewesen, daß die Übernahme der "zweiten" Verteidigung einen Einfluß auf die "erste" Verteidigung gehabt hatte.[124] Bei der Feststellung der Reihenfolge der Mandatsübernahme sollte es auf das Datum der Vollmacht ankommen[125]; bei zeitlich unklarer oder gleichzeitiger Übernahme waren beide Mandate unzulässig[126]; im übrigen war aber strittig, ob bei zeitlich nachfolgender Übernahme beide Mandate unzulässig waren[127] oder nur die später übernommene Verteidigung[128].

Dem allem wurde durch das StVÄG 1987 ein Ende gesetzt, da seither die sukzessive Verteidigung zulässig ist.[129] Es kommt nunmehr ausschließlich darauf an, daß das eine Mandat ***rechtlich*** *beendet ist, bevor der Verteidiger das Mandat eines anderen Mitbeschuldigten übernimmt.[130]*

---

118) BGH St 27, 315.
119) OLG Frankfurt NJW 1978, 333; vgl. auch OLG Frankfurt StV 1983, 190 und OLG Düsseldorf StV 1984, 106 (irrtümliche Unterzeichnung eines Empfangsbekenntnisses).
120) Keine Anwendung des § 146 StPO: LG Verden StV 1981, 334; AG Bremen StV 1982, 67.
Für Anwendung des § 146 StPO: BGH NStZ 1981, 95; BGH NStZ 1981, 190.
121) Für Anwendung des § 146 StPO: OLG Koblenz NJW 1978, 2608.
122) Keine Anwendung des § 146 StPO: LG Memmingen NJW 1976, 252; OLG Hamm NJW 1980, 1060.
Für Anwendung des § 146 StPO: OLG München NJW 1976, 252; OLG Hamburg NJW 1976, 1417; BGH NJW 1976, 1902; BVerfG NJW 1977, 800; auch bei Freispruch des Mitbeschuldigten: OLG Bamberg NJW 1977, 822; OLG Hamm NJW 1979, 64.
123) BGH (Ermittlungsrichter) MDR 1977, 507.
124) OLG Düsseldorf NStZ 1983, 88.
125) OLG Koblenz NJW 1978, 2609.
126) OLG Koblenz NJW 1980, 1178; OLG Hamm NJW 1980, 1059.
127) OLG Hamm NStZ 1983, 378; OLG Hamm NStZ 1985, 527.
128) BGH St 27, 148; LG Verden StV 1981, 119; OLG Hamm NStZ 1984, 425; OLG Düsseldorf StV 1986, 521; OLG Hamm NStZ 1984, 425.
129) Vgl. MEYER-GOSSNER, a.a.O. 1987, 1163. NESTLER-TREMEL, a.a.O. 1988, 106f.; RIESS/HILGER; a.a.O. 1987, 127.
130) So richtig OLG Karlsruhe NStZ 1988, 567; vgl. dazu auch MÜLLER, E., a.a.O. 1989, 112.

4. Zurückweisungsbeschluß oder Unzulässigkeit kraft Gesetzes

Wegen der fehlenden Verfahrensregelung war es umstritten gewesen, welche Wirkung ein Vorstoß gegen § 146 StPO entfaltete: teilweise wurde angenommen, die Verteidigung sei kraft Gesetzes unwirksam[131], teils wurde aber auch die Ansicht vertreten, die Verteidigung sei erst nach einem Zurückweisungsbeschluß durch das Gericht[132] unwirksam[133]; der BGH hielt darüber hinaus auch jene Prozeßhandlungen für unwirksam, die den unmittelbaren Anlaß zur Prüfung der Ordnungsmäßigkeit der Verteidigung gegeben hatte[134].

Seit Einfügung des § 146a StPO durch das StVÄG 1987 ist klargestellt, daß zur Zurückweisung ein Beschluß notwendig ist und daß alle Prozeßhandlungen vor dem Zurückweisungsbeschluß wirksam sind. [135]

Aus der Befragung der Anwälte[136] läßt sich entnehmen, daß die Änderung des § 146 StPO durch das ErgG 1. StVRG auf weitgehende Ablehnung stieß und die Probleme der Anwälte mit dieser neuen Regelung auch durch das StVÄG 1987 nur partiell beseitigt worden sind.

Auf die Frage[137], ob sie es begrüßen würden, wenn sie auch **mehrere Angeklagte verteidigen** könnten, antworteten **68%** der Verteidiger mit "**ja**", während nur **32%** der Anwälte mit "**nein**" antworteten. Damit waren rund 2/3 der Rechtsanwälte grundsätzlich gegen das Verbot der "Mehrfachverteidigung" eingestellt. Typische Begründungen für die jeweiligen Einstellungen waren:

Für die Neuregelung (Interview Nr. 18):

"Ich habe mich von Anfang an für ein Gesetzesverbot eingesetzt, da ich in vielen Fällen Konfliktsituationen erlebt habe. Ein Verteidiger kann die Fälle nicht auseinanderhalten."

---

131) BayObLG NJW 1976, 156; BayObLG NJW 1976, 861; OLG Karlsruhe NJW 1976, 249; OLG Köln NStZ 1981, 490.
132) Das BVerfG hielt sogar die Zurückweisung durch die Staatsanwaltschaft für möglich: BVerfG NJW 1976, 231.
133) BGH St 26, 291; BGH St 26, 335; BGH St 27, 124; OLG Düsseldorf NStZ 1982, 480; OLG Düsseldorf NStZ 1984, 235; OLG Stuttgart NStZ 1985, 326.
134) BGH St 26, 335; BGH St 26, 367.
135) MEYER-GOSSNER, a.a.O. 1987, 1163; RIESS/HILGER, a.a.O. 1987, 147; BURMANN, a.a.O. 1987, 37f.
136) FB II 10a) und 10b).
137) FB II 10a).

Gegen die Neuregelung (Interview Nr. 42):

"Persönlich halte ich die frühere Regelung für besser. Ich würde eine Lockerung begrüßen, denn es gibt Fälle, insbesondere Ehepaare, in denen durchaus keine Konfliktsituationen auftreten müssen. Ich halte das Gesetz für zu starr."

Zusammengefaßt ergibt sich folgende Gewichtung der Begründungen[138] pro und contra § 146 StPO:

26% der Anwälte meinten, die Interessenlage der Mandanten sei gleich, so daß sich eine Interessenkollision nicht ergeben würde.

16% der Verteidiger führten die finanzielle Lage ihrer Mandanten an, die es ratsam erscheinen ließe, auch unter diesem Gesichtspunkt für die gemeinschaftliche Verteidigung einzutreten.

9% der Befragten waren der Ansicht, daß ein Interessenkonflikt unvermeidbar sei und deswegen die Neufassung ihre volle Berechtigung habe.

29% der Befragten gaben (standes-)politische oder andere (individuelle, nicht quantifizierbare) Gründe für ihre jeweiligen Einstellungen an.

30% gaben keine Begründung für ihre Einstellung an.

Danach befragt[139], wie **Konfliktsituationen** gegebenenfalls gelöst worden waren bzw. gelöst würden, verwies die überwiegende Zahl der Verteidiger auf das **Standesrecht**: Dies sei das richtige Instrument zur Lösung dieser Fälle. Es wurde damit auf § 45 Nr. 2 BRAO angespielt, nach dem ein Rechtsanwalt nicht tätig werden darf, wenn er eine andere Partei in derselben Rechtssache bereits im entgegengesetzten Interesse beraten oder vertreten hat.[140] Vereinzelt wurde auch **§ 356 StGB (Parteiverrat)** als die Grenze der gemeinschaftlichen Verteidigung angegeben.
Nur von wenigen Verteidigern wurde ausdrücklich darauf hingewiesen, daß sie beim Eintritt eines Konfliktfalles **ganz** aus dem Verfahren ausscheiden würden, also **beide** Mandate aufgäben. Auf

---

138) In einigen Fällen wurden mehrere Gründe angegeben.
139) FB II 10b).
140) Vgl. DAHS, a.a.O. Handbuch, Rdn. 103.

Grund der Interviews ergab sich der Eindruck, daß die Mehrzahl der Verteidiger der wohl auch von DAHS[141] vertretenen Ansicht zuneigt, daß es nur notwendig sei, das später übernommene Mandat niederzulegen.

Die Untersuchung zeigt, daß auch die Anwaltschaft in ihrer Einstellung zu § 146 StPO gespalten ist. Dem liegen offensichtlich unterschiedliche Erfahrungen in Konfliktsituationen bei gemeinschaftlichen Verteidigungen zugrunde. Typische Konfliktsituationen konnten jedoch nicht in größerer Zahl ermittelt werden.
Daß sich die Skepsis gegenüber § 146 StPO auch nach der Neufassung durch das StVÄG 1987 nicht grundsätzlich verändert haben dürfte, zeigt das wiederholt angefügte Beispiel des Ehepaares, das interessenkonfliktfrei gemeinsam verteidigt werden könnte. An dem Verbot hieran hat sich auch durch das StVÄG 1987 nichts geändert.
Eine Veränderung zu Gunsten der Rechtsanwälte ist allerdings durch die Zulassung der sukzessiven Verteidigung eingetreten: Der Verteidiger hat nun die Übernahme der Mandate wieder an Hand des § 45 Nr. 2 BRAO bzw. des § 356 StGB zu überprüfen, insoweit ist eine Rückverlegung in die Verantwortung der Rechtsanwälte erfolgt. Die hier mangels Rechtsgrundlage unmögliche Zurückweisung eines Verteidigers trotz offensichtlichen Interessenkonflikts zeigt, daß der Gesetzgeber sein urspüngliches Ziel, Interessenkonflikten generell vorzubeugen, aufgegeben hat. Diese Rückführung des Verbots auf die ursprüngliche Begründung der Gesetzesänderung und die neu entstandenen Friktionen lassen erwarten, daß die Diskussion um § 146 StPO noch nicht beendet, aber wohl erheblich entschärft ist.

---

141) BEULKE, a.a.O. 1985, 293.

2. Die Spezialisierung der Verteidiger

2.1. Die Spezialisierung

Die Spezialisierung der Rechtsanwälte, also die Konzentrierung der anwaltlichen Tätigkeit auf ein Rechtsgebiet, wurde bereits um die Jahrhundertwende[142)] diskutiert, war jedoch - obwohl die Spezialisierung zumindest rudimentär bereits Rechtswirklichkeit war[143)] - auch nach dem Zweiten Weltkrieg noch eher im Stadium der Forderung nach einer der zunehmenden Ausdifferenzierungen des Rechts und der Gerichtsbarkeit gerecht werdenden Schwerpunktbildung[144)] bei der Beherrschung der Rechtsgebiete denn bei einer Realisierung dieses Ziels. Die soziale Wirklichkeit änderte sich aber spätestens im Verlauf der sechziger und siebziger Jahre, denn nun wird es als "selbstverständlich" bezeichnet, daß in Anwaltssozietäten eine Spezialisierung stattgefunden hat, ja daß sich auch in kleineren bis mittleren Sozietäten und in Einzelpraxen Spezialisten finden.[145)]

Diese Untersuchung basiert bereits darauf, daß sich Teile der Anwaltschaft spezialisiert haben[146)] und spiegelt so auch ein Stück sozialer Realität der Anwaltschaft wider.[147)]

---

142) BRANGSCH, a.a.O. 1980, 1818; vgl. auch EGH JW 1923, 609, 611.
143) BRANGSCH, a.a.O. 1980, 1818.
144) OPPENHOFF, a.a.O. 1967, 270.
145) SCHARDEY, a.a.O. 1978, 43; vgl. auch SCHARDEY, a.a.O. 1979, 257, ebenso DEUTSCHE ANWALTSAKADEMIE, a.a.O. 1984, 83: "Richtig sein dürfte auch, daß schon jetzt viele Anwälte Schwerpunkte ihrer Tätigkeit gebildet haben und sich häufig nur bestimmten Rechtsgebieten zuwenden". "... die Tendenz ... hielt an": Zuck, a.a.O. 1986, 816.
Mit der Spezialisierung junger Anwälte setzt sich besonders auseinander HOMMERICH, a.a.O. 1988a, 24ff.; HOMMERICH; a.a.O. 1988b, 87ff.
146) Vgl. oben, S. 10.
147) Zu weiteren Forschungen auf diesem Gebiet vgl. die Nachweise bei HOMMERICH, a.a.O. 1988a, 4; HOMMERICH, a.a.O. 1988b, 13; vgl. auch MÜTZELBURG, a.a.O. 1982, 278ff.

Bei der Spezialisierung der Anwälte ist zu unterscheiden zwischen der Spezialisierung im weiteren Sinn und der Spezialisierung im engeren Sinn. Unter der **Spezialisierung im weiteren Sinn** wird die Spezialisierung auf ein Rechtsgebiet bzw. eine Gerichtsbarkeit verstanden, also etwa die Spezialisierung auf Arbeitsrecht, Verwaltungsrecht oder - wie hier - auf Strafrecht bzw. Strafverteidigung. Davon zu unterscheiden ist die **Spezialisierung im engeren Sinn**[148)], unter der eine zusätzliche Spezialisierung im Rahmen der "Spezialisierung im weiteren Sinn" verstanden wird, also die Konzentration der anwaltlichen Tätigkeit im Rahmen der Strafverteidigung (Spezialisierung im weiteren Sinn) auf z.B. Wirtschaftsstraftaten, Gewaltkriminalität, Drogenkriminalität, politische Strafverfahren o.ä..

2.1.1. Spezialisierung im weiteren Sinn

Über das Ausmaß der Spezialisierung im weiteren Sinn geben die Daten über den durchschnittlichen Anteil der Strafverteidigungen an der Gesamtfallzahl[149)] Auskunft.

Tabelle Nr. 7: Durchschnittlicher Anteil der Strafverteidigungen an der Gesamtfallzahl[150)]

Gruppe		Anteil der Strafverteidigungen in %
1	Verein	52
2	Strafverteidiger	53
3	Privat	50
4	AN/GÖ	21
5	Strauda	51
Durchschnitt insgesamt		48

148) ZUCK, a.a.O. 1987a, 204 spricht hier von "Subspezialität".
149) FB I 3.
150) Vgl. zu den einzelnen Gruppen oben, S. 11.

Bei den vier Gruppen (1, 2, 3, 5), die für sich eine Spezialisierung im weiteren Sinn beanspruchen, liegt demnach der **durchschnittliche** Anteil der Strafverteidigungen bei ca. 52% aller übernommenen Mandate, während es bei der Gruppe der nicht spezialisierten Anwälte nur 21% der Fälle sind. Es kann deshalb gesagt werden, daß Spezialisierung im weiteren Sinn **nicht generell** gleichbedeutend ist mit einer völligen Beschränkung auf ein Rechtsgebiet.

Für die Auswirkung der Spezialisierung im weiteren Sinn zeigen die Daten über die Spruchkörperverteilung der Verteidigungen[151] einige interessante Aspekte.

Tabelle Nr. 8: Spruchkörperverteilung der Verteidigungen

Anteil in %	Strafrichter	Schöffengericht	Strafk. 1. Inst.	Strafk. Berufung	Revision OLG/BGH
0-4	8	9	17	51	70
5-30	49	67	41	49	30
31-60	27	24	26	0	0
61-90	16	0	16	0	0
Durchschnitt	32	24	32	5	3

Die Tabelle zeigt, daß 8% der Verteidiger in bis zu 4% ihrer Fallzahlen ihre Mandanten vor dem Strafrichter vertreten, 49% der Verteidiger in bis zu 30%, 27% der Verteidiger in bis zu 60% und 16% der Verteidiger in bis zu 90% u.s.w.
Interessant werden die Zahlen, wenn man sie in Beziehung setzt mit den in der Rechtspflegestatistik[152] und den von RIESS[153]

151) FB II 7.
152) STATISTISCHES BUNDESAMT, a.a.O. 1981, 20, 28.
153) RIESS, a.a.O. 1985a, 211.

mitgeteilten Angaben. Danach[154] ergibt sich ein Verhältnis von AG-Verfahren mit Verteidigerbeteiligung zu LG-Verfahren von ca. 48:1, während hier ein Verhältnis von durchschnittlich 1:1[155] festgestellt werden kann. Bei allem Vorbehalt wegen der Unterschiedlichkeit der Ausgangsdaten kann zumindest von einer **Tendenz** dahingehend gesprochen werden, daß auf Strafverteidigung spezialisierte Anwälte deutlich mehr vor höheren Instanzen verteidigen als vor dem Amtsgericht (Strafrichter bzw. Schöffengericht).

Der Arbeitsbereich der befragten Anwälte läßt sich weiter durch die von ihnen **am häufigsten vertretenen Straftaten**[156] näher beschreiben. Die Auswertung ergab dazu folgende Reihenfolge (in Klammern % der Anwälte, Mehrfachnennungen waren möglich):

1. Verkehrsdelikte (30%)
2. Diebstahl, besonders schwerer Fall des Diebstahls (25%)
3. Wirtschafts- und Steuerdelikte (23%)
4. Tötungsdelikte (10%)
5. Betrug (9%)
6. Politische Verfahren (6%)
7. Ärzteverfahren (6%)
8. Fahrlässige Tötung (4%)

154) Die Rechtspflegestatistik 1980 (STATISTISCHES BUNDESAMT, a.a.O. 1981, 20) weist für die AGe 1 431 635 erledigte Strafsachen und Bußgeldverfahren aus, für die LGe (a.a.O. 1981, 28) 11 449 erledigte Strafsachen. Dies entspricht einem Verhältnis von 125:1. RIESS (a.a.O. 1985a, 212) gibt für die AGe (Strafrichter und Schöffengerichte) um die Strafbefehlsanträge und die Erzwingungshaftanträge nach dem OWiG bereinigte Zahlen von insgesamt (Tabelle 1 und 3 jeweils für 1980) 920 107 Verfahren an, das ergibt zu den 11 449 LG-Verfahren ein Verhältnis von etwa 80:1. Geht man nun nach den Berechnungen von RIESS davon aus, daß in rund 60% der AG-Verfahren Verteidiger mitwirken, so ergibt sich ein Verhältnis von ca. 48:1.

155) Der Anteil der Mandate auf der AG-Ebene beträgt durchschnittlich 28%, der durchschnittliche Anteil auf der LG-Ebene beträgt 32%, das entspricht exakt einem Verhältnis von 0,8:1.

156) FB II 6a).

9. Körperverletzung (4%)
10. Gewaltkriminalität (4%)

Ist der hohe Anteil der Verkehrs- und der Eigentumsdelikte mit dem hohen Anteil an den Straftaten zu erklären, so überrascht hier der beachtliche Anteil an Wirtschafts- und Steuerverfahren. Dies kann mit dem großen Bedürfnis der hier betroffenen Gruppen, möglichst effizient verteidigt zu werden, erklärt werden.
Die Liste bestätigt, wenn auch nicht so deutlich, die Tendenz, daß spezialisierte Anwälte eher vor höheren Instanzen verteidigen, da hier mehr Verfahren genannt wurden, die normalerweise vor dem Landgericht verhandelt werden, als solche, die vor dem Amtsgericht stattfinden.

2.1.2. Spezialisierung im engeren Sinn

In den Interviews zeigt sich, daß es neben der Spezialisierung im weiteren Sinn auch noch die Spezialisierung im engeren Sinn gibt, daß also die Spezialisierung eines Anwaltes noch weiter gehen kann als die Konzentration der Arbeit auf Strafverteidigung schlechthin[157].
38 der 70 befragten Anwälte gaben an, daß sie sich in einem Bereich besonders spezialisiert hätten. Geht man davon aus, daß sich 49 der 70 Gesprächspartner im weiteren Sinn spezialisiert hatten[158], ergibt sich, daß sich 77% dieser Anwälte auch im engeren Sinn spezialisiert hatten, so daß die Spezialisierung im engeren Sinn sogar als typisch für einen Strafverteidiger genannt werden kann.
Von den Rechtsanwälten wurden folgende Bereiche der Spezialisierung im engeren Sinn angegeben (in Klammern Anzahl/% der Spezialisten im weiteren Sinn):

157) FB II 6b) und 6c).
158) Vgl. oben, S. 10.

1. Wirtschafts- und Steuerdelikte (9/24%)
2. Betrug (8/21%)
3. Mord/Totschlag (5/13%)
4. Verkehrsdelikte (4/10%)
5. Revisionen (4/10%)
6. Verfahren gegen Ärzte (Körperverletzung, fahrlässige Tötung) (2/5%)
7. Politische Verfahren (2/5%)
8. Gewaltkriminalität (Vergewaltigung, Körperverletzung, Förderung der Prostitution) (1/3%)
9. "Weinstrafrecht" (1/3%)
10. Drogenkriminalität (1/3%)
11. Jugendstrafverfahren (1/3%)

Der Anteil dieser "Spezialistenfälle" an der Gesamtzahl der Verteidigungen betrug durchschnittlich 24%, so daß etwa nur ein Viertel der Strafverfahren in den Bereich der Spezialisierung im engeren Sinn fällt. Es zeigt sich so, daß Spezialisierung im engeren Sinn generell nicht gleichbedeutend ist mit der Reduzierung der anwaltlichen Tätigkeit auf solche Fälle.
Der von HAMM[159] vorgetragenen Befürchtung, daß sich derart spezialisierte Verteidiger "... früher oder später im Kreise ... drehen", kann auf Grund dieser Untersuchung nicht gefolgt werden, denn zum einen betragen die Fälle der Spezialisierung im engeren Sinn wie gesagt nur rund ein Viertel der Strafverteidigungen eines spezialisierten Anwalts, zum anderen aber auch, weil die Spezialisierung kaum zu einer "Milieubindung" des Anwalts führen kann, da es sich hier weitgehend um schicht- und milieuübergreifende Verfahen handelt. Der Grund für derartige Abhängigkeiten dürfte - wenn sie bestehen - eher in der Persönlichkeit des Anwalts denn in der Spezialisierung zu finden sein.

Auf Grund dieser Untersuchung kann zusammenfassend gesagt werden, daß ein auf Strafsachen spezialisierter Anwalt in der

---

159) HAMM, a.a.O. 1981, 56.

Regel auf einen Bereich des Strafrechts, des Strafverfahrensrechts oder für eine bestimmte Delinquentengruppe besonders spezialisiert ist. Der Strafverteidiger ist vorwiegend vor höheren Instanzen tätig; der Anteil seiner Fälle im Bereich der Spezialisierung im weiteren Sinn beträgt durchschnittlich 52% der Gesamtzahl der Mandate, der Anteil der Fälle im Bereich der Spezialisierung im engeren Sinn beträgt durchschnittlich 25% der Gesamtzahl der Verteidigungen.

2.2. Exkurs: Der Fachanwalt

Eine Frage, die bedauerlicherweise immer wieder mit der Problematik der (verbotenen) Werbung freier Berufe verknüpft wurde und wird, ist die Frage nach der Erlaubnis von Fachgebietsbezeichnungen (Fachanwalt). Diese verfehlte Verknüpfung kann schon seit den zwanziger Jahren verfolgt werden. So äußert KATZ[160)] in einer Diskussion auf dem 22. Deutschen Anwalttag:

> *"... Das heißt also: durch die These, wie wir sie hier gehört haben, den Begriff Spezialitäten zu schaffen, ist völlig unnütz. Sie richten damit gar nichts Praktisches aus; denn diejenigen Herren, die sich speziell mit einem Gebiet befassen, werden das tun und das andere nicht lassen. Wozu sollen wir also über solche Dinge überhaupt reden! Es kommt also bei der Geschichte bloß wieder das Geschäftswesen, die Reklame heraus, wogegen man sich wehren will."*

Es handelt sich also um eine "sehr alte Problematik"[161)], bei deren (Nicht-)Lösung das "rechtspolitische Tauziehen ... (schon) ... Tradition"[162)] hat: Der EGH hatte zwar schon 1923 anerkannt, daß es unter den Anwälten eine Spezialisierung gibt, deren Notwendigkeit auch nicht bestritten wurde, er hatte jedoch jede Kundmachung des Spezialistentums für standeswidrig

160) KATZ, a.a.O. 1921, 950.
161) ISELE, a.a.O. 1976, 823.
162) VOGEL, a.a.O. 1982, 401 m.w.N.

erklärt[163]. Schon damals wurde die Entscheidung kritisiert. So führt FRIEDLAENDER[164] aus:

> *"... Nur der Spezialist kann heutzutage diesen Sondermaterien so gewachsen sein, daß er dem plötzlich an ihn herantretenden Fall überlegen gegenübersteht, und diese Überlegenheit kann auch durch rein theoretische Studien nicht gewonnen werden, sondern nur durch intensive praktische Tätigkeit, bei welcher neben der gründlichen Kenntnis der Rechtssätze eine ebenso gründliche Kenntnis der Rechtstatsachen einhergeht."*

Eine Kommission des Deutschen Anwaltsvereins änderte immerhin im Februar 1930 die Richtlinien zur Anwaltsordnung und ermöglichte somit die Einführung von einigen Fachanwaltsbezeichnungen (Steuerrecht, Urheber- und Verlagsrecht, gewerblicher Rechtsschutz, Staats- und Verwaltungsrecht, Ausländerrecht und Arbeitsrecht).

1935 wurde die Führung von Fachgebietsbezeichnungen wieder ausnahmslos verboten, 1937 jedoch der "Fachanwalt für Steuerrecht" wieder zugelassen[165].

Nach dem Zweiten Weltkrieg wiesen nur die Richtlinien zur Rechtsanwaltsordnung in der britischen Zone einen zukunftsträchtigen Weg, indem der Vorstand der Anwaltskammer die Berechtigung hatte, Fachanwaltschaften anzuerkennen.[166] Die Kammervorstände der britischen Zone genehmigten die Fachanwaltschaften für Steuerrecht und Verwaltungsrecht[167]. Die Anwaltschaft selbst machte jedoch von dieser Möglichkeit nur geringen Gebrauch, wie überhaupt das Thema auch vor dem Inkrafttreten

163) EGH JW 1923, 603; FRIEDLAENDER, a.a.O. 1930, 188, Anm. 68 unter Hinweis auf das Urteil des EGH JW 1923, 609; vgl. auch SCHARDEY, a.a.O. 1986, 274.
164) FRIEDLAENDER, a.a.O. 1923, 609.
165) Vgl. zu dieser historischen Entwicklung ISELE, a.a.O. 1976, 823f.; OSTLER, a.a.O. 1971, 210f.; VOGEL, a.a.O. 1982, 401; vgl. auch BVerfGE 57, 135.
166) Zitiert bei ISELE, a.a.O. 1976, 824.
167) HOLSTE, a.a.O. 1956, 33.

der Bundesrechtsanwaltsordnung (1. August 1959) offenbar auf wenig Interesse stieß[168].
Die auf Grund der BRAO ergangenen Richtlinien[169] gestatteten die Bezeichnung "Fachanwalt für..." nur zu führen, wenn es sich dabei um ein von der Bundesrechtsanwaltskammer bestimmtes Sondergebiet handelte und eine besondere Gestattung durch die örtlich zuständige Rechtsanwaltskammer vorlag.[170] Diese Regelung entsprach damit der der britischen Zone[171].
Bis 1986 wurde von der Bundesrechtsanwaltskammer nur der "Fachanwalt für Steuerrecht" zugelassen. Die Diskussion um die Fachgebietsbezeichnung war auch nach dem Inkrafttreten der BRAO trotz der tatsächlich vollzogenen zunehmenden Spezialisierung der Anwälte[172] nicht wieder in Gang gekommen, so daß ISELE[173] noch 1976 schreiben konnte:

> *"... eine Fortentwicklung der sehr alten Problematik (ist) nicht zu verzeichnen."*

Dies änderte sich jedoch insbesondere nachdem WANNAGAT ein verstärktes Engagement der Anwaltschaft auf dem Gebiet des Sozialrechts eingefordert und angeregt hatte, die Einführung eines "Anwalts für Sozialrecht" zu prüfen[174]. In der Folgezeit setz-

---

168) Vgl. den Bericht über die Mitgliederversammlung des DAV 1956, SACHSE, a.a.O. 1956, 132: "Denn die Wichtigkeit der auf der Tagesordnung stehenden Frage hätte eine weitaus stärkere Beteiligung nicht nur wünschen lassen, sondern erfordert."
169) Zum Schicksal der Richtlinien, auf das hier nicht näher eingegangen werden kann, vgl.: BVerfG NJW 1988, 191; BVerfG NJW 1988, 194; KLEINE-COSACK, a.a.O. 1986, 505ff; SUE, a.a.O. 1986; NIRK, a.a.O. 1987, 574f.; KLEINE-COSACK, a.a.O. 1988, 164ff.; PIETZCKER, a.a.O. 1988, 513ff; ZUCK, a.a.O. 1987c, 145ff.; ZUCK, a.a.O. 1988a, 175ff; ZUCK, a.a.O. 1988b, 528ff.; ZUCK, a.a.O. 1988c, 1007ff; JÄHNKE, a.a.O. 1988, 1888.
170) JESSNITZER, a.a.O. 1985, § 12 Rdn. 5.
171) LINGENBERG/HUMMEL, a.a.O. 1981, § 76 Rdn. 3; LINGENBERG/HUMMEL (ZUCK), a.a.O. 1988, § 76 Rdn. 5ff.
172) Vgl. oben Fn. 145.
173) ISELE, a.a.O. 1976, 823.
174) WANNAGAT, a.a.O. 1977, 881.

te sich insbesondere der DAV[175)] für die Einführung von Fachanwaltschaften ein, während die BRAK zunächst Bedenken gegen die Kundgabe von Spezialisierungen erhob und sich erst 1978 für die Einführung von Fachgebietsbezeichnungen aussprach.[176)] Zur gleichen Zeit wurde im BMJ ein "Entwurf eines Gesetzes zur Änderung des Berufsrechts der Rechtsanwälte, der Patentanwälte und der Notare" erarbeitet, in dem auch die Einführung von Fachgebietsbezeichnungen vorgesehen war.[177)]. Gegen diesen Entwurf gab und gibt es jedoch erhebliche Widerstände[178)], so daß bis heute das Gesetz im Parlament nicht verabschiedet worden ist.[179)] Da die an den Gesetzgeber gerichteten Appelle nicht die gewünschte Wirkung gezeigt hatten[180)], beschloß die 60. Hauptversammlung der BRAK am 10.10.1986 gemäß § 76 der Richtlinien gemäß § 177 Abs. 2 Satz 2 BRAO, weitere Sachgebietsbezeichnungen zuzulassen und zwar für Verwaltungsrecht, Arbeitsrecht und Sozialrecht[181)].

Der Übergang von der Ablehnung jeder Fachgebietsbezeichnung über die nur zögernde Zustimmung bis zu der Zulassung weiterer Fachanwaltschaften wurde - neben der veränderten sozialen Realität - vor allem durch die Unterscheidung zwischen Informationswerbung und Mandatswerbung ermöglicht. Informationswerbung wird dabei verstanden als ausschließlicher Hinweis auf den ob-

---

175) Vgl. RABE, a.a.O. 1979, 248; RABE, a.a.O. 1980, 272f.; CHEMNITZ, a.a.O. 1981, 256f.; WINTERS, a.a.O. 1987, 310.
176) Vgl. DEMMER, a.a.O. 1979, 253; vgl. zu den Reformbemühungen auch LINGENBERG/HUMMEL (ZUCK), a.a.O. 1980, § 76 Rdn. 12ff.
177) BT-Drucksache 10/3854; vgl. dort S. 7: § 45a Abs. 2: "Fachgebietsbezeichnungen gibt es für das Verwaltungsrecht, das Steuerrecht, das Arbeitsrecht und das Sozialrecht."
178) CHEMNITZ, a.a.O. 1981, 256f.
179) Vgl. WINTERS, a.a.O. 1987, 304.
180) BUNDESRECHTSANWALTSKAMMER, a.a.O. 1981, 223.
181) SCHMALZ, a.a.O. 1987, 307; vgl. auch OSTLER, a.a.O. 1987, 284; WINTERS, a.a.O. 1987, 310f.

jektivierten Teil der anwaltlichen Dienstleistung, während es bei der Mandatswerbung um den offen Kundenfang geht.[182)]
Diese Differenzierung ist zu begrüßen, da sie den Hinweis auf die Fachanwaltschaft von der (verbotenen) Werbung wegrückt hin zu dem, was er eigentlich ist, nämlich eine zur Orientierung des ratsuchenden Bürgers notwendige Information über das Vorliegen besonderer fachlicher Kenntnisse. Die Zuordnung der Fachgebietsbezeichnungen (Fachanwaltschaften) zur Werbung war - wenn überhaupt - nur solange richtig, als die Fachgebietsbezeichnung auf den "Fachanwalt für Steuerrecht" beschränkt war, da dadurch diese Anwälte besonders herausgehoben wurden; mit anderen Worten: Der werbende Charakter der Fachgebietsbezeichnung wurde erst durch die Singulariät des "Fachanwalts für Steuerrecht" geschaffen bzw. verstärkt. Er dürfte durch die Zulassung der jetzt vier Fachanwaltschaften gemildert worden sein und wird umso eher schwinden, je mehr Fachanwaltschaften zugelassen und diese üblich geworden sind.
In der Zeit des Umbruchs mag es zu einigen Mandatsverschiebungen kommen, die jedoch im Interesse der Sache hinzunehmen sind und auch nicht überbewertet werden sollten. Die Anzahl der pro Anwalt zugelassenen Fachanwaltsbezeichnungen ist äußerst eng zu begrenzen[183)], da sonst die damit auch angestrebte Qualifizierung der Anwälte nicht gewährleistet werden kann; und nichts ist auch für die Anwaltschaft insgesamt schädlicher als ein von einem inkompetenten "Fachanwalt" enttäuschter Mandant.
Die Bemühungen um weitere Zulassungen von Fachanwaltschaften, auch der des "Fachanwalts in Strafsachen" (Strafverteidiger),

---

182) ZUCK, a.a.O. 1987a, 201; ZUCK, a.a.O. 1987b, 367; KOCH, a.a.O. 1987, 220. Skeptisch zu dieser Differenzierung SCHIEFER, a.a.O. 1986, 1974f.
Vgl. zur Bestimmung "berufswidriger" Werbung KORNBLUM, a.a.O 1985, 68ff.; MESSER, a.a.O. 1988, 975f.
Zur Judikatur vgl. TETTINGER, a.a.O. 1988, 228ff.

183) Der in Fn. 177 zitierte Gesetzentwurf geht mit der Begrenzung auf zwei Sachgebiete (§ 45a Abs. 1 Satz 2) den richtigen Weg.

sind nachhaltig zu unterstützen[184], da sie zum einen bloße Auskunft über eine tatsächlich bestehende Qualifizierung der Anwälte darstellt, zum anderen einem dringenden Bedürfnis des Bürgers nach Information entspricht, zumal eines Bürgers, der (zum ersten Mal) mit einer Strafsache evtl. mit U-Haft konfrontiert ist, ferner, weil es der Qualifizierung der Anwaltschaft dient und damit ein notwendiges Gegengewicht zu der Spezialisierung der Staatsanwälte und Richter darstellt; schließlich auch, weil es dem Gebot der Redlichkeit entspricht einzugestehen, daß ein Anwalt nicht mehr auf allen Gebieten über die gleiche Kompetenz verfügen kann.[185]

3. Der Verteidiger und sein Mandant

Dieser Abschnitt umfaßt die Angaben der befragten Rechtsanwälte zu den Kontaktaufnahmegründen der Mandanten, zu dem Zeitpunkt der Kontaktaufnahme, zu der Abhängigkeit dieses Zeitpunkts von der sozialen Schicht des Mandanten bzw. von der Schwere des Delikts, zu dem Verhältnis des Verteidigers zu seinen Mandanten, zu den Gründen der Ablehnung eines Mandats und zu den Gründen der Mandatsauflösungen.

---

184) Für eine weitere Ausdehnung der Fachanwaltschaften: REDEKER, a.a.O. 1969, 269, 271; SCHARDEY, a.a.O. 1978, 45; RABE, a.a.O. 1979, 248; RABE, a.a.O. 1981, 254; VOGEL, a.a.O. 1982, 403; SCHARDEY, a.a.O. 1984, 347; AMELUNG, a.a.O. 1987, 29; KOCH, a.a.O. 1987, 221; WINTERS, a.a.O. 1987, 310f.; ZUCK, a.a.O. 1979, 1126; ZUCK, a.a.O. 1987a, 204; ZUCK, a.a.O. 1987b, 368.
Skeptisch zu weiteren Fachanwaltschaften äußerte sich SCHARDEY, a.a.O. 1986, 276; grundsätzlich kritisch ABSHAGEN, a.a.O. 1984, 77f.

185) Zu weiteren Gründen vgl. SCHARDEY, a.a.O. 1979, 259; VOGEL, a.a.O. 1982, 402f. Bis zur Einführung des "Fachanwalts in Strafsachen" wird man sich mit "Spezialistenlisten" begnügen müssen; vgl. dazu GESSNER, a.a.O. 1985, 19; RABE, a.a.O. 1981, 254; CHEMNITZ, a.a.O. 1981, 257.

3.1. Die Kontaktaufnahme durch den Mandanten

3.1.1. Kontaktaufnahmegründe

Die Literatur ging bislang primär auf standesrechtliche Anbahnungsinitiativen und nur vereinzelt auf die faktische Kontaktaufnahme ein, während über die Motive der Mandanten bei der Auswahl der Verteidiger - soweit ersichtlich - noch keine umfassenden Erkenntnisse vorliegen. So konstatiert DAHS[186]:

"Als erste Hauptperson begegnet dem Verteidiger der Mandant"

und beschreibt damit den Umstand, daß der erste Kontakt zwischen dem Beschuldigten und dem (Wahl-)Verteidiger von dem Mandanten ausgeht:

"Er schreibt ihm einen Brief oder sucht ihn in der Sprechstunde auf oder erbittet den Besuch in der Vollzugsanstalt"[187]

Daß die Initiative bei der Mandatsanbahnung nicht von dem Verteidiger ausgehen darf, ist ein Gebot des Standesrechts; so po-

---

186) DAHS, a.a.O. Handbuch, Rdn. 85.

187) DAHS, a.a.O. Handbuch, Rdn. 85. CLITHEROE, a.a.O. 1980, 3ff. erwähnt auch die telephonische Kontaktaufnahme und gibt einen äußerst nützlichen Fragebogen für dieses erste Gespräch wieder; DECKER/KOTZ, a.a.O. 1989, 2/5, 2/5.1. und 2/5.2. gehen davon aus, daß der Verteidiger im ersten Gespräch wegen der besonderen persönlichen Situation des Mandanten nur schwer an Sachinformationen kommt. Dort findet sich ebenfalls ein Katalog der ersten wichtigen "Fragen zur Person" und der "Fragen zur Sache".
Befindet sich der Mandant nicht auf freiem Fuß, so gehört die Anbahnung des Verteidigungsverhältnisses mit in den Schutzbereich des § 148 StPO (KK-LAUFHÜTTE, a.a.O. 2, § 148, Rdn. 5; LR-DÜNNEBIER, a.a.O. 23, § 148, Rdn. 6; WESSING, a.a.O. 1985, 122ff.; a.A. KLEINKNECHT/MEYER, a.a.O. 38, § 148, Rdn. 4, jedoch auf Grund einer fragwürdigen Rechtsmißbrauchskonstruktion, die seit der Zulassung der "sukzessiven" Mehrfachverteidigung nicht mehr haltbar sein dürfte; vgl. oben, S. 52f.).

stuliert WEIHRAUCH[188] unter Bezugnahme auf § 2 der Richtlinien zu § 177 Abs. 2 Nr. 2 BRAO[189]:

"Der Mandant geht auf den Verteidiger zu, nicht umgekehrt."

Damit werden aber nur die Form bzw. ein Prinzip der Kontaktaufnahme erfaßt, nichts aber ist gesagt über die Gründe, die einen Mandanten veranlassen, "seinen" Verteidiger aus der Anzahl der zur Verfügung stehenden Anwälte auszuwählen.

In den Interviews[190] wurden die Anwälte nach diesen Gründen ihrer Mandanten gefragt. Die **Einschätzung der Anwälte** über die **Auswahlgründe der Mandanten** lassen sich in drei Gruppen zusammenfassen: Empfehlung, Reputation und "Werbung".

3.1.1.1. Empfehlung

Aus den von den Verteidigern erwähnten Kontaktaufnahmegründen ragt die Gruppe der Empfehlungen mit einer Nennung in 95% der Interviews ganz eindeutig heraus.
Danach werden Empfehlungen insbesondere ausgesprochen von: Mandanten, Kollegen, Richtern, Staatsanwälten, von der Polizei, von Interessenverbänden, Rechtsschutzversicherungen und Vereinen (etwa den Vereinen der Straffälligenhilfe).

In 85% der Interviews wurden die Empfehlungen durch Mandanten erwähnt, also der Umstand, daß der neue Mandant durch einen früheren Klienten des Anwalts auf diesen als Strafverteidiger aufmerksam gemacht, der Anwalt mithin auf Grund der Erfahrung des früheren Klienten weiterempfohlen worden war.

---

188) WEIHRAUCH, a.a.O. 1984, Rdn. 15; vgl. zu dieser Attitüde INFRATEST/PROGNOS, a.a.O. 1987, 21.
189) Richtlinien gemäß § 177 Abs. 2 Nr. 2 BRAO, festgestellt von der Bundesrechtsanwaltskammer am 21. Juni 1973, Stand: 1. Februar 1985, abgedruckt bei JESSNITZER, a.a.O. 1985, 225ff.; vgl. dazu jedoch auch oben bei Fn. 169.
190) FB II 1.

Diese "Mund-zu-Mund-Propaganda" stellt für den Verteidiger die bedeutendste Form der Vergrößerung der Mandantenzahl dar. Der Anteil der auf diese Weise gewonnenen Klienten bewegt sich zwischen 15% und 80% der Neuzugänge.

Etwa die Hälfte der Anwälte (52%) erwähnte die Empfehlung durch Kollegen. Hier deutet sich an, daß die Rechtsanwälte um die jeweilige Spezialisierung ihrer Kollegen wissen und dieses zum Vorteil ihrer Mandanten ausnutzen.
Dieses wird etwa umschrieben mit den Äußerungen:
Interview Nr. 52:

> *"Bei diesen Kollegen handelt es sich einfach um Hausanwälte, die in Strafsachen sonst nicht tätig sind."*

Interview Nr. 14:

> *"Der überwiegende Teil kommt von Kollegen mit zivilrechtlichen Kanzleien".*

Zwischen 10% und 70% der Mandanten konnten durch solche kollegialen Empfehlungen gewonnen werden.

Empfehlungen durch Institutionen der Verbrechenskontrolle (Polizei, Staatsanwaltschaft, Richter) wurden in etwa 10% der Interviews erwähnt. Konkrete Angaben über die auf diesem Weg zu den Verteidigern gekommenen Mandanten konnten nicht erlangt werden. Die Äußerungen legen aber nahe, daß es sich dabei um Einzelfälle handelt.
Interview Nr. 42:

> *"Es gibt auch Polizeiempfehlungen und Richterempfehlungen, also Dinge, die ja offiziell nicht so laufen sollten.*
> *Bei diesen Empfehlungen spielt der Mitleidseffekt eine Rolle; sie werden auch mehr privat gegeben."*

Mit der Einschränkung, Empfehlungen von Richtern bzw. Polizeibeamten würden "mehr privat" gegeben, war gemeint, daß z.B. ein Richter seinem in eine Verkehrssache verwickelten Nachbarn oder

Bekannten einen Rat gibt, welchen Anwalt er konsultieren sollte.
In anderen Interviews (Nr. 53 und Nr. 64) wurde jedoch deutlich, daß solche Empfehlungen auch in der Rolle des Funktionsträgers gegeben werden.
Insgesamt wurden Richterempfehlungen am häufigsten erwähnt, nämlich in 10% der Interviews, gefolgt von den Empfehlungen durch Polizeibeamte (6% der Interviews) und solche durch Staatsanwälte (5% der Interviews).

In 7% der Interviews wurden Interessenverbände als Empfehlende genannt. Dabei handelt es sich um Standesvertretungen und Berufsverbände, die ihren Mitgliedern bei Bedarf einen (spezialisierten) Verteidiger benennen.
In Verkehrssachen spielen die Rechtsschutzversicherungen eine wichtige Rolle. Über die Zusammenarbeit bei der zivilrechtlichen Abwicklung der Fälle ergibt sich auch das Mandat für das Strafverfahren. Derartige Empfehlungen kamen jedoch nur in 3% der Interviews zur Sprache. Dies liegt möglicherweise daran, daß für die Untersuchung überwiegend auf Strafverteidigung spezialisierte Anwälte ausgewählt worden waren, deren Gruppe nicht deckungsgleich ist mit der der Anwälte, die sich auf Verkehrssachen spezialisiert haben.
Weiterempfohlen werden Verteidiger auch dann, wenn sie sich über die rein juristische Vertretung der Mandanten hinaus auch im "menschlichen Bereich" für sie engagiert hatten, z.B. nach der Entlassung aus der Haft. Dieses Engagement der Anwälte geschieht z.T. auch durch eine Mitarbeit in den örtlichen Vereinen der Straffälligenhilfe. In 2% der Interviews werden solche Aktivitäten als ein möglicher Grund für eine Weiterempfehlung unter den Mandanten angegeben.

In 7% der Interviews wurde eine Situation der (künftigen) Mandanten hervorgehoben, in der diese besonders auf Empfehlungen angewiesen seien bzw. auf solche reagierten: die Untersuchungshaft. Die Anwälte berichteten, daß in den U-Haftanstalten

eine lebhafte "Mund-zu-Mund-Propaganda" unter den Beschuldigten stattfindet.
In Interview Nr. 26 heißt es dazu:

> *"Als Strafverteidiger wird man in den Anstalten empfohlen; dort kommen auch die meisten Mandanten her... Da heißt es dann: 'Der ... muß her, der ist der einzige, der etwas erreicht.' Dies spiele vor allem bei Ausländern eine Rolle, bei denen das Empfehlungsprinzip sehr ausgeprägt sei."*

Die Existenz dieser Propaganda kann sicher nicht bestritten werden, sie ist auch aus der Situation der Beschuldigten heraus verständlich. Eine indirekte Bestätigung hierfür ist auch darin zu sehen, daß die Quote der Verteidigerwechsel deutlich höher ist, wenn sich die Mandanten in Untersuchungshaft befinden.[191)]

In den Interviews wurde weiter erwähnt, daß es Kollegen gäbe, die inhaftierte Mandanten als Werber einsetzen würden[192)]. Konkrete Erkenntnisse hierzu - insbesondere auch über den Umfang solcher Werbungen - konnten jedoch durch die Interviews nicht gewonnen werden. Hier befindet man sich zweifelsohne in einer Dunkelzone der Strafverteidigung, die kaum je aufzuhellen sein wird. Es überrascht daher nicht, daß keiner der Verteidiger erkennen ließ, ob er sich solcher Methoden bedient.

3.1.1.2. Reputation

Die Reputation, also das Ansehen des Anwalts in der Öffentlichkeit, war nach der Einschätzung in etwa 22% der Befragungen ein wesentlicher Grund dafür, daß die Mandanten zu dem Verteidiger kamen.

---

191) Vgl. dazu unten, S. 217.
192) DOLPH, a.a.O. 1972, 68 erwähnt ebenfalls solche Werber, ohne jedoch auch Angaben über den Umfang solcher Praktiken zu machen; vgl. auch DAHS, a.a.O. Handbuch, Rdn. 77; zur Standeswidrigkeit solcher Praktiken EGH Hamm, Ehrengerichtliche Entscheidungen Bd. VIII, 114-117; WEIHRAUCH, a.a.O. 1984, Rdn. 15.

Dieses Ansehen wurde danach durch eine lange Berufstätigkeit, durch Spezialisierung (Wirtschaftsverfahren, Revisionen, aber auch Sprachkenntnisse) und durch den persönlichen Stil erworben.
In allen diesen Fällen herrschte der Eindruck vor, die eigene Leistung sei die beste Werbung für den Verteidiger[193)].

Jüngere Rechtsanwälte profitieren von der <u>Reputation der Kanzlei</u> dadurch, daß sie entweder schon als Referendare in einer entsprechenden Kanzlei tätig gewesen sind, oder dadurch, daß sie in die Anwaltssozietät aufgenommen wurden oder gar selbst die Kanzlei übernehmen konnten.

3.1.1.3. Werbung

Im Gegensatz zu ausländischen Standesvorschriften[194)] gilt für den deutschen Anwalt ein strenges Werbeverbot, das in den Richtlinien der Bundesrechtsanwaltsordnung niedergelegt war[195)], es hieß dort:

> *"§ 2 (1) Der Rechtsanwalt handelt standeswidrig, wenn er um Praxis wirbt. Er darf eine ihm verbotene Werbung auch durch andere nicht dulden..."*

Dieses Verbot ist historisch begründet[196)] und sowohl vom BVerfG[197)] als auch vom BGH[198)] im Grundsatz bestätigt, sowie

193) So auch DAHS, a.a.O. Handbuch, Rdn. 76 mit Bezug auf § 2 Abs. 2 der Richtlinien zum Standesrecht (vgl. oben Fn. 189).
194) Vgl. unten, S. 387.
195) Vgl. Fn. 189.
196) Vgl. dazu LINGENBERG/HUMMEL, a.a.O. 1981, § 2 Anm. 1f.
197) Vgl. BVerfG NJW 1974, 232-234, das jedoch das Führen ausländischer akademischer Titel nicht als Werbung ansieht.
198) BGH St 28, 183, 189: "Wie seit langem allgemein bekannt ist und auch der Bundesgerichtshof wiederholt ... unter eingehender Würdigung der geschichtlichen Entwicklung und des einschlägigen Schrifttums entschieden hat, gehört es deshalb zu den Pflichten eines Rechtsanwalts, nicht in unzulässiger Weise für seine Praxis zu werben und auch nicht einen solchen Anschein zu erwecken."

insbesondere durch die §§ 2, 3, 69-90 der Richtlinien gemäß § 177 Abs. 2 Nr. 2 BRAO[199] und durch die zahlreichen Entscheidungen der Ehrengerichtshöfe[200] näher konkretisiert worden. In jüngster Zeit ist dieses strenge Werbeverbot jedoch zunehmend Zweifeln ausgesetzt: zum einen durch das Urteil Nr. 10/ 1983/66/101 vom 25. März 1985 des EGMR[201], das in einem standesrechtlichen Verbot der Werbung durch Stellungnahmen in der Presse einen Verstoß gegen Art. 10 MRK erkennt, zum anderen aber vor allem durch die Untersuchung der Markt- und Meinungsforschungsinstitute PROGNOS-AG/Infratest-Kommunikationsforschung, die gemeinsam vom Bundesministerium der Justiz, dem Deutschen Anwaltsverein und dem Münchner Anwaltverein in Auftrag gegeben worden war[202]. In dieser Studie wird die Anwaltschaft insgesamt an den Bedingungen gemessen, die die moderne Dienstleistungsgesellschaft an die Beratungsberufe stellen.

Die Antworten der Anwälte in den Interviews dieser Untersuchung waren erwartungsgemäß prozentual gering: Nur etwa 5% der Anwälte führten das Erscheinen eines (geringen) Teils ihrer Mandanten auf das <u>Schild</u> an der Tür[203] zurück; ein Anwalt sah den Grund für das Kommen einiger Mandanten darin, daß sein Name auf Grund des Alphabets als erster in der Spalte der Rechtsanwälte im <u>Telephonbuch</u>[204] steht. Ähnlich zurückhaltend waren

---

199) Vgl. Fn. 189.

200) Vgl. z.B. EGE Bd. VI, 255ff. (Pressenotiz aus Anlaß eines Berufsjubiläums mit werbendem Charakter); EGE Bd. XII, 65ff. (Unzulässigkeit eines Praxisschildes mit dem Zusatz "Sozialistisches Anwaltskollektiv"); EGE Bd. XIV, 239ff. (Verstöße gegen das Werbeverbot durch das Aufsuchen von Geschäftsleuten, durch einen Stehempfang, durch hervorgehobenen Druck im Fernsprechbuch und die Anbringung eines zweiten Schildes "Wirtschafts- und Finanzberatung").

201) EuGRZ 1985, 170-177; vgl. auch RABE, a.a.O. 1985, 360f.

202) Vgl. zu den ersten Veröffentlichungen dazu AnwBl. 1987, Heft 1, S. VII, Heft 3, S. VII und die Zusammenfassung der Untersuchungsergebnisse in DRiZ 1987, 73, sowie INFRATEST/ PROGNOS, a.a.O. 1987, S. 24ff.

203) Vgl. zu den Höchstmaßen, der Form und Farbe der Schilder: LINGENBERG/HUMMEL, a.a.O. 1981, 484ff.

204) Vgl. zu dem Eintrag im Telephonbuch: LINGENBERG/HUMMEL, a.a.O. 1981, 501.

die Verteidiger in ihren Antworten im Hinblick auf die "indirekte Werbung durch Presseberichte".[205] Daß solche Presseberichte nicht ohne Auswirkung auf die Anzahl der Mandate sind, wurde in einem Interview besonders deutlich.
Interview Nr. 14:

> *"Wer in Stammheim eine gute Presse hat, dem laufen die Leute in Scharen zu."*

Jedoch konnten über diesen allgemeinen Eindruck hinaus keine exakten Zahlen dazu gewonnen werden, in welchen Größenordnungen sich die Zahl der Mandanten bewegt, die auf Grund von Presseberichten einen Anwalt aufsuchen.

Die hier gewonnenen Erkenntnisse stimmen sehr gut mit den von HOMMERICH herausgearbeiteten 5 Typen überein[206]. Werden dort die Typen "alteingesessener Mandantenstamm", "Vereins-, Verbands-, Klubmitgliedschaft des Anwalts", "Weiterempfehlung durch zufriedene Klienten", "Persönlicher Freundes- und Bekanntenkreis" und "Laufkundschaft/Rechtsschutzversicherung" gebildet, so wurden hier die Empfehlungen in einer Gruppe zusammengefaßt und darüber hinaus die "werbenden Elemente" miterfaßt. Die Untersuchungen unterscheiden sich darin, daß HOMMERICH die jeweiligen "Büros" (Kanzleien) durch Typen geprägt sieht, während hier versucht wurde, den Anteil der jeweiligen Kontaktaufnahmegründe zu erfassen, also eine quantitative Erhebung vorgenommen wurde.

3.1.2. Zeitpunkte der Kontaktaufnahme

Die Bedeutung des Ermittlungsverfahrens für das Ergebnis des gesamten Strafverfahrens wurde insbesondere durch die Untersu-

---

205) Vgl. zu den Presseberichten: LINGENBERG/HUMMEL, a.a.O. 1981, 49.
206) HOMMERICH, a.a.O. 1988a, 21f.; HOMMERICH, a.a.O. 1988b, 78ff.

chungen der "Fehlerquellen im Strafprozeß" von PETERS herausgearbeitet:

> *"Die Überprüfung der Dokumentationen läßt den Schluß zu, daß Fehler und Mängel im Ermittlungsverfahren in aller Regel in der Hauptverhandlung nicht mehr zu beseitigen sind. Das in falscher Richtung laufende Verfahren ist nur selten in eine andere Richtung umzulenken"*[207].

Seither wird die Bedeutung des Ermittlungsverfahrens[208] und die der ersten polizeilichen Vernehmung[209] immer wieder betont[210].
Es war deswegen von besonderem Interesse herauszufinden, zu welchem Zeitpunkt die Verteidiger in das Verfahren kommen und ob sie überhaupt noch eine Chance haben, in das Ermittlungsverfahren einzugreifen.

3.1.2.1. Schwerpunkt der Kontaktaufnahme

Die Anwälte wurden deswegen zunächst gefragt, zu welchem **Zeitpunkt** sich ihre **Mandanten hauptsächlich melden.**[211] Es stand dahinter die Hoffnung, über eine Kombination dieser Zeitpunkte mit der Spezialisierung des Anwalts i.e.S. (Wirtschafts- und Steuerdelikte, Betrug, Mord etc.) jeweils signifikante Zeitpunkte der Kontaktaufnahme benennen zu können. Diese Konkretisierung konnte jedoch nicht erreicht werden, da sich jeweils nicht genügend "Subspezialisten" in der Stichprobe befanden, um statistische Auswertungen vornehmen zu können. Die Angaben genügen jedoch, um einen ersten Überblick über die Häufigkeitsverteilung der Zeitpunkte der Kontaktaufnahme auf die einzelnen Abschnitte des Strafverfahrens gewinnen zu können. Nach einer allgemeinen Einschätzung der Verteidiger steht ihre Chance, rechtzeitig in das Ermittlungsverfahren eingreifen zu

207) PETERS, a.a.O. 1972, 195.
208) Vgl. GÖDE, a.a.O. 1979, 118; WEIHRAUCH, a.a.O. 1984, 2.
209) DAHS, a.a.O. Handbuch, Rdn. 204; WEIHRAUCH, a.a.O. 1984, Rdn. 144.
210) Vgl. allgemein dazu auch unten, S. 113.
211) FB II 2a).

können, in krassem Gegensatz zu der Bedeutung dieses Verfahrensabschnittes, weil die **Kontaktaufnahme durch die Mandanten zu spät** erfolge. Die Auswertung des **Schwerpunktes**[212] des Zeitpunktes der Kontaktaufnahme durch den Mandanten ergibt folgendes Bild:

2% unmittelbar nach der Tat
28% vor der polizeilichen Vernehmung
25% nach der polizeilichen Vernehmung
28% aus der U-Haft bzw. sonst im Laufe des Verfahrens
17% nach Zulassung der Anklage

Etwa ein Drittel der befragten Anwälte war also der Ansicht, die meisten ihrer Mandanten kämen unmittelbar nach der Tat bzw. noch vor der polizeilichen Vernehmung, während ca. 50% der Anwälte bei der überwiegenden Zahl ihrer Mandate erst zu einem späteren Zeitpunkt im Laufe des Ermittlungsverfahrens mandatiert wurden, also zu einem Zeitpunkt, zu dem schon wichtige, weichenstellende Stationen des Verfahrens genommen sind.
Mit 17% ist die Zahl der Anwälte relativ hoch, die angaben, im Hauptverfahren oder sogar erst nach der Hauptverhandlung schwerpunktmäßig herangezogen zu werden. Dabei ist aber zu berücksichtigen, daß in diesen Zahlen auch die Anwälte enthalten sind, die sich auf Revisionen spezialisiert haben.
Diese Zahlen, die erkennen lassen, daß etwa zwei Drittel der Anwälte schwerpunktmäßig erst ab einem fortgeschrittenen Stadium des Verfahrens mandatiert werden, bestätigen den allgemeinen Eindruck, die Anwälte kämen "zu spät" in das Verfahren.

3.1.2.2. Durchschnittliche Häufigkeit der Kontaktaufnahme

Von den Anwälten wurde ferner die Angabe der durchschnittlichen Häufigkeitsverteilung der Kontaktaufnahme durch den Mandanten zu einzelnen Zeitpunkten des Strafverfahrens erbe-

---

212) Davon zu unterscheiden sind die durchschnittlichen Häufigkeiten u. 3.1.2.2.

ten.[213] Soweit von den Befragten Angaben[214] gemacht werden konnten, ergibt sich folgendes Bild:

Unmittelbar nach der Tat

Die Einschätzung für den Zeitpunkt unmittelbar nach der Tat ergibt sich aus Tabelle 9.

Tabelle Nr. 9: Kontaktaufnahme der Mandanten mit dem Verteidiger unmittelbar nach der Tat

% Mandanten	ANWÄLTE Anzahl	relative Häufigk. %	berichtigte Häufigk. %
0	23	33	59
1-5	8	12	20
6-10	5	7	13
11-50	3	4	8
keine Angabe	31	44	-

Rund 60% der Anwälte gaben also an, zu diesem Zeitpunkt "keinen in Prozentzahlen auszudrückenden Mandantenanteil zu erhalten." 20% der Anwälte gaben einen Anteil von bis zu 5% an, nur 8% der Anwälte schätzten den Anteil der Mandanten, die sich unmittelbar nach der Tat bei ihnen melden, auf 11-50% ein.
Durchschnittlich melden sich 4% der Mandanten unmittelbar nach der Tat.

213) FB II 2b).
214) Von den 70 Anwälten machten 39 detaillierte Angaben zu der Frage FB II 2b). Soweit sie zu dem einzelnen Zeitpunkt keine Angaben machten, wurde dies als 0% gewertet. Die Angaben in der Spalte "berichtigte Häufigkeit" bezieht sich auf 39 = 100%.

Vor der polizeilichen Vernehmung

Die Angaben zur Häufigkeit der Kontaktaufnahme der Mandanten noch vor der polizeilichen Vernehmung haben eine weite Spannbreite; sie wurden in der nachfolgenden Tabelle zusammengefaßt.

Tabelle Nr. 10: Kontaktaufnahme der Mandanten mit dem Verteidiger vor der polizeilichen Vernehmung

	ANWÄLTE		
% Mandanten	Anzahl	relative Häufigk. %	berichtigte Häufigk. %
0-4	10	14	26 } 52
5-30	10	14	26
31-60	9	13	22
61-90	10	14	26
keine Angabe	31	44	-

Die Angaben in dieser Tabelle zeigen ein differenziertes Bild: Faßt man die ersten beiden Zeilen zusammen, so zeigt sich, daß die Hälfte der Anwälte maximal bis zu einem Drittel der Mandanten noch vor der ersten polizeilichen Vernehmung sprechen kann. Bei einem Viertel der Anwälte sind dies zwischen 30 und 60% und bei einem weiteren Viertel sogar zwischen 60 und 90% der Mandanten. Damit deutet sich an, daß der Zeitpunkt der Kontaktaufnahme je nach Anwalt verschieden ist, und es steht zu vermuten, daß hier die (Sub-)Spezialisierung der Anwälte und damit zusammenhängend die Mandanten bzw. die Delikte, deren die Klienten beschuldigt werden, eine Rolle spielen.
Durchschnittlich meldeten sich rund 30% der Mandanten vor der ersten polizeilichen Vernehmung.

Nach der polizeilichen Vernehmung

Die Angaben zu der Kontaktaufnahme im weiteren Verlauf des Ermittlungsverfahren wurden zu zwei Zeitabschnitten erhoben: zum einen zu dem Zeitpunkt "nach der polizeilichen Vernehmung", wobei an einen engen zeitlichen Zusammenhang mit dieser Vernehmung (also eher früher im Ermittlungsverfahren) gedacht war, zum anderen zu dem Zeitpunkt "aus der U-Haft bzw. sonst im Vorverfahren", wobei an einen Zusammenhang mit der Haftsituation und dem weiteren Fortgang des Verfahrens (also eher später im Ermittlungsverfahren) gedacht war.

Tabelle Nr. 11: Kontaktaufnahme der Mandanten mit dem Verteidiger nach der polizeilichen Vernehmung

% Mandanten	ANWÄLTE Anzahl	relative Häufigk. %	berichtigte Häufigk. %
0-4	18	26	46 } 74
5-30	11	16	28
31-60	4	6	10
61-90	6	8	16
keine Angabe	31	44	-

Zur Interpretation bietet sich hier eine Zweiteilung an: 74% der Anwälte (erste und zweite Zeile) erhalten damit nur bis zu einem Drittel der Mandanten zu dem Zeitpunkt "nach der polizeilichen Vernehmung". Für 26% der Anwälte ist dieser Zeitpunkt von erheblich größerer Bedeutung, da sich bei ihnen immerhin 30-90% der Mandanten in diesem frühen Verfahrensstadium melden.

Durchschnittlich melden sich 26% der Mandanten "nach der polizeilichen Vernehmung.

Aus der U-Haft bzw. sonst im Vorverfahren

Mit diesem Zeitabschnitt sollten die Kontaktaufnahmen im späteren Verlauf des Ermittlungsverfahrens erfaßt werden, insbesondere soweit sie durch die U-Haft-Situation veranlaßt war.

Tabelle Nr. 12: Kontaktaufnahme der Mandanten mit dem Verteidiger aus der U-Haft bzw. sonst im Vorverfahren

	ANWÄLTE		
% Mandanten	Anzahl	relative Häufigk. %	berichtigte Häufigk. %
0-4	20	29	51
5-30	9	13	23
31-60	8	11	21
61-90	2	3	5
keine Angabe	31	44	-

Die Hälfte der Anwälte erhält damit nur selten Mandanten aus der U-Haft bzw. sonst im weiteren Verlauf des Vorverfahrens, bei etwa einem Viertel sind es bis zu einem Drittel der Mandanten, bei einem weiteren Viertel bis zu zwei Drittel der Mandanten. Auch hier spiegeln sich anschaulich die unterschiedlichen Mandantenstrukturen bei den einzelnen Verteidigern wider. Durchschnittlich meldeten sich 17% der Mandanten aus der U-Haft bzw. sonst im Vorverfahren.

Nach der Zulassung der Anklage (bis zur Hauptverhandlung)

Für den Zeitpunkt "nach Zulassung der Anklage" ergaben sich folgende Zahlen:

Tabelle Nr. 13: Kontaktaufnahme der Mandanten mit dem Verteidiger nach der Zulassung der Anklage

% Mandanten	ANWÄLTE Anzahl	relative Häufigk. %	berichtigte Häufigk. %
0-4	1	2	3
5-30	26	37	66
31-60	10	14	26
61-90	2	3	5
keine Angabe	31	44	-

Rund zwei Drittel der Anwälte erhalten demnach bis zu 30% der Mandanten nach der Zulassung der Anklage, bei einem Drittel der Anwälte macht dieser Prozentsatz sogar bis zu 90% der Mandanten aus.
Durchschnittlich melden sich 26% der Mandanten erst nach der Zulassung der Anklage bei ihrem Verteidiger.

In der Hauptverhandlung

52% der Anwälte geben an, zu diesem Zeitpunkt keine oder fast keinen Mandanten mehr zu erhalten.
Bei 8% der Verteidiger melden sich bis zu 15% der Klienten erst in der Hauptverhandlung.
Durchschnittlich melden sich 2% der Mandanten erst in der Hauptverhandlung.

Nach dem Urteil (aus der Strafhaft)

Für den Zeitraum "nach dem Urteil (aus der Strafhaft)" ergeben sich fast die gleichen Zahlen wie für den Verfahrensabschnitt

"Hauptverhandlung": 93% der Anwälte erhielten hier keine Mandanten mehr; 7% der Anwälte erhielten bis zu 20% ihrer Mandanten erst nach dem Abschluß der Hauptverhandlung. Hier dürfte es sich überwiegend um Fälle der Stundung der Geldstrafe, um Fälle des Aufschubs des Strafantritts, gelegentlich auch um Fälle des Strafvollzugsrechts handeln. Es ist aber auch nicht auszuschließen, daß es hier zu Überschneidungen mit der nachfolgenden Frage (vor Berufung/vor Revision) gekommen ist.
Durchschnittlich melden sich 2% der Mandanten erst nach dem Urteil bzw. aus der Strafhaft bei ihrem Verteidiger.

Vor Berufung/Vor Revision

80% der Anwälte gaben an, vor der Berufung oder vor der Revision keinen oder fast keinen Mandanten mehr zu erhalten. Demgegenüber spielte bei 20% der Verteidiger dieser Zeitraum eine erhebliche Rolle, da sie hier von bis zu einem Viertel ihrer Klienten mandatiert wurden. Für diese Zahlen war es natürlich von Bedeutung, daß sich 10% der befragten Verteidiger[215)] auf das Revisionsrecht spezialisiert hatten.
Durchschnittlich meldeten sich 5% der Mandanten erst vor der Berufung oder vor der Revision bei ihrem Verteidiger.

Zusammenfassung

Eine gute Übersicht über die Häufigkeitsverteilung der Kontaktaufnahme der Mandanten mit ihrem Verteidiger bieten die gewonnenen jeweiligen Durchschnittszahlen. Sie seien daher hier noch einmal zusammengefaßt wiedergegeben:

4% unmittelbar nach der Tat (1)[216)]
36% vor der polizeilichen Vernehmung (2)
26% nach der polizeilichen Vernehmung (3)
17% aus der U-Haft bzw. sonst im Vorverfahren (4)
26% nach der Zulassung der Anklage (bis zur Hauptverhandlung) (5)

---

215) Vgl. oben, S. 61f.
216) Die Zahlen verweisen auf die jeweilige Säule in der nachfolgenden Graphik.

2% in der Hauptverhandlung (6)
2% nach Urteil/aus der Strafhaft (7)
5% vor Berufung/vor Revision (8)

Schaubild Nr. 1: Verteilung der durchschnittlichen Häufigkeit der Kontaktaufnahme der Mandanten mit ihrem Verteidiger im Strafverfahren

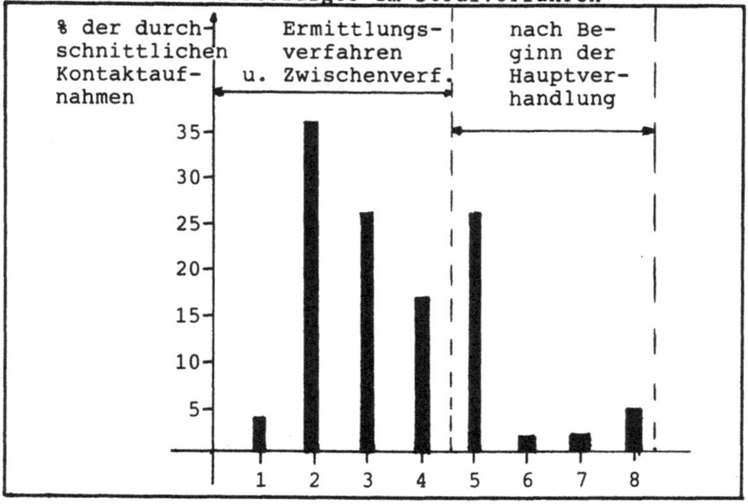

Die Tabelle läßt deutlich erkennen, daß die überwiegende Anzahl der Mandate im Laufe des Ermittlungsverfahrens zustande kommt, daß aber auch die Zulassung der Anklage einen für die Mandatierung bedeutenden Verfahrensabschnitt darstellt. Innerhalb des Ermittlungsverfahrens kann festgestellt werden, daß ein größerer Anteil der Mandanten erst nach der polizeilichen Vernehmung einen Verteidiger aufsucht, aber auch ein beträchtlicher Teil der Klienten schon vor der polizeilichen Vernehmung zum Anwalt geht. Insofern bietet sich ein differenziertes Bild, das den pauschalen Satz "die Mandanten kommen zu spät" sicher nicht zuläßt.

Die Verfahrensabschnitte nach der Eröffnung der Hauptverhandlung sind nur für Subspezialisten (Revision) von größerer Bedeutung; im übrigen spielen diese Zeitpunkte für die Mandatierung eine völlig untergeordnete Rolle.

Diese Resultate lassen nach den Ursachen für diese Unterschiede in der Kontaktaufnahme fragen. In dieser Untersuchung wurden zwei mögliche Einwirkungsfaktoren auf den Zeitpunkt der Kontaktaufnahme durch den Mandanten aufgegriffen: zum einen die Frage, ob der Kontaktaufnahmezeitpunkt abhängig ist von der sozialen Schicht, der der Mandant soziologisch zuzuordnen ist, zum anderen die Frage, ob die Schwere des dem Beschuldigten vorgeworfenen Delikts für den Zeitpunkt der Mandatierung von Bedeutung ist.

3.1.3. Abhängigkeit: Kontaktaufnahme - soziale Schicht

Um einen Einblick in den Problemkomplex "Kontaktaufnahme des Mandanten mit dem Verteidiger in Abhängigkeit von der sozialen Schicht" zu erhalten, haben wir zwei Fragen an die Anwälte gerichtet[217]:

1. Welchen sozialen Schichten entstammen ihre Mandanten hauptsächlich? und
2. Gibt es Ihrer Erfahrung nach eine Abhängigkeit zwischen dem Zeitpunkt der Kontaktaufnahme und der sozialen Stellung Ihrer Mandanten?

Vor der Auswertung der hierzu gegebenen Antworten ist auf zwei Probleme aufmerksam zu machen:

1. Eine Grundforderung der empirischen Sozialforschung ist es, daß die Begriffe (hier: soziale Schicht bzw. soziale Stellung) präzise definiert sein müssen[218], d.h. daß bei der Erhebung unter dem Begriff stets der gleiche Sachverhalt subsumiert wird.
   Dies war hier problematisch, weil die Zuordnung der Mandanten zu einer sozialen Schicht von den Anwälten vorgenommen werden mußte, die sich aber nur in einem äußerst begrenzten Maße an einem einheitlichen Begriffssystem (hier dem Sprachgebrauch) orientieren konnten. Zur Erleichterung war nur die

---

217) FB II 4 und FB II 5.
218) MAYNTZ et al., a.a.O. 1974, 11.

Gliederung der Schichten in sechs Gruppen (untere Unterschicht, obere Unterschicht, untere Mittelschicht, mittlere Mittelschicht, obere Mittelschicht, Oberschicht) auf der Basis der sozialen Selbsteinschätzung (SSE) von KLEINING/MOORE[219] vorgegeben worden.

2. Bei der Frage nach der Abhängigkeit der Kontaktaufnahme von der sozialen Stellung stellte ein nicht unbeachtlicher Teil der Anwälte nicht auf die formale Zuordnung zu einer der vorgegebenen Schichten nach KLEINING/MOORE ab, sondern machte andere Kategorien sozialer Verschiedenheit für die Unterschiede in den Kontaktaufnahmezeitpunkten verantwortlich.
   Die in den Interviews genannten Unterschiede entsprachen eher den von DAHRENDORF[220] kategorisierten sozialen Ungleichheiten:
   1. die natürliche Verschiedenartigkeit des Ansehens, des Charakters, der Interessen;
   2. die natürliche Verschiedenwertigkeit der Intelligenz, der Talente, der Kräfte;
   3. die soziale Differenzierung prinzipiell gleichwertiger Positionen;
   4. die soziale Schichtung nach Ansehen und Reichtum als Rangordnung des sozialen Status.

Die Antworten der Verteidiger fielen also differenzierter aus, als dies erwartet worden war. Dies war unter dem Gesichtspunkt der Erfahrungserweiterung durch die Expertengespräche durchaus wünschenswert; die damit verbundenen Minderungen bei der statistischen Auswertung mußten hingenommen werden.

3.1.3.1. Soziale Schichtung der Mandanten

32% der Verteidiger gaben an, bei ihnen seien die sozialen Schichten gleich stark vertreten, eine Über- oder Unterreprä-

---

219) KLEINING/MOORE, a.a.O. 1968, 502ff.
220) DAHRENDORF, a.a.O. 1974, 355.

sentierung der einen oder anderen Schicht sei bei ihnen nicht festzustellen.
Auf Grund der Angaben der übrigen Anwälte läßt sich folgende Schichteinteilung erkennen:

Tabelle Nr. 14: Soziale Schichtung der Mandanten

Schicht	Einschätzung der Anwälte über Schichtung der Mandanten in %-Gruppen				Durchschnitt in %
	0-4	5-30	31-60	61-90	
Oberschicht	70	30	0	0	3
Obere Mittelschicht	30	60	5	5	14
Mittl. Mittelschicht	5	50	35	10	35
Untere Mittelschicht	15	53	32	0	25
Obere Unterschicht	20	65	13	2	18
Untere Unterschicht	63	37	0	0	5

Am geringsten sind die durchschnittlichen Werte für die Oberschicht (3%) und die untere Unterschicht (5%).
Deutlich ragen die Mittelschichten mit insgesamt durchschnittlich 54% heraus.
Durchschnittlich 18% der Klienten wurden der oberen Unterschicht zugeordnet.
Die soziale Schichtung der Mandanten läßt sich noch besser beurteilen, wenn man die in Tabelle Nr. 14 wiedergegebene Einschätzung der Strafverteidiger mit der Sozialstruktur der Bundesrepublik Deutschland vergleicht.[221]

221) Die Angaben für die Bundesrepublik Deutschland wurden entnommen: SCHOECK, a.a.O. 1979, 290.

Schaubild Nr. 2: Soziale Schichtung der Mandanten und der Bevölkerung der Bundesrepublik Deutschland

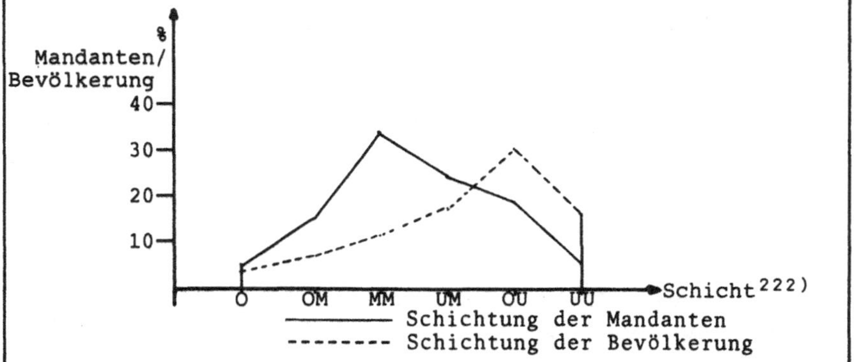

Dieser Vergleich zeigt deutlich, daß die Mittelschichtsangehörigen deutlich häufiger einen Anwalt mandatieren, als es ihrem Anteil in der Bevölkerung entspricht. Für die obere Unterschicht und die untere Unterschicht gilt genau das Gegenteil. Die Angaben für die Oberschicht entsprechen dem prozentualen Anteil an der Bevölkerung (3% zu 2%) in etwa.
Die Zahlen verschiedener empirischer Untersuchungen[223] lassen jedoch sogar eine Überrepräsentierung der Unterschichten bei der Kriminalitätsbelastung erkennen, so daß die tatsächliche Ungleichheit bei der Verteidigung durch einen Anwalt noch stärker sein dürfte, als dies durch das Schaubild Nr. 2 ohnehin angedeutet wird.
BLANKENBURG, SESSAR und STEFFEN[224] haben in ihren Untersuchungen festgestellt, daß die Tatverdächtigen aus der Mittelschicht während des Ermittlungsverfahrens etwa fünfmal häufiger von einem Anwalt vertreten werden als Unterschichtsangehörige. Diese

222) Es bedeuten: O = Oberschicht; OM = obere Mittelschicht; MM = mittlere Mittelschicht; UM = untere Mittelschicht; OU = obere Unterschicht; UU = untere Unterschicht.
223) SACK, a.a.O. 1978, 301f.; KERSCHER, a.a.O. 1981, 52; SCHÖCH, a.a.O. 1982, 164. Vgl. auch HELMS, a.a.O. 1979, 168.
224) BLANKENBURG, SESSAR, STEFFEN, a.a.O. 1978, 211ff.

Ergebnisse stimmen gut mit den hier gewonnenen Tendenzen überein.

3.1.3.2. Abhängigkeit der Kontaktaufnahme von der sozialen Stellung

Die Auswertung der Antworten auf die zweite Frage dieses Themenkomplexes, nämlich ob der Zeitpunkt der Kontaktaufnahme abhängig sein könnte von der Zugehörigkeit zu einer bestimmten sozialen Schicht, ergibt ein sehr differenziertes Bild.
Im Hinblick auf die **soziale Schichtung** nach den Kategorien von DAHRENDORF haben **73%** der Anwälte angegeben, daß sie einen **Zusammenhang** zwischen der sozialen Schichtung und dem Zeitpunkt der Kontaktaufnahme sehen.
27% der Anwälte konnten einen solchen Zusammenhang **nicht** erkennen.
Die Zugehörigkeit zu einer der sozialen Schichten wirkt sich jedoch in unterschiedlicher Weise auf den Zeitpunkt der Kontaktaufnahme aus: 63% der Anwälte waren der Ansicht, die Mandanten würden sich umso **eher** melden, je **höher** ihre soziale Stellung sei.
Für diesen Zusammenhang wurden in einigen Interviews auch Begründungen genannt:
Interview Nr. 5:

> *"Bei der Oberschicht ist die Hemmschwelle geringer, einen Anwalt aufzusuchen".*

Interview Nr. 27:

> *"Je höher der soziale Level ist, desto eher wird mit dem Anwalt Kontakt aufgenommen, weil die Sorge vor den Verfolgungsmaßnahmen größer ist und ernster genommen wird".*

Interview Nr. 35:

> *"Höhere Schichten werden von einem Ermittlungsverfahren empfindlicher getroffen, deswegen kommen die Angehörigen dieser Schichten auch früher".*

7% der Anwälte konnten jedoch hier den gegenteiligen Zusammenhang feststellen: sie waren der Ansicht, daß sich die Mandanten umso **später** melden würden, je **höher** ihre Stellung sei.

Für die Ansicht der 27% der Anwälte, die keinen Einfluß der sozialen Schicht auf den Zeitpunkt der Kontaktaufnahme feststellen konnten, sei aus Interview Nr. 19 zitiert, in dem eine interessante Begründung für das generell späte Mandatieren der Klienten gegeben wurde:

"Angehörige sozial niedriger Schichten kommen spät, weil sie Angst haben, etwas falsch zu machen; weil sie Angst haben, nicht zahlen zu können. Der Mittelstand kommt spät, weil man dort der Ansicht ist, daß ein Verfahren nicht so schlimm ist und man selbst damit fertig werden wird. Die Motive sind unterschiedlich, das Ergebnis ist gleich."

Neben der Schichtzugehörigkeit wurden von einigen Anwälten die Kategorien "natürliche Verschiedenartigkeit" (Charakter) und "natürliche Verschiedenwertigkeit" (insbesondere Intelligenz) als die den Mandatierungszeitpunkt wesentlich bestimmenden Merkmale genannt.
20% der Anwälte machten Kriterien der "natürlichen Verschiedenwertigkeit" als Ursache für den je anderen Zeitpunkt der Kontaktaufnahme verantwortlich. So meinten 16% der Verteidiger, die Mandanten würden sich umso **eher** melden, je **höher** ihr **intellektuelles Niveau** sei.
4% der Anwälte waren gegenteiliger Ansicht und meinten, die Klienten würden sich umso **später** melden, je **höher** ihr **intellektuelles Niveau** sei.
Beispiele für die Begründungen hierzu sind:
Interview Nr. 14:

"Ganz vergröbernd gesagt: Ein Ganove kommt früher als ein unbescholtener Mann."

Interview Nr. 49:

"Akademiker, Intelligente und besser Verdienende, Leute mit Lebenserfahrung, Geschäftsleute kommen eher."

Interview Nr. 32:

> *"Intelligente Leute glauben, die Angelegenheit alleine bewältigen zu können."*

Einige Anwälte gaben auf Grund ihrer Erfahrungen besondere Gruppen an, die sich entweder besonders früh oder besonders spät im Laufe des Verfahrens bei ihnen melden würden.
Danach meldeten sich **besonders früh**: Jugendliche, Schüler, Oberschüler, Studenten, Justizunerfahrene, "Profis", Ärzte und Juristen.
Besonders spät melden sich folgende Gruppen: Frauen, Justizunerfahrene, Ärzte und Juristen.

Diese Angaben widersprechen sich zum Teil. Diese Widersprüche können in der Untersuchung nicht erklärt werden, da - wie schon angedeutet - nicht genügend Fälle vorhanden sind, um die (vermeintlichen) Widersprüche auf Grund weiterer Differenzierungen auflösen zu können. Es ist jedoch vorstellbar, daß z.B. die Angabe, Ärzte melden sich besonders früh, von Verteidigern gemacht wurden, die sich auf Verfahren spezialisiert haben, in denen es um Beschuldigungen im beruflichen Bereich des Arztes (Kunstfehlerprozeß) geht, während die Angabe, Ärzte würden sich besonders spät melden, von Anwälten gemacht worden sein könnten, die z.B. auf Steuerstrafverfahren spezialisiert sind. Es muß hier aber ausdrücklich betont werden, daß solche Zusammenhänge nur als denkbar erscheinen, daß sie aber auf Grund des der Untersuchung zugrunde liegenden Materials statistisch nicht nachgewiesen werden können.

Als **Ergebnis** der Auswertung der Angaben der Verteidiger läßt sich sagen, daß **tendenziell** sich die Mandanten umso **eher** melden, je **höher** ihre **soziale Stellung** ist. Es spielen jedoch auch die anderen Kategorien der sozialen Ungleichheit nach DAHRENDORF (insbesondere natürliche Verschiedenartigkeit und natürliche Verschiedenwertigkeit) eine Rolle und begründen unter Umständen einen im Vergleich zu der bei der sozialen Stellung gewonnenen Tendenz entgegengesetzten Zusammenhang.

3.1.4. Abhängigkeit: Kontaktaufnahme - Delikt

Der in dieser Untersuchung aufgenommene zweite Einwirkungsfaktor auf den Zeitpunkt der Kontaktaufnahme des Mandanten mit seinem Verteidiger ist die Schwere des vorgeworfenen Delikts[225].

84% der Verteidiger **bejahten** eine **Abhängigkeit** zwischen der Kontaktaufnahme und dem vorgeworfenen Delikt.

16% der Anwälte konnten einen solchen **Zusammenhang nicht erkennen**. Die positiven Antworten wurden zum Teil in allgemeiner Form, zum Teil aber auch mit Nennung besonderer Deliktsgruppen gegeben.

Bei den allgemeinen Formulierungen "je schwerer das Delikt, desto eher meldet sich der Mandant" bzw. "je schwerer das Delikt, desto später meldet sich der Mandant" ergab sich eine eindeutige Tendenz dahin, daß sich die Mandanten umso **früher** melden würden, je **schwerer** das Delikt ist (**27%** der Anwälte), während nur ca. **4%** der Anwälte auf Grund ihrer Erfahrung der Ansicht waren, daß sich die Mandanten umso **später** melden, je **schwerer** das Delikt sei.

Die genau umgekehrte Tendenz ergibt sich dort, wo von den Anwälten die Abhängigkeit in bezug auf bestimmte Deliktsgruppen eingeschätzt wurde. Nach der Schwere des Delikts zusammengefaßt ergibt sich folgendes Bild:

Schwerkriminalität (Tötungsdelikte):

8% der Anwälte meinten, daß sich ein der Schwerkriminalität Beschuldigter früh im Verfahren melden würde, während ebenfalls 8% der Anwälte genau der entgegengesetzten Ansicht waren.

Mittlere Kriminalität:

Deutlicher zeigte sich eine Tendenz bei der mittleren Kriminalität (Sexual-, Wirtschafts-, Steuer- und politische Strafver-

225) FB II 3.

fahren, fahrlässige Tötung und Betrug): 24% der Anwälte waren der Ansicht, daß sich die einer Tat aus dem Bereich der mittleren Kriminalität Beschuldigten früh im Verfahren melden würden; 4% der Anwälte waren der Ansicht, dies geschehe bei diesen Taten eher spät.

Kleinkriminalität:

Ganz ausgeprägt ist die Tendenz bei der Kleinkriminalität (Diebstahl, BtMG, Verkehrsdelikte): 54% der Rechtsanwälte meinten, die Mandanten würden sich früh im Verlaufe des Verfahrens melden, während nur 9% der Anwälte der gegenteiligen Ansicht waren.

Diese Ergebnisse sind gewiß nicht leicht zu interpretieren. Man könnte vermuten, daß die konkreten Angaben (also die Angaben mit Zuordnung zu einer der drei Kriminalitätsgruppen) von Anwälten stammen, die sich auch noch auf dem in Frage stehenden Gebiet spezialisiert hatten (signifikante Zusammenhänge konnten aber wegen der geringen Fallzahlen nicht nachgewiesen werden), während die allgemein gefaßten Angaben von nur generell auf das Strafrecht oder von nicht spezialisierten Anwälten stammen.
Auf der anderen Seite könnte man aber auch noch folgende Überlegung anstellen: Was bedeutet ein frühes Melden bei z.B. einem Ladendiebstahl (Kleinkriminalität)? Einem Verteidiger wird es in einem solchen Fall auch noch in der Hauptverhandlung gelingen, eine Einstellung nach § 153a StPO zu erreichen, auch wenn er erst einen Tag vor der Hauptverhandlung mandatiert worden ist, so daß "früh" hier immer dann und in dem Sinne angegeben worden ist, "wann komme ich als Verteidiger in Zeitnot, um ein optimales Verhandlungsergebnis zu erreichen". Dann wäre die Einschätzung mehr auf Grund der subjektiven "Zeitnoterfahrung" gegeben worden, denn auf Grund des objektiven Zeitpunktes im Laufe des Verfahrens. Vor diesem Hintergrund könnten auch die Angaben zur mittleren Kriminalität und der Schwerkriminalität besser verstanden werden.

Als gesichertes Ergebnis zeigt sich hier nur, daß es einen Zusammenhang zwischen der Schwere des Tatvorwurfs und dem Zeitpunkt der Kontaktaufnahme geben kann; über Art, Ausmaß und Gründe konnten jedoch nur erste Anhaltspunkte gewonnen und eine vorsichtige Deutung vorgenommen werden.

3.1.5. Spezielle Situation: Strafbefehlsverfahren

"Das Strafbefehlsverfahren ist schon jetzt der wichtigste Verfahrenstyp für die Ahndung der einfach gelagerten kleinen und mittleren Kriminalität"[226], es ist aber auch Bedenken ausgesetzt wegen seines summarischen Charakters und vor allem wegen der Besorgnis, der Beschuldigte würde sich aus den unterschiedlichsten Gründen nicht gegen einen ungerechtfertigten Strafbefehl wehren, obgleich das rechtliche Gehör nur über den Einspruch erreicht werden kann[227].
Es wurden die Verteidiger deshalb von uns zum einen gefragt, wie häufig sie nach Zustellung des Strafbefehls an den Klienten mandatiert würden, zum anderen, in wievielen Fällen die Mandanten erst nach Ablauf der Einspruchsfrist (§ 410 StPO[228]) zum Anwalt kommen würden[229].

---

226) ROXIN, a.a.O. 1987, 401; vgl. auch RIESS, a.a.O. 1979, 116.
227) ROXIN, a.a.O. 1987, 401.
228) Die Einspruchsfrist gem. § 410 StPO betrug zum Zeitpunkt der Interviews eine Woche; diese Frist ist durch das StVÄG 1987 BGBl 1987 I, 475 auf zwei Wochen verlängert worden (vgl. dazu RIESS/HILGER, a.a.O. 1987, 204f.).
229) FB II 2c).

Die Auswertung zeigt folgende Zahlen:

Tabelle Nr. 15: Mandatierung nach Zustellung des Strafbefehls

% Mandanten	% Anwälte
0-4	11
5-30	38
31-60	20
61-90	31

Die Tabelle zeigt, daß nur wenige Anwälte (11%) keinen oder fast keinen Mandanten haben, der nach Zustellung eines Strafbefehls zu ihnen kommen würde.
Durchschnittlich kommen **41%** der Mandanten im Strafbefehlsverfahren **nach der Zustellung** des Strafbefehls.

Tabelle Nr. 16: Mandatierung nach Ablauf der Einspruchsfrist

% Mandanten	% Anwälte
0-4	28
5-30	70
31-60	2
61-90	0

Diese Tabelle zeigt zusammengefaßt, daß bei 98% der Anwälte maximal bis zu einem Drittel der Mandanten, gegen die ein Strafbefehlsverfahen eingeleitet worden ist, erst nach Ablauf der Einspruchsfrist zu dem Verteidiger kommen. Es kann auf Grund dieser Zahlen gesagt werden, daß **durchschnittlich 6%** der Verfahren an dem **Ablauf der Einspruchsfrist** scheitern.
Faßt man die Ergebnisse aus diesen beiden Tabellen zusammen, so zeigt sich zum einen, daß mit durchschnittlich 6% der an der Einspruchsfrist scheiternden Verfahren die Anzahl der Beschuldigten, die sich offenbar gegen den Strafbefehl wehren wollen,

aber die Frist versäumen, zwar nicht unbeachtlich, aber doch relativ niedrig ist. Ob die Fristverlängerung um eine Woche durch das StVÄG 1987 hier eine wesentliche Besserung gebracht hat, kann auf Grund dieser Untersuchung nicht eingeschätzt werden, da nicht erhoben wurde, um wieviel Tage oder Wochen die Mandanten durchschnittlich zu spät kommen.
Zum anderen zeigt sich aber auch, daß in durchschnittlich 59% der von ihnen bearbeiteten Strafbefehlsverfahren die Anwälte schon vor der Zustellung des Strafbefehls tätig wurden; darin enthalten sind auch die Verfahren, in denen von den Anwälten gezielt auf einen Strafbefehl hingearbeitet worden ist.
Damit ist aber die These von WEIHRAUCH[230], das Strafbefehlsverfahren sei bei den Verteidigern nicht beliebt, zumindest in Frage zu stellen.

3.2. Das Verhältnis des Verteidigers zu seinem Mandanten

Das Verhältnis des Verteidigers zu seinem Mandanten steht zum einen im Zusammenhang mit der Stellung des Strafverteidigers im Strafverfahren[231], zum anderen mit dem persönlichen Verhältnis zwischen dem Verteidiger und dem Mandanten, so daß das Verhältnis insgesamt in einem doppelten Spannungsverhältnis steht.
Im Hinblick auf die Stellung des Verteidigers im Strafverfahren wird die Forderung erhoben, "der Rechtsanwalt müsse auch dem eigenen Mandanten gegenüber 'kritische Distanz' bewahren"[232], und es wird gesagt, es sei eine Grundvoraussetzung für die Verteidigertätigkeit, "daß der Verteidiger nicht mit dem Angeklag-

---

230) WEIHRAUCH, a.a.O. 1984, Rdn. 130.
231) Vgl. hierzu oben, S. 28ff.
232) SCHNEIDER, a.a.O. 1979, 29; QUACK, a.a.O. 1975a, 264; QUACK, a.a.O. 1975b, 1340f.; DAHS, a.a.O. Handbuch, Rdn. 98 sieht die Notwendigkeit der Distanz auch zum Schutz des Anwalts selbst und zitiert den (zynischen) Rat: "Betrachten Sie Ihren Mandanten immer als Ihren künftigen Prozeßgegner, dann behandeln Sie ihn richtig".

ten oder womöglich mit seiner Tat identifiziert wird".[233] Auf der anderen Seite soll der Verteidiger "Helfer und Beistand für den juristisch ungeschulten, ungewandten Beschuldigten"[234] sein und dies verpflichte ihn zur Herstellung eines Vertrauensverhältnisses[235], denn eine "... effektive Hilfe setzt ein enges Vertrauensverhältnis zwischen dem Beschuldigten und seinem Verteidiger voraus, da sonst der notwendige Informationsaustausch nicht stattfinden würde"[236].
Richtig beschreibt daher HOMMERICH[237]:

> *"Generell besteht eine zentrale Schwierigkeit im Anwaltsberuf darin, daß im Verhältnis zum Mandanten die 'richtige' Mischung zwischen Nähe zum Mandanten und Distanz gegenüber dem Mandanten gefunden werden muß."*

Die Verteidiger wurden daher um eine Charakterisierung des Verhältnisses zwischen ihnen und den Mandanten und um die Benennung typischer Spannungssituationen gebeten[238].

3.2.1. Charakterisierung des Verhältnisses zwischen Verteidiger und Mandant

Die Charakterisierung des Verhältnisses zwischen Verteidiger und Mandant bewegte sich zwischen den Polen freundschaftliches, menschliches Verhältnis und distanziertes Verhältnis mit den Übergängen Vertrauensverhältnis und sachliches Verhältnis, wobei jedoch häufig ein einziges Schlagwort nicht zur Charakterisierung des Verhältnisses genügte.

---

233) MÜLLER, I., a.a.O. 1977b, 277.
234) OSTENDORF, a.a.O. 1978, 1348.
235) BEULKE, a.a.O. 1980, 45.
236) BEULKE, a.a.O. 1980, 40; QUACK, a.a.O. 1975a, 264 und QUACK, a.a.O. 1975b, 1341 formuliert: "Fast unvereinbar ist die selbstverständliche Forderung nach intensivem persönlichen Engagement zur Erreichung der mit Recht erwarteten Effizienz bei der Vertretung der Mandanteninteressen und der gebotenen Distanz der Sache, die es zu vertreten gilt - einer Distanz, die der Mandant in aller Regel nicht oder nicht mehr hat."
237) HOMMERICH, a.a.O. 1988a, 23; HOMMERICH, a.a.O. 1988b, 83.
238) FB III 8a)-8c).

Nach den "Schlagworten" ausgezählt bezeichneten die Verteidiger das Verhältnis wie folgt:

86%: Vertrauensverhältnis
32%: distanziertes Verhältnis
10%: menschliches Verhältnis
7%: sachliches Verhältnis
5%: freundschaftliches Verhältnis

10% der Verteidiger gaben weitere, nicht diesen Schlagworten zuzuordnende Einschätzungen ab.
Neben der Bezeichnung des Verhältnisses als Vertrauensverhältnis kam die Kombination "distanziertes Vertrauensverhältnis" am häufigsten vor, die genau das zentrale Problem im Verhältnis des Verteidigers zu seinem Mandanten bezeichnet: auf der einen Seite muß sich der Verteidiger in den Mandanten, in die Lage des Mandanten hineindenken können und er muß - insbesondere in schwierigen Situationen wie z.B. der U-Haft - auch menschliche Anteilnahme vermitteln, wodurch die Identifikation mit dem Mandanten wachsen kann; auf der anderen Seite darf er aber nie den Blick für die Realitäten verlieren, um für den Mandanten effizient tätig sein zu können, dies aber fördert die Distanz zu dem Klienten.
Diese Ambivalenz kam sehr gut in dem Interview Nr. 43 zum Ausdruck:

> *"Der Mandant muß eine gewisse menschliche Zuwendung zu seinen Problemen sehen. Zugleich muß aber die Distanz gewahrt werden, aus der heraus ihm geholfen werden kann. Es ist genau das Verhältnis - wenn es gut ist - wie beim Arzt, beim Chirurgen. Dieses Beispiel trifft am ehesten, weil ein Chirurg ein Arzt ist, der oft Hartes tun muß, um zu helfen, der erklären muß: 'Es geht nicht anders, das Bein muß weg.' Und das muß auch ich manchmal sagen: 'Es geht nicht anders, wir müssen hier durch, und es wird sehr bitter, aber es ist die einzige Chance, daß Du mit Deinem Leben noch fertig wirst.'*
> *Und da muß er ein bißchen menschliches Verhältnis spüren. Und umgekehrt darf ich mich nicht mit ihm identifizieren. Ich muß in der Distanz bleiben, sonst kann ich ihn nicht mehr sachlich verteidigen."*

Diese Umschreibung kennzeichnet die vorherrschende "Mittellinie", die von den Anwälten im professionellen Umgang mit den Mandanten angestrebt und wohl auch regelmäßig erreicht wird. Daneben gibt es einen kleinen Anteil der befragten Anwälte, die einen engeren Kontakt mit ihren Mandanten herzustellen versuchen, wozu etwa auch das "Du" in der Anrede gehört. Diese Strategie ist jedoch - wie in einem Fall berichtet wurde - nicht unproblematisch, da damit offenbar leicht die Erwartung des Klienten geweckt wird, der Anwalt würde "kostengünstig" für den Mandanten tätig werden.
Ebenso ist die Gruppe der Anwälte, die das Verhältnis zu dem Mandanten auf eine bewußt sachliche Ebene stellen, sehr klein. Mitentscheidend für die jeweilige Gestaltung des Verhältnisses dürfte primär die Persönlichkeit des Anwalts und seine Fähigkeiten im Umgang mit Menschen sein, ferner die Persönlichkeit des Mandanten und die Interaktions- und Kooperationsmöglichkeiten zwischen Anwalt und Mandant.

3.2.2. Typische Spannungssituationen

Zur vertiefenden Erfassung des Verteidiger-Mandanten-Verhältnisses wurden die Anwälte nach **typischen Spannungssituationen** befragt.[239] Die Erhebung stellte bewußt auf "typische" Spannungssituationen ab, da es nicht darauf ankam, die in jedem zwischenmenschlichen Verhältnis immer wieder einmal möglichen Schwierigkeiten zu erfassen, sondern nur die Interaktionsprobleme zwischen Verteidiger und Mandant zu erheben, die in bestimmten Situationen immer wieder auftreten, da nur so die spezifischen Probleme der Strafverteidigung beschrieben werden können.
Ein erster Schritt war hier die Feststellung der **Häufigkeit** solcher Spannungssituationen. Die Auswertung ergab:

---

239) FB IV 8b).

21% der Anwälte kannten keine typischen Spannungssituationen;

70% bejahten generell das Vorkommen solcher Spannungssituationen;

4% meinten, solche Situationen seien "selten";

5% erlebten "manchmal" Spannungssituationen.

Insgesamt kannten also 79% der Anwälte Spannungssituationen im Verhältnis zwischen ihnen und dem Mandanten.
In einem zweiten Schritt konnten **fünf typische Spannungssituationen** herausgearbeitet werden:

1. **Situation, Verhalten, Erwartungen der Mandanten**

   54% der Anwälte konnten auf Grund der Situation, des Verhaltens und der Erwartungen des Mandanten von Spannungen berichten. Es hieß dazu:

   "Es gibt häufiger Spannungen, weil der Mandant das Stellen von Anträgen erwartet, die ich als Verteidiger für unvertretbar halte, auch bei Strafanzeigen gegen Polizeibeamte und Staatsanwälte, die ich für abwegig halte, oder bei aussichtslosen Rechtsmitteln gegen Entscheidungen der Vollzugsorgane in den Justizvollzugsanstalten; oder wenn Wiederaufnahmeanträge erwartet werden trotz meiner Erklärung, daß Wiederaufnahmeanträge grundsätzlich aussichtslos seien und hier auch kein entscheidend neues Beweismittel vorliegt."

2. **Differenzen über die Verteidigungsstrategie**

   40% der Anwälte berichteten, daß es hinsichtlich der Verteidigungsstrategie immer wieder zu Auseinandersetzungen mit den Mandanten käme. Es hieß dazu:

   "Es kommt immer wieder vor, daß Mandanten, insbesondere Akademiker, meinen, sie verstünden mehr vom Strafprozeß als ich. Das sind solche Mandanten, die in aller Regel die Situation im Prozeß falsch einschätzen. Dann gibt es Unstimmigkeiten."

3. **Überzeugung des Anwalts von der Schuld des Mandanten trotz dessen Beteuerung seiner Unschuld**

   17% der Verteidiger sprachen eine der schwierigsten Situationen an, nämlich die Verteidigung "wider besseres Wissen"[240]:

240) Vgl. dazu DAHS, a.a.O. Handbuch, Rdn. 36 und insbesondere BOTTKE, a.a.O. 1984, 737ff.

"Eine typische Spannungssituation ist gegeben, wenn ich das Gefühl habe, daß der Mandant mir nicht die Wahrheit sagt, und ich ihn für schuldig halte, und er von mir verlangt, daß ich ihn mit der Behauptung verteidige, er sei nicht schuldig."

4. **Geständnis in der Hauptverhandlung**

Eng mit dem unter 3. abgehandelten Punkt hängt die Frage des Geständnisses in der Hauptverhandlung zusammen; es gibt ferner Spannungen, wenn der Verteidiger ein Geständnis für die einzig sinnvolle Prozeßstrategie hält, der Mandant aber nicht gestehen will. 9% der Anwälte sahen in diesem Bereich Probleme; es wurde gesagt:

"Spannungssituationen entstehen auch, wenn in der Hauptverhandlung erst deutlich wird, daß sein Mandant ihm die volle Wahrheit nicht gesagt hat."

5. **Finanzielle Fragen**

Nur 4% der Anwälte gaben ferner an, daß es auch bei Honorarfragen zu Spannungen kommen kann. Dies liegt zum einen sicher daran, daß diese Frage in einem frühen Stadium des Verfahrens abgeklärt werden und es dann ggf. nicht zur Übernahme des Mandats kommt oder ein Antrag auf Bestellung als Pflichtverteidiger gestellt werden kann.

Hinter den von den Verteidigern aufgezeigten Spannungsverhältnissen (außer Punkt 5.) steht die Frage nach der Kompetenz für die Verteidigungsstrategie und damit auch die Frage, ob die Mandanten durch den Verteidiger bevormundet werden könnten. Auf theoretischer Ebene waren diese Fragen auch Gegenstand des Streits um die Stellung der Strafverteidiger im Strafverfahren, wie er in den letzten Jahren ausgetragen worden ist[241]: Nach WELP steht primär dem Beschuldigten die Kompetenz zur Festlegung der Verteidigungsstrategie zu, da Verteidigung "die Wahrnehmung selbstdefinierter prozessualer Interessen aus eigenem Recht" ist[242]; der ARBEITSKREIS STRAFPROZESSREFORM sieht dage-

---

241) Vgl. dazu oben, S. 28ff.
242) WELP, a.a.O. 1978a, 117, jedoch mit Einschränkungen bei Meinungsverschiedenheiten, da beide eigenverantwortlich handeln: WELP, a.a.O. 1978b, 822.

gen in seinem Entwurf die Unabhängigkeit des Verteidigers (auch vom Mandanten) vor, da "ein von den Weisungen des Beschuldigten abhängiger Verteidiger möglicherweise einen zu engen Spielraum für die Anwendung seiner Sachkunde"[243] hat; BEULKE widerspricht[244] nachdrücklich dem Versuch, das Problem durch den absoluten Vorrang des privaten oder des öffentlichen Interesses lösen zu wollen, plädiert für eine sorgfältige Abwägung beider Interessengesichtspunkte und meint[245], die Bevormundung des Mandanten würde durch Gegenmechanismen (freie Advokatur, freie Verteidigerwahl, Subsidiarität des Verteidigerwillens bei Preisgabe von Rechten) verhindert.
Die Verteidiger wurden daher in dieser Untersuchung gefragt, ob sie den Eindruck hätten, daß sie hin und wieder die Mandanten bevormundeten.[246]
49% der Anwälte waren der Ansicht, daß bei ihnen eine Bevormundung der Mandanten nicht vorkäme.
51% der Anwälte hatten dagegen den Eindruck gewonnen, daß durchaus bei den Mandanten der Eindruck der Bevormundung entstehen könne. Die Verteidiger meinten jedoch auch, daß dies stets das Dilemma zwischen dem Fachmann und dem Laien sei. Zum Teil versuchten die Anwälte, diesem Abhängigkeitsgefühl dadurch entgegenzuwirken, daß sie nach einer Erklärung der Prozeßmöglichkeiten dem Mandanten die Entscheidung über das Vorgehen überließen. Sie waren sich dabei bewußt, daß dies in zahlreichen Fällen nur "cum grano salis" möglich sei.

Auf Grund der Untersuchung kann gesagt werden, daß es zahlreiche typische Spannungsfelder im Beziehungsgeflecht zwischen dem Verteidiger und dem Mandanten gibt; Hauptquellen dafür sind die Dominanz des Verteidigers durch sein "know-how" und verfehlte Erwartungen des Klienten an den Strafverteidiger. Es entstand der Eindruck, daß sich die Anwälte nicht in dem wün-

243) ARBEITSKREIS STRAFPROZESSREFORM, a.a.O. 1979, 42.
244) BEULKE, a.a.O. 1979, 43.
245) BEULKE, a.a.O. 1980, 124.
246) FB IV 8d).

schenswerten Ausmaß der Möglichkeit der Bevormundung des Mandanten durch das Verteidigerverhalten bewußt waren.

3.2.3. "Wahrheitsliebe" der Mandanten - Verteidigung "wider besseres Wissen"

Ein besonderer Aspekt des Verhältnisses zwischen Anwalt und Mandant ist die "Wahrheitsliebe" der Mandanten, also die Frage, ob dem Verteidiger von dem Mandanten die volle Wahrheit über das Tatgeschehen gesagt wird, und zwar von Anfang an.
Skeptisch äußern sich DECKER/KOTZ[247)] zu diesem Bereich, wenn sie schreiben, daß dem Verteidiger die "hoffentlich zutreffenden" Informationen durch den Mandanten gegeben werden.
Skeptisch äußerte sich auch der überwiegende Anteil der in dieser Untersuchung befragten Verteidiger:
Nur 34% der Anwälte glaubte, daß die Angaben ihrer Mandanten vollständig seien; 45% gaben die vorsichtige Einschätzung "teils/teils" ab und 21% waren der Ansicht, daß die Angaben unvollständig sind.
Die Anwälte berichteten auch, daß die Wahrheit häufig nur schrittweise an den Tag kommt. Es stellen sich dann für den Verteidiger die Fragen der Niederlegung des Mandats bzw. die besonders schwierige Frage der Entpflichtung aus der Pflichtverteidigung[248)].
Um es erst gar nicht dahin kommen zu lassen, sind einige Anwälte dazu übergegangen, vor der endgültigen Mandatsübernahme Akteneinsicht zu nehmen, um auf Grund des Akteninhalts und der Einlassung der Mandanten bei ihnen zu wissen, woran sie mit den Mandanten sind. Eine besondere Vorsicht hatte sich bei einigen Anwälten gegenüber Mandanten entwickelt, die eines Betruges beschuldigt wurden. Hier schenkten sie den Zusicherungen der Mandanten insbesondere bezüglich Honorarversprechungen grundsätz-

---

247) DECKER/KOTZ, a.a.O. 1989, 2/5.4.
248) DAHS, a.a.O. Handbuch, Rdn. 66.

lich kein Vertrauen (sie wurden hier nur tätig, wenn vorher bezahlt worden war).
Diese Frage eignete sich damit besonders gut, um den Facettenreichtum des Verhältnisses zwischen Anwalt und Mandant noch etwas näher darzustellen.
Mit dieser Frage hängt aber auch ein besonderes Problem der Unabhängigkeit bzw. der Prozeßstrategie der Verteidiger zusammen: es ist die Frage, ob es für den Verteidiger überhaupt wünschenswert sein kann, daß der Mandant ihm die volle Wahrheit anvertraut, wenn dieser den Prozeß mit der Strategie "nicht schuldig" zu führen gedenkt, und der Anwalt damit in der Gefahr ist, "wider besseres Wissen" verteidigen zu müssen. Die in der Literatur vertretene klare Linie, daß ein Verteidiger private Geständnisse möglichst zu verhindern habe, um unbefangen für die Sache des Klienten eintreten zu können[249], wird in der Praxis so nicht geteilt:
22 Anwälte (32%) äußerten sich in den Interviews auch zu dieser Frage.
8 Anwälte (12%) gaben an, daß sie die Verteidigung nur dann übernehmen würden, wenn sie von dem Mandanten vollständige Angaben über das Geschehen erhalten würden.
14 Anwälten (20%) war es dagegen lieber, wenn sie nicht das volle Geständnis hörten, falls sich nicht im Laufe des Ermittlungsverfahrens der wahre Sachverhalt unzweideutig herausgestellt haben sollte. Diese Anwälte wollten also den Zwiespalt zwischen voller eigener Kenntnis und prozessual ermittelter Wahrheit vermeiden.
Die Anwälte verfolgen in diesem Punkt also eine auf ihrer persönlichen Einstellung beruhenden Strategie, und es kann daher dem von SARSTEDT[250] wiedergegebenen Gespräch zwischen zwei Strafverteidigern und der Schlußfolgerung voll zugestimmt werden:

---

249) BEULKE, a.a.O. 1980, 151.
250) SARSTEDT, a.a.O. 1978, 11.

"Der eine sagte, er könne nur Menschen verteidigen, die ihm die volle Wahrheit sagten. Deshalb dränge er seine Angeklagten zum Geständnis, zunächst im vertraulichen Gespräch unter vier Augen, dann aber zur Wiederholung des Geständnisses vor Gericht. Der andere widersprach entschieden. Die Überführung des Angeklagten durch ein Geständnis könne nicht seine Aufgabe sein, und er brauche zur Erfüllung seiner Aufgabe die Wahrheit auch gar nicht so genau zu wissen. Er pflege seinem Mandanten deshalb allenfalls zu sagen, er müsse damit rechnen, daß das Gericht ihm seine Geschichte nicht glauben werde; aber seine eigene Meinung darüber sei ja ohnehin nicht entscheidend. - Hier kann jeder Verteidiger gewiß nur seiner eigenen inneren Stimme folgen."

3.3. Der Einfluß der Rechtsschutzversicherung auf das Mandat

Nach der Feststellung eines signifikanten Einflusses der Rechtsschutzversicherungen auf den Geschäftsanfall bei den Gerichten[251)], der v.a. durch die Kostenübernahme in Verkehrssachen veranlaßt ist[252)], lag es nahe, die Anwälte nach dem Einfluß der Rechtsschutzversicherung auf das Mandat zu befragen. In den Interviews wurden zwei Komplexe herausgegriffen, nämlich zum einen die Frage, ob der Umstand, daß der Mandant in einer Rechtsschutzversicherung ist, einen Einfluß auf den Zeitpunkt der Kontaktaufnahme mit dem Verteidiger hat, zum anderen die Frage, ob der Versicherungsschutz einen Einfluß auf den Verlauf des Verfahrens hat.[253)]

Der ersten Frage lag die Vermutung zugrunde, daß sich versicherte Mandanten früher bei den Anwälten melden als unversicherte Mandanten. Die Auswertung der Antworten ergibt, daß **57%** der Verteidiger meinten, die versicherten Mandanten würden **eher**

---

251) Vgl. hierzu den Bericht über eine Untersuchung des Wissenschaftszentrums Berlin in AnwBl. 1980, 494; vgl. auch INFRATEST/PROGNOS, a.a.O. 1987, 14: "Haushalte mit Rechtsschutzversicherungen nutzen den Anwalt in der Regel häufiger."

252) GERLACH, a.a.O. 1984, 163.

253) FB II 12a).
FB II 12b): Der Anteil der rechtsschutzversicherten Mandanten wurde auf durchschnittlich 33% geschätzt.

Kontakt mit einem Rechtsanwalt aufnehmen, während **43%** der Anwälte **keinen Unterschied** zwischen Versicherten und Nichtversicherten in bezug auf den Zeitpunkt der Kontaktaufnahme feststellen konnten. Die zuletzt Genannten begründeten dies auch damit, daß für die Kontaktaufnahme die zivilrechtliche Seite des Schadensfalles verantwortlich sei; diese aber brächte eine umgehende Mandatierung mit sich.
Da die Ansichten hier in etwa gleich verteilt sind, kann m.E. ein **maßgeblicher Einfluß** der Rechtsschutzversicherungen auf das Zustandekommen eines Mandats **nicht eindeutig nachgewiesen** werden.

Ein anderes Ergebnis zeigt sich hingegen bei der zweiten Frage, der die Vermutung zugrunde lag, daß versicherte Mandanten eher bereit sind, ein Rechtsmittel einzulegen, als nichtversicherte Mandanten. Hier konnten nur **33%** der Verteidiger einen **Einfluß** der Rechtsschutzversicherungen **verneinen**, während **67%** der Anwälte einen **Einfluß** auf den weiteren Gang des Verfahrens **feststellen** konnnten.
Dies wurde von einigen Anwälten dadurch konkretisiert, daß sie berichteten, die Frage des Rechtsmittels wäre im wesentlichen eine Kostenfrage. Da in Verkehrssachen die "Taxen" relativ fest gefügt seien, könne man eine brauchbare Kosten-Nutzen-Rechnung erstellen, die die nichtversicherten Mandanten eher dazu brächte, auf ein Rechtsmittel zu verzichten, als die Rechtsschutzversicherten. Solche Rechnungen würden auch eingehend mit den Mandanten besprochen.
Insbesondere wegen des unterschiedlichen **Kostenrisikos** kann daher ein **Einfluß** der Rechtsschutzversicherung der Mandanten auf das **weitere** Verfahren konstatiert werden.

3.4. Die Ablehnung von Mandaten

Für die Ablehnung eines Mandats durch den Anwalt gibt es objektive und subjektive Gründe. Zu den **objektiven** - und allge-

mein akzeptierten - Gründen[254]) zählen die Hinderungsgründe zu hoher Zeitaufwand, kanzleimäßige Gegebenheiten, fehlende Kenntnisse auf einem Spezialgebiet, kein Zustandekommen eines Vertrauensverhältnisses mit dem Mandanten, sowie rechtliche Hinderungsgründe (z.B. §§ 137 I (2), 146 StPO).
Problematisch sind dagegen die **subjektiven** Ablehnungsgründe. Hier befindet sich der Verteidiger in einem besonderen Dilemma[255]), nämlich zwischen dem (ethischen) Anspruch, daß auch und gerade der Schuldige einen Verteidiger benötigt, der "unter Ausschöpfung aller verfahrensrechtlich eingeräumten Möglichkeiten"[256]) verhindert, daß der Schuldige "prozessual überfahren"[257]) wird, und den eigenen psychischen und sonstigen Gegebenheiten. Während sich HAMM[258]) prinzipiell gegen die Ausklammerung bestimmter Fallgruppen ausspricht und nur in Ausnahmefällen persönliche Gründe akzeptiert[259], zieht DAHS den Kreis der Ablehungen auf Grund "der Persönlichkeit des Mandanten und dem Charakter seiner Sache"[260]) weiter und zeigt Verständnis für die Ablehnung insbesondere bei Schwerverbrechern und "KZ-Mördern", Ganoven und Dirnen aus der Unterwelt, Staatsfeinden, Terroristen oder anarchistischen Straftätern, sowie bei Sexualverbrechern[261]).
Die Auswertung der Interviews[262]) zeigt, daß eine ganze Reihe von Anwälten auf Grund ihrer Erfahrungen, ihrer persönlichen (auch politischen) Einstellung oder auf Grund ihrer Lebensumstände es **von vorneherein ablehnt**, ganz bestimmte **Verfahren zu übernehmen**. Die Angaben lassen sich in fünf Fallgruppen zusammenfassen:

---

254) DAHS, a.a.O. Handbuch, Rdn. 95 und 98; DECKER/KOTZ, a.a.O. 1989, 2/2.1.2; HAMM, a.a.O. 1981, 57f.; HAMM/LOHBERGER (DANKERT), a.a.O. 1988, 29ff.; WEIHRAUCH, a.a.O. 1984, Rdn. 7.
255) MÜTZELBURG, a.a.O. 1982, 282.
256) HAMM, a.a.O. 1981, 57.
257) HAMM, a.a.O. 1981, 57.
258) HAMM, a.a.O. 1981, 56.
259) HAMM, a.a.O. 1981, 57.
260) DAHS, a.a.O. Handbuch, Rdn. 93.
261) DAHS, a.a.O. Handbuch, Rdn. 93ff.
262) FB II 8.

1. **Politische Verfahren**: 32% der Anwälte gaben an, keine politisch motivierten Täter verteidigen zu wollen. Bei einigen Anwälten gab es Einschränkungen dahingehend, daß sie nur politisch motivierte Täter einer bestimmten Richtung ("links" oder "rechts") nicht verteidigen würden. So gaben z.B. Anwälte, die viel mit Demonstrationsdelikten der "linken Szene" zu tun hatten, an, keine NS-Verbrecher verteidigen zu wollen.
2. **Straftaten gegen Kinder**: 16% der Anwälte gaben an, daß sie Beschuldigte, denen Straftaten gegen Kinder vorgeworfen werden, nicht verteidigen könnten. Begründet wurde dies mehrmals mit dem Vorhandensein eigener (kleiner) Kinder; dadurch würde gegenüber solchen Tätern eine (starke) emotionale Barriere bestehen, so daß befürchtet werden müsse, keine optimale Verteidigung gewährleisten zu können.
3. **Sexualdelikte**: 20% der Anwälte gaben an, im Bereich der Sexualdelikte (Vergewaltigung) keine Verteidigung zu übernehmen. MÜTZELBURG[263] faßt die Gründe hierfür sehr gut zusammen:

   "Die Verteidiger fühlten sich in einem echten Dilemma zwischen der Pflicht zur harschen Strafverteidigung mit allen gesetzlich zulässigen Mitteln und der dadurch zwangsläufig verursachten Rücksichtslosigkeit gegenüber den Opfern, die als Zeugen ihren Klienten belasten. Das notwendige Eindringen in die Intimsphäre, das Zergliedern des sexuellen Zwangserlebnisses, das Hervorzerren mühsam verdrängter traumatisch belasteter Vorgänge, die einen psychischen Schock verursachen können, halten diese Verteidiger für derart menschenunwürdig, daß sie sich dieser Aufgabe lieber ganz verschließen wollen."
4. **Rauschgiftkriminalität**: 10% der Anwälte lehnte es ab, im Bereich der Rauschgiftkriminalität eine Verteidigung zu übernehmen. Diese Ablehnung wurde jedoch in den meisten Fällen auf nicht-süchtige Dealer eingeschränkt, gegen deren Tun ein so großes Ausmaß an Abscheu besteht, daß die Verteidiger ein objektives, engagiertes Eintreten ihrerseits für nicht gewährleistet ansahen.

---

263) MÜTZELBURG, a.a.O. 1982, 282f.

5. **Einzelfälle**: In Einzelfällen wurden folgende Delikte angegeben: Tierquälerei, Tötungsdelikte, Umweltdelikte, Gewaltkriminalität, geheimdienstliche Agententätigkeit und Landesverrat.

Es zeigt sich damit, daß bei den Verteidigern in größerem Umfang Bedenken gegen die Übernahme bestimmter Verfahren bestehen, und es ist bedeutsam, daß in den Interviews ausschließlich auf die subjektiven Gründe eingegangen wurde. Es handelt sich offenbar um ein die Verteidiger bedrängendes Problem, das nicht - wie Hamm fordert[264] - "mit der Berufswahl abschließend geklärt" ist, sondern das immer wieder neu an die Verteidiger herantritt.
Die Verteidiger waren sich jedoch der Problematik der "Ethik der Strafverteidigung"[265] durchaus bewußt, denn in den Interviews kam stets zum Ausdruck, daß die Ablehung bestimmter Verfahren in dem Bewußtsein erfolge, daß ein solcher Beschuldigter nicht ohne Verteidigung bleiben würde, da es jeweils Kollegen gäbe, die solche Fälle übernehmen würden, ja vielleicht sogar darauf spezialisiert seien.

3.5. Die Auflösung von Mandaten

Die Fragen zu dem Mandatsverhältnis erstreckten sich abschließend auch auf die Häufigkeit und die Gründe der Mandatsauflösungen.[266] Bei der Mandatsauflösung wurde zwischen der Auflösung durch den Anwalt und der Auflösung durch den Mandanten unterschieden.

Die **Häufigkeit** der Auflösung durch den Anwalt und den Mandanten gibt die nachfolgende Tabelle wieder:

---

264) HAMM, a.a.O. 1981, 57.
265) DAHS, a.a.O. Handbuch, Rdn. 93 und Rdn. 8.
266) FB II 11a)-c).

Tabelle Nr. 17: **Häufigkeit der Mandatsauflösung durch den Verteidiger bzw. durch den Mandanten**

Auflösender in %	% der Mandate			Durchschnitt
	0	1-5	6-10	
Anwalt	13	71	16	3
Mandant	23	75	2	2

Die Tabelle zeigt, daß 13% der Anwälte angaben, durch sie würde kein Mandat aufgelöst; 71% gaben an, von ihnen würden 1-5% der Mandate gekündigt, während 16% der Verteidiger sagten, sie lägen in 6-10% der Verfahren das Mandat nieder. Daraus errechnet sich für die Anwälte eine durchschnittliche Auflösung von 3% der Mandate; durch die Mandanten werden durchschnittlich 2% der Mandate gekündigt. Insgesamt werden **durchschnittlich 5%** der Mandate **aufgelöst**. Es ergibt sich daraus, daß durch die Verteidiger etwas häufiger Mandate gekündigt werden als durch die Klienten.
Umgekehrt bedeutet dieses Ergebnis aber auch, daß es in durchschnittlich 95% der Verfahren gelingt, ein tragfähiges Verhältnis zwischen dem Verteidiger und dem Mandanten zu entwickeln.

Als wichtigste **Gründe** für die Mandatsauflösung durch den **Verteidiger** kristallisierten sich drei Situationen heraus:

1. **Finanzielle Gründe**: Kann ein Mandant den eingegangenen Zahlungspflichten nicht nachkommen, so wird das Mandat gekündigt.
2. **Verhalten des Mandanten**: Es kommt zu Mandatsniederlegungen durch den Verteidiger, wenn das Verhalten, die Erwartungen des Mandanten so geartet sind, daß sie sich zerstörend auf das Vertrauensverhältnis auswirken. Es wurden hier auch Fälle genannt, in denen sich die Persönlichkeiten des Anwalts und des Mandanten als so unterschiedlich herausstellten, daß eine Zusammenarbeit unmöglich wird. Falls möglich, wird ver-

sucht, die Probleme durch einen Wechsel innerhalb der Sozietät zu lösen.

3. **Differenzen in der Strategie**: Entwickelt der Mandant eine eigene Verteidigungsstrategie, die mit den Vorstellungen des Verteidigers oder der Prozeßrealität nicht in Einklang zu bringen ist, so wird von den Anwälten das Mandat niedergelegt.

Die hier gewonnenen Erkenntnisse stehen in weitgehender Übereinstimmung mit den Antworten zu der Frage nach den Spannungen zwischen Anwalt und Mandant.[267)] Auf Grund der Reihenfolge bei den jeweiligen Angaben läßt sich vermuten, daß die Spannungen wegen finanzieller Fragen zwar selten sind, daß sie aber, wenn sie auftauchen, eher zu einer Auflösung des Mandats führen als etwa Meinungsverschiedenheiten über die Strategie, bei denen die Konsenserzielung besser zu erreichen zu sein scheint.

Die befragten Anwälte machten sich auch Gedanken über die **Gründe der Mandanten**, ein Mandat aufzulösen. Die häufigste Antwort war hier, daß sich die Mandanten dann offenbar nicht richtig vertreten fühlten. Demnach dürften die Zweifel an der Kompetenz des Strafverteidigers ausschlaggebend sein für die Kündigung eines Mandats durch den Klienten.

Die von INFRATEST/PROGNOS mitgeteilten Angaben[268)], daß 13% der Haushalte mit den Leistungen der Anwälte nicht zufrieden bzw. sehr unzufrieden waren, bestätigt die hier gewonnenen Ergebnisse zumindest in der Größenordnung, denn Unzufriedenheit muß nicht sogleich zur Mandatsauflösung führen, zudem ist das Strafverfahren eine spezielle Situation, in der die Mandanten möglicherweise nicht so rasch zu einem Verteidigerwechsel neigen wie in einem von ihnen angestrengten Zivilverfahren.

---

267) Vgl. oben, S. 100.
268) INFRATEST/PROGNOS, a.a.O. 1987, 15.

4. Die Aktivitäten des Verteidigers im Ermittlungsverfahren

Es gehört zu den gesicherten Erkenntnissen der (empirischen) Strafverfahrensforschung, daß das Ermittlungsverfahren, also das Verfahren von der Einleitung des Strafverfahrens bis zur Erhebung der Anklage durch die Staatsanwaltschaft[269)], von prägender Kraft für das gesamte Strafverfahren ist[270)]. Dennoch stand bisher nicht das gesamte Ermittlungsverfahren im Blickpunkt der wissenschaftlichen Diskussion, sondern es wurden nur Einzelaspekte untersucht, so etwa die Organe der Strafverfolgung, die auf Grund der Aufgabenzuweisung in der StPO einen entscheidenden Einfluß auf das Vorverfahren haben, nämlich die Polizei[271)] und die Staatsanwaltschaft[272)]. Auch nachdem durch die Gesetzesänderungen seit dem Jahr 1974[273)] eine Gewichtsverschiebung[274)] zu Gunsten der Staatsanwaltschaft statt-

---

269) Vgl. ROXIN, a.a.O. 1987, 232ff.; PETERS, a.a.O. 1981, 503ff.

270) ARBEITSKREIS STRAFPROZESSREFORM, a.a.O. 1979, 87; BEULKE, a.a.O. 1980, 92, 244 m.w.N.; DAHS, a.a.O. 1968, 19; FEZER a.a.O. 1988, 412; GEISSER, a.a.O. 1983, 409; HAMM, a.a.O. 1981, 61f.; HEIMESHOFF, a.a.O. 1972, 165; KAISER, a.a.O. 1972, 78; KRAUSE, a.a.O. 1976, 2029; KRAUSE, a.a.O. 1984, 174f.; KUHLMANN, a.a.O. 1976, 267; LR-MEYER-GOSSNER, a.a.O. 23, Vor § 158, Rdn. 5; MÖRSCH, a.a.O. 1968, 50; MÜLLER, E., a.a.O. 1981, 1806; PETERS, a.a.O. 1972, 195, 212; RICHTER II, a.a.O. 1981, 337; RICHTER II, a.a.O. 1985, 385f. m.w.N.; RIESS, a.a.O. 1980, 207f.; RÖMER, a.a.O. 1977, 139f.; RÜCKEL, a.a.O. 1984, 268; SCHÜNEMANN; a.a.O. 1988, 482f.; SESSAR, a.a.O. 1980, 710; WEIHRAUCH, a.a.O. 1984; 1ff.

271) Vgl. hierzu FEEST/BLANKENBURG, a.a.O. 1972; KAISER, a.a.O. 1980, 196ff.

272) Vgl. hierzu BLANKENBURG/SESSAR/STEFFEN, a.a.O. 1978; KAISER, a.a.O. 1980, 200.

273) Einführungsgesetz zum Strafgesetzbuch (EGStGB), BGBl. 1974 I, 469, 502. Erstes Gesetz zur Reform des Strafverfahrensrechts (1. StVRG), BGBl. 1974 I, 3393, 3533; vgl. zu diesem Gesetz RIESS, a.a.O. 1975, 81ff; LAMPE, a.a.O. 1975, 195ff.; AK-StPO/SCHREIBER, a.a.O. 1988, Einl. I, Rdn. 14.

274) Man sieht seither eine "Tendenzwende" in der Reformgesetzgebung, die nicht mehr - wie frühere Reformen, vgl. AK-StPO/SCHREIBER, a.a.O. 1988, Einl. I, Rdn. 12 - die Stär-

gefunden hatte, ist die Diskussion um die Reform des Ermittlungsverfahrens nicht richtig in Gang gekommen[275]. Auch der Versuch, durch ein DAV-Forum die Reformdebatte anzuregen, muß wohl als gescheitert angesehen werden.[277] Immerhin wurde auf dieser Tagung deutlich, welche Wünsche aus der Sicht der Verteidigung an eine Reform des Ermittlungsverfahrens zu stellen sind[278]: Die Diskussions-Thesen fordern erweiterte Teilhaberechte der Verteidigung im Ermittlungsverfahren[279], ein Einwirkungsrecht der Verteidigung auf das Ermittlungsverfahren von Anfang an[280], Veränderungen im Bereich der Untersuchungshaft, einen Beweiserhebungsanspruch der Verteidigung im Ermittlungsverfahren unter besonderer Berücksichtigung des Sachverständi-

---

kung der Stellung des Beschuldigten und des Verteidigers verfolgt; vgl. BAUMANN, a.a.O. 1983, 460; BAUMANN, a.a.O. 1987, 681; dagegen aber RIESS, a.a.O. 1977, 70; RIESS, a.a.O. 1985b, 334.
Nicht zu bestreiten ist jedoch, daß durch die Erweiterung der staatsanwaltlichen Kompetenzen - Zurückdrängung des Untersuchungsrichters insbesondere durch die Abschaffung der Voruntersuchung, Abschaffung des Schlußgehörs, Verpflichtung für Beschuldigte, Zeugen und Sachverständige einer staatsanwaltschaftlichen Ladung Folge zu leisten; weitere Einschränkung des Legalitätsprinzips zu Gunsten des Opportunitätsprinzips (§ 153a StPO) - die ursprüngliche Struktur des Vorverfahrens verändert worden ist; vgl. dazu NELLES, a.a.O. 1986, 74; PETERS, a.a.O. 1975, 93ff., 152ff.; MÜLLER, E., a.a.O. 1976, 1063; MÜLLER, E., a.a.O. 1986, 50f.; RICHTER II, a.a.O. 1981, 337; SCHÜNEMANN, a.a.O. 1988, 482.

275) Vgl. hierzu MÜLLER, E., a.a.O. 1976, 1067; MÜLLER, E., a.a.O. 1986, 51; RICHTER II, a.a.O. 1981, 337; RIESS, a.a.O. 1980, 207; RIESS, a.a.O. 1983, 550; WOLTER, a.a.O. 1985, 50; ZIPF, a.a.O. 1980, 152 spricht vom Vorverfahren als einem "Dauerbrenner der Strafprozeßdiskussion"; er meint damit aber wohl nur in der Diskussion stehende Einzelprobleme (Verhältnis Polizei - Staatsanwaltschaft; § 153a StPO etc.), nicht aber das gesamte Ermittlungsverfahren.

276) DAV-FORUM: Reform des Ermittlungsverfahrens, 11. Oktober 1985, a.a.O. 1986, 49ff.

277) Vgl. SCHREIBER, a.a.O. 1987, 13.

278) Vgl. dazu BANDISCH, a.a.O. 1986, 69ff.; MÜLLER, E., a.a.O. 1986, 50ff.; die Thesen finden sich in AnwBl. 1986, 55f.

279) Vgl. hierzu THOMAS, a.a.O. 1986, 56ff.

280) Vgl. hierzu DECKERS, a.a.O. 1986, 60ff.

genbeweises[281)], besondere Rechtsbehelfe im Ermittlungsverfahren[282)] und sonstige Änderungen (§§ 137, 146 StPO; Kostenrecht). Daß diese Forderungen auch in sich nicht ohne Brüche sind, hat sich bei der Diskussion der Thesen deutlich gezeigt[283)].

Auch in dieser Untersuchung konnte nicht das Ermittlungsverfahren als Ganzes untersucht, sondern nur Einzelaspekte aufgegriffen werden, und zwar das Akteneinsichtsrecht, die Anwesenheit des Verteidigers bei der polizeilichen Vernehmung, die Kontakte zu Staatsanwälten, Richtern, Sachverständigen und Zeugen, sowie die eigenen Ermittlungen des Verteidigers.

4.1. Die Akteneinsicht durch den Verteidiger

Erst durch die Kenntnis des Akteninhalts entsteht jene "Parität des Wissens"[284)], die es dem Verteidiger ermöglicht, den Mandanten sachgerecht zu verteidigen. In Anerkennung der Bedeutung dieses Rechts und der Bedeutung des Ermittlungsverfahrens für den Prozeßausgang war es richtig, daß der Gesetzgeber durch das StPÄG 1964 das Akteneinsichtsrecht auch für die staatsanwaltlichen Ermittlungsakten (und damit für das Ermittlungsverfahren) gestattete (§ 147 I StPO) und den Zeitpunkt der Unbeschränkbarkeit vorverlegte (§ 147 II StPO)[285)].

Dieses wichtige "Privileg des Verteidigers ... (gewährt) ... weitgehende und sehr wirksame Möglichkeiten zum Schutze des Verfolgten"[286)]. Es ist daher nicht verständlich, wenn es in einem Muster für die Verteidigerbestellung heißt: "... Hiermit

281) Vgl. hierzu KREKELER, a.a.O. 1986, 62ff.
282) Vgl. hierzu HAMM, a.a.O. 1986a, 66ff.
283) Vgl. hierzu v.a. die Beiträge von DIERKS, a.a.O. 1986, 73ff.; LÜDERSSEN, a.a.O. 1986, 76ff. und RIESS, a.a.O. 1986, 78ff.
284) WELP, a.a.O. 1984, 309; vgl. auch HAMM/LOHBERGER (DANCKERT), a.a.O. 1988, 56.
285) Vgl. RIESS, a.a.O. 1977, 399; SCHULZ, a.a.O. 1971, 131.
286) DAHS, a.a.O. Handbuch, Rdn. 211; vgl. auch WEIHRAUCH, a.a.O. 1984, Rdn. 55.

bitte ich höflichst darum, mir nach Abschluß der Ermittlungen Akteneinsicht zu bewilligen; die sofortige Rückgabe der Akten wird ausdrücklich zugesichert"[287]. Der freiwillige Verzicht auf gesetzlich gewährte Rechte (hier: Recht auf Akteneinsicht **vor** Abschluß der Ermittlungen) stößt insbesondere deswegen auf Bedenken, weil sich aus einer solchen Übung eine Verschiebung zu Lasten der Verteidigerrechte ergeben könnte.[288]
Aus dem Bereich des Akteneinsichtsrechts wurden folgende Problemkreise in den Interviews besprochen: Häufigkeit und Zeitpunkt der Akteneinsicht, Schwierigkeiten bei der Akteneinsicht, Verweigerung der Akteneinsicht gemäß § 147 II StPO, Mitnahme der Akten in die Kanzlei (§ 147 IV StPO), Mitteilung des Akteninhalts an den Mandanten und die Inaugenscheinnahme von Beweisstücken.

4.1.1. Häufigkeit und Zeitpunkt der Akteneinsicht

Die Frage[289], ob **regelmäßig** Einsicht in die Strafakten genommen wird, bejahten alle befragten Anwälte. Es zeigt sich damit, daß die Akteneinsicht zu den Standardmaßnahmen einer Strafverteidigung gehört.

Als **Zeitpunkt** für die Akteneinsicht wurden von den Verteidigern folgende Verfahrensstadien genannt (Mehrfachnennungen waren möglich; die Prozentzahlen beziehen sich auf die Nennung durch die Verteidiger):

1. Vor der Mandatsübernahme : 3%
2. Nach der Mandatsübernahme ("sofort", "sobald wie möglich"): 74%
3. Vor einer Einlassung : 5%

---

287) MÜLLER, El., a.a.O. 1984, 157.
288) Vgl. auch HAMM/LOHBERGER (DANCKERT), a.a.O. 1988, 56: "Der Verteidiger muß nachdrücklich auf baldiger Akteneinsicht bestehen"; RÜCKEL, a.a.O. 1984, 270.
289) FB III 1a).

4. Vor Rücksprache mit Mandanten : 8%
5. Im Vorverfahren
(ohne nähere Angabe) : 3%
6. Vor der Hauptverhandlung : 21%

Die Akteneinsicht vor der Mandatsübernahme erfolgt v.a. durch solche Anwälte, die sehr vorsichtig bei der Übernahme eines Mandats sind[290]; dies stellt aber mit nur 3% der Verteidiger, die zu diesem Zeitpunkt bzw. Zweck Einsicht in die Akten nehmen, gegenüber den anderen Zeitpunkten eine gewisse Ausnahme dar.
Den eindeutigen Schwerpunkt mit 74% der Nennungen stellt der Zeitpunkt "nach der Mandatsübernahme" dar; dieser Zeitpunkt kann jedoch nicht vollkommen dem Ermittlungsverfahren zugerechnet werden, da dieser Zeitpunkt auch von jenen Anwälten angegeben wurde, die auf Revisionen spezialisiert sind, und damit der Zeitpunkt zwar nach Übernahme des Mandats, zugleich aber auch nach der Hauptverhandlung liegt.
Eine weitere Einschränkung ergibt sich dadurch, daß die Anwälte zugaben, sie würden "sobald wie möglich" nach der Mandatsübernahme Akteneinsicht nehmen; dahinter verbirgt sich, daß die Einsicht u.U. von den Staatsanwaltschaften nicht gewährt wird bzw. nicht gewährt werden kann. In solchen Fällen kann die Akteneinsicht auch erst sehr spät im Ermittlungsverfahren erfolgen (evtl. erst nach der Abschlußverfügung, § 147 II StPO).
Auch unter Berücksichtigung dieser Einschränkungen kann gesagt werden, daß das Ermittlungsverfahren jenes Stadium ist, in dem in der überwiegenden Anzahl der Verfahren durch die Verteidiger Einsicht in die Akten genommen wird.
Die Stadien 3 und 4 (vor einer Einlassung/vor Rücksprache mit den Mandanten) spiegeln v.a. den persönlichen Verfahrensstil der Verteidiger wider; es wird hier Wert darauf gelegt, jeweils auf dem neuesten Stand des Verfahrens zu sein.

290) Vgl. dazu oben, S. 104.

Ein zweiter deutlicher Schwerpunkt lag mit 21% der Nennungen in dem Stadium "vor der Hauptverhandlung". In den Interviews kamen hierfür im wesentlichen zwei Gründe zur Sprache:
Zum einen konkretisierten 8% der Anwälte ihre Angaben zum Zeitpunkt der Akteneinsicht dahin, daß die Einsichtnahme im Ermittlungsverfahren dann nicht möglich sei, wenn sie erst kurz vor der Hauptverhandlung mandatiert würden. Auch in diesen Fällen würde jedoch versucht, die gesamte Akte vor dem Termin wenigstens einmal "diagonal" zu lesen.
Zum anderen sahen es die Verteidiger als notwendig an, die Akten wiederholt und insbesondere auch noch einmal kurz vor der Hauptverhandlung zu lesen.
In Interview Nr. 11 wurde dazu ausgeführt[291]:

> *"Es ist wichtig, häufig die Akten einzusehen; auch sollte man wenige Tage vor der Hauptverhandlung noch einmal in die Akten sehen, da man dann evtl. anhand der Unterstreichungen des Richters Schlüsse darauf ziehen kann, wo Schwerpunkte des Verfahrens gesehen werden."*

Die Untersuchung zeigt damit, daß von den Anwälten die Bedeutung des Akteneinsichtsrechts erkannt und davon dementsprechend auch zu einem möglichst frühen Zeitpunkt Gebrauch gemacht wird.

4.1.2. Schwierigkeiten bei der Akteneinsicht

Auf mögliche Schwierigkeiten bei der Akteneinsicht angesprochen[292] gaben die Verteidiger zum Teil sehr unterschiedliche Probleme an, die hier in vier Gruppen zusammengefaßt wiedergegeben werden sollen (Nennung durch die Anwälte in %):

---

291) Vgl. dazu auch DAHS, a.a.O. Handbuch, Rdn. 225; DEKKER/KOTZ, a.a.O. 1989, 4/2.1; WEIHRAUCH, a.a.O. 1984, Rdn. 89.
292) FB III 1b).

1. **Bürokratische Schwierigkeiten** (15%)

Unter "bürokratischen Schwierigkeiten" wurden die Klagen der Anwälte, daß sie häufig lange auf die Akten warten müßten, zusammengefaßt. Grund für diese Wartezeiten sei, daß die Akten zwischen den Behörden (Polizei - Staatsanwaltschaft, Staatsanwaltschaft - Gericht) hin- und hergeschickt würden und daher nicht greifbar seien. Zu starken Verzögerungen könne es auch kommen, sobald ein Gutachter eingeschaltet worden ist.
Dies deutet darauf hin, daß das Führen von Zweit- oder gar Drittakten noch immer nicht zum Gerichtsalltag gehört.

2. **Persönlichkeitsabhängigkeit der Akteneinsicht** (10%)

10% der Anwälte hatten den Eindruck, daß es von der Persönlichkeit des Verteidigers, von dem Ruf der Kanzlei abhängt, wie schnell die Akten von der Staatsanwaltschaft zugesandt wurden. In Interview Nr. 42 heißt es dazu:

> *"In 90% der Fälle bekomme ich die Akten vor dem Abschluß der Ermittlungen. Dies ist ein Punkt, bei dem ich persönlich meine, daß die Reputation des Verteidigers eine ganz erhebliche Rolle spielt. Ich habe den Eindruck, daß Kollegen, die man für nicht voll seriös hält - solche Auffassungen gibt es in der Richterschaft, auch bei Staatsanwälten -, daß man die vielleicht etwas eher abweist, in einem Frühstadium der Ermittlungen."*

Auch wenn dies hier in einer sehr vorsichtigen, zurückhaltenden Weise formuliert worden ist, kann man nicht darüber hinwegsehen, daß die Verquickung von Reputation und Gewährung von Akteneinsicht ein ernstes Problem ist, das auch das Zusammenwirken von Strafverteidigern und Gerichten bzw. Staatsanwaltschaften nachhaltig beeinträchtigen kann. Diese Angaben sprechen m.E. für eine gerichtliche Nachprüfbarkeit der staatsanwaltlichen Entscheidung gemäß § 147 II StPO (vgl. dazu unten 4.1.3.).

3. **Keine Akteneinsicht während der U-Haft des Mandanten** (10%)

Als besonders belastend für den Beschuldigten und den Verteidiger wurde von den Anwälten die Konstellation empfunden, in

der der Klient in U-Haft ist **und** dem Verteidiger keine Akteneinsicht gewährt wird.
In Interview Nr. 19 heißt es dazu:

"Im Normalfall gibt es absolut keine Schwierigkeiten. Aber in Wirtschaftsstrafsachen ist es 100% umgekehrt. Da können Sie sich monate- und jahrelang um Akteneinsicht bemühen.
In einem Fall saß ein Mandant ein Jahr in U-Haft und ich bekam keine einzige Akte zu sehen. Grund: Ermittlungen noch nicht abgeschlossen und Untersuchungszweck gefährdet.
In einem anderen Fall liefen seit 1979 die Ermittlungen gegen den Mandanten, der zuletzt auch ein halbes Jahr in U-Haft war. Ich bekam erst im November 1981, also nach rund 2 1/2 Jahren, erstmals Akteneinsicht.
In solchen Fällen ist eine Stellungnahme weder zu den Haftgründen noch zu dem Tatverdacht möglich, weil man nicht weiß, welche Zeugen zur Verfügung stehen und welche Beweismittel insgesamt vorhanden sind."

Auch dieses Beispiel, das extrem sein mag, spricht m.E. nachhaltig für die gerichtliche Nachprüfbarkeit der Ablehnung der Akteneinsicht vor Abschluß der Ermittlungen (vgl. unten 4.1.3.).

Weitere 28% der Verteidiger gaben Schwierigkeiten bei der Akteneinsicht an, ohne diese jedoch näher zu konkretisieren. Es dürfte sich aber zumeist um "bürokratische Schwierigkeiten" gehandelt haben.
In einem Interview wurde die Problematik der Spurenakten angesprochen. Trotz des Streits über die Anspruchsgrundlage (§ 147 StPO oder § 23 EGGVG) ist es heute nicht mehr zweifelhaft, daß sich das Akteneinsichtsrecht auch auf die Spurenakten erstreckt[293].

---

293) Vgl. hierzu BGH St 30.131; differenziert BVerfGE 63, 45; OLG HAMM NStZ 1984, 423. Vgl. zur Entscheidung des BVerfG: AMELUNG, a.a.O. 1983, 181ff. Der Verweis des Verteidigers auf einen Beweisantrag (BVerfGE 63, 69) ist unzureichend; vgl. hierzu BEULKE, a.a.O. 1982, 285ff.; DÜNNEBIER, a.a.O. 1981, 505; PETERS, a.a.O. 1983, 275ff.; ROXIN, a.a.O. 1987, 113f. m.w.N.
Gleiches gilt auch für die Gnadenakten, vgl. hierzu GEIER, a.a.O. 1971, 174.

4.1.3. Verweigerung der Akteneinsicht gemäß § 147 Abs. 2 StPO

§ 147 II StPO bestimmt, daß dem Verteidiger **vor** Abschluß der Ermittlungen die Akteneinsicht verweigert werden **kann, wenn** dadurch der Untersuchungszweck gefährdet würde. Mit Recht formuliert daher RÜCKEL[294]:

> *"Das Recht auf Akteneinsicht setzt grundsätzlich schon ein, wenn die Staatsanwaltschaft die Ermittlung aufnimmt."*

Er unterstreicht damit, daß die Gewährung der Akteneinsicht der Normalfall, die Versagung dagegen nur die Ausnahme ist.
Auch in der Rechtswirklichkeit der Strafverteidigung[295] stellt sich die Verweigerung der Akteneinsicht gem. § 147 II StPO als Ausnahme dar:

25% der Verteidiger hatten noch **nie** eine Verweigerung der Akteneinsicht erlebt;

29% der Anwälte bejahte das Vorkommen solcher Verweigerungen; sie machten jedoch keine näheren Angaben über die Häufigkeit;

38% der Verteidiger antworteten mit "selten" oder "gelegentlich";

8% der Strafverteidiger gaben an, Akteneinsichtsverweigerungen kämen "fallbezogen" (6%) bzw. "oft" (2%) vor.

Zwar haben 75% der Anwälte bereits Akteneinsichtsverweigerungen gemäß § 147 II StPO erlebt, die Anzahl solcher Verweigerungen ist jedoch bei der überwiegenden Anzahl der Strafverteidiger gering, nur 2% der Befragten gaben an, daß bei ihnen "oft" eine Akteneinsichtsverweigerung vorkäme.
Damit scheint die Akteneinsichtsverweigerung gemäß § 147 II StPO in der überwiegenden Anzahl der Strafverfahren die Ausnahme zu sein; häufiger kommt die Akteneinsichtsverweigerung in

---

294) RÜCKEL, a.a.O. 1984, 270.
295) FB III 1b).

Wirtschaftsverfahren und in Verfahren mit politischem Einschlag vor.[296)]
Eine konkretere Beschreibung der Bedingungen für eine Akteneinsichtsverweigerung ist jedoch auf Grund dieser Untersuchung nicht möglich.

Die Frage, ob die Akteneinsicht schon einmal **mißbräuchlich** verweigert worden sei, wurde von 65%[297)] der Anwälte mit "nein", von 25% der Anwälte mit "ja" beantwortet. Weitere 10% der Anwälte waren der Ansicht, daß die Verweigerung zwar nicht mißbräuchlich, jedoch auf die extensive Auslegung des § 147 II StPO zurückzuführen sei.
Es zeigt sich damit, daß rund ein Drittel der betroffenen Verteidiger gegen die Entscheidungen der Staatsanwaltschaften gravierendere Bedenken hatte.

Dies läßt den Wunsch nach einer Reform des § 147 II StPO plausibel erscheinen.
Unter dem Gesichtspunkt der Waffengleichheit treten 68% der Anwälte[298)] sogar für eine Streichung des § 147 II StPO ein, d.h. sie hielten es für notwendig, ein von Anfang an unbeschränkbares Akteneinsichtsrecht zu haben.
Demgegenüber waren 32% der Anwälte der Ansicht, daß § 147 II StPO eine gewisse Berechtigung habe, da man den Strafverfolgungsbehörden einen gewissen Zeitraum ungestörter Ermittlungen zubilligen müsse.
Die Forderung nach einer Streichung des § 147 II StPO dürfte rechtspolitisch nicht durchsetzbar sein, sie ist z.B. auch vom ARBEITSKREIS STRAFPROZESSREFORM[299)] nicht übernommen worden.

---

296) Vgl. dagegen aber THOMAS, a.a.O. 1986, 59: "Vielmehr ist die Verweigerung der Akteneinsicht bis in das späte Stadium der Ermittlungen oder bis zum Abschluß der Ermittlungen in größeren Verfahren fast schon zur Regel geworden."
297) Bezogen auf die 75% (= 52) Anwälte, die Akteneinsichtsverweigerungen erlebt haben.
298) FB III 1d).
299) ARBEITSKREIS STRAFPROZESSREFORM, a.a.O. 1979, 99.

Erfolgreicher dürfte es dagegen sein, ein Rechtsmittel gegen die Entscheidung der Staatsanwaltschaft zu fordern.
Nach der gegenwärtigen Rechtslage ist gegen eine Entscheidung der Staatsanwaltschaft kein Rechtsmittel gegeben[300]. Es steht der Verteidigung nur die Dienstaufsichtsbeschwerde zur Verfügung.
7% der Verteidiger haben in den Interviews angegeben, daß sie mit der Dienstaufsichtsbeschwerde versucht hätten, gegen die Akteneinsichtsverweigerung anzugehen. Der "Erfolg" dieser Beschwerden läßt die Dienstaufsichtsbeschwerde nicht als ein geeignetes Mittel zur Wahrung der Rechte der Verteidigung erscheinen[301].
Nach der überwiegenden Ansicht in der Literatur[302] und nach der Rechtsprechung[303] ist auch der Antrag gemäß §§ 23ff. EGGVG unzulässig. Dagegen hat sich v.a. WELP[304] mit guten Gründen gewandt. Es ist jedoch nicht zu erwarten, daß die Obergerichte eine Änderung ihrer bisherigen Rechtsprechung vornehmen werden[305].
Es bleibt damit der Gesetzgeber aufgefordert, durch eine Ergänzung des § 147 StPO ein Rechtsmittel gegen die Entscheidung der Staatsanwaltschaft über die Akteneinsicht im Ermittlungsverfah-

---

300) KLEINKNECHT/MEYER, a.a.O. 38, § 147 Rdn. 39; KK-LAUFHÜTTE, a.a.O. 1982, § 147 Rdn. 18; LR-DÜNNEBIER, a.a.O. 23, § 147 Rdn. 28 m.w.N.
301) Vgl. THOMAS, a.a.O. 1986, 59.
302) Vgl. DAHS, a.a.O. Handbuch, Rdn. 219, 974; ROXIN, a.a.O. 1987, 113; SCHLÜCHTER, a.a.O. 1983, Rdn. 109.
303) OLG Hamm NStZ 1984, 280; OLG Hamm StV 1986, 422; OLG Hamm NStZ 1987, 572.
304) WELP, a.a.O. 1984, 323ff.; WELP, a.a.O. 1986, 446; WASSERBURG, a.a.O. 1980, 2444 m.w.N. Mit Recht wendet sich WELP v.a. auch gegen die Ansicht, in der Verweigerung der Akteneinsicht durch die Staatsanwaltschaft sei ein bloßer Aufschub zu sehen (WELP, a.a.O. 1984, 326 m.w.N.), denn diese Ansicht übersieht die Bedeutung der Akteneinsicht während des Vorverfahrens und erscheint damit als realitätsfremd (vgl. dazu auch die oben 4.1.2. mitgeteilten Fälle mit doch erheblicher Dauer der Akteneinsichtsverweigerung).
305) Vgl. auch OLG Hamm NStZ 1987, 572: "Die Kritik von WELP ... gibt dem Senat keine Veranlassung, seine Auffassung zu ändern."

ren zu gewähren[306]. Dies gilt umso mehr, als der Gesetzgeber durch das Opferschutzgesetz[307] dem Verletzten ein durch seinen Anwalt auszuübendes Akteneinsichtsrecht gewährt hat, gegen dessen Versagung durch die Staatsanwaltschaft gemäß § 406e IV (2) StPO eine gerichtliche Entscheidung herbeigeführt werden kann. Die Besserstellung des Verletzten gegenüber dem Beschuldigten (bzw. jeweils ihrer Anwälte) ist nicht gerechtfertigt und bedarf dringend der Korrektur.

4.1.4. Mitnahme der Akten in die Kanzlei

Die Mitnahme der Akten in die Kanzlei (§ 147 IV StPO)[308] ist bei allen Anwälten die Regel; über grundsätzliche Schwie-

306) Nicht recht verständlich ist die grundsätzliche Kritik BEULKES, a.a.O. 1980, 91 an dem Versuch des ARBEITSKREISES STRAFPROZESSREFORM, die gesetzlichen Voraussetzungen für die Akteneinsichtsverweigerung möglichst präzise und eng zu fassen (ob dies geglückt ist, ist eine andere Frage). Auch die Bezeichnung der Beschwerde als ein "viel zu schwerfälliges Instrumentarium ... (um) eimal eingetretene Fehlentwicklungen im Vorverfahren" wirklich noch korrigieren zu können, leuchtet in diesem Begründungszusammenhang nicht ein. Für eine Präzisierung des § 147 II StPO auch JÖRKE, a.a.O. 1987, 137. Nicht nachvollzogen werden kann die nicht näher begründete Ansicht des STRAFRECHTSAUSSCHUSSES DER BUNDESRECHTSANWALTSKAMMER, a.a.O. 1984, 42, gegen ein Rechtsmittel bestünden rechtssystematische Bedenken; solche Bedenken hatte auch offensichtlich der Gesetzgeber bei der Gestaltung des § 406e StPO nicht. Widersprüchlich ist die Ablehnung des Rechtsmittels durch den STRAFRECHTSAUSSCHUSS DER BUNDESRECHTSANWALTSKAMMER auch insofern, als er auf S. 40 sagt: "Nicht die Einsichtnahme in die Akten durch den Verteidiger ... ist in Wahrheit das gefahrenträchtige Moment", auf S. 42 aber gegen das Rechtsmittel anführt, "daß die einer Rechtsmittelentscheidung vorausgehende Diskussion über die Versagung gleichbedeutend wäre mit der Offenbarung bestimmter (geplanter) Untersuchungshandlungen". Ist der Verteidiger nicht "gefährlich", so kann mit ihm auch über die Versagungsgründe diskutiert werden.

307) Opferschutzgesetz vom 18.12.1986 (BGBl 1986 I, 2496); vgl. RIESS/HILGER, a.a.O. 1987, 155.

308) FB III 1e).

rigkeiten dabei wurde nichts bekannt[309]. Ausnahmen von dieser Regel verneinten 74% der Anwälte. 26% der Verteidiger gaben an, daß bei ihnen durchschnittlich 5% der Akten nicht mit in die Kanzlei genommen würden. Gründe hierfür sind: einfach gelagerte Fälle (OWi-Bereich), Mandatierung (in einfachen Fällen) kurz vor der Hauptverhandlung.
Es handelt sich damit hierbei um einen völlig unproblematischen Bereich der Strafverteidigung.

4.1.5. Mitteilung des Akteninhalts an den Mandanten

Das Recht bzw. die Pflicht des Verteidigers, den Mandanten über den Inhalt der Akten zu informieren, sowie die jeweiligen Grenzen, in denen dies zu geschehen hat, sind im einzelnen umstritten[310] und hängen grundsätzlich von der Stellung des Strafverteidigers im Strafverfahren ab[311]. Diese dogmatischen Streitfragen zu klären, war nicht Ziel dieser Untersuchung; es wurde vielmehr versucht zu erfassen[312], in welcher Form und unter welchen Einschränkungen die Mitteilung des Akteninhalts an den Mandanten tatsächlich erfolgt.

---

309) In der Literatur (vgl. KLEINKNECHT/MEYER, a.a.O. 38; § 147 Rdn. 29; KK-LAUFHÜTTE, a.a.O. 2, § 147 Rdn. 5; LR-DÜNNEBIER, a.a.O. 23, § 147 Rdn. 23) wird die Ansicht vertreten, daß auf die Einsichtnahme in der Kanzlei kein Rechtsanspruch bestehe, wenn auch darüber keine Einigkeit besteht - wie PAWLITA, a.a.O. 1986, 2 meint -, da RIESS, a.a.O. 1984, 127 dann einen Anspruch auf Mitnahme sieht, wenn nicht gewichtige Gründe entgegenstehen.

310) BODE, a.a.O. 1981, 288; BOTTKE, a.a.O. 1984, 732 m.w.N.; DAHS, a.a.O. Handbuch, Rdn. 227; DECKER/KOTZ, a.a.O. 1989, 4/2.1.10, 4/2.1.-R1-; ERNESTI, a.a.O. 1982, 226; HAMM/LOHBERGER (HASSEMER), a.a.O. 1988, 8ff. m.w.N.; LÜTTGER, a.a.O. 1951, 745ff.; WELP, a.a.O. 1984, 316 m.w.N.; WEIHRAUCH, a.a.O. 1984, Rdn. 78ff.; KLEINKNECHT/MEYER, a.a.O. 38, § 147 Rdn. 20ff.; KK-LAUFHÜTTE, a.a.O. 2, § 147 Rdn. 8; LR-DÜNNEBIER, a.a.O. 23, § 147 Rdn. 15.

311) HAMM/LOHBERGER (HASSEMER), a.a.O. 1988, 8; BEULKE, a.a.O. 1980, 91, 148; ARBEITSKREIS STRAFPROZESSREFORM, a.a.O. 1975, 98.

312) FB III 1f).

Die Auswertung der Angaben der Verteidiger ergibt folgendes Bild:

1. **Vollständige Kopie an den Mandanten**
   15% der Anwälte gaben ihren Mandanten regelmäßig, 29% nur in Ausnahmefällen eine vollständige Kopie der Akten an die Hand.
   56% der Verteidiger lehnen dies grundsätzlich ab.
2. **Aktenteile in Kopie an den Mandanten**
   3% der Anwälte überließen ihren Mandanten regelmäßig, 36% nur in Ausnahmefällen Teile der Akte in Kopie.
   60% der Anwälte lehnten dies grundsätzlich ab.
3. **Einsichtsgewährung in die Anwaltskopie in der Kanzlei**
   9% der Anwälte gaben an, daß sie ihren Mandanten ihre Kopie zur Einsichtnahme in der Kanzlei überließen. Sie betonten dabei, daß sie die Mandanten aber nie in die Originalakten sehen ließen.
   91% der Verteidiger gaben ihren Mandanten die Akten nicht zu lesen.
4. **Mündliche Wiedergabe des Akteninhalts**
   85% der Anwälte gaben ihren Mandanten den Akteninhalt regelmäßig mündlich wieder, 6% der Verteidiger dagegen nur in Ausnahmefällen.
   9% der Anwälte gaben an, daß bei ihnen eine mündliche Wiedergabe des Akteninhalts nicht vorkommen würde.

Die Auswertung läßt erkennen, daß die Verteidiger den Akteninhalt nicht nur in jeweils einer Form mitteilten, sondern daß sie sich mal dieser mal jener Form bedienen (daher kamen hier Mehrfachnennungen vor); es ist allerdings auch festzustellen, daß von dem einzelnen Verteidiger jeweils eine bestimmte Form bevorzugt wird. Der Häufigkeit nach geordnet ergibt sich folgende Reihe der üblichen Form der Mitteilung über den Akteninhalt: mündliche Wiedergabe, vollständige Kopie an den Mandanten, Aktenteile in Kopie an den Mandanten, Einsichtgewährung in die Anwaltskopie in der Kanzlei.

Rund 20% der Anwälte machten darüber hinaus Angaben zu den Kriterien, nach denen sie über die Form der Informierung des Mandanten entscheiden: es waren dies die **Persönlichkeit** des Mandanten (14% der Anwälte) und die **Art bzw. der Umfang des Verfahrens** (12% der Anwälte). Auch wenn sich die übrigen Anwälte dazu nicht geäußert haben, so kann doch angenommen werden, daß diese beiden Kriterien jene sind, die generell die Grundlage für die Entscheidung der Anwälte darstellen.

Unabhängig von dem Streit um die Stellung des Verteidigers im Strafverfahren dürfte von allen Seiten dem Verteidiger zugestanden werden, über die Form der Mitteilung entscheiden zu können.
Gegen die Entscheidung auf Grund der Persönlichkeit des Mandanten mögen von jenen, die den Verteidiger als Interessenvertreter des Mandanten sehen, Bedenken erhoben werden.
In der Praxis scheint dagegen ein Bedürfnis zu bestehen, auch dem Kriterium "Persönlichkeit des Mandanten" Rechnung tragen zu können; dieses Kriterium müßte dementsprechend - wie bisher - auch von einer künftigen Rechtsordnung dem Verteidiger zugebilligt werden.

4.1.6. Inaugenscheinnahme von Beweisstücken

§ 147 I StPO billigt dem Verteidiger das Recht zu, amtlich verwahrte Beweisstücke zu besichtigen[313)]. Auf die Frage, wie oft sie von diesem Recht Gebrauch machen würden[314)], gaben die Verteidiger folgende Antworten:

15% der Verteidiger besichtigten "nie" die Beweisstücke;
54% der Verteidiger besichtigten "selten" die Beweisstücke;
31% der Verteidiger machten dagegen "regelmäßig" von diesem Recht Gebrauch.

---

313) Vgl. hierzu grundsätzlich RIESS, a.a.O. 1984, 113ff.
314) FB III 1g).

Daß ein Drittel der Verteidiger so deutlich häufiger Beweisstücke betrachtet, hängt damit zusammen, daß zu diesen Beweisstücken auch die beschlagnahmten Dokumente (Geschäftsunterlagen, Rechnungsbücher etc.) in insbesondere Wirtschafts- und Steuerverfahren gehören.

Die Inaugenscheinnahme von anderen Beweisstücken, etwa von Schußwaffen etc, findet dagegen nur selten statt. Die von RÜKKEL[315] vertretene Ansicht,

> *"der Verteidiger (sollte) gerade von der Möglichkeit der Besichtigung der Beweismittel als Teil seines Akteneinsichtsrechts regen Gebrauch machen, um dann entscheiden zu können, ob weitere Ermittlungen veranlaßt sind oder nicht",*

findet damit in der Rechtswirklichkeit keine Entsprechung.
Von den Verteidigern wurde hier gesagt, daß die in den Akten befindlichen Photos von so hervorragender Qualität seien, daß sich der Gang in die Asservatenkammer erübrigen würde.

Die wesentlich bedeutendere Inaugenscheinnahme von Urkunden ist mitunter schon auf Grund des problematischen Umgangs der Ermittlungsbehörden mit dem Beweismaterial unumgänglich. Es wurde hier erwähnt, daß durch das Einsortieren bzw. das Umsortieren in Beweismittelordnern der Kontext der Akten des Beschuldigten zerrissen werden kann (Interview Nr. 35). Es sei dann notwendig, mit dem Mandanten die gesamten Urkunden zu besichtigen, um diesen Kontext wieder herstellen zu können, was u.U. für den Zeitpunkt der Überschuldung bei Konkursdelikten von großer Wichtigkeit sein kann. Von daher wurde auch die Rechtsprechung[316] begrüßt, die es ermöglicht, daß der Beschuldigte mit dem Verteidiger zusammen die Dokumente (Beweisstücke) einsehen kann.

---

315) RÜCKEL, a.a.O. 1984, 280.
316) OLG Zweibrücken NJW 1977, 1699; vgl. auch KREKELER, a.a.O. 1983, 47.

Daß es auch notwendig sein kann, die Urkunden in den Beweismittelordnern zu kopieren, wurde in Interview Nr. 26 deutlich gemacht, in dem über ein Betrugsverfahren gegen einen Mandanten berichtet wurde:

> *"Die Staatsanwaltschaft gewährte Akteneinsicht insofern, als sie die sog. Hauptakte in Kopie zuschickte [der Verteidiger wohnte nicht am Ort der Staatsanwaltschaft]. Damit war nichts anzufangen, da sich die eigentlichen Akten in sog. Sonderheften befanden - und zwar für jeden Betrugsfall extra. In diesen Sonderheften waren auch die Beweismittel, Urkunden, Protokolle über Vernehmungen der Geschädigten. Die Staatsanwaltschaft war der Ansicht, die dürfen nicht aus dem Haus. Wie soll man da verteidigen können? Man muß auch die Sachen photokopieren können."*

Auch unter Berücksichtigung der Differenzierung zwischen Substanz-Trägern und Informationsträgern (letztere sollen normale Aktenbestandteile sein und nicht unter das Mitgabeverbot des § 147 IV StPO fallen) von RIESS[317)] ist zumindest zu fordern, daß den Verteidigern bei Urkundensammlungen mit subsidiärem Beweischarakter amtlich gefertigte Kopien zur Verfügung gestellt werden, damit das Mitgabeverbot nicht zur Informationssperre wird[318)].

4.2. Die polizeiliche Vernehmung des Beschuldigten in Anwesenheit des Verteidigers

Die polizeiliche Vernehmung hat für den Fortgang und den Ausgang des Strafverfahrens eine hohe Bedeutung[319)]. Dennoch hat der Verteidiger nach der heute geltenden Strafprozeßordnung **kein Recht** auf Anwesenheit bei der polizeilichen Vernehmung des

---

317) RIESS, a.a.O. 1984, 122; vgl. dazu KOCH, a.a.O. 1983, 64, der der Ansicht ist, daß es gerade in Wirtschaftsverfahren zumeist nicht nur auf den Aussagegehalt der Urkunden ankommt.

318) Vgl. RIESS, a.a.O. 1984, 126ff.

319) BRUSTEN, a.a.O. 1986, 218ff.; RASCH/HINZ, a.a.O. 1980, 382; RICHTER II, a.a.O. 1981, 337.

Beschuldigten[320]; die Anwesenheit kann ihm aber von dem vernehmenden Beamten gestattet werden.[321]
Die Fragen[322] zu diesem Bereich der Strafverteidigung erstreckten sich auf die Häufigkeit der tatsächlichen Wahrnehmung der heutigen Anwesenheitsmöglichkeit und auf das de lege ferenda zu gestaltende Anwesenheitsrecht.

4.2.1. Anwesenheit bei der polizeilichen Vernehmung

Nach der Häufigkeit der Anwesenheit bei der polizeilichen Vernehmung des Beschuldigten (Mandanten) befragt, machten die Anwälte folgende Angaben[323]:

9% der Anwälte waren noch **nie** bei einer Vernehmung des Beschuldigten anwesend gewesen;
26% bejahten die Frage nach der Anwesenheit bei solchen Vernehmungen, ohne jedoch über die Häufigkeit nähere Angaben zu machen;
40% der Verteidiger gaben "**selten**" an;
9% waren "**manchmal**" und
11% "**häufig**" anwesend gewesen.

Faßt man diese Daten zusammen, so zeigt sich, daß rund zwei Drittel der Verteidiger nie, selten oder doch nur manchmal, also in Ausnahmefällen bei einer polizeilichen Vernehmung ihrer

---

320) LR-MEYER-GOSSNER, a.a.O. 23, § 163a Rdn. 17; ROXIN, a.a.O. 1987, 112. Vgl. auch NELLES, a.a.O. 1986, 75.
Es wurde versucht, aus den §§ 136, 137 StPO de lege lata ein Anwesenheitsrecht des Verteidigers zu begründen (vgl. SKUHR, a.a.O. 1966, 1350f.; GÖSSEL, a.a.O. 1982, 35; SIEG, a.a.O. 1975, 1009; WELP, a.a.O. 1978b, 811; vgl. auch BEULKE, a.a.O. 1980, 48 m.w.N.); dies scheitert jedoch daran, daß § 137 StPO nichts über die Rechte des Verteidigers aussagt; diese ergeben sich jeweils nur aus den einzelnen Bestimmungen (vgl. KION, a.a.O. 1966, 1800; SCHAEFER, a.a.O. 1977, 980; KRAUSE, a.a.O. 1984, 173f.).
321) LR-MEYER-GOSSNER, a.a.O. 23, § 163a Rdn. 17; WEIHRAUCH, a.a.O. 1984, Rdn. 152 m.w.N.
322) FB III 2a)-d).
323) 5% der Anwälte konnten zu diesem Thema nicht befragt werden.

Mandanten anwesend gewesen waren. Nur bei 11% der Verteidiger konnte eine häufigere Teilnahme an solchen Vernehmungen festgestellt werden.

Die Gründe für diese geringe Teilnahme konnten durch diese Untersuchung nicht voll erfaßt werden; naheliegend ist der Grund, daß sich die Mandanten zu spät bei dem Verteidiger melden. Dies mag in vielen Fällen mitursächlich sein, jedoch hat die Befragung der Anwälte auch ergeben, daß sich ein relativ großer Prozentsatz der Mandanten schon vor der ersten polizeilichen Vernehmung meldet.[324] Die Häufigkeit der Teilnahme an den Vernehmungen korrespondiert jedoch nicht mit deren Zahlen, d.h. die Teilnahmequote liegt erheblich unter der auf Grund des frühen Meldezeitpunktes gegebenen Möglichkeit einer Teilnahme. Dennoch wurde in den Interviews darauf hingewiesen, daß Probleme der Kontaktaufnahme des Beschuldigten mit seinem Verteidiger mit ein Grund dafür seien, daß die Verteidiger an den Vernehmungen nicht teilnehmen könnten. Deshalb wurde in Hamburg ein Notdienst erprobt, der es ermöglichen soll, daß die Beschuldigten rund um die Uhr einen Verteidiger kontaktieren können.[325]

In Interview Nr. 27 heißt es dazu:

> *"Ein anwaltlicher Notdienst würde auch einen gewissen Prozentsatz von Mandanten zu einem frühen Stadium des Verfahrens zum Verteidiger bringen."*

4.2.2. Anwesenheit bei der polizeilichen Vernehmung de lege ferenda

In der Reformdiskussion wird immer wieder die Forderung nach einem **Anwesenheitsrecht** des Verteidigers auch bei der polizeilichen Vernehmung des Beschuldigten gefordert[326]. Bei der Be-

---

324) Vgl. oben, S. 80.

325) Vgl. zu solchen Notdiensten auch BANDISCH, a.a.O. 1986, 70.

326) Vgl. dazu RIESS, a.a.O. 1977, 398, der berichtet, daß der Entwurf 1919 zur Reform des Strafprozeßrechts bereits ein

gründung wird insbesondere auf die veränderte Bedeutung des Ermittlungsverfahrens und auf die Waffengleichheit[327] verwiesen. Als exemplarisch für die Begründung in der Literatur sei RIESS[328] zitiert:

"Zieht man jedoch die faktische Bedeutung gewisser Weichenstellungen durch Aussagen im Ermittlungsverfahren und dessen eigenständige Selektionsfunktion in Betracht, so muß anerkannt werden, daß der Beschuldigte - in Person und durch seinen Verteidiger - legitimes Interesse daran hat, durch seine Anwesenheit schon im Ermittlungsverfahren auf Zustandekommen und Inhalt der Aussage einzuwirken."

81% der in den Interviews befragten Anwälte[329] sprachen sich für ein Anwesenheitsrecht auch bei der polizeilichen Vernehmung des Klienten aus und würden eine entsprechende Gesetzesänderung begrüßen. Ihre Gründe lassen sich in drei Punkten zusammenfassen:

1. **Einflußnahme auf das Protokoll**: Durch die Anwesenheit des Verteidigers soll sichergestellt werden, daß in dem Polizeiprotokoll auch wirklich nur das erscheint, was der Mandant gesagt hat. Es soll verhindert werden, daß etwas "in den Beschuldigten hineingefragt wird".
2. **Gewährleistung der Einhaltung des § 136a StPO**: 10% der Anwälte hegten Zweifel gegenüber den Vernehmungsmethoden der Polizei und sahen es daher als ihre Aufgabe an, durch ihre Anwesenheit für die Einhaltung der in § 136a StPO festgelegten Grenzen der Vernehmungsmethoden zu sorgen.

---

solches Anwesenheitsrecht des Verteidigers bei allen Vernehmungen im Ermittlungsverfahren vorsah.
Zur heutigen Diskussion vgl.: ARBEITSKREIS STRAFPROZESSREFORM, a.a.O. 1979, 88; RIESS, a.a.O. 1980, 203; RICHTER II, a.a.O. 1981, 339; KRAUSE; a.a.O. 1984, 174; STRAFRECHTSAUSSCHUSS DER BUNDESRECHTSANWALTSKAMMER, a.a.O. 1984, 33f.; WOLTER, a.a.O. 1985, 84 m.w.N.; MÜLLER, E., a.a.O. 1986, 52; THOMAS, a.a.O. 1986, 56.

327) MÜLLER, E., a.a.O. 1976, 1066.
328) RIESS, a.a.O. 1977, 396.
329) 8% der Anwälte konnten hierzu nicht befragt werden.

3. **Beistand für den Mandanten**: WEIHRAUCH[330] schildert sehr eindrücklich die Situation des Beschuldigten bei der ersten polizeilichen Vernehmung:

"Der Mandant ist ... in der Regel 'allein'. Auf ihm lastet der Druck des Ermittlungsverfahrens. Die Umgebung ist ungewohnt. Der Vernehmungsbeamte ist ihm unbekannt. Frage- und Vorhaltetechnik sind ihm fremd. Er wird aufgeregt, unsicher, unbeholfen. Wichtiges und Unwichtiges vermag er nicht mehr zu unterscheiden. So vergißt er, Entlastendes vorzubringen. Die (mißverständliche) Bedeutung mancher Formulierungen erkennt er nicht. In dem Bestreben, die Sache möglichst bald hinter sich zu bringen, unterschreibt er das Vernehmungsprotokoll, ohne sich über dessen Inhalt noch einmal genau zu vergewissern. Tut er es doch (einmal), scheut er sich, eine Korrektur zu verlangen und sich auf einen diesbezüglichen Disput einzulassen."

Solche Situationen, solches Verhalten des Mandanten hatten 39% der Verteidiger vor Augen, die wegen der Hilflosigkeit des Beschuldigten ein Anwesenheitsrecht schon bei der polizeilichen Vernehmung für notwendig hielten.

Die Gründe der Verteidiger für ein Anwesenheitsrecht bei den polizeilichen Vernehmungen beruhen damit auf einer Skepsis gegenüber den polizeilichen Vernehmungen, den Protokollierungen dieser Vernehmungen und den polizeilichen Vernehmungsmethoden, sowie auf dem Wissen um die Hilflosigkeit des Beschuldigten in dieser Situation.

11% der befragten Verteidiger hatten gegen eine gesetzliche Fixierung des Anwesenheitsrechts Bedenken, und zwar aus zwei Gründen: Zum einen waren sie der Ansicht, man könne schon heute über einen Handel nach der Art "Wenn ich als Strafverteidiger anwesend sein darf, bekommt ihr von dem Beschuldigten eine Aussage - Laßt ihr micht nicht zu, so wird der Beschuldigte von seinem Aussageverweigerungsrecht Gebrauch machen" die Anwesenheit des Verteidigers erreichen; zum anderen wurde befürchtet, daß das Anwesenheitsrecht in eine Anwesenheitspflicht umschlagen könnte, und "das wäre fürchterlich", da der dann anfallende Arbeitsaufwand nicht mehr zu bewältigen sei.

330) WEIHRAUCH, a.a.O. 1984, Rdn. 144.

Mit der ersten Begründung ("Handel") "tröstet" sich ein Teil der Literatur über das Fehlen des expressis verbis verankerten Anwesenheitsrechts hinweg[331]. Dagegen hat aber RICHTER II[332] Bedenken erhoben, da es sich bei diesem Weg um ein "unwürdiges Schlupfloch" handele, das zudem leicht verstopft werden könne, da nach einer wiederholten und nicht genutzten Ladung zur Vernehmung durch die Polizei diese ausreichendes rechtliches Gehör gewährt habe, so daß nunmehr "der Beschuldigte einer Verteidigungsmöglichkeit - die nicht immer wirksam durch eine schriftliche Stellungnahme ersetzt werden kann - verlustig zu gehen" drohe[333].

Mit dem zweiten Grund (Umschlagen in Anwesenheitspflicht) hat sich auch der STRAFRECHTSAUSSCHUSS DER BUNDESRECHTSANWALTSKAMMER[334] befaßt: zwar gäbe es keinen Grund, den Beschuldigten bei irgendeiner Vernehmung verteidigungslos zu lassen, aber es müßten auch die zeitlichen Belastungen der Verteidiger bei einer Anwesenheitspflicht sowie Gebührenfragen berücksichtigt werden.

Die sich aus einer Anwesenheitspflicht ergebenden Konsequenzen, sowie die Probleme mit einer "Hauptverhandlung-Verwertungsverbots-Klausel[335] für solche Vernehmungen, die trotz Anwesenheitsrechts des Verteidigers ohne diesen stattgefunden haben, sind noch nicht völlig durchdacht.[336] Zur Klärung dieser Fragen wird die weitere Reformdebatte beitragen müssen.

---

331) DAHS, a.a.O. Handbuch, Rdn. 242; vgl. auch HAMM/LOHBERGER (DECKERS), a.a.O. 1988, 132; KRÜGER, a.a.O. 1974, 446; ROXIN, a.a.O. 1987, 112; SCHLÜCHTER, a.a.O. 1983, Rdn. 112.
332) RICHTER II, a.a.O. 1985, 387.
333) RICHTER II, a.a.O. 1985, 387 m.w.N.
334) STRAFRECHTSAUSSCHUSS DER BUNDESRECHTSANWALTSKAMMER, a.a.O. 1984, 34.
335) ARBEITSKREIS STRAFPROZESSREFORM, a.a.O. 1979, 88; THOMAS, a.a.O. 1986, 58f.
336) DIERKS, a.a.O. 1986, 73f., 81; RIESS, a.a.O. 1986, 80ff.

4.2.3. Anwaltlicher Rat, als Beschuldigter vor der Polizei nicht auszusagen

Der Beschuldigte hat gemäß §§ 136 I (2), 136a III (2) StPO das Recht, die Aussage zu verweigern[337]. Ob eine Aussageverweigerung jedoch im Einzelfall sinnvoll ist, kann nur nach einer sorgfältigen Prüfung der Vor- und Nachteile entschieden werden[338].
Alle befragten Anwälte[339] gaben an, daß sie ihren Mandanten "gelegentlich" raten, vor der Polizei nicht auszusagen. Der Rat hänge von der Prozeßstrategie und von den Vorstellungen des Mandanten ab. Insgesamt entstand bei den Interviews der Eindruck, daß von der Möglichkeit der Aussageverweigerung nur sehr gezielt Gebrauch gemacht wird; der Rat zur Aussageverweigerung wird häufiger dann erteilt, wenn beabsichtigt ist, die Vernehmung durch eine schriftliche Einlassung durch den Verteidiger zu ersetzen.

4.3. Die Kontakte des Verteidigers zur Staatsanwaltschaft

Nach oder neben der Akteneinsicht wird der Kontakt zur Staatsanwaltschaft als besonders wichtig für eine effektive Verteidigungsstrategie angesehen.[340] Die Verteidiger wurden deshalb nach der Häufigkeit, der Art, den Zielen und der Effektivität der Kontakte zur Staatsanwaltschaft befragt.[341]

4.3.1. Häufigkeit und Art der Kontakte zur Staatsanwaltschaft

Die Auswertung der Angaben zur **Häufigkeit** der Verteidigerkontakte zu der Staatsanwaltschaft ergibt folgendes Bild:

---

337) KLEINKNECHT/MEYER, a.a.O. 38, § 136 Rdn. 4; KK-BOUJONG, a.a.O. 2, § 136 Rdn. 10; KMR, a.a.O. 1988, § 136 Rdn. 8f.; LR-MEYER-GOSSNER, a.a.O. 23, § 136 Rdn. 28.
338) Vgl. dazu allgemein DAHS, a.a.O. Handbuch, Rdn. 238ff.; WEIHRAUCH, a.a.O. 1984, 138ff.
339) FB III 3.
340) Vgl. DAHS, a.a.O. Handbuch, Rdn. 208f.; DECKER/KOTZ, a.a.O. 1989, 4/2.5.2.1; WEIHRAUCH, a.a.O. 1984, Rdn.51.
341) FB III 4a)-c).

Kein Anwalt gab an, keine Kontakte zur Staatsanwaltschaft zu haben.

13% der Anwälte hatten nur "selten" Kontakt,
26% der Anwälte "fallbezogen",
30% der Anwälte "regelmäßig" und
31% der Anwälte "häufig".

Rund 60% der befragten Rechtsanwälte hatten damit in der überwiegenden Anzahl ihrer Mandate auch Kontakte zur Staatsanwaltschaft, ein Drittel dagegen nur in bestimmten Fällen bzw. bei nur wenigen Mandanten.
Damit kann der **Kontakt zur Staatsanwaltschaft** als ein **wesentliches Element der Verteidigeraktivitäten im Ermittlungsverfahren** bezeichnet werden.

Nach der **Form bzw. Art** der Kontakte zur Staatsanwaltschaft befragt, gaben 14% der Verteidiger an, daß diese Kontakte schriftlich erfolgten, während 84% mündlich mit der Staatsanwaltschaft kommunizierten; 2% der Anwälte machten hier keine Angaben.
Damit stehen die mündlichen Kontakte zur Staatsanwaltschaft eindeutig im Vordergrund; unter den mündlichen Kontakten sind wiederum die **telephonischen Kontakte** die häufigsten.
Von den Verteidigern wird damit während des Ermittlungsverfahrens primär das Gespräch mit dem Staatsanwalt gesucht; schriftliche Einlassungen treten demgegenüber in den Hintergrund. Dies überrascht, wenn man bedenkt, für wie bedeutsam für den Verfahrensausgang das von der Polizei schriftlich Festgehaltene allgemein eingeschätzt wird. Man hätte daher vermuten können, daß es den Verteidigern darauf ankäme, den Sachverhalt aus der Sicht des Beschuldigten wenigstens einmal schriftlich für die Akten zu fixieren. In der Rechtswirklichkeit sind solche "Schutzschriften", gegen die auch Bedenken vorgetragen werden[342], jedoch offenbar selten.

---

342) DAHS, a.a.O. Handbuch, Rdn. 355; vgl. dagegen HAMM, a.a.O. 1982, 490ff.

4.3.2. Ziele der Kontakte zur Staatsanwaltschaft

Vorrangiges Ziel der Verteidigerkontakte zur Staatsanwaltschaft ist das Bemühen um eine **Einstellung des Verfahrens**. Dabei geht es den meisten Anwälten um eine Einstellung gemäß §§ 153, 153a StPO (78% der Anwälte), gefolgt von der Einstellung gemäß § 170 II StPO (52% der Anwälte) und der Einstellung gemäß § 154 StPO (47% der Anwälte).
Ist nach Lage des Falles eine Einstellung nicht möglich, so wird die Möglichkeit eines **Strafbefehlsverfahrens** erörtert: 14% der Anwälte geben als Grund der Kontaktaufnahme an, ein Strafbefehlsverfahren anregen zu wollen.
Neben der Verfahrensbeendigung wurde als weiteres Ziel das **Sammeln von Informationen** genannt (22% der Anwälte). Dies findet vor allem zu einem Zeitpunkt statt, in dem die Staatsanwaltschaft selbst noch ermittelt. Von den Verteidigern wurde hier jedoch auch gesagt, daß sie dabei sehr vorsichtig vorgehen müßten, um nicht "schlafende Hunde zu wecken".
19% der Anwälte gaben an, sie würden versuchen, durch solche Kontakte das **Verfahren** zu **beschleunigen**. Hier würde immer wieder gefragt, warum das Ermittlungsverfahren noch nicht abgeschlossen sei bzw. warum noch keine Anklage erhoben worden sei. In den Interviews entstand der Eindruck, daß es den Verteidigern wichtig war, darauf hinzuweisen, daß sie auch darum bemüht sind, das Verfahren zu beschleunigen; daß es also nicht die Anwälte sind, die zu einer Verfahrensverzögerung beitragen, sondern daß auch gerade die Verteidiger dafür Sorge tragen, daß das Verfahren nicht verzögert wird.[343)]
18% der Verteidiger gaben an, der Grund für die Kontaktaufnahme seien **Zwangsmaßnahmen** (U-Haft, Beschlagnahme) gegen den Mandanten gewesen. Insbesondere bei Wirtschaftsverfahren sei es häufiger notwendig, durch Gespräche mit der Staatsanwaltschaft diese zu veranlassen, beschlagnahmte Geschäftsunterlagen wenig-

---

343) Dazu, daß dies jedoch nicht immer das Ziel der Verteidigung sein kann, vgl. DECKER/KOTZ, a.a.O. 1989, 4/2.5.3.

stens in Kopie zur Verfügung zu stellen, damit der Beschuldigte seinen Betrieb, seine Buchhaltung aufrecht erhalten kann.
37% der Anwälte wollten durch die Kontakte **Einfluß auf die Ermittlungsrichtung** gewinnen; hierzu gehören Ermittlungsanträge bzw. Ermittlungsanregungen.
8% der Verteidiger suchten das **Rechtsgespräch** mit dem Staatsanwalt, d.h. der Fall wurde dann in seinen juristischen Aspekten erörtert.

Zusammenfassend ist festzustellen, daß trotz der Ansicht, das Telephonieren sei nur die zweitbeste Lösung[344)], die meisten Gespräche zwischen Verteidiger und Staatsanwalt über das Telephon geführt werden; Ziele dieser Kontakte sind teils ein "Stufenplan"[345)] zur Verfahrensbeendigung (Einstellung, Strafbefehl), teils eine verfahrensgestaltende Einflußnahme (Beschleunigung, Ermittlungsanträge, Ermittlungsanregungen, Rechtsgespräch), teils aber auch die Hilfe für den Verteidiger (Informationssammlung) bzw. die Hilfe für den Beschuldigten (z.B. Kopien von Buchführungsunterlagen). Bei 60% der Verteidiger gehören solche Gespräche auch zum Verteidigeralltag, d.h. sie werden in der überwiegenden Anzahl der Mandate geführt.

4.3.3. Effektivität der Kontakte zur Staatsanwaltschaft

Neben Art und Häufigkeit der Kontakte zur Staatsanwaltschaft interessiert v.a. auch der Nutzen, der aus solchen Kontakten für die Strafverteidigung gezogen werden kann. Dieser Frage konnte in den Interviews auf der Basis der subjektiven Einschätzung der Effektivität durch die Verteidiger nachgegangen werden.[346)]
Danach sahen **11%** der Anwälte in den Kontakten zur Staatsanwaltschaft nur eine "**geringe**", **21%** eine "**mittlere**" und **67%** eine "**hohe**" **Effektivität**.

344) DECKER/KOTZ, a.a.O. 1989, 4/2.5.1.2.
345) DECKER/KOTZ, a.a.O. 1989, 4/2.5.4.
346) FB III 3c).

Rund zwei Drittel der Verteidiger sehen damit ihre Gespräche mit der Staatsanwaltschaft als sehr effizient an, d.h. sie waren der Ansicht, daß das, was sie in den Gesprächen mit den Staatsanwälten erörterten, auch nutzbringend für den Abschluß bzw. den Fortgang des Verfahrens und damit von Vorteil für den Beschuldigten ist.
Diese Einschätzung - obgleich nicht objektiv - unterstreicht auch die Bedeutung des Ermittlungsverfahrens für den gesamten Prozeß.

4.3.4. Informelle Kontakte zwischen Verteidiger und Staatsanwalt bezüglich des Verfahrensausganges

Im Rahmen der Erörterung der Kontakte zwischen Verteidiger und Staatsanwalt im Ermittlungsverfahren wurde auch auf die sog. informellen Kontakte zwischen Verteidiger und Staatsanwalt eingegangen.[347)] Unter Gesprächen mit informellem Charakter wird hier ein offener, von taktischen Gesichtspunkten freier Gedankenaustausch über die im konkreten Fall gegebenen Möglichkeiten verstanden.
Die **Häufigkeit** solcher informeller Kontakte schätzten die Verteidiger wie folgt ein:

11% der Anwälte: nie
26% der Anwälte: selten
23% der Anwälte: fallbezogen
19% der Anwälte: regelmäßig
21% der Anwälte: häufig

Die Antworten zeigen ein differenziertes Bild und geben damit Hinweise zur Identifizierung unterschiedlicher Verteidigungsstrategien: Es zeigte sich, daß etwa 11% der Anwälte nichts oder nicht viel von (informellen) Kontakten zur Staatsanwaltschaft hält: Hier war man dezidiert der Ansicht, daß man keine Kontakte zur Staatsanwaltschaft aufnehmen sollte, da man nicht

---

347) FB III 4d); vgl. dazu grundsätzlich unten, S. 188.

"hinter dem Rücken der Mandanten mauscheln" wolle, bzw. daß das, was man macht, "öffentlich gemacht werden kann".
Diese Gruppe der Anwälte schätzten die Effektivität der Kontakte zur Staatsanwaltschaft gering ein, sie hatten deswegen auch keine informellen Kontakte.
Faßt man die Gruppen der Anwälte zusammen, die die Häufigkeit der Kontakte mit "regelmäßig" bzw. "häufig" einschätzte, so ergeben sich 40%. Stellt man diese 40% der Anwälte den Verteidigern gegenüber, die die Effektivität der Kontakte zur Staatsanwaltschaft als "hoch" eingeschätzt hatten (67% der Anwälte), so zeigt sich, daß nicht alle Anwälte, die den Nutzen der Kontakte zur Staatsanwaltschaft hoch veranschlagten, auch im gleichen Umfang informelle Gespräche führten. Das Führen informeller Gespräche ist damit keine notwendige Voraussetzung, um effektive Kontakte zur Staatsanwaltschaft zu haben. Es kann so eine zweite, größere Gruppe von Verteidigern identifiziert werden, die häufig bzw. regelmäßig informelle Kontakte zur Staatsanwaltschaft hat und die generell die Kontakte zur Staatsanwaltschaft als sehr effektiv betrachtet.
Dazwischen befindet sich eine Gruppe von Anwälten, die den Kontakten zur Staatsanwaltschaft etwas skeptischer gegenübersteht, deren Gespräche mit den Staatsanwälten von wechselndem Erfolg gekennzeichnet ist und die auch nur von Fall zu Fall informelle Kontakte zur Staatsanwaltschaft sucht.

In den Antworten auf diese Frage spiegelt sich neben den unterschiedlichen Verteidigertypen und den differierenden Verteidigungsstrategien auch das allgemeine "Klima" zwischen den Verteidigern und den Staatsanwälten wider: Es gibt eine kleine Gruppe, bei der dieses Klima generell getrübt und von Mißtrauen gekennzeichnet ist, während es im übrigen sachlich-professionell ist und auch eine tragfähige Basis für informelle Kontakte bietet. Enttäuschungen kommen zwar auch hier vor, sind jedoch die Ausnahme.

4.4. Die Kontakte des Verteidigers zum Gericht

Aus den möglichen richterlichen Tätigkeiten während des Ermittlungsverfahrens wurden für die Befragung die richterlichen Untersuchungshandlungen und insbesondere die richterliche Vernehmung des Beschuldigten (§§ 162, 168c StPO) ausgewählt[348]. Die Anwesenheit des Verteidigers bei der Vernehmung des Beschuldigten interessierte deswegen besonders, da zum einen das Anwesenheitsrecht des Verteidigers nicht uneingeschränkt gilt (§ 168c V (2) StPO) und zum anderen wegen des fehlenden Anspruchs des Verteidigers auf die Verlegung des Termins (§ 168c V (3) StPO)[349].

Die **Häufigkeit** solcher Untersuchungshandlungen (Vernehmungen) schätzten 87% der Verteidiger mit "nie" bzw. "manchmal" ein; nur 13% der Verteidiger gaben an, daß es in Verfahren gegen ihre Mandanten "häufig" zu solchen Untersuchungshandlungen (Vernehmungen) kommt.
Es gibt damit nur eine kleine Gruppe von Verteidigern, die öfters mit richterlichen Vernehmungen ihrer Mandanten konfrontiert wird. Bei rund 90% sind dies aber seltene Ausnahmefälle.

Aus den Antworten auf die Frage nach der **Teilnahme** der Verteidiger an den richterlichen Vernehmungen des Beschuldigten ergab sich, daß die Anwälte in der Regel von dem Anwesenheitsrecht Gebrauch machen. Es gibt aber auch Fälle, in denen die Verteidiger von sich aus der Vernehmung fernbleiben: 13% der Anwälte gab an, daß es bei ihnen auch Fälle gäbe, bei denen ihnen die Anwesenheit nicht notwendig erschiene.

---

348) FB III 5a)-c).
349) Vgl. KLEINKNECHT/MEYER, a.a.O. 38, § 168c Rdn. 8; KK-MÜLLER, a.a.O. 2, § 168c Rdn. 6, 17, 20; KMR-MÜLLER, a.a.O. 1988, § 168c Rdn. 5; LR-MEYER-GOSSNER, a.a.O. 23, § 168c Rdn. 23ff.

Bei den **Schwierigkeiten** mit der Ausübung des Anwesenheitsrechts der Verteidiger kristallisierten sich zwei Bereiche heraus: das Informationsproblem und das Terminproblem.
28% der Verteidiger gaben an, daß es schon bei der **Information** über das Stattfinden von richterlichen Untersuchungshandlungen (Vernehmungen des Beschuldigten) Probleme gäbe; d.h. es gibt Fälle, in denen die Verteidiger erst nachträglich von der richterlichen Maßnahme Kenntnis erhalten.
33% der Anwälte beklagten, daß bei der **Terminierung** der richterlichen Untersuchungshandlung (Vernehmung des Beschuldigten) keine Rücksicht auf die anwaltlichen Termine genommen würde.
Ist dem Verteidiger mit dem Verwertungsverbot[350)] noch ein Mittel gegen Verstöße gegen die Benachrichtigungspflicht gegeben, spielt sich das Terminierungsproblem mehr auf der Ebene des Umgangs zwischen den einzelnen Organen der Rechtspflege ab. Hier wäre sicher mehr Flexibilität der Behörden wünschenswert, wenn es auch nie ganz zur Beseitigung dieses Problems kommen dürfte.

4.5. Der Verteidiger und die Sachverständigen

> *"Es ist nicht übertrieben, zu sagen, daß in vielen Fällen bereits die Auswahl des psychiatrisch-psychologischen Sachverständigen in Fragen der Schuldhaftigkeit den Prozeß entscheidet."*[351)]

Mit diesen Worten kennzeichnet SCHREIBER die Bedeutung der Rolle des Sachverständigen, insbesondere der Psychiater und der Psychologen in Fragen der Schuldhaftigkeit, für den Strafprozeß. Diese Untersuchung konzentriert sich dementsprechend auf das Problem der Begutachtung der Mandanten auf ihre Schuldfähigkeit.[352)] Die Hervorhebung dieses Bereichs wurde auch da-

---

350) Vgl. KLEINKNECHT/MEYER, a.a.O. 38, § 168c Rdn. 6; KK-MÜLLER, a.a.O. 2, § 168c Rdn. 22; KMR-MÜLLER, a.a.O. 1988, § 168c Rdn. 5; LR-MEYER-GOSSNER, a.a.O. 23, § 168c Rdn. 30ff.
351) SCHREIBER, a.a.O. 1985, 1012; SCHREIBER, a.a.O. 1987, 57.
352) FB III 6-10.

durch gerechtfertigt, daß 94% der Verteidiger bereits (gelegentlich) psychiatrische oder psychologische Gutachten zur Schuldfähigkeit ihrer Mandanten beantragt hatten, während nur 6% der Anwälte noch keinen solchen Antrag gestellt hatten.[353] Neben den Gutachten zur Schuldfähigkeit stellen technische Gutachten, Persönlichkeitsgutachten und Glaubwürdigkeitsgutachten weitere wichtige Bereiche für die Verteidiger dar.

4.5.1. Auswahl der Sachverständigen durch den Verteidiger

Bei der Auswahl der Sachverständigen zur Beurteilung der Schuldfähigkeit ihrer Mandanten wird von den Verteidigern eindeutig der Psychiater bevorzugt[354]: 46% der Verteidiger wählten eher einen **Psychiater** aus, während nur 16% eher ein **psychologisches Gutachten** anregen. 24% der Anwälte sagten hier, daß sie in ihren Anträgen die Begutachtung durch den "**gerichtlichen**" **Sachverständigen** anregen würden. "Gerichtsübliche" Sachverständige sind häufig die Landgerichtsärzte bzw. sonst häufig bei dem Gericht auftretende Nervenärzte.

Für dieses Ergebnis sind mehrere Ursachen verantwortlich: Zum einen ist es sicher so, daß in foro die Gutachten der Psychiater (noch immer) ein größeres Gewicht haben als die psychologischen Gutachten. Deswegen wird ein Verteidiger, insbesondere wenn er als erster eine Begutachtung beantragt, eher einen Psychiater benennen. Zum anderen können aber Verteidiger, die großen Wert auf die psychologische Motivation des Verbrechens Wert legen, dazu gezwungen sein,

> *"die Psychiater zu Hilfe zu rufen, um über sie die psychologischen Nebengutachten zu erhalten, die die Gerichte auf direkten Antrag meist ablehnen, weil sie eigener Sachkunde vertrauen."*[355]

353) FB III 6a) und b).
354) FB III 7.
355) MÜTZELBURG, a.a.O. 1982, 278.

Ferner kann der Verteidiger aber auch wegen der rigiden Regelung des § 244 IV StPO[356] gezwungen sein, einen Psychologen statt eines Psychiaters als Sachverständigen vorzuschlagen.
In Interview Nr. 27 heißt es dazu:

> *"Nahbereichsdelikte und Affektdelikte bringen in der Regel die Notwendigkeit einer psychologischen oder psychiatrischen Begutachtung mit sich. Hier braucht der Strafverteidiger spezifische Erfahrungen. Die Auseinandersetzung mit den Gutachtern vor Gericht ist ein hartes Geschäft; 'Gerichtssachverständigen' beizukommen ist schwer. Wegen § 244 Abs. 4 StPO ist ein Umbiegen des Beweisthemas notwendig und zwar so, daß man aus dem psychiatrischen Bereich in den psychologischen rutscht."*

Also auch wenn der Anwalt eher der Ansicht ist, daß ein weiteres psychiatrisches Gutachten notwendig ist, wird er wegen § 244 IV StPO als weiteren Sachverständigen bevorzugt einen Psychologen auswählen. Ein weiteres Problem können die von den Anwälten erwähnten "gerichtsüblichen" Sachverständigen darstellen: Dies sind Sachverständige, die von den Gerichten immer wieder bestellt werden, und auf deren Gutachten besonderes Gewicht gelegt wird[357]. Ist ein solcher Sachverständiger bereits bestellt, sieht der Verteidiger aber die Notwendigkeit, einen anderen - möglicherweise spezialisierteren - Gutachter zu beantragen, so kommt es zu Schwierigkeiten, auch wegen § 244 IV StPO.
Die Auswertung zeigt aber auch, daß Verteidiger gerade diesen "gerichtsüblichen" Gutachter vorschlagen. Auch dafür gibt es mehrere Motive: Vorstellbar ist, daß dieser Sachverständige auch vom Verteidiger vorgeschlagen wird, weil sein Gutachten auf allgemeine Anerkennung und Zustimmung stößt. Vorstellbar ist auch, daß dieser Gutachter vorgeschlagen wird, weil dann eine höhere Chance gegeben ist, diesen Sachverständigen nicht abgelehnt zu bekommen. Denkbar ist aber ebenso, daß diese Gutachter von solchen Anwälten vorgeschlagen werden, die nicht auf die Strafverteidigung bzw. auf die besondere Problematik der

---

356) SCHREIBER, a.a.O. 1985, 1013; SCHREIBER, a.a.O. 1987, 58f.
357) DAHS, a.a.O. Handbuch, Rdn. 179.

Schuldfähigkeitsbegutachtung spezialisiert sind, so daß ihnen keine anderen Gutachter bekannt sind. In den Interviews wurde ferner erwähnt, daß bei der Auswahl des Sachverständigen auch auf die Bedeutung des Falles bzw. auf die Bedeutung des Gutachtens für den Prozeß(ausgang) Rücksicht genommen werden müsse: So könne nicht bei einer geringen Bedeutung des Gutachtens für das Verfahren ein "Top-Gutachter" herangezogen werden. Sei der Anwalt zudem für seine sorgfältige, sachgemäße und verfahrensbezogene Auswahl des Gutachters bekannt, so erhöhe sich auch die Chance, vom Gericht den Sachverständigen bestellt zu bekommen, und - was nicht weniger von Bedeutung ist - auch der Gutachter wird eher bereit sein, das Gutachten zu übernehmen, was insbesondere aus Termingründen auch einmal schwierig sein könne.

Auf die Frage[358], ob die Verteidiger **mit bestimmten Sachverständigen zusammenarbeiten**, antworteten 44% der Verteidiger mit "nein", 56% dagegen mit "ja". Der größere Teil der Anwälte hat demnach - ebenso wie die Staatsanwaltschaften - eine bestimmte Anzahl von Gutachtern, mit denen bevorzugt zusammengearbeitet wird, d.h., die von diesen Verteidigern in der Regel in den Beweisanträgen benannt werden.
Als Gründe wurden dafür von den Verteidigern genannt:

22% der Anwälte: Vertrauen zu Gutachtern
72% der Anwälte: Kenntnis der Arbeitsweise
22% der Anwälte: Kenntnis von der Wirkung des Gutachters auf das Gericht

Damit zeigt sich noch einmal, daß für die Auswahl eines Sachverständigen durch die Verteidiger sowohl genaue Kenntnisse über die Arbeitsweise des Sachverständigen, als auch taktische Gesichtspunkte ausschlaggebend sind.

---

358) FB III 8a) und b).

4.5.2. Zusammenarbeit der Staatsanwaltschaft mit dem Verteidiger bei der Sachverständigenauswahl

Durch das Erste Gesetz zur Reform des Strafverfahrensrechts (1. StVRG)[359] erhielt die Staatsanwaltschaft die Kompetenz zur Bestellung von Sachverständigen im Ermittlungsverfahren (§ 161a I (2) StPO)[360]; diese Rechtsänderung legalisierte zwar eine bis dahin schon üblich gewordene Praxis[361], sie stößt aber auch heute noch auf Kritik[362]. Ursache dafür ist, daß das Korrektiv für diesen tatsächlichen Machtzuwachs der Staatsanwaltschaft[363] nur unzulänglich verankert ist, nämlich in der weithin unbekannten Nr. 70 der RiStBV, in der es in Absatz 1 heißt:

> *"Während des Ermittlungsverfahrens gibt der Staatsanwalt dem Verteidiger Gelegenheit, vor Auswahl eines Sachverständigen Stellung zu nehmen, es sei denn, daß Gegenstand der Untersuchung ein häufig wiederkehrender, tatsächlich gleichartiger Sachverhalt (z.B. Blutalkoholgutachten) ist oder eine Gefährdung des Untersuchungszwecks (vgl. § 147 Abs. 2 StPO) oder eine Verzögerung des Verfahrens zu besorgen ist."*

Es ist nicht verwunderlich, daß auch in den Interviews[364] die Skepsis gegenüber der Bereitschaft der Staatsanwaltschaft, bei der Sachverständigenbestellung mit dem Verteidiger zusammenzuarbeiten, vorherrscht.
Die Antworten lauteten im einzelnen:

3% der Anwälte: es gibt keine Zusammenarbeit,
33% der Anwälte: die Zusammenarbeit ist schlecht,
28% der Anwälte: die Zusammenarbeit ist unterschiedlich,
36% der Anwälte: die Zusammenarbeit ist gut.

---

359) BGBl. 1974 I, 3393, 3533.
360) Vgl. LAMPE, a.a.O. 1975, 198.
361) GRÜNWALD, a.a.O. 1974, C 39.
362) Vgl. BEULKE, a.a.O. 1980, 246; KREKELER, a.a.O. 1986, 64; RICHTER II, a.a.O. 1985, 388; SCHREIBER, a.a.O. 1985, 1012f.; SCHREIBER, a.a.O. 1987, 58f.
363) Vgl. LR-MEYER-GOSSNER, a.a.O. 23, § 161a Rdn. 2 m.w.N.
364) FB III 9.

Damit konnte etwa ein Drittel der Verteidiger die Zusammenarbeit bei der Gutachterauswahl positiv einschätzen, während **zwei Drittel der Anwälte mit der Kooperation der Staatsanwaltschaften nicht zufrieden** waren bzw. eine solche überhaupt nicht feststellen konnten. Bei einigen Anwälten entstand sogar der Eindruck, den Staatsanwälten sei die Vorschrift in der RiStBV nicht bekannt. Darüber hinaus wurde von den Strafverteidigern berichtet, daß es in einem Prozeß zu irgendeinem Zeitpunkt einmal zu Mißstimmungen kommen kann, von dem ab jeder Verfahrensbeteiligte stur auf seinen prozessualen Rechten bestehen würde. Passiere dies vor der Bestellung eines Sachverständigen, so würde von der Staatsanwaltschaft bewußt ein Sachverständiger benannt, der als streng begutachtend bekannt sei.
Über die ungute Praxis des Handelns zwischen der Staatsanwaltschaft und der Verteidigung bei der Sachverständigenauswahl berichtet auch anschaulich SCHREIBER.[365)]

Die Lösung bzw. eine Linderung dieses Problems wird nur über eine verbesserte Kooperation zwischen Staatsanwaltschaft und Verteidigung unter Einbeziehung des Gerichts und des Beschuldigten möglich sein.[366)] Voraussetzung dafür ist eine strafprozessuale Absicherung der Einwirkungsmöglichkeit des Verteidigers bei der Sachverständigenauswahl. Auch eine Reform des § 244 IV StPO erscheint notwendig.[367)]

4.5.3. Zeitpunkt der Sachverständigenbestellung

Als Zeitpunkte[368)], in denen die Sachverständigen benannt bzw. selbst bestellt würden, wurden folgende Verfahrensstadien genannt:

---

365) SCHREIBER, a.a.O. 1985, 1012; SCHREIBER, a.a.O. 1987, 57f.
366) SCHREIBER, a.a.O. 1985, 1017ff.; SCHREIBER, a.a.O. 1987, 65ff.
367) SCHREIBER, a.a.O. 1985, 1017ff.; SCHREIBER, a.a.O. 1987, 65ff.
368) FB III 10; 9% der Anwälte machten hier keine Angaben.

78% der Anwälte: Vorverfahren
2% der Anwälte: Zwischenverfahren
11% der Anwälte: Hauptverfahren

31% der Anwälte ergänzten ihre Angaben dahingehend, daß der Zeitpunkt nicht für alle Verfahren fixiert werden könne, sondern je nach Fall unterschiedlich sein kann.
Dennoch ist aber deutlich eine Tendenz dahingehend zu erkennen, daß die Verteidiger bemüht sind, den Sachverständigen möglichst frühzeitig in das Verfahren einzubringen.

4.6. Die Bedeutung des Ortstermins

Der Ortstermin als eine Form der Augenscheinnahme[369)] hat nach der Einschätzung der Anwälte[370)] folgende Bedeutung für die Urteilsfindung:

2% der Anwälte: keine Bedeutung,
15% der Anwälte: geringe Bedeutung,
9% der Anwälte: mittlere Bedeutung,
66% der Anwälte: hohe Bedeutung,
8% der Anwälte: sehr hohe Bedeutung.

Damit waren 74% der Anwälte der Ansicht, der Ortstermin sei von hoher bis sehr hoher Bedeutung für die Urteilsfindung. Diese Einschätzung scheint jedoch genau umgekehrt proportional zu den tatsächlich stattfindenden Ortsterminen zu sein.[371)]
Einige Anwälte waren dezidiert der Ansicht, Skizzen und Photographien würden nicht ausreichen, da "in Natur alles ganz anders aussieht". Allerdings wurde auch davor gewarnt, einen entsprechenden Antrag zu stellen, ohne vorher selbst die Örtlichkeiten besichtigt zu haben. An dieser sinnvollen, aber zeitraubenden Vorarbeit dürfte es häufig auch bei den Verteidigern mangeln, so daß deshalb keine entsprechenden Anträge gestellt werden.

---

369) KK-PELCHEN, a.a.O. 2, § 86 Rdn. 6.
370) FB III 11.
371) Vgl. dazu auch unten, S. 351.

4.7. Der Verteidiger und der Zeuge

Da im Strafverfahren dem Zeugenbeweis höhere Bedeutung zugemessen wird als jedem anderen Sachbeweis[372)], wurden mit den Verteidigern vornehmlich die mit den Anträgen auf eine Zeugenvernehmung zusammenhängenden Fragen besprochen; hierzu gehörte die Frage nach der Häufigkeit von solchen Anträgen im Ermittlungsverfahren, nach dem Antrag auf Vernehmung präsenter Zeugen in der Hauptverhandlung, nach eigenen Zeugenvernehmungen und nach den Schwierigkeiten bei entsprechenden Anträgen.

4.7.1. Häufigkeit der Anträge auf Zeugenvernehmungen

Gemäß § 163a II StPO hat der Beschuldigte - und damit auch der Verteidiger - das Recht, Anträge auf Erhebung von Entlastungsbeweisen im Ermittlungsverfahren zu stellen, dazu gehören auch entsprechende Anträge auf Zeugenvernehmungen.[373)]
Nach der Häufigkeit solcher Anträge im Ermittlungsverfahren befragt[374)] gaben die Verteidiger folgende Einschätzung ab:

0% der Anwälte: nie
7% der Anwälte: selten
27% der Anwälte: von Fall zu Fall
28% der Anwälte: regelmäßig
38% der Anwälte: häufig

56% der Anwälte gaben damit an, daß sie regelmäßig bzw. häufig Anträge auf Vernehmung von Zeugen stellen.
Diese Angaben stehen im Gegensatz zu Erfahrungen der Kriminalpolizei[375)]:

> *"Es ist ganz außergewöhnlich selten, daß wir Beweis- oder Ermittlungsanträge der Verteidigung zu bearbeiten haben."*

---

372) KÜHNE, a.a.O. 1988, Rdn. 503 m.w.N.; RÜCKEL, a.a.O. 1988, Rdn.1
373) FB III 12a)-f).
374) FB III 12a).
375) SCHENK, a.a.O. 1981, 36.

Eine geringe Anzahl von Beweisaktivitäten ermittelte auch BARTON[376], der jedoch nur formelle Beweisanträge in der Hauptverhandlung bzw. Eventualbeweisanträge erfaßte.[377]
Die Differenzen erklären sich damit zum einen aus der Erhebungsmethode (die Antworten der Verteidiger in den Interviews erfaßte natürlich auch - mündliche - Beweisanträge und -anregungen im Ermittlungsverfahren, die primär in den Gesprächen mit den Staatsanwälten vorgetragen werden); zum anderen mögen auch Elemente der Befragungspsychologie eine Rolle spielen, so daß von den Verteidigern ihre Aktivität positiver eingeschätzt wurde, als dies der Rechtswirklichkeit entspricht.
Etwas realistischer waren die Antworten auf die Frage nach dem Verhältnis der "staatsanwaltlichen" zu den "anwaltlichen" Zeugen[378]: ein Teil der Anwälte gab prozentuale Einschätzungen ab, danach beträgt der "anwaltliche" Zeugenanteil zwischen 10% und 30%. Dies läßt erkennen, daß der überwiegende Teil der Zeugen von der Staatsanwaltschaft benannt wird. Dieser allgemeinen Einschätzung waren auch 35% der Verteidiger, nur 2% waren dagegen der entgegengesetzten Ansicht.
Die Angaben zur Häufigkeit der Anträge auf Zeugenvernehmungen können daher nicht ganz befriedigen.

4.7.2. Antrag auf Vernehmung eines präsenten Zeugen in der Hauptverhandlung

Gemäß § 220 I StPO hat der Verteidiger die Möglichkeit, einen Zeugen unmittelbar zu laden. Um den zur Hauptverhandlung erschienenen Zeugen jedoch auch in das Verfahren einbringen zu können, muß der Verteidiger gemäß § 245 II StPO einen Beweisantrag stellen. Auf die Frage[379] nach der Häufigkeit solcher Anträge gaben die Verteidiger folgende Einschätzung ab:

376) BARTON, a.a.O. 1984, 395.
377) Zu ähnlichen Ergebnissen vgl. unten, S. 334.
378) FB III 12e).
379) FB III 12b).

65% der Anwälte: selten
19% der Anwälte: von Fall zu Fall
13% der Anwälte: häufig

Somit gaben hier nur rund 30% der Verteidiger an, häufiger einen Antrag auf Vernehmung eines präsenten Zeugen zu stellen. Dies ist nur rund die Hälfte der Anwälte, die angegeben hatte, häufiger einen Antrag auf Zeugenvernehmung zu stellen. Es spiegelt sich damit sicher die zahlenmäßig geringere Bedeutung der präsenten Beweismittel zutreffend wider, da seit dem durch das Strafverfahrensänderungsgesetz 1979[380] eingeführten Antragszwang für die von der Verteidigung präsentierten Beweismittel dieses Institut erheblich an Bedeutung verloren hat[381]. Von einigen Verteidigern wurde in den Interviews auch bedauert, daß dadurch der früher zu erzielende Überraschungseffekt durch eine Zeugenaussage in der Hauptverhandlung nicht mehr möglich sei. Gegen die Angaben der Häufigkeit bestehen die gleichen Bedenken wie oben 4.7.1.

4.7.3. Anwaltliche Zeugenvernehmung

Obwohl der Strafverteidiger auf Grund des Strafverfahrensrechts[382] und des Standesrechts[383] das Recht auf eigene Ermittlungen und damit auch auf außergerichtliche Zeugenvernehmung hat, bestehen nach wie vor Vorbehalte gegen solche Aktivitäten des Verteidigers, weswegen er in der einschlägigen Literatur[384] zu besonders großer Vorsicht bei diesen Maßnahmen ermahnt wird. Um die Legalität der eigenen Ermittlungen zu ver-

---

380) BGBl. 1978 I, 1645.
381) Vgl. DAHS, a.a.O. Handbuch, Rdn. 384.
382) BOTTKE, a.a.O. 1984, 734 m.w.N.: JUNGFER, a.a.O. 1981a, 101f.; JUNGFER, a.a.O. 1981b, 19ff.; KÜHNE, a.a.O. 1988, Rdn. 106; PETERS, a.a.O. 1981, 220; RÜCKEL, a.a.O. 1988, Rdn. 8 m.w.N.
383) DAHS, a.a.O. Handbuch, Rdn. 166, LINGENBERG/HUMMEL (ZUCK), a.a.O. 1988, 162ff.
384) DAHS, a.a.O. Handbuch, Rdn. 166, 167; DECKER/KOTZ, a.a.O. 1989, 4/2.3.2., 4/2.3.3.; WEIHRAUCH, a.a.O. 1984, Rdn. 104; vgl. auch RICHTER II, a.a.O. 1981, 340; RÜCKEL, a.a.O. 1988, Rdn. 8.

deutlichen, wird daher auch vorgeschlagen, dieses Recht gesetzlich zu verankern[385]. Dies allein wird jedoch nicht genügen, um das bestehende Mißtrauen abzubauen; das Ziel wird nur durch eine ebenso regelmäßige wie seriös durchgeführte Praxis zu erreichen sein.[386]

Die noch immer vorherrschende Skepsis gegenüber anwaltlichen Zeugenvernehmungen schlug sich in den Antworten der Anwälte nieder.[387]:
13% der Anwälte lehnten es grundsätzlich ab, mit Zeugen vor (außerhalb) der Hauptverhandlung zu sprechen; 74% der Verteidiger gaben dagegen an, daß sie auch mit Zeugen sprechen würden, 44% empfanden solche Gespräche allerdings als problematisch.
Die Probleme der Verteidiger beruhen zum einen und vorwiegend auf dem Mißtrauen gegenüber ihren Zeugenvernehmungen.
In Interview Nr. 42 heißt es dazu:

> *"... im deutschen Gerichtssaal ist es heute noch immer so - wenn der Staatsanwalt fragt: 'Haben Sie mit dem Verteidiger vorher gesprochen?' und der Zeuge sagt: 'Ja' -, daß die übrigen Gerichtspersonen das Gefühl haben, der Zeuge habe mit dem Teufel gesprochen ... und diesen Eindruck möchte ich nicht gerne hervorrufen."*

Dies bedeutet für den Verteidiger, daß ein Zeuge, mit dem er vor der Verhandlung gesprochen hat, "verbraucht" ist, daß also diese Aussage nicht mehr das Gewicht hat, das ihr eigentlich zukommt; mithin kann dann das Engagement des Anwalts vergeblich gewesen sein.
Ein weiteres Problem betrifft den Schutz des Anwalts selbst vor späteren Beschuldigungen durch den Zeugen oder den Mandanten.

---

385) ARBEITSKREIS STRAFPROZESSREFORM, a.a.O. 1979, 95f.; ÖTV-STRAFRECHTSKOMMISSION, a.a.O. 1981, 230; grundsätzlich zustimmend auch STRAFRECHTSAUSSCHUSS DER BUNDESRECHTSANWALTSKAMMER, a.a.O. 1984, 38; BANDISCH, a.a.O. 1986, 71.
386) Vgl. RICHTER II, a.a.O. 1984, 245; RÜCKEL, a.a.O. 1984, 283.
387) FB III 12c).

Aus diesem Grund ziehen 78% der Verteidiger zu ihren Zeugenvernehmungen in der Regel einen Zeugen für dieses Gespräch hinzu. Nur 22% der Anwälte gaben an, sie würden alleine die Zeugenvernehmungen durchführen.
Als Zeugen für die Zeugenvernehmungen wurden von den Anwälten herangezogen:

33% der Anwälte: einen Kollegen
28% der Anwälte: einen Sozius
17% der Anwälte: eine Sekretärin

In der überwiegenden Anzahl wird damit ein Jurist als Zeuge für anwaltliche Vernehmungen herangezogen; dies beruht zum einen sicher auf Praktikabilitätserwägungen (leichte Erreichbarkeit, schnelles Erfassen der Sachverhalte), zeigt aber auch, welche Bedeutung diese Anwälte der Notwendigkeit ihrer Absicherung zumessen.[388)]

Auf die Frage, mit welchen Zeugen die Verteidiger sprechen, machten die Anwälte folgende Angaben (Mehrfachnennungen waren möglich):

51% der Anwälte: Entlastungszeugen
23% der Anwälte: Zeugen, von denen nicht bekannt ist, was sie aussagen werden
13% der Anwälte: zur Vorbereitung von Beweisanträgen
10% der Anwälte: mit vom Mandanten mitgebrachten Zeugen
5% der Anwälte: "staatsanwaltschaftliche" Zeugen

Die hohe Nennung bei den Entlastungszeugen entspricht der Funktion des Strafverteidigers im Strafverfahren; es wird sich dabei in der Regel um von den Mandanten genannte Zeugen handeln, insbesondere um Ehegatten, Verwandte, Arbeitskollegen, Arbeitgeber, Freunde oder Bekannte des Klienten, also um auch für den Verteidiger leicht erreichbare Personen.

---

388) Angesichts dieser Angaben überrascht, daß die einschlägigen Handbücher nur kurz (DAHS, a.a.O. Handbuch, Rdn. 166) bzw. überhaupt nicht (DECKER/KOTZ, a.a.O. 1989) auf dieses Problem eingehen.

Bei den anderen genannten Zeugen dürfte es sich primär um Personen handeln, die mehr auf Grund des Tatgeschehens als durch die persönlichen Beziehungen mit dem Mandanten in Kontakt stehen, mit denen also auch der Klient keinen solchen Umgang hat, daß er auf Grund eigener Gespräche angeben könnte, was die Zeugen aussagen werden. Die Vernehmung von "staatsanwaltschaftlichen" Zeugen, also von Belastungszeugen, kommt dagegen nur in besonders gelagerten Einzelfällen vor.

Bei den Zeugenvernehmungen ist es dem Anwalt auch gestattet, die Zeugen auf ihr ggf. gegebenes Zeugnisverweigerungsrecht hinzuweisen.[389] Die Auswertung der Angaben der Verteidiger dazu[390] zeigt, daß

68% der Anwälte die Zeugen auf die Möglichkeit des Zeugnisverweigerungsrechts hinweisen.
Die Anwälte betonten aber, daß die Entscheidung über ihr Verhalten vor Gericht stets den Zeugen selbst überlassen wird.
Die Verteidiger waren damit bemüht darzulegen, daß sie nicht versuchten, die Zeugen zu beeinflussen.

16% der Verteidiger gaben an, sie würden nicht versuchen, über den Rat zur Zeugnisverweigerung die Aussage des Zeugen zu verhindern.
Auch dies spiegelt das Bemühen der Verteidiger wider, darzulegen, daß sie die Zeugen nicht beeinflussen wollen.

2% der Anwälte gaben darüber hinaus an, daß sie über den Mandanten versuchten, die Zeugen auf ihr Zeugnisverweigerungsrecht aufmerksam zu machen.

Diese Angaben zeigen, daß die Beratung der Zeugen über ihr Zeugnisverweigerungsrecht zur Rechtswirklichkeit der Strafverteidigung gehört. Konkrete Angaben über die Anzahl der so beratenen Zeugen konnten jedoch nicht gewonnen werden.

---

389) LINGENBERG/HUMMEL (ZUCK), a.a.O. 1988, 165f.; DAHS, a.a.O. Handbuch, Rdn. 166, 466; WEIHRAUCH, a.a.O. 1984, Rdn. 104.

390) FB III 12d).

4.7.4. Schwierigkeiten bei dem Antrag auf Zeugenvernehmung

Auf Grund der Antworten zu der Frage[391], ob es gelegentlich Schwierigkeiten bei den Anträgen auf Zeugenvernehmungen gäbe, ergibt sich ein durchaus positives Bild:

45% der Anwälte verneinte diese Frage,
49% der Anwälte gaben an, daß es "gelegentlich" zu Schwierigkeiten komme, und nur
6% der Anwälte hatte "häufig" Schwierigkeiten.

Als Gründe wurden hier die Ablehnungen in der Hauptverhandlung gemäß § 244 III StPO und - besonders - gemäß § 245 III (3) StPO mit der Begründung der Prozeßverschleppung genannt. Diese Angaben, die sich nur auf Schwierigkeiten in der Hauptverhandlung beziehen, sind vielleicht auch ein Hinweis darauf, daß Beweisanträge während des Ermittlungsverfahrens nicht so häufig sind, wie dies von den Verteidigern eingeschätzt worden war.
Es kann auf Grund dieser Untersuchung kein dringendes Bedürfnis für die auf dem DAV-Forum "Reform des Ermittlungsverfahrens" geforderte Bescheidung von Beweisanträgen des Beschuldigten im Ermittlungsverfahren und den Antrag auf gerichtliche Entscheidung bei einem negativen Bescheid über den Antrag[392] erkannt werden, wie wohl beides aus rechtsstaatlichen Gründen wünschenswert ist.

4.8. Die eigenen Ermittlungen des Verteidigers

Es ist heute rechtlich unbestritten, daß der Verteidiger das Recht hat, eigene Ermittlungen - von denen die Zeugenvernehmungen nur ein Teil sind[393] - durchzuführen[394]. Dennoch erheben

---

391) FB III 12f).
392) Vgl. dazu KREKELER, a.a.O. 1986, 63.
393) Vgl. dazu bereits oben, S. 151ff.
394) DAHS, a.a.O. Handbuch, Rdn. 255, 166; BEULKE, a.a.O. 1980, 45, 148 m.w.N.; KLEINKNECHT/MEYER, a.a.O. 38, § 137 Rdn. 4; KK-LAUFHÜTTE, a.a.O. 2, vor § 137 Rdn. 3: LR-DÜNNEBIER,

sich in der Praxis immer wieder Bedenken und Mißtrauen gegen die Ermittlungstätigkeit des Anwalts[395]. Ferner wird die Notwendigkeit solcher Ermittlungen bestritten[396] und behauptet, der Umfang dieser Tätigkeit der Verteidiger sei eher gering[397], wofür auch beachtliche Gesichtspunkte vorgetragen werden[398].

Mit dieser Untersuchung wurde versucht, den tatsächlichen Umfang der Tätigkeit der Verteidiger in diesem Bereich zu erfassen.[399]
Generell wurde von **85%** der Anwälte die Frage, ob sie **eigene Ermittlungen** durchführen würden, **bejaht**, während nur **15%** der Verteidiger die Frage **verneinte**.
21% der Anwälte schätzte zudem den **Umfang** der eigenen Ermittlungen als "**groß**" ein, während **64%** der Verteidiger meinte, die Ermittlungen hätten nur einen **geringen Umfang**.
Damit zeigt sich, daß ein großer Anteil der Strafverteidiger selbst Ermittlungen durchführt, der Umfang der Ermittlungen ist allerdings nur gering. Zwei etwa gleich große Gruppen bilden die Extreme: Ein Teil der Verteidiger führt überhaupt keine eigenen Ermittlungen durch (15%), während ein anderer Teil eigene Ermittlungen in größerem Umfang durchführt.
Diese Gegensätze können an einem in den Interviews immer wieder erwähnten Beispiel verdeutlicht werden: Während Anwälte mit nur wenigen eigenen Ermittlungen angaben, daß das Ausfindig-Machen von Zeugen sehr selten vorkomme, wurde von Anwälten, die viel mit Demonstrationsdelikten zu tun hatten, angegeben, daß sie große Mühen unternähmen, um die Adressen von Demonstrations-

---

a.a.O. 23, vor § 137 Rdn. 14; LINGENBERG/HUMMEL (ZUCK), a.a.O. 1988, 162; MÜLLER, E., a.a.O. 1981, 1806; RÜCKEL, a.a.O. 1984, 265 m.w.N.; RÜCKEL, a.a.O. 1988, Rdn. 8 m.w.N.; WELP, a.a.O. 1978b, 813.
395) Vgl. oben, S. 152.
396) Vgl. RÜCKEL, a.a.O. 1984, 256.
397) Vgl. BEULKE, a.a.O. 1980, 44; MÜLLER, E., a.a.O. 1981, 1806; WELP, a.a.O. 1978b, 813.
398) DECKER/KOTZ, a.a.O. 1989, 4/2.3.3.
399) FB III 13a)-d).

teilnehmern herauszufinden, um über den Standort und das Verhalten ihres Mandanten Zeugenbeweise beantragen zu können. Dies deutet darauf hin, daß für den Umfang der Ermittlungen des Verteidigers dessen Subspezialisierung von ausschlaggebender Bedeutung ist.
Die Auswertung der Antworten zu der Einschaltung von **Privatdetektiven** zeigt eine gewisse Zurückhaltung der Verteidiger auf diesem Gebiet:

42% der Anwälte gaben an, noch nie einen Privatdetektiv beauftragt zu haben,
29% der Anwälte sagten, dies sei "selten",
8% der Anwälte schaltete "gelegentlich" und
5% der Anwälte schaltete "häufig" einen Privatdetektiv ein.

16% der Anwälte bejahte diese Frage, ohne nähere Angaben zu machen.
Damit haben rund zwei Drittel der Verteidiger nie oder nur selten mit einem Privatdetektiv zu tun, nur bei rund 10% der Anwälte wird gelegentlich bzw. häufig ein Privatdetektiv eingeschaltet. 6% der Anwälte gab hier überdies an, daß sie die Beauftragung des Detektivs dem Mandanten überließen. Dies bedeutet, daß nur eine sehr kleine Gruppe direkt mit einem Privatdetektiv zusammenarbeitet.
Über den Erfolg der Zusammenarbeit äußerten sich nur einige Anwälte; die Erfahrungen gingen dabei sehr weit auseinander: konnte durch die Recherchen in dem einen Verfahren die Unschuld des Mandanten bewiesen werden, so war in dem anderen Verfahren das Geld nutzlos ausgegeben worden, der Detektiv hatte keine gerichtsverwendbaren Kenntnisse erbracht. Dies bewog die Anwälte, die einschlägige Erfahrungen gesammelt hatten, zu einer sehr sorgfältigen Auswahl des Detektivbüros und zu einer sehr präzisen Aufgabenerteilung.

In der Literatur wird die strafprozessuale Verankerung des Rechts der Verteidiger auf eigene Ermittlungen gefordert.[400] Dies mag rechtspolitisch wünschenswert sein, wird allein aber nicht ausreichen, um das noch bestehende Mißtrauen gegen die Ermittlungstätigkeit zu beseitigen. Dies kann nur durch eine selbstbewußte und seriöse Ausübung des Rechts durch die Verteidiger selbst erfolgen.[401]

4.9. Die Effizienz der Verteidigung im Ermittlungsverfahren

Der Versuch, die Effizienz der Verteidigung im Ermittlungsverfahren zu bestimmen, erfolgte in zwei Schritten: der erste (objektivere) war die Frage nach dem Schwerpunkt der Tätigkeit des Verteidigers (Vorverfahren oder Hauptverfahren) und die Frage nach den Vorteilen, die ein Anwalt habe, wenn er schon im Ermittlungsverfahren für den Mandanten tätig sein kann.[402] Der zweite, subjektive Schritt war die Bitte an die Verteidiger, die Effizienz ihrer Tätigkeit selbst einzuschätzen und auch Verfahren anzugeben, in denen sie besonders erfolgreich sein konnten[403].

43% der Verteidiger sahen den Schwerpunkt ihrer Tätigkeit im Vorverfahren, während 30% der Anwälte den Schwerpunkt in der Hauptverhandlung sahen; 27% der Anwälte gaben an, keinen Schwerpunkt zu haben. Knapp die Hälfte der Anwälte sah damit den Schwerpunkt ihrer Tätigkeit im Ermittlungsverfahren; die Vorteile des Tätigwerdens in diesem Stadium wurden wie folgt angegeben (Mehrfachnennungen kamen vor):

---

400) ARBEITSKREIS STRAFPROZESSREFORM, a.a.O. 1979, 95; BANDISCH, a.a.O. 1986, 71; BEULKE; a.a.O. 1980, 246; RÜCKEL, a.a.O. 1984, 267; ÖTV-STRAFRECHTSKOMMISSION, a.a.O. 1981, 230; STRAFRECHTSAUSSCHUSS DER BUNDESRECHTSANWALTSKAMMER, a.a.O. 1984, 37f.; a.A. RICHTER II, a.a.O. 1981, 339f.

401) Vgl. JUNGFER, a.a.O. 1981a, 103f.; JUNGFER, a.a.O. 1981b, 19.

402) FB III 14, FB III 15.

403) FB III 14.

67% der Anwälte: Steuerung des Verfahrens
43% der Anwälte: Beratung des Mandanten
42% der Anwälte: Einstellung, Beschränkung des Verfahrens
12% der Anwälte: Gespräche mit der Staatsanwaltschaft
5% der Anwälte: Anregung des Strafbefehlsverfahrens

Da einerseits die hohe Einschätzung insbesondere bei der "Steuerung des Verfahrens" und bei "Einstellung, Beschränkung des Verfahrens" nicht alleine durch die Verzerrung bei dieser Selbsteinschätzung der Effektivität der eigenen Tätigkeit erklärt werden kann, andererseits aber die Erhebungen (formeller) Aktivitäten durch BARTON[404)] und hier in der Aktenanalyse[405)] bei den Beweisanträgen[406)] und bei der Einstellung der Verfahren[407)] nur geringe Aktivitäten aufzeigten, wird die Bedeutung der mündlichen (telephonischen) Aktivitäten der Verteidiger besonders deutlich.
Zu berücksichtigen ist jedoch dabei sicher auch, daß von den Verteidigern bereits die versuchte bzw. potentielle Einwirkung auf das Verfahren als effektive Verteidigungstätigkeit gewertet wird. Dies ist auch nicht ohne Sinn, denn der Verteidiger hat als Beistand auf die Wahrung der Rechte des Beschuldigten zu achten, sodaß die Kenntnis von dem Tatvorwurf (Akteneinsicht) und dem ordnungsgemäßen Ablauf des Ermittlungsverfahrens, also die Kontrolltätigkeit des Anwalts, in Verbindung mit informellen Gesprächen mit Staatsanwälten und Richtern als effiziente Verteidigung angesehen werden kann. Diese Kontrolltätigkeit schlägt sich wie auch telefonische Einflußnahmen und Anregungen nicht immer in den Akten nieder, sie konnten daher auch in den empirischen Untersuchungen nicht vollständig erfaßt werden.
Daß die Gespräche mit dem Mandanten als Vorteil der Tätigkeit im Ermittlungsverfahren angesehen werden, ist sicher deswegen richtig, weil in diesem Stadium bei dem Beschuldigten ein besonders hoher Bedarf an Aufklärung über den Verfahrensablauf,

404) BARTON, a.a.O. 1984, 394ff.
405) Vgl. unten, S. 295ff.
406) Vgl. unten, S. 296f.
407) Vgl. unten, S. 370.

über den möglichen Verfahrensausgang besteht, aber auch psychischer Beistand notwendig ist, etwa das Nehmen der Furcht, alleine einer unbekannten Institution gegenüber zu stehen, oder auch die menschliche Zuwendung während der U-Haft.

Vor diesem hier erarbeiteten Deutungsversuch ist es erklärbar, wenn die Verteidiger die Effektivität ihrer Tätigkeit im Ermittlungsverfahren überwiegend hoch einschätzten:

72% der Anwälte: hohe Effektivität
15% der Anwälte: mittlere Effektivität
13% der Anwälte: geringe Effektivität

Man wird jedoch auch hier berücksichtigen müssen, daß es sich um eine Selbsteinschätzung handelt, die gewöhnlich etwas positiver ausfällt, als dies der Wirklichkeit entspricht.
Die Daten zeigen aber auch, daß die Anwälte, die einen Schwerpunkt ihrer Tätigkeit im Hauptverfahren sehen, der Effektivität ihrer Tätigkeit im Vorverfahren skeptisch gegenüberstehen, während auch Anwälte, die keinen Schwerpunkt haben, ihre Tätigkeit auch im Ermittlungsverfahren als sehr effizient ansehen.
Festzuhalten bleibt, daß über zwei Drittel der befragten Strafverteidiger ihre Effektivität im Ermittlungsverfahren positiv beurteilen.

Die Ergänzungsfrage, ob es bestimmte Verfahren gäbe, in denen die Anwälte besonders effektiv im Ermittlungsverfahren tätig werden können, wurde von 82% der Verteidiger mit "ja", von 18% der Verteidiger dagegen mit "nein" beantwortet.
Hinsichtlich dieser Verfahren wurde von den Verteidigern eine Vielzahl von Delikten genannt, die jedoch eine irgendwie geartete Übereinstimmung nur schwer erkennen lassen. Es ist überwiegend so, daß die Verteidiger jeweils die Delikte nannten, für die sie sich auch als Subspezialisten bezeichnet hatten.
Eine häufigere Nennung gab es für folgende Delikte:

12% der Anwälte: Totschlag
29% der Anwälte: Verkehrsdelikte
14% der Anwälte: Wirtschaftsdelikte

Nach näheren Begründungen konnte in den Interviews nicht erfragt werden; vorstellbar ist, daß bei den Tötungsdelikten die (psychische) Hilfe für den Mandanten im Vordergrund stand, auch Fragen der Begutachtung dürften hier mitgespielt haben; bei den Verkehrsdelikten wird es vorrangig um die Anregung des Strafbefehlsverfahrens gegangen sein; bei den Wirtschaftsdelikten steht möglicherweise die Beschränkung des Verfahrensstoffes (§ 154) und andere Hilfen für den Beschuldigten (Kopie von Geschäftsunterlagen) im Vordergrund.

Diese Untersuchung konnte somit nur aufzeigen, daß die Verteidiger überwiegend die Effektivität ihrer Tätigkeit im Ermittlungsverfahren hoch einschätzten, während bei der Begründung für diese Einschätzung einige Fragen offen bleiben müssen.

5. Die Zwangsmaßnahmen

Die strafprozessualen Zwangsmaßnahmen (Beschlagnahme, Untersuchungshaft) werden seit Mitte der siebziger Jahre in zahlreichen Beiträgen diskutiert[408]; dabei steht insbesondere die Untersuchungshaft im Zentrum der Diskussion.
In den Interviews konnten nur Teilaspekte der gesamten Problematik angesprochen werden.

5.1. Die Untersuchungshaft

Das Recht der Untersuchungshaft erfuhr insbesondere seit der vom DAV vertretenen Ansicht, daß in der Bundesrepublik Deutschland "zu viel und zu schnell" verhaftet werde[409] und die Un-

408) Vgl. hierzu RIESS/THYM, a.a.O. 1981, 189 mit zahlreichen Nachweisen.
409) BRÜSSOW, a.a.O. 1983, 115; vgl. dazu auch SCHÖCH, a.a.O. 1987b, 991ff.

tersuchungshaft auch zu lange dauere[410], besondere Aufmerksamkeit und wurde in zwei empirischen Untersuchungen[411] genauer analysiert, ferner legte der ARBEITSKREIS STRAFPROZESSREFORM[412] einen Gesetzentwurf zur Reform des geltenden Untersuchungshaftrechtes vor.

Die hier angelegte Untersuchung ging bei den Interviews auf den Zeitpunkt der Kontaktaufnahme des inhaftierten Mandanten mit seinem Verteidiger und auf die von der Verteidigung ergriffenen Rechtsmittel gegen die Verlängerung der Untersuchungshaft ein.[413]

Für den **Zeitpunkt der Kontaktaufnahme** des (inhaftierten) Mandanten machten die Verteidiger folgende Angaben (Mehrfachnennungen kamen vor, 15% der Anwälte machten hier keine Angaben):

28% der Anwälte: nach der Festnahme
28% der Anwälte: nach Erlaß des Haftbefehls
68% der Anwälte: nach Vollzug des Haftbefehls
8% der Anwälte: mit der Beiordnung

Diese Angaben sind teilweise etwas unpräzise, jedoch läßt sich erkennen, daß die Mehrzahl der Verteidiger nach der Inhaftierung, also aus der Untersuchungshaft heraus, kontaktiert wird. Etwa 10% der Verteidiger geben jedoch auch den Zeitpunkt der Beiordnung als Pflichtverteidiger als den Zeitpunkt an, zu dem sie erstmals von der Inhaftierung des Beschuldigten erfahren würden, dies ist in der Regel der Zeitpunkt des Haftprüfungstermins gem. § 117 V StPO, also drei Monate nach der Inhaftie-

410) HAMM, a.a.O. 1986b, 499f.
411) GEBAUER, a.a.O. 1987; JABEL, a.a.O. 1988. Eine Auseinandersetzung mit einzelnen Ergebnissen dieser Untersuchungen erfolgt im Rahmen der Auswertung der Aktenanalyse, s. unten, S. 307ff.
412) ARBEITSKREIS STRAFPROZESSREFORM, a.a.O. 1983; vgl. dazu auch den weitgehend inhaltsgleichen GESETZENTWURF der Fraktion DIE GRÜNEN, a.a.O. 1988.
413) FB VI 1-6.

rung des Mandanten. Dies bestätigt in der Tendenz die auch in der Aktenanalyse[414)] und in den empirischen Untersuchungen von GEBAUER[415)] und JABEL[416)] festgestellten Unterschiede zwischen Wahlverteidigung und Pflichtverteidigung, wonach sich ein Wahlverteidiger im Durchschnitt schon etwa 14 Tage nach der Inhaftierung meldet, während der Pflichtverteidiger erst nach durchschnittlich 95 bis 97 Tagen bestellt wird.

Sieht JABEL[417)] auf Grund seiner Auswertung keine Notwendigkeit zu einer früheren Bestellung des Pflichtverteidigers als in § 140 I Nr. 5 StPO heute vorgesehen, so gibt GEBAUER[418)] sicher zu Recht zu bedenken, daß die für eine vorzeitige Haftentlassung verantwortlichen Gründe gerade von den Wahlverteidigern vorgebracht werden, so daß diese Faktoren ein stärkeres Gewicht bei der Untersuchung der die vorzeitige Haftentlassung begünstigenden Daten erhalten als dem Unterschied zwischen Wahl- und Pflichtverteidigung zukommt.
Die Daten sprechen daher m.E. für eine möglichst frühzeitige Bestellung des Pflichtverteidigers[419)].

Die Anwälte wurden (in der Reihenfolge der Häufigkeit der Nennung) von den Angehörigen des Inhaftierten, von der Polizei, von dem Gericht bzw. von dem Mandanten selbst über die Inhaftierung benachrichtigt.

Die **Aussetzung des Vollzugs des Haftbefehls** wurde von der Mehrzahl der befragten Anwälte nur fallweise beantragt; 3% der

---

414) Vgl. unten, S. 240.
415) GEBAUER, a.a.O. 1987, 314.
416) JABEL, a.a.O. 1988, 201.
417) JABEL, a.a.O. 1988 223f.
418) GEBAUER, a.a.O. 1987, 321f.
419) In diesem Sinne auch: ARBEITSKREIS STRAFPROZESSREFORM, a.a.O. 1979, 63; DAHS, a.a.O. 1985, 1118; FACHAUSSCHUSS, a.a.O. 1983, 19; GESETZENTWURF, der Fraktion DIE GRÜNEN, a.a.O. 1988, 6, 16; ROXIN, a.a.O. 1987, 103; SCHÄFER/RÜHL, a.a.O. 1986, 458 jedoch mit Bedenken hinsichtlich der Durchsetzbarkeit einer solchen Reform wegen der Kosten; vgl. zu letzterem auch JABEL, a.a.O. 1988, 224.

Verteidiger gaben an, daß sie einen solchen Fall noch nie hatten, 7% der Verteidiger beantragen dagegen "häufig" die Aussetzung des Vollzugs des Haftbefehls.

Die **Haftprüfung** (gemäß § 117 StPO) kommt nach den Angaben der meisten Anwälte in 90% ihrer Haftfälle vor; 16% der Verteidiger gaben sogar an, in allen ihren Haftfällen auch Haftprüfungen zu haben.
Nur 4% der Anwälte gaben an, bei mündlichen Haftprüfungsterminen generell nicht anwesend zu sein, während die übrigen Anwälte angaben, "regelmäßig" bei diesen Terminen anwesend zu sein. Diese Angaben übertreffen die von GEBAUER[420)] gewonnenen Zahlen für die Anwesenheit der Verteidiger erheblich, denn bei der repräsentativen Untersuchung ergab sich nur eine Beteiligungsquote von 66%; jedoch zeigte die Untersuchung von GEBAUER[421)] auch, daß Anwälte mit größerem Strafsachenanteil höhere Quoten von Haftprüfungen und auch bessere Erfolgsaussichten angaben als Anwälte, die seltener Strafverteidigungen übernehmen.
Die Unterschiede sind daher mit der hier zugrundeliegenden Stichprobe zu erklären, in der ja überwiegend auf Strafverfahren spezialisierte Anwälte vertreten sind.

5.2. Die Beschlagnahme

Im Gegensatz zur Untersuchungshaft fehlen zur Durchsuchung und Beschlagnahme gemäß §§ 94ff StPO bis heute empirische Untersuchungen, und auch die amtlichen Statistiken geben keine Auskunft über die Häufigkeit und die Begründung dieser Zwangsmaßnahmen.[422)]

---

420) GEBAUER, a.a.O. 1987, 315.
421) GEBAUER, a.a.O. 1987, 355.
422) Vgl. NOTHACKER, a.a.O. 1986, 7.

Diese Untersuchung mußte sich auf Fragen zur Häufigkeit des Vorkommens von Beschlagnahmen und nach den anwaltlichen Reaktionen beschränken.[423)]

Nach der **Häufigkeit** befragt, mit der sie mit Beschlagnahmen bei ihren Mandanten zu tun hätten, gaben 34% der Anwälte an, dies sei "häufig" der Fall, 20% der Verteidiger gaben "gelegentlich" an und 31% der Verteidiger hatten nur "selten" Fälle mit Beschlagnahmen.[424)] Insgesamt hatten demnach 85% der Verteidiger mit Beschlagnahmen - wenn auch in unterschiedlichem Ausmaß - zu tun.

Die **Rechtsbehelfe** gegen die Beschlagnahme sind zersplittert und hängen davon ab, in welchem Stadium sich die Maßnahme befindet, wer die Maßnahme angeordnet hat und welches Ziel mit dem Rechtsbehelf erreicht werden soll.[425)]
Zur Vereinheitlichung und Verbesserung des Rechtsschutzes gegen strafprozessuale Zwangsmaßnahmen sah ein Referentenentwurf des BMJ einheitlich gegen alle nicht-richterlichen Zwangsmaßnahmen außerhalb der Strafvollstreckung (und mit Ausnahme der Anordnung einer Kontrollstelle gemäß § 111 StPO und der Identitätsfeststellung ohne weitere Eingriffe) einen Antrag auf gerichtliche Entscheidung vor.[426)] Dieses notwendige Reformprojekt muß jedoch einstweilen als "am Widerstand der justitiellen Praxis"[427)] gescheitert angesehen werden.
Auf Grund der lex lata besteht für den Verteidiger vor allem das Problem, daß der Rechtsschutz zur Abwehr bzw. Unterbindung bereits in Gang befindlicher Durchsuchungen und Beschlagnahmen zu spät kommt.[428)] Es verwundert daher nicht, daß von den Ver-

423) FB VI 7-8.
424) 15% der Anwälte machten zu dieser Frage keine Angabe.
425) Vgl. AMELUNG, a.a.O. 1976, 62ff.; RIESS, a.a.O. 1981, 102. Eine gute Übersicht über die Rechtsbehelfe findet sich bei DECKER/KOTZ, a.a.O. 1989, 4/2.7.4.
426) Vgl. zu diesem Referentenentwurf RIESS, a.a.O. 1981, 101ff.
427) RIESS, a.a.O. 1983, 547.
428) Vgl. DECKER/KOTZ, a.a.O. 1989, 4/2.7.4., 4/2.7.5.

teidigern die Rechtsmittel gegen die Beschlagnahme als ineffektiv angesehen wird.

Für die **Häufigkeit der Reaktionen** auf Beschlagnahmen ergab die Auswertung der Antworten der befragten **Verteidiger** folgende Zahlen:

26% der Anwälte: keine Reaktion
28% der Anwälte: selten
11% der Anwälte: gelegentlich
31% der Anwälte: von Fall zu Fall
4% der Anwälte: häufig

Bei rund 95% der Anwälte bewegt sich damit die Häufigkeit von Reaktionen auf Beschlagnahmen im unteren Bereich.
Bei den Rechtsbehelfen wird die Beschwerde (44% der Anwälte) einem Freigabeantrag (17% der Anwälte) vorgezogen. Nur 10% der Anwälte stellten einen Antrag auf richterliche Entscheidung.
Die Beschlagnahme wird demnach in den meisten Fällen "klaglos" hingenommen. Eine Ausnahme bilden hier nur die Wirtschaftsstrafverfahren, in denen sich die Verteidiger sehr (aber zum Teil erfolglos) um die Herausgabe von Geschäftsunterlagen bemühen, damit der Mandant seinen Betrieb aufrecht erhalten kann.

So wünschenswert das in der Literatur verschiedentlich geforderte Anwesenheitsrecht des Verteidigers bei der Durchsuchung (und damit bei der Beschlagnahme)[429] ist, so ist doch die Reform der Rechtsbehelfe gegen die strafprozessualen Zwangsmaßnahmen vordringlich, um dem Beschuldigten (durch den Verteidiger) einen effektiven Schutz seiner Grundrechte zu gewährleisten.

---

429) BEULKE, a.a.O. 1980, 245; LR-DÜNNEBIER, a.a.O. 23, § 137 Rdn. 7.

6. Die Hauptverhandlung

Die Überlegungen zu einer Reform der Hauptverhandlung gehören zum festen Bestandteil der prozeßrechtswissenschaftlichen Diskussion seit Entstehen der Strafprozeßordnung Ende des 19. Jahrhunderts[430]. Schwerpunkte der Forschung[431], die teilweise von dem anglo-amerikanischen Strafverfahren inspiriert wurden[432], waren in jüngerer Zeit v.a. die empirischen Untersuchungen zur Zweiteilung der Hauptverhandlung[433], zur Stellung des Gerichtsvorsitzenden[434] und zur Verbesserung der Verhandlungsatmosphäre[435], sowie zwei Gesetzentwürfe, die auch den veränderten Anforderungen an die Hauptverhandlung nach der Strafrechtsreform gerecht werden wollten.[436]
Mit Ausnahme der Überlegungen zum Wechselverhör standen die Verteidiger nicht im Vordergrund der zitierten Reformüberlegungen. Diesem Mangel soll durch diese Untersuchung insofern abgeholfen werden, als zumindest teilweise die Aktivitäten der Verteidiger auf der Grundlage der lex lata erfaßt werden (u.a. Vorbereitung der Hauptverhandlung, Prozeßstrategien, Spannungssituationen)[437], um darauf aufbauend einige Empfehlungen entwickeln zu können.

---

430) Vgl. ROXIN, a.a.O. 1975, 52.
431) Eine Übersicht findet sich bei SCHÖCH, a.a.O. 1979, 52ff.; vgl. auch ROXIN, a.a.O. 1987, 270ff. m.w.N.; eine eingehende Darstellung der theoretischen Konzepte findet sich bei SCHREIBER, a.a.O. 1976, 117ff.
432) Vgl. dazu exemplarisch HERRMANN, a.a.O. 1971.
433) DÖLLING, a.a.O. 1978, SCHUNCK, a.a.oO. 1982; SCHÖCH, a.a.O. 1978, 457ff.; SCHÖCH/SCHREIBER, a.a.O. 1978, 63ff.
434) WEISSMANN, a.a.O. 1982.
435) SCHREIBER/SCHÖCH/BÖNITZ, a.a.O. 1981; in diesen Zusammenhang gehören auch Überlegungen zur Verminderung des Machtgefälles im Strafverfahren, vgl. WASSERMANN, a.a.O. 1986, 133ff.; WASSERMANN, a.a.O. 1987, 25ff.
436) AE Novelle zur Strafprozeßordnung, a.a.O. 1980 (Strafverfahren mit nichtöffentlicher Hauptverhandlung); AE Novelle zur Strafprozeßordnung, a.a.O. 1985 (Reform der Hauptverhandlung); vgl. zu letzterem auch RIESS, a.a.O. 1987, 965.
437) FB IV 1-12.

6.1. Die Vorbereitung der Hauptverhandlung

6.1.1. Vorbereitung des Mandanten

Zu einer erfolgversprechenden Verteidigungsstrategie gehört ein enges Zusammenwirken zwischen Mandant und Verteidiger.[438] Voraussetzung dafür ist, daß der Verteidiger dem (gerichtsunerfahrenen) Mandanten den **Ablauf der Hauptverhandlung** etc. erläutert[439], auch um Enttäuschungen, Unverständnisreaktionen oder Belastungen des Vertrauensverhältnisses zu vermeiden[440].
Die **Häufigkeit**[441] dieser Vorbereitung wurde von den Verteidigern wie folgt angegeben:

46% der Verteidiger: regelmäßig
10% der Verteidiger: von Fall zu Fall
25% der Verteidiger: generell "ja", ohne nähere Angaben zur Häufigkeit
1% der Verteidiger: Mandanten werden nicht vorbereitet

Damit werden die Mandanten generell in zumindest dem Verteidiger notwendig erscheinenden Ausmaß auf die Hauptverhandlung vorbereitet. Die Angaben lassen aber auch erkennen, daß in diesem Bereich (in geringerem Umfang) Defizite bestehen. Hier sind die Verteidiger aufgefordert, sich in stärkerem Maß in die Rolle des Beschuldigten zu versetzen, um noch besser nachvollziehen zu können, wann dieser ausführliche Informationen über den Gang der Hauptverhandlung benötigt.
Neben der Erläuterung des Ablaufs der Hauptverhandlung, die von 93% der befragten Verteidiger erwähnt wurde, wurden von den Anwälten **weitere Bereiche** genannt, in denen eine Vorbereitung des Mandanten erfolgt (Mehrfachnennungen kamen vor):

---

438) SCHLOTHAUER, a.a.O. 1988, Rdn. 25.
439) DAHS, a.a.O. Handbuch, Rdn. 395; DECKER/KOTZ, a.a.O. 1989, 4/5.1.2.3; BEULKE, a.a.O. 1980, 41f.
440) SCHLOTHAUER, a.a.O. 1988, Rdn. 26.
441) FB IV 2a)-f).

59% der Verteidiger: Mentalität des Richters
57% der Verteidiger: Verhalten des Mandanten
42% der Verteidiger: Atmosphäre der Hauptverhandlung
20% der Verteidiger: Mentalität des Staatsanwalts

Die Vorbereitung des Mandanten geht demnach teilweise weit über die Erläuterung des äußeren Ablaufs hinaus, die dem Mandanten nur eine erste Orientierung insbesondere zu den Zeitpunkten eigener Aktivitäten (Fragerecht, letztes Wort) gibt: Die Verteidiger vermitteln dem Mandanten ein Bild des Richters, insbesondere hinsichtlich des Auftretens (Verhaltens), der Art der Fragestellung und der Erwartungen des Richters an das Verhalten des Angeklagten. Hiermit nehmen die Verteidiger dem Klienten die Angst vor der Hauptverhandlung, vor den Personen, mit denen sie während des Strafprozesses konfrontiert werden und leisten so einen Beitrag zur besseren Kommunikation zwischen den Verfahrensbeteiligten.
Daß diese eingehende Darstellung der Verhaltensweisen und Erwartungen bezüglich der Staatsanwälte nicht so häufig geschieht, liegt wohl vor allem daran, daß auch den Verteidigern nicht immer bekannt sein dürfte, welcher Sitzungsvertreter in der Hauptverhandlung anwesend ist.
Die Instruktionen zum Verhalten des Mandanten betreffen zunächst sein äußeres Erscheinungsbild (Kleidung), sodann aber auch prozeßtaktische Hilfestellungen, um die Einlassung des Angeklagten möglichst günstig zu gestalten, denn der persönliche Eindruck, den der Angeklagte auf das Gericht, aber auch auf die Staatsanwaltschaft macht, wird nicht unerheblich durch die Art seiner Einlassung bestimmt.[442)]
Der **Umfang** solcher Vorbereitungen wurde von 75% der Verteidiger mit "intensiv" eingeschätzt, 13% machten ihn von dem Fall abhängig, bei 8% war der Umfang solcher Vorbereitungen "klein".[443)]

442) Vgl. DAHS, a.a.O. Handbuch, Rdn. 398.
443) 4% der Anwälte machten keine Angaben.

Damit zeigt sich hier, daß dann, wenn die Verteidiger aus ihrer Sicht eine Vorbereitung des Mandanten für notwendig halten, diese häufig sehr intensiv ist und dem Mandanten über den äußeren Ablauf von Strafprozessen hinaus konkrete Vorstellungen über "sein" Verfahren, "seine" Richter verschafft.

Besonderes Gewicht hat die Vorbereitung der Einlassung des Mandanten[444)], die sich nicht nur auf die äußere Form, sondern auch auf die inhaltliche Ausgestaltung erstreckt. Ein Auswendiglernen der Einlassung wird jedoch von 93% der Anwälte abgelehnt, 7% sehen dagegen dies als eine Möglichkeit an, eine flüssigere Einlassung des Angeklagten zu gewährleisten. Den Verteidigern liegt mehr daran, den Mandanten einen "roten Faden" zu vermitteln, anhand dessen sie in der Hauptverhandlung ihre Einlassung aufbauen können. Wichtig war den Anwälten ferner, darauf zu achten, daß sich die Klienten nicht in Nebensächlichkeiten festbeißen.
Einige Anwälte gaben zudem an, daß es für die Überzeugungskraft des Angeklagten darauf ankäme, daß dieser selbst aus seiner Einlassung spricht und nicht eine ihm fremde Diktion zu erkennen ist.
Die Absprache des letzten Wortes wurde von 10% der Verteidiger besonders erwähnt; sie dürfte aber in weit höherem Maße üblich sein.

6.1.2. Vorbereitung des Verteidigers

Bei der Ausarbeitung des Leitfadens für die Interviews gingen wir davon aus, daß bei allgemeinen Fragen nach der Vorbereitung des Anwalts (etwa Umfang des Aktenstudiums) keine besonders aussagekräftigen Ergebnisse zu erzielen seien (etwa, daß das Aktenstudium intensiv sei). Deswegen stellten wir gezielte Fragen nach der Vorbereitung von Anträgen und des Plädo-

444) FB IV 1b); vgl. dazu DAHS, a.a.O. Handbuch, Rdn. 403; DEKKER/KOTZ, a.a.O. 1989, 4/5.1.2.4; SCHLOTHAUER, a.a.O. 1988, Rdn. 65ff.

yers zur Strafzumessung.[445] Diese Ausrichtung der Fragestellung war auch deswegen sinnvoll, weil es hinsichtlich des Umfanges der Beweisaufnahme zu den Strafzumessungstatsachen nach wie vor besonders auf die Initiative des Verteidigers ankommt[446].

Aus den Antworten der Verteidiger ergab sich, daß sie sich für die Anträge und das Plädoyer schon während des Vorverfahrens durch die Durchsicht von Literatur und Rechtsprechung, durch Gespräche mit dem Mandanten und durch das Aktenstudium vorbereiten.

Die nachfolgende Tabelle gibt eine Übersicht über die Angaben der Verteidigung zur Häufigkeit der Nutzung der den Verteidigern zur Verfügung stehenden Informationsquellen (Mehrfachnennungen kamen vor).

Tabelle Nr. 18: Vorbereitung der Verteidiger auf Strafzumessungsfragen

Häufigkeit/Art der Nutzung	% der Anwälte		
	Literatur Rechtspr.	Gespräch mit Mandanten	Aktenstudium
selten	2	8	2
fallabhängig	2	3	9
intensiv	16	28	9
"ja"	3	20	2

Die Tabelle zeigt, daß die Hauptquelle der Informationen über Strafzumessungsfragen das Gespräch mit dem Mandanten ist, das immerhin von 28% der Verteidiger intensiv geführt wird.

Damit ergibt sich auch, daß im Vordergrund anwaltlicher Tätigkeit in diesem Bereich die Ermittlung von Strafzumessungstatsachen bei dem Klienten selbst ist, während die materiell-rechtlichen Erwägungen demgegenüber deutlich zurücktreten.

445) FB IV 2a)-f).
446) SCHLOTHAUER, a.a.O. 1988, Rdn. 109.

Die insgesamt geringen Zahlen deuten ferner darauf hin, daß den Strafzumessungsfragen auch von den Verteidigern noch nicht die notwendige Aufmerksamkeit geschenkt wird.

Im einzelnen ergaben die Interviews weiterhin:
19% der Anwälte waren der Ansicht, das Material für die Strafzumessung würde sich erst aus der Hauptverhandlung ergeben; 5% meinten, bei der Strafzumessung sei primär die Einstellung des Gerichts entscheidend, und ebenfalls 5% gaben an, bei dem Plädoyer zur Strafzumessung nur allgemeine Erfahrungssätze wiederzugeben.
2% der Anwälte waren der Ansicht, im Strafzumessungsbereich keinen großen Einfluß zu haben, da für das Strafmaß Taxen ausschlaggebend seien.
14% der Verteidiger machten (selten bzw. fallabhängig) Stichwort-Notizen zu Strafzumessungsfragen während der Hauptverhandlung. Auch diese Einzelangaben zur Vorbereitung auf die Erörterung von Strafzumessungsfragen zeigen, daß es den Verteidigern an Strategien zur Bewältigung dieses Problemkomplexes mangelt. Symptomatisch dafür ist die Behandlung dieses Themas bei DEKKER/KOTZ[447)], die im wesentlichen auf § 46 StGB als einen guten Leitfaden für die zu erörternden Punkte verweisen und im übrigen die kurze Erörterung mit dem Hinweis abschließen:

> *"Für das normale Plädoyer gilt der Grundsatz: Man soll über alles reden, nur nicht über 10 Minuten".*

Dies kann in diesem Zusammenhang nur als ein von der Sache her völlig unverständlicher Rat zum Unterlassen von aktiven Verteidigungsstrategien gewertet werden.

Nach den **Kontakten zur Gerichtshilfe bzw. Jugendgerichtshilfe** befragt, gaben 38% der Verteidiger an, über solche Kontakte zu verfügen. Eine genauere Nachfrage ergab jedoch, daß sich

447) DECKER/KOTZ, a.a.O. 1989, 4/5.6.3. Ausführlicher dagegen SCHLOTHAUER, a.a.O. 1988, Rdn. 107ff.

diese Kontakte in der überwiegenden Anzahl auf die Begegnung in der Hauptverhandlung beschränkte.
Die Empfehlung von SCHLOTHAUER[448], sich schon vor der Hauptverhandlung mit der Jugendgerichtshilfe in Verbindung zu setzen bzw. die Gerichtshilfe durch eine enge Kooperation in geeigneten Fällen zu nutzen, ist mit Nachdruck zu unterstützen, denn in der Rechtswirklichkeit fehlt es bislang an einem befriedigenden Ausmaß solcher Kontakte.
Etwas anders verhält es sich nur bei den Verteidigern, die sich intensiv um drogenabhängige Mandanten bemühen. Hier bestehen z.T. sehr intensive Kontakte zu den (Jugend-)Gerichtshelfern, zu den Therapieeinrichtungen und zu den Therapeuten.

Eigene Ermittlungen zu den Strafzumessungsfragen wurden von den Verteidigern überwiegend durch Kontakte mit Personen aus dem sozialen Umfeld des Mandanten geführt.
Im einzelnen gaben die Verteidiger folgende Kontakte an:

28% der Verteidiger zu Verwandten des Beschuldigten,
13% der Verteidiger zu Arbeitgebern,
3% der Verteidiger zu Bewährungshelfern oder der Gerichtshilfe,
5% der Verteidiger zu Zeugen und
9% der Verteidiger zu Gutachtern.

Informationen über strafzumessungsrelevante Umstände werden damit v.a. bei Verwandten und bei den Arbeitgebern gewonnen, und zwar über die Finanzsituation (10% der Verteidiger), die Lebensführung (19% der Verteidiger) und über die Therapie (5% der Verteidiger).

Die **Effektivität** der Strafverteidigung im Bereich der Strafzumessung wurde von den Anwälten - trotz des offensichtlich geringen Ausmaßes der Vorbereitung - hoch eingeschätzt:

---

448) SCHLOTHAUER, a.a.O. 1988, Rdn. 113f.

60% der Verteidiger: hoch
26% der Verteidiger: mittel
14% der Verteidiger: gering

Rund zwei Drittel der Anwälte waren also der Ansicht, daß sie im Bereich der Strafzumessung durchaus erfolgreich für den Mandanten tätig sein können.
Nach den **Mandanten** befragt, für die sie bei der Strafzumessung besonders effektiv tätig sein können, gaben die Verteidiger folgende Gruppen an:

33% der Verteidiger: Jugendliche
18% der Verteidiger: Mandanten, die eines Betrugs beschuldigt werden
6% der Verteidiger: Konflikttäter
6% der Verteidiger: Wirtschafts- und Steuerstrafverfahren
2% der Verteidiger: Verkehrssachen

Mit der Nennung der Jugendlichen und der Konflikttäter wurden von den Verteidigern klassische Gruppen bezeichnet, bei denen die Strafe in besonderer Weise Hilfe zur Resozialisierung bzw. Therapie ist. Die geringe Nennung bei den Verkehrssachen entspricht der Tatsache, daß hier die Taxen besonders fest gefügt sind, und damit kaum Einwirkungsmöglichkeiten gegeben sind. Bei den beiden übrigen Gruppen (Betrüger, Wirtschafts- und Steuerstrafverfahren) könnten die Schadenswiedergutmachung und die positiven Auswirkungen eines Geständnisses Mitursache für die Effizienz der Strafverteidigung sein.

Zusammenfassend ist zu sagen, daß die Aktivitäten der Strafverteidiger im Bereich der Strafzumessung insbesondere auf Grund fehlender Strategien Defizite aufweisen. Die Informationsquelle für Strafzumessungstatsachen ist primär der Mandant, in geringerem Umfang auch dessen Verwandte und die Arbeitgeber. Kontakte zu Bewährungshelfern und zur (Jugend-)Gerichtshilfe bestehen nur während der Hauptverhandlung; eine Ausnahme bilden hier nur engagierte Verteidiger Drogenabhängiger, die zu diesen Institutionen und den Therapieeinrichtungen enge Kontakte unterhalten. Die Effizienz der Strafverteidigung wird von den Anwälten dennoch überwiegend hoch eingeschätzt.

6.2. Die Strategien für die Hauptverhandlung

Eine der schwierigsten Fragen der (empirischen) Strafverfahrensforschung ist das Aufzeigen bzw. Gewinnen von (typischen) Verteidigungsstrategien. Schon 1982 hat HASSEMER[449)] die Notwendigkeit der Erörterung von Verteidigungsstrategien als sog. informelle Programme[450)] gefordert. Dieser auch von der Redaktion[451)] getragene Wunsch nach der Erörterung von praktischen Handlungsanleitungen und von Vorschlägen zur "kunstgerechten" Austragung typischer Konfliktsituationen ist jedoch bislang ohne wirklichen Ertrag geblieben. Dennoch scheint Einigkeit darüber zu bestehen, daß es solche (verallgemeinerungsfähigen) Strategien gibt.
So schreibt SCHLOTHAUER[452)]:

> *"Wie einfach oder wie schwierig das Verfahren auch immer ist, auf eine Verteidigungsstrategie kann nie verzichtet werden. Im Einzelfall mag sie auf der Hand liegen; es gibt aber ebenso Fälle, in denen ihre Entwicklung das schwierigste Verteidigungsproblem des ganzen Verfahrens ist. In jedem Fall muß sie eine* ***bewußte Weichenstellung*** *des Verfahrens aus der Sicht der Verteidigung sein."*

SCHLOTHAUER erhebt jedoch bewußt nicht den Anspruch auf eine Darstellung von Handlungsanweisungen[453)]:

> *"... Diese sog. informellen Programme der Strafverteidigung besitzen wesentlich weniger Verbindlichkeit als formelle*

---

449) HASSEMER, a.a.O. 1982b, 377ff.
450) "Informelle Programme" sind nach HASSEMER, a.a.O. 1982b, 381 "Systeme von latenten, nicht-expliziten Regeln für Handeln".
451) StV 1982, 377.
452) SCHLOTHAUER, a.a.O. 1988, Rdn. 4.
453) SCHLOTHAUER, a.a.O. 1988, 3.

Normprogramme. Zu einer Vielzahl der angeschnittenen Probleme gibt es deshalb höchst unterschiedliche Vorstellungen darüber, wie sich ein Verteidiger in der angesprochenen Situation verhalten sollte. Je nach Berufsauffassung, Rollenverständnis und beruflichem Erfahrungshintergrund könnten die Antworten auf viele Fragen sehr verschieden ausfallen. Nicht zuletzt spielt die Tatsache eine Rolle, daß Strafverteidigung eine stark persönlichkeitsbezogene Tätigkeit ist und persönliche Eigenschaften in hohem Maße stilbildend sind."

Beide Zitate weisen darauf hin, daß es bei den Verteidigern zumindest individuelle Strategien gibt.
In dieser Untersuchung wurde versucht, den Zeitpunkt für die Festlegung von Strategien zu ermitteln, sowie Angaben über typische Verteidigungsstrategien zu erhalten.[454)]

Für die Festlegung der Strategie wurden folgende **Zeitpunkte** genannt[455)]:

6%	der Verteidiger:	es gibt keinen festen Zeitpunkt
73%	der Verteidiger:	es gibt einen festen Zeitpunkt
2%	der Verteidiger:	im Vorverfahren erfolgt eine grobe Festlegung, im Hauptverfahren erfolgt die Feinabstimmung
14%	der Verteidiger:	Festlegung erfolgt je nach Fall

Die erste und die letzte Gruppe kann hier zusammengefaßt werden, so daß ca. 20% der Verteidiger keinen festen Zeitpunkt für die Festlegung der Strategie haben. Dem stehen 73% der Verteidiger gegenüber, die einen festen Zeitpunkt angegeben hatten. Als Zeitpunkte wurden hier im einzelnen genannt:

22%	der Verteidiger:	im Ermittlungsverfahren
4%	der Verteidiger:	nach Akteneinsicht
6%	der Verteidiger:	nach der Erhebung der Anklage
8%	der Verteidiger:	nach der Festlegung des Termins der Hauptverhandlung
2%	der Verteidiger:	vor dem Abschlußgespräch mit dem Mandanten

454) FB IV 10a)-b).
455) 5% der Verteidiger machten keine Angaben.

54% der Verteidiger: kurz vor der Hauptverhandlung
4% der Verteidiger: in der Hauptverhandlung

Diese Angaben können zur Interpretation zusammengefaßt werden, es ergeben sich dann folgende Zeitpunkte:

26% der Verteidiger: im Ermittlungsverfahren
6% der Verteidiger: im Zwischenverfahren
64% der Verteidiger: vor der Hauptverhandlung
4% der Verteidiger: in der Hauptverhandlung

Nur ein Viertel der Verteidiger legt damit relativ früh die Strategie für die Hauptverhandlung fest, während fast zwei Drittel der Verteidiger die Strategie erst kurz vor der Hauptverhandlung festlegten. Dies ist zum Teil darauf zurückzuführen, daß sich die Verteidiger kurz vor der Hauptverhandlung noch einmal intensiv mit dem Fall beschäftigen und ihnen - wie in einem Interview ausgeführt wurde - auch (erst) unter dem Druck der nahenden Verhandlung die besten Gedanken kommen.
Die Festlegung der Strategie erst in der Hauptverhandlung ist dagegen die Ausnahme.

Mit der Angabe des Zeitpunktes der Festlegung der Strategie für die Hauptverhandlung haben die Verteidiger implizit zu erkennen gegeben, daß es zumindest eine individuelle Strategie gibt.
Die weiter interessierende Frage, ob es **typische Strategien** gibt, ob also von den Verteidigern individuell in gleichgelagerten Fällen nach einem vergleichbarem Muster vorgegangen wird bzw. ob es auch überindividuelle Strategien für vergleichbare Fälle bei mehreren Verteidigern gibt, konnte dagegen nur ansatzweise beantwortet werden.
Zunächst konnte ermittelt werden, daß 45% der Verteidiger der Ansicht waren, daß es typische Strategien gibt, während 55% der Verteidiger keine typischen Strategien für ihre erfolgreichen Verteidigungen angeben konnten.
Die Ansichten über die Existenz typischer Strategien ist daher geteilt, dies erschwert die Ermittlung evtl. vorhandener typi-

scher Strategien. Als typische Strategien wurden von den Anwälten angegeben (Mehrfachnennungen kamen vor):

32% der Verteidiger: gezielte Anträge
32% der Verteidiger: Ablegen bzw. Nicht-Ablegen eines Geständnisses
10% der Verteidiger: Konzentration auf Rechtsfragen
10% der Verteidiger: Konzentration auf Strafzumessungsfragen
7% der Verteidiger: Aggressiver Stil/Nicht-aggressiver Stil
3% der Verteidiger: Anpassungsstrategie
10% der Verteidiger: Störungsstrategie

Bei diesen Angaben fällt auf, daß sie sich ausschließlich im formalen Bereich bewegen, und in keinem Fall konkret angegeben wurde, etwa welcher Beweisantrag in welchem Verfahren zu welchem Zeitpunkt besonders erfolgreich war. Dennoch ist nachvollziehbar, daß die Beweisanträge - ohnehin die schärfste Waffe der Verteidigung - Elemente einer typischen Strategie sein können. Das gleiche gilt für das Ablegen bzw. Nicht-Ablegen eines Geständnisses, da je nach dem Verhalten des Angeklagten unterschiedliche Hauptverhandlungsabläufe denkbar sind. Auch kann ein Geständnis in der Hauptverhandlung wesentlich zur Verkürzung des Verfahrens und zur Besserung der Verhandlungsatmosphäre beitragen, was zu einem erweiterten Spielraum für die Verteidigung führen kann.
Die Konzentration auf Rechts- bzw. Strafzumessungsfragen wird nur bei bestimmten Verfahren eine erfolgreiche Strategie sein. Von 20% der Anwälte wurden der Verteidigungsstil als ein Strategiemittel angesehen, wobei der Einsatz bzw. Verzicht auf eine Konfliktverteidigung etwas häufiger angegeben wurde als eine kooperative Verteidigungsstrategie. Hier wird besonders der von SCHLOTHAUER[456] angesprochene persönliche Stil des Verteidigers zum Tragen kommen.
Zur Konfliktverteidigung zu rechnen sein dürften auch die 10% der Verteidiger, die eine "Störungsstrategie" als besonders er-

456) SCHLOTHAUER, a.a.O. 1988, 3.

folgreich angaben. Gestört wird dabei der von dem Vorsitzenden geplante Verhandlungszeitplan.
In Interview Nr. 15 heißt es dazu:

> *"Einstellungen können dadurch erreicht werden, weil der Richter weiß, daß dann, wenn er nicht einstellt, ich 15 vorbereitete Beweisanträge aus der Tasche ziehe. Weil die Beweisanträge gefürchtet werden, wird dann eingestellt."*

Damit konnten in dieser Untersuchung nur einige Schlaglichter auf die typischen Strategien der Verteidigung geworfen werden. Bedenkenswert ist in diesem Zusammenhang folgende Einschätzung von DAHS[457]:

> *"Der Verteidiger insbesondere hat kaum die Möglichkeit, einen bestimmten Verhandlungs- und Vernehmungsplan durchzuführen, weil er erst ganz hinten an die Reihe kommt."*

Auch dieser Umstand erschwert sicher die Entwicklung und konsequente Durchführung von Strategien.
Es sind daher weitere Forschungen notwendig, um Ausmaß und Ausgestaltung typischer Verteidigungsstrategien zu ermitteln und darzustellen, um sie für die Verteidigung fruchtbar machen zu können.

6.3. Das Beweisantragsrecht

Die Bedeutung des Beweisantragsrechts wird von DAHS[458] mit folgenden Worten beschrieben:

> *"Der Verteidiger kann und muß die Feststellung (der Tatsachen) durch Beweisanträge beeinflussen. Er darf sich nicht darauf verlassen, das Gericht werde kraft seiner Aufklärungspflicht schon die Wahrheit finden. Er hat selbstverantwortlich an der Ermittlung des Sachverhalts in dem Sinne mitzuwirken, daß er alle dem Mandanten günstigen Umstände unter Beweis stellt, falls sie nicht anderweitig in das Verfahren eingeführt werden."*

---

457) DAHS, a.a.O. 1968, 21.
458) DAHS, a.a.O. Handbuch, Rdn. 539.

Die primäre Bedeutung des Beweisantragsrechts liegt demnach in der Mitwirkung an dem Prozeßziel der Ermittlung der materiellen Wahrheit[459].

Daneben werden in der Literatur und Rechtsprechung weitere Ziele von Beweisanträgen genannt[460] bzw. befürchtet[461], nämlich z.B. die Schaffung von Revisionsgründen bzw. die Prozeßverschleppung, das Erregen von Aufsehen oder die Bloßstellung einer Person in der Öffentlichkeit.

Die Befragung der Anwälte[462] ergab ein sehr differenziertes Bild der von ihnen mit den **Beweisanträgen** verfolgten Ziele.

Eine umfassende Darstellung dieser Ziele wurde in Interview Nr. 43 gegeben. Dort wurden als Ziele von Beweisanträgen genannt:

> *"1. Erweiterung der Beweisaufnahme*
> *2. Affirmativer Charakter (was ist wesentlich für das Gericht, was nicht)*
> *3. 'Erlaubter Blick in das Beratungszimmer' (durch Begründungen in der Beweisablehnung etwa)*
> *4. Einengung des Spielraums des Gerichts (Wahrunterstellung)*
> *5. Platzen des Prozesses*
> *6. Eventualbeweisanträge"*

Aus den Interviews insgesamt ergibt sich folgende Rangfolge der Beweisziele (Mehrfachnennungen kamen vor):

83% der Verteidiger: Erweiterung der Beweisaufnahme
43% der Verteidiger: Schaffung von Revisionsgründen
7% der Verteidiger: Einschätzung des Gerichts
2% der Verteidiger: Affirmativer Charakter

Das an erster Stelle und von den Verteidigern am häufigsten genannte Ziel ist die **Erweiterung der Beweisaufnahme**, d.h. daß weitere Beweismittel in die Hauptverhandlung eingebracht werden sollen. Damit entspricht in der Rechtswirklichkeit das primäre

---

459) Vgl. ROXIN, a.a.O. 1987, 2f.
460) Vgl. hierzu QUEDENFELD, a.a.O. 1984, 227 m.w.N.; LIEMERSDORF, a.a.O. 1987, 178f.
461) LR-GOLLWITZER, a.a.O. 23, § 244 Rdn. 183; KG JR 1971, 358; vgl. hierzu PETERS, a.a.O. 1971, 340.
462) FB IV 12a)-b).

Ziel der Beweisanträge der Verteidiger der primären Funktion des Beweisantrags für das Strafverfahren, nämlich die materielle Wahrheit zu erforschen.

Das in den Interviews am zweithäufigsten genannte Ziel ist die **Schaffung von Revisionsgründen**.

Auch diese Beweisanträge dienen letztlich dem Ziel, die materielle Wahrheit zu erforschen und dem Angeklagten zu einem prozeßordnungsgemäß zustandegekommenen Urteil zu verhelfen, allerdings auf dem Weg über die Revisionsinstanz. Ziel der Anträge wird es daher v.a. sein, die Verletzung von § 244 Abs. 3, 4, 5 oder 6 zu rügen[463].

Das an dritter Stelle genannte Ziel der **Einschätzung des Gerichts** (in Interview Nr. 43: "Erlaubter Blick in das Beratungszimmer", Einengung des Spielraums des Gerichts) beinhaltet mehrere Informationsmöglichkeiten für die Verteidigung. So kann ein zwar in der Sache erfolgloser Beweisantrag über die vom Gericht mitzuteilenden Ablehnungsgründe Hinweise darauf geben, wie das Gericht die Beweislage beurteilt. Solche Erkenntnisse ergeben sich auch, wenn das Gericht die in dem Beweisantrag genannte Tatsache als wahr unterstellt. Dies ist - worauf SARSTEDT hinweist[464] - auch ein "Alarmzeichen" dafür, daß das Gericht der Ansicht ist, den Angeklagten auch bei einer Wahrunterstellung verurteilen zu können.

Die an vierter Stelle genannte Äußerung, Beweisanträge könnten auch **affirmativen Charakter** haben, sind in engem Zusammenhang mit dem Ziel der Einschätzung des Gerichts zu sehen; hier handelt es sich darum, daß der Verteidiger durch einen abgelehnten Beweisantrag von dem Gericht bestätigt bekommen möchte, daß es mit ihm eine Tatsache z.B. für ohne Bedeutung erachtet (Ablehnung des Beweisantrags, weil die zu beweisende Tatsache für die Entscheidung ohne Bedeutung ist) oder umgekehrt, daß man ge-

463) Vgl. KLEINKNECHT/MEYER, a.a.O. 38, § 244 Rdn. 80ff.; DAHS/DAHS, a.a.O. 1980, Rdn. 248ff.; ALSBERG/NÜSE/MEYER, a.a.O. 1983, 867f.; SARSTEDT/HAMM, a.a.O. 1982, Rdn. 277ff.; zur Subsidiarität der Aufklärungsrüge vgl. LIEMERSDORF, a.a.O. 1987, 178.

464) SARSTEDT, a.a.O. 1964, 312.

meinsam von einer bestimmten Tatsache ausgehen muß (Ablehnung, weil die Tatsache schon erwiesen ist).
Das weiter genannte Ziel des **Platzenlassens des Prozesses** kann durch den Antrag auf Vernehmung schwer erreichbarer Zeugen verfolgt werden (hier dürfte aber meist nur eine Aussetzung zu erreichen sein), häufiger wird dies über erfolgreiche Befangenheitsanträge, also durch Anträge zum Verfahren erfolgen. Derartige Anträge bilden aber die Ausnahme.
Eventualbeweisanträge signalisieren, daß Anträge anderer Art nicht mehr gestellt werden können.[465] Sie zeigen dem Gericht somit, daß von seiten der Verteidigung zu einem bestimmten Komplex keine andere Einschätzung mehr substantiiert vorgetragen werden kann. Diese Anträge dürften deshalb von der Verteidigung nur als letztes Mittel eingesetzt werden; da sie zumeist auch erst im Urteil abgelehnt werden, können sie von der Verteidigung auch nicht zu Informationszwecken eingesetzt werden.
Zusammenfassend läßt sich auf Grund dieser Untersuchung, die dieses interessante Thema aus Zeitgründen in den Gesprächen leider nicht vertiefen konnte, sagen, daß mit Beweisanträgen drei Ziele verfolgt werden können: die Erweiterung der Beweisaufnahme, die Schaffung von Revisionsgründen und die Gewinnung von Informationen über die Einschätzung der Beweislage durch das Gericht.

Der **Erfolg von Beweisanträgen** (i.S. des Stattgebens des Beweisbegehrens) wurde von den Verteidigern eher zurückhaltend eingeschätzt:

4% der Verteidiger: mit Erfolg
52% der Verteidiger: manchmal Erfolg
44% der Verteidiger: selten Erfolg

Die subjektive Einschätzung ist damit schlechter, als sie sich nach der Aktenanalyse[466] darstellt. Dort hatte sich jedoch auch gezeigt, daß die absolute Zahl der Beweisanträge durch die

465) ALSBERG/NÜSE/MEYER, a.a.O. 1983, 769.
466) Vgl. unten, S. 334.

Verteidiger gering ist. Es ist daher denkbar, daß die skeptische Einschätzung des Erfolgs davon mitbeeinflußt ist, daß die Verteidiger auf Grund der Sachverhalte seltener die Gelegenheit haben, überhaupt einen Beweisantrag zu stellen, als dies nach ihren Vorstellungen von einer engagierten Verteidigung möglich sein sollte.

Anträge zum Verfahren wurden generell von weniger Verteidigern angegeben als Beweisanträge. Im einzelnen wurden von den Anwälten folgende Anträge erwähnt:

20% der Verteidiger:	Befangenheitsanträge (§§ 24ff StPO)
13% der Verteidiger:	Anträge zur Wahrung der Prozeßordnungsmäßigkeit des Verfahrens (§§ 222b, 238 II, 242 StPO)
19% der Verteidiger:	Protokollierung (§§ 273 III, 252 StPO)

Diese Anträge dienen z.T. ebenfalls der Vorbereitung der Revision, z.T. wird daran aber auch deutlich, daß die Verteidiger auf die Prozeßordnungsmäßigkeit des Verfahrens achten und ggf. entsprechend reagieren müssen.
Der Erfolg dieser Anträge wurde jedoch ebenfalls zurückhaltend bewertet, was insbesondere hinsichtlich der Befangenheitsanträge gilt; in der Regel erfolgreich dürften dagegen die Anträge auf Protokollierung sein (wenn auch in den Interviews von Problemen im Einzelfall berichtet wurde).

6.4. Die Spannungssituationen mit Richtern und Staatsanwälten

Insbesondere auf Grund der Verfahren gegen Terroristen in den siebziger Jahren wurde darüber geklagt, daß es zunehmend Spannungen zwischen Anwälten, Richtern und Staatsanwälten gäbe. So konstatiert DAHS 1975:[467]

467) DAHS, a.a.O. 1975, 419; vgl. dazu auch WAGNER, a.a.O. 1975, 1; RÖMER, a.a.O. 1977, 134.

"Daß die Verteidigung im 'Zwielicht' steht, d.h. daß zwischen Anwaltschaft, Staatsanwaltschaft und Richtern seit Jahren 'Spannungen' bestehen, ist leider Tatsache".

Diese Untersuchung versuchte, Art und Gründe sowohl für solche Spannungssituationen, aber auch für Situationen mit betont entspannter Atmosphäre zu erfragen[468].

Als **typische Spannungssituationen mit den Staatsanwälten** wurden von den Verteidigern angegeben:

14% der Anwälte: Akteneinsichtsrecht
4% der Anwälte: Blitzaktionen
8% der Anwälte: "Sheriff"-Bewußtsein der Staatsanwälte
2% der Anwälte: Vernehmungsmethoden
10% der Anwälte: Nicht-Ernst-Nehmen des § 160 Abs. 2 StPO durch die Staatsanwaltschaft
12% der Anwälte: persönliche Querelen

Keine Spannungen konnten 19% der Anwälte benennen.

Bemerkenswert ist hier zunächst, daß die jeweiligen Nennungen jeweils nicht höher als rund 15% sind, sowie, daß die Angaben relativ weit gefächert sind. Deshalb kann man sagen, daß es in dem Verhältnis zu den Staatsanwälten nicht das eine oder andere große Problem gibt, sondern daß Spannungen situativ auftreten. Auf der anderen Seite sind aber die Spannungen auch nicht auf politische Verfahren beschränkt. Häufigere Nennungen gab es für das Akteneinsichtsrecht, den Ermittlungsgrundsatz und die persönlichen Querelen.

Die Angaben zum Akteneinsichtsrecht bestätigen auch größenordnungsmäßig die oben unter 4.1.2.[469] gefundenen Ergebnisse, es kann insoweit darauf verwiesen werden.

Immerhin 10% der Anwälte waren der Ansicht, daß die Staatsanwaltschaften mitunter den Ermittlungsgrundsatz nicht hinreichend ernst nehmen und nur in unzureichendem Ausmaß auch die entlastenden Beweise ermitteln. Dies führt insbesondere dann zu größeren Spannungen, wenn zu dem amtlichen Ermittlungsauftrag

468) FB IV 9a)-c); 31% der Anwälte machte keine Angaben.
469) Vgl. oben, S. 118.

der persönliche Ehrgeiz des Staatsanwalts hinzukommt, der einen "Jagdtrieb" bzw. ein "Sheriff-Bewußtsein" entwickelt und aus persönlichen Prestigegründen heraus unbedingt den Mandanten überführen will.
Diese Angaben lassen erkennen, daß die Amtsführung und das Verhalten der Staatsanwälte nach Ansicht der Verteidiger den Rahmen des durch die Verfahrensordnung vorgegebenen Rollengegensatzes verlassen kann und die Verteidigung in diesen Fällen zur Wahrung der Rechte des Beschuldigten zu besonderer Wachsamkeit aufgerufen ist.
Der dritte größere Anteil an Spannungen ist auf persönliche Querelen zwischen jeweils einzelnen Anwälten und Staatsanwälten zurückzuführen. Sie beruhen auf Unterschieden in der Persönlichkeit, im Stil und auf gegenseitigen Erfahrungen in vorangegangenen Prozessen. So verständlich solche Einflüsse sein mögen, so selbstverständlich sollte es jedoch für beide Parteien sein, persönliche Animositäten zu Gunsten der Sache und des Beschuldigten nicht auf das Verfahren durchschlagen zu lassen.
In Einzelfällen wurden "Blitzaktionen" der Staatsanwaltschaften (überraschende Durchsuchungen und Verhaftungen) sowie ein Verstoß gegen das Verbot bestimmter Vernehmungsmethoden (§ 136a StPO) als Grund für Spannungen zu den Staatsanwälten ausgeführt.

Als **typische Spannungssituationen mit den Richtern** wurden von den Verteidigern angegeben (Mehrfachnennungen kamen vor):

29% der Anwälte: Zeugenbefragungen
50% der Anwälte: Agieren des Verteidigers
12% der Anwälte: Fragerecht

Diese Angaben zeigen zunächst, daß es wesentlich häufiger zu Spannungen mit dem Gericht als mit der Staatsanwaltschaft kommt. Das ist v.a. auch durch § 238 StPO bedingt, denn das Innehaben der Verhandlungsleitung birgt die Gefahr des Konfliktes in sich.

Überraschend ist, daß die Hälfte der hierzu befragten Anwälte den Eindruck hatte, daß allein ihr Auftreten, ihr prozeßordnungs- und auftragsgemäßes Verhalten Unbehagen und Spannungen hervorrufen kann. Dies geschieht insbesondere dann, wenn der Terminplan des Gerichts in Gefahr gerät. Ist es auf der einen Seite verständlich, daß die Vorsitzenden versuchen müssen, die Terminplanung in etwa einzuhalten, da dies ja auch eine Frage der Effektivität der Rechtspflege insgesamt ist, so deutet doch die hohe Zahl der Nennung darauf hin, daß bei den Gerichten ein Defizit im Verständnis für die Verteidigung existiert.
Dies deuten auch die Zahlen für die Spannungen bei der Ausübung des Fragerechts (einschließlich der Zahlen für die Spannungen bei den Zeugenbefragungen durch die Verteidiger) an.[470)]

In der **Häufigkeit** von Spannungssituationen wurden folgende Angaben gemacht:

19% der Anwälte: es gibt keine Spannungssituationen
14% der Anwälte: generelles Bejahen des Vorkommens
19% der Anwälte: Spannungen eher mit Staatsanwälten
24% der Anwälte: Spannungen eher mit Richtern
24% der Anwälte: Spannungen mit Richtern und Staatsanwälten gleich oft

Es ergibt sich hieraus - wenn auch nicht so deutlich wie bei den Einzelangaben zu den Spannungen -, daß es häufiger zu Spannungen zwischen Richtern und Verteidigern kommt. Dies ist - wie erwähnt - auch sachlogisch konsequent, da die Entscheidungskompetenz in der Hauptverhandlung bei den Richtern, nicht bei den Staatsanwälten liegt.

470) Daß das Fragerecht leicht beeinträchtigt werden kann, ergibt sich auch aus der eingehenden Darstellung der Fragerechte bei DAHS, a.a.O. Handbuch, Rdn. 430ff.; vgl. auch DECKER/KOTZ, a.a.O. 1989, 4/5.2.5.

Als typische Situationen mit **entspannter Atmosphäre** wurden von den Verteidigern angegeben (Mehrfachnennungen kamen vor):

51% der Anwälte: Gespräche, Konsens über den Ablauf
12% der Anwälte: "wenn man sich kennt"
12% der Anwälte: Geständnis des Angeklagten
7% der Anwälte: positive Einstellung gegenüber dem Verteidiger
3% der Anwälte: prozessuale Vereinfachungen

Diese Angaben deuten - ganz im Gegensatz etwa zu den Spannungssituationen zwischen den Verteidigern und den Staatsanwälten - in eine einheitliche Richtung: eine entspannte Atmosphäre entsteht dann, wenn zwischen den Organen der Rechtspflege ein so gutes Vertrauensverhältnis besteht, daß Gespräche, auch ein Konsens, über den Ablauf der Verhandlung möglich sind, wenn prozessuale Vereinfachungen (z.B. § 154a StPO) erreicht werden können, sowie bei einem Geständnis des Angeklagten (das ebenfalls zu einer Vereinfachung des Prozesses führen kann). Auch das persönlich gute Verhältnis zwischen Verteidigern und Richtern bzw. Staatsanwälten kann zu einer besseren Verhandlungsatmosphäre beitragen, ebenso wie die Aufgeschlossenheit des Gerichts gegenüber den (prozessualen) Notwendigkeiten und Wünschen der Verteidigung.

Zusammenfassend läßt sich sagen, daß Spannungssituationen in jedem Verfahren möglich sind, daß Spannungen in der Hauptverhandlung eher mit dem Vorsitzenden als mit dem Staatsanwalt und insbesondere bei der Ausübung des für die Verteidigung wichtigen Fragerechts auftreten. Eine entspannte Atmosphäre tritt insbesondere nach prozessualen Vereinfachungen ein.

6.5. Die Gespräche mit Richtern und Staatsanwälten außerhalb der Hauptverhandlung

"Der strafprozessuale Vergleich ist existent"[471]

und Gegenstand sowohl (umfangreicher) dogmatischer Untersuchungen[472], als auch von Erfahrungsberichten aus der Praxis[473], sowie einer empirischen Untersuchung[474]. Eine Schwierigkeit der noch jungen Diskussion ist die Abgrenzung der Begriffe[475]. Bei den Interviews dieser Untersuchung wurde von "Gesprächen außerhalb der Hauptverhandlung"[476] gesprochen. Dieser terminus umfaßte den von DENCKER/HAMM[477] definierten Bereich Verständigung für die eindeutig gesetzlichen Verfahrensweisen, den Bereich der Absprachen für den Grenzbereich und den Bereich des Vergleichs für die eindeutig außergesetzlichen Verfahrensweisen; er erstreckt sich damit auf das gesamte Spektrum informeller Kontakte zwischen Verteidigern, Richtern und Staatsanwälten.

Wie in der Untersuchung von HASSEMER/HIPPLER[478], die auf 23 Interviews mit Verteidigern, Richtern und Staatsanwälten beruht, wird auch hier versucht, erste Schlaglichter auf Umfang und Erfahrungen mit informellen Kontakten zu werfen. Dabei steht zunächst die Frage nach der **Häufigkeit** solcher Verfahrensweisen im Vordergrund.

In der Befragung von HASSEMER/HIPPLER, die den Begriff der informellen Absprache auf den Bereich der Verhandlungen und Ver-

---

471) WIDMAIER, a.a.O. 1986, 357.
472) BODE, a.a.O. 1988, 281ff.; HANACK, a.a.O. 1987, 500ff.; DENCKER/HAMM, a.a.O. 1988; SCHMIDT-HIEBER, a.a.O. 1986a; SCHMIDT-HIEBER, a.a.O. 1986b, 355ff.; SEIER, a.a.O. 1988, 683ff.
473) GALLANDI, a.a.O. 1987, 801ff.; WIDMAIER; a.a.O. 1986, 357ff.; ZIERL, a.a.O. 1985, 505.
474) HASSEMER/HIPPLER, a.a.O. 1986, 360.
475) BODE, a.a.O. 1988, 284f.; DENCKER/HAMM, a.a.O. 1988, 36ff.; SCHMIDT-HIEBER, a.a.O. 1986a, Rdn. 4f.
476) FB IV 3a)-c).
477) DENCKER/HAMM, a.a.O. 1988, 38.
478) HASSEMER/HIPPLER, a.a.O. 1986, 360ff.

einbarungen mit jeweiligen Gegenleistungen beschränkten[479], wurde die Häufigkeit der Verbreitung informeller Absprachen eingeschätzt mit:
30% der Befragten: häufig; 22% der Befragten: gelegentlich; 30% der Befragten: selten; 18% der Befragten: nie.[480]
Diese Zahlen stimmen gut mit den oben unter 4.3.4.[481] gewonnenen Ergebnissen zu den informellen Kontakten zwischen Verteidigern und Staatsanwälten überein; dort war die Häufigkeit dieser Kontakte angegeben worden mit:
21% der Anwälte: häufig; 19% der Anwälte: regelmäßig; 23% der Anwälte: fallbezogen; 26% der Anwälte: selten; 11% der Anwälte: nie.
Insbesondere die Angaben für die Extremwerte stimmten gut miteinander überein: Wurde in der Befragung von HASSEMER/HIPPLER von 30% der Befragten "häufig" und von 18% der Befragten "nie" angegeben, so waren es hier 21% der Anwälte bzw. 11% der Anwälte, auch die Angaben zu "selten" stimmen mit 30% bzw. 26% gut überein. Der Vergleich mit den Angaben zu den Kontakten zur Staatsanwaltschaft kann hier deswegen gezogen werden, da diese auch bei den Absprachen i.S. von HASSEMER/HIPPLER mit einbezogen sein müssen.
Die Angaben der Anwälte zu den hier gestellten Fragen wichen von diesen Ergebnissen jedoch nicht unerheblich ab.

---

479) HASSEMER/HIPPLER, a.a.O. 1986, 360.
480) HASSEMER/HIPPLER, a.a.O. 1986, 361.
481) Vgl. oben, S. 139.

Tabelle Nr. 19: Häufigkeit der Gespräche der Verteidiger mit Richtern und Staatsanwälten außerhalb der Hauptverhandlung

Häufigkeit	% der Verteidiger Gespräche mit Richtern	% der Verteidiger Gespräche mit Staatsanwälten
generell ja	78	80
häufig	2	2
manchmal	5	4
selten	12	9
nie	3	2

Die weite Fassung des Begriffs "Gespräche außerhalb der Hauptverhandlung" dürfte hier die Ursache für die Abweichungen zu der auf den plea-bargaining-Gedanken konzentrierten Untersuchung von HASSEMER/HIPPLER sein.
In dieser Untersuchung ergibt sich, daß die Verteidiger etwas häufiger den Kontakt zu den Staatsanwälten als zu den Richtern suchen; die Unterschiede sind jedoch nicht sehr groß.
Nur 2% der Anwälte hatten explizit Bedenken, außerhalb der Hauptverhandlung Kontakt zu den Staatsanwälten zu haben, 3% der Anwälte hatten Bedenken bei Kontakten zu Richtern. Dies zeigt, daß die Anwälte ganz überwiegend keine Scheu haben, Kontakte zu den Richtern und Staatsanwälten aufzunehmen. Dies stimmt mit der Beobachtung von HASSEMER/HIPPLER[482] überein, wonach die Initiative zu Absprachen in der Regel von der Verteidigung ausgeht.
Die Häufigkeit der Absprachen i.S. des plea-bargaining-Gedankens wurde von den Verteidigern wesentlich geringer eingeschätzt als in der Untersuchung von HASSEMER/HIPPLER: Nur 7% der Anwälte gaben an, daß die Gespräche mit der Staatsanwaltschaft auch Verhandlungscharakter annehmen könnten, nur 5% der

482) HASSEMER/HIPPLER, a.a.O. 1986, 362.

Verteidiger gaben dies auch für die Gespräche mit den Richtern an.
Neben den unterschiedlichen Stichproben und den unterschiedlichen Erhebungszeitpunkten sind für die Differenzen wahrscheinlich Probleme der Begrifflichkeit, der individuellen Einstellung zu Absprachen, sowie der (Sub-)Spezialisierung der Anwälte verantwortlich zu machen.

Die **Effektivität** der Gespräche in dem oben genannten weiten Sinn wurde von 74% der Verteidiger mit "hoch" angegeben, 16% sahen nur einen "mittleren", 5% einen "geringen" Nutzen in solchen Kontakten, 2% der Anwälte sahen überhaupt keinen Nutzen in derartigen Kontakten. Dies deutet an, daß von den meisten Anwälten ein kooperativer Verhandlungsstil bevorzugt wird und nach ihrer Einschätzung auch effizient ist. Es gibt aber auch - wie schon oben unter 4.3.4.[483] gezeigt - grundsätzliche Gegner informeller Kontakte; von ihnen wird auch eher im Wege der Konfliktverteidigung vorgegangen[484].

Der Stand der empirischen Forschung über Ausmaß und Inhalt der informellen Gespräche, der Verständigung, der Absprachen und Vergleiche ist somit noch unbefriedigend und in sich widersprüchlich; es ist der Ansicht von HASSEMER/HIPPLER[485] durchaus beizutreten, die empirische und dogmatische Forschungen zu diesem Komplex als das

"zentrale Problem der Strafprozeßwissenschaft"

bezeichnen.

---

483) Vgl. oben, S. 139.
484) Vgl. zum kooperativen Verhandlungsstil und zur Konfliktverteidigung GATZWEILER, a.a.O. 1984, 39ff.; GATZWEILER, a.a.O. 1985, 248ff.
485) HASSEMER/HIPPLER, a.a.O. 1986, 363.

6.6. Die Fälle außerhalb des eigenen Gerichtsbezirks

Gemäß § 138 StPO können

"die bei einem deutschen Gericht zugelassenen Rechtsanwälte sowie die Rechtslehrer an deutschen Hochschulen"

zu Verteidigern gewählt werden. Dies bedeutet, daß Strafverteidiger nicht nur in dem Gerichtsbezirk, für den ihre Residenzpflicht besteht, verteidigen können, sondern vor jedem Gericht.[486] Dies führt dazu, daß die Verteidiger vor ihnen evtl. bis zur Hauptverhandlung unbekannten Richtern und Staatsanwälten auftreten müssen, was die Verteidigung deswegen erschweren kann, weil dann z.B. die auf Grund des gegenseitigen Bekanntseins entstehende entspannte Atmosphäre[487] nicht eintreten kann. Diese und andere Probleme waren der Hintergrund für einen Fragenkomplex in den Interviews.[488]

Fast alle Verteidiger vertreten auch außerhalb des eigenen Gerichtsbezirks. Die **Häufigkeit** dieser Auswärtsvertretungen liegt durchschnittlich bei 25% der Mandate eines Verteidigers. Es gibt jedoch auch sehr spezialisierte Verteidiger, die überwiegend vor Gerichten außerhalb ihres Gerichtsbezirks auftreten; für diese Anwälte gibt es in diesem Sinne keinen "eigenen" Gerichtsbezirk oder ein "Heimatgericht".

Die **Gründe** für solche Mandate liegen nach den Angaben der Verteidiger darin, daß im Kanzlei-Gerichtsbezirk wohnende Mandanten außerhalb angeklagt wurden (55% der Verteidiger) bzw. daß die Mandanten selbst außerhalb des Gerichtsbezirks wohnen (39% der Verteidiger), ferner führt die Bekanntheit eines Verteidigers zu vermehrten Auswärtsmandaten (24% der Verteidiger) ebenso wie Empfehlungen durch Mandanten (32% der Verteidiger) und durch Kollegen (17% der Verteidiger).

---

486) KLEINKNECHT/MEYER, a.a.O. 38, § 137 Rdn. 2.
487) Vgl. oben, S. 187.
488) FB IV 4a)-e).

Es besteht die Befürchtung, daß Verteidiger vor ihren "Heimatgerichten" nicht so konsequent verteidigen, um sich nicht um den sogenannten "favor iudicis" zu bringen[489]. Umgekehrt könnte man daher vermuten, daß die Verteidiger vor auswärtigen Gerichten von solchen Rücksichten frei sind und kämpferischer auftreten. Die Verteidiger beurteilten diese Situation folgendermaßen (Mehrfachnennungen kamen vor):

46% der Anwälte: Keine Änderungen in der Art der Verteidigung
17% der Anwälte: Aggressiveres Auftreten in der Auswärtsverteidigung
33% der Anwälte: Zurückhaltenderes Auftreten in der Auswärtsverteidigung
11% der Anwälte: Auswärtige Verteidigungen laufen förmlicher ab
17% der Anwälte: Zu Beginn der auswärtigen Verhandlung abwartende Verhaltensweise
8% der Anwälte: Mißtrauen gegenüber dem auswärtigen Anwalt muß abgebaut werden

Die Erfahrungen der Verteidiger sind also durchaus unterschiedlich, wie auch die persönliche Verhaltensweise des Anwalts. Dabei deutete sich an, daß weniger bekannte Anwälte, die auch nur in geringem Umfang auswärts vertreten, vor den auswärtigen Gerichten eher aggressiver auftreten. Anders dagegen sehr bekannte Anwälte bzw. Anwälte aus sehr bekannten Kanzleien: sie müssen insbesondere vor Gerichten in kleineren bis mittleren Städten mit Mißtrauen ihnen gegenüber rechnen, das zunächst durch ein betont zurückhaltendes Auftreten abgebaut werden muß, um danach umso stärker auf ein gutes Verhältnis zu dem Gericht bauen zu können.
Um eine bis dahin fehlende persönliche Beziehung zu den Richtern und Staatsanwälten knüpfen zu können, erkundigen sich auswärtige Verteidiger auch bei ihren Korrespondenzanwälten bzw. ihnen bekannten Kollegen in dem Gerichtsbezirk, in dem zu verteidigen ist, nach dem Verhandlungsstil des Richters etc., aber

489) DAHS, a.a.O. Handbuch, Rdn. 146 m.w.N.

auch nach Anknüpfungspunkten für ein persönliches Gespräch mit dem Staatsanwalt, etwa nach Hobbies oder nach sportlichen Aktivitäten, und bereiten sich dann ggf. gezielt auf diesen Anknüpfungspunkt vor.

Die Auswärtsverteidigung bewirkt nur bei einem kleinen Anteil der Verteidiger Änderungen im Verteidigungsstil; die Situation verlangt jedoch von vielen Anwälten besonders in der Anfangsphase ein sehr kontrolliertes, je nach individuellen Voraussetzungen unterschiedliches Vorgehen, um die Basis für ein Vertrauensverhältnis zu den Richtern und Staatsanwälten schaffen zu können. Mitunter bereiten sich die Anwälte auch speziell auf Anknüpfungspunkte für ein persönliches Gespräch vor.[490)]

6.7. Die Vorbereitung und die Gestaltung des Plädoyers

"Das Plädoyer des Verteidigers ist sein großer Auftritt".[491)]

Ziel dieser Untersuchung war es, einen Einblick in die Vorbereitung der Verteidiger auf ihre Ausführungen zu Fragen der Rechtsfolgen in den Plädoyers zu erhalten, sowie zu der Frage, ob bei der Ausgestaltung des Plädoyers auf die Laienrichter besonders Rücksicht genommen wird.[492)]

490) Die Frage nach den Deliktgruppen, in denen auswärts erfolgreicher verteidigt werden kann, brachte keine auswertbaren Ergebnisse.
491) DAHS, a.a.O. Handbuch, Rdn. 599 mit zahlreichen Nachweisen zum Plädoyer.
492) FB IV 5a)-d) und FB IV 6a)-d).

6.7.1. Plädoyer vor einem Spruchkörper mit Laienrichtern

DAHS weist in seinem Handbuch darauf hin, daß in dem Plädoyer auf unterschiedliche Reaktionen der Berufsrichter und der Laienrichter zu achten ist, und der Verteidiger erforderlichenfalls

"beiden Gruppen 'etwas bringen'"

muß.[493)]

Diese Einschätzung wurde von dem überwiegenden Teil der Strafverteidiger geteilt, denn 98% der Verteidiger bejahten eine **Ausrichtung des Plädoyers** auf die Laienrichter.

Diese besondere Ausgestaltung des "Schöffenplädoyers" wird jedoch unterschiedlich gehandhabt (Mehrfachnennungen kamen vor):

36% der Anwälte: Rechtsfragen werden ausführlicher behandelt
36% der Anwälte: Laienhaftere Darstellung
23% der Anwälte: Strafzumessungsfragen werden ausführlicher behandelt
17% der Anwälte: Persönliches Ansprechen der Schöffen
14% der Anwälte: Erwecken von Mitgefühl
10% der Anwälte: Sachverhalt wird ausführlicher dargestellt

Die Veränderungen in der Ausgestaltung der Plädoyers finden damit fast ausschließlich in den Ausführungen zur Sachverhaltsfeststellung, zu Rechtsfragen und zu Strafzumessungsfragen statt, während nur 14% der Verteidiger auch auf der emotionalen Ebene auf die Schöffen einzuwirken versuchen.

Zu der ausführlichen Behandlung von Rechtsfragen wurde von einigen Anwälten angegeben, daß diese zwar formal auf die Laienrichter hin ausgerichtet werde, in Wahrheit jedoch die Berufsrichter gemeint seien.

Die intensivste Form der Ausrichtung des Plädoyers auf die Laienrichter ist das persönliche Ansprechen der Schöffen; dies kann ebenso dadurch geschehen, daß man in geeigneten Fällen am

---

493) DAHS, a.a.O. Handbuch, Rdn. 629.

Beruf des Schöffen anknüpft, daß man an die Vorstellungen eines "normalen Bürgers" appelliert, aber auch dadurch, daß man während des Plädoyers non-verbal mit den Laienrichtern kommuniziert, etwa durch das Anblicken, oder durch das betonte Reden in die Richtung der Schöffen.

Der **Einfluß** der Schöffen auf das Urteil wird von den Verteidigern jedoch überwiegend skeptisch beurteilt[494]:

49% der Anwälte: gering
38% der Anwälte: unterschiedlich
8% der Anwälte: hoch

Daß trotz dieser zurückhaltenden Einschätzung von den Verteidigern in vielfacher und differenzierter Weise versucht wird, auf die Laienrichter einzugehen, zeigt m.E., daß die Verteidiger auch die geringste Chance nutzen, um eine positive Entscheidung für ihren Mandanten zu erreichen.

Um sich auf das "Schöffenplädoyer" vorbereiten zu können, ist es notwendig, **Informationen über die Schöffen** zu haben. Zur Häufigkeit des Sammelns von solchen Informationen gaben die Verteidiger an:

43% der Anwälte: nie
6% der Anwälte: selten
19% der Anwälte: fallabhängig
21% der Anwälte: manchmal
11% der Anwälte: regelmäßig

Etwa die Hälfte der Anwälte informiert sich demnach in der Regel nicht über die Schöffen, während bei der anderen Hälfte die Spanne der Häufigkeit der Informationssammlung von "fallabhängig" bis "häufig" reichte. Dies widerspricht den differenzierten Angaben über die Ausgestaltung der Plädoyers unter Rücksichtnahme auf die Schöffen insofern nicht, als diese bei den

494) 5% der Anwälte machte keine Angaben.

meisten der genannten Ausgestaltungsweisen auch ohne spezielle Kenntnisse über die Schöffen möglich ist.
Materiell beschränkt sich die Informationssammlung bei 33% der Verteidiger auf das Lesen der amtlichen Mitteilung, wobei besonders auf die Berufe geachtet wird. Die Kenntnisse dienen in diesen Fällen der Vorbereitung des Plädoyers.
Bei einem größeren Anteil der Verteidiger (55%) dienen diese Informationen zur Prüfung der Möglichkeiten einer Besetzungsrüge; hier wird ggf. Einsicht in die Besetzungsunterlagen genommen, um die Ordnungsmäßigkeit der Besetzung überprüfen zu können.
Nur 6% der Strafverteidiger gaben ausdrücklich an, daß sie auch private Erkundigungen über die Schöffen einholen würden.

Zusammenfassend kann gesagt werden, daß die Verteidiger in ihren Plädoyers in sehr differenzierter Weise auf die Laienrichter Rücksicht nehmen, auch wenn ihr Einfluß auf das Urteil nur zurückhaltend bewertet wird. Die Informierung über die Schöffen beschränkt sich fast ausschließlich auf die amtlichen Mitteilungen und dient primär der Prüfung von Besetzungsrügemöglichkeiten. Dies zeigt, daß die Berücksichtigung der Laienrichterbeteiligung in den Plädoyers weitgehend unabhängig ist von der Person des einzelnen Schöffen.

6.7.2. Plädoyer zu der Strafzumessung

Das Plädoyer zu der Strafzumessung ist nach der Ansicht von DAHS[495)] oft schwieriger als die Begründung eines Antrags auf Freisprechung.
Die **Häufigkeit** der Ausführungen zu Strafzumessungsfragen wurde von den Verteidigern wie folgt angegeben:

---

495) DAHS, a.a.O Handbuch, Rdn. 639 mit umfangreichen Nachweisen zum Schrifttum.

86% der Anwälte: regelmäßig
4% der Anwälte: manchmal
5% der Anwälte: selten
5% der Anwälte: nie

Bei 86% der Anwälte gehören damit Ausführungen zu den Rechtsfolgen zu den üblichen Elementen ihres Plädoyers, während bei 14% der Anwälte die Strafzumessungsfrage (fast) keine Rolle spielt.
Ausdrücklich wurden von 23% der Verteidiger die Jugendgerichtsverfahren erwähnt, in denen sie diesen Punkt besonders beachten würden. Diese relativ geringe Zahl hängt zum einen mit der Spezialisierung der Verteidiger zusammen, zum anderen aber auch damit, daß in den Plädoyers häufig nur auf den Vorschlag der Jugendgerichtshilfe verwiesen wird.
Häufiger wird dagegen zur Frage der Aussetzung der Freiheitsstrafe zur Bewährung Stellung genommen (58% der Verteidiger bejahten generell solche Ausführungen, 3% der Anwälte: manchmal; 3% der Anwälte: selten; 36% der Anwälte: nie); dies ist dadurch bedingt, daß die Aussetzung der Strafe zur Bewährung ein zentrales Anliegen der Beschuldigten und damit des Verteidigers ist.[496)]

In einigen Bundesländern werden die Verurteilten je nach Strafhöhe in unterschiedliche Justizvollzugsanstalten eingewiesen, wobei sich Ausmaß und Qualität der jeweils angebotenen Resozialisierungsmaßnahmen durchaus unterscheiden können. Ziel eines Plädoyers zu den Strafzumessungsfragen könnte es daher sein, das Strafmaß auch unter Berücksichtigung der dann zur Verfügung stehenden Resozialisierungsmaßnahmen zu bestimmen. In einem Drittel der Interviews wurde angegeben, daß dieser Gesichtspunkt auch eine Rolle spielen könnte, 4% dieser Anwälte konkretisierten die Angaben jedoch dahingehend, daß dies nur selten der Fall sei. Um zu diesem Bereich plädieren zu können,

496) Wiederholt sprachen sich die Verteidiger dafür aus, die Aussetzung bis zu zwei Jahren zu erleichtern.

wären regelmäßige Kontakte zu den leitenden Personen der Justizvollzugsanstalten notwendig. 56% der Verteidiger gaben an, über solche Kontakte zu verfügen; einige von ihnen ließen jedoch erkennen, daß sich diese Kontakte auf jenes Personal der Justizvollzugsanstalten beschränkten, mit denen die Verteidiger bei einem normalen Mandantenbesuch in einer solchen Anstalt zusammentreffen.
44% der Anwälte hatten keinen Kontakt zu den Justizvollzugsanstalten.
Eine Mitwirkung bei der Gestaltung des Vollzugsplanes gemäß § 7 StVollzG wurde von 40% der Verteidiger angegeben.

Die Ausführungen der Verteidiger in den Plädoyers zu den Fragen der Rechtsfolge enthalten in der Regel die Grundelemente der Strafzumessung (etwa die Frage der Aussetzung einer Strafe zur Bewährung). Tiefergreifende Erörterungen vor dem Hintergrund der Strafvollstreckung (Resozialisierungsmöglichkeiten) finden dagegen nur in einem unbefriedigenden Ausmaß statt. Mit erheblichen Defiziten muß auch hinsichtlich des Engagements der Verteidiger in Strafvollzugsfragen gerechnet werden.

6.7.3. Verteidigerdilemma, Zweiteilung der Hauptverhandlung

Mit dem Sichwort **Verteidigerdilemma** wird jene Situation gekennzeichnet, in der der Verteidiger auf Freispruch plädieren will, aber vorsorglich auch zu den Ausführungen des Staatsanwalts zu der Strafzumessung Stellung nehmen muß und darüber hinaus evtl. noch eigene Vorschläge für die Sanktionsbemessung einbringen möchte für den Fall, daß der Angeklagte nicht freigesprochen werden sollte[497].
Die Häufigkeit dieser Situation wurde von den Verteidigern so eingeschätzt:

497) Vgl. dazu DAHS, a.a.O. Handbuch, Rdn. 19ff. m.w.N., 543, 637. FB IV 7a)-c).

37% der Anwälte: nie
50% der Anwälte: kommt vor, ohne nähere Angaben
6% der Anwälte: selten
2% der Anwälte: manchmal
5% der Anwälte: häufig

Diese Angaben zeigen, daß rund zwei Drittel der Strafverteidiger mit der Situation des Verteidigerdilemmas vertraut sind. Diese Situation wird in der Praxis von den Verteidigern dadurch gelöst, daß sie sich zunächst mit dem Antrag der Staatsanwaltschaft auseinandersetzen und danach mit ihren Ausführungen zur Begründung des Freispruchs fortfahren.[498)]

U.a. zur Verhinderung dieses Verteidigerdilemmas wird in der wissenschaftlichen Diskussion die **Zweiteilung der Hauptverhandlung** befürwortet[499)]. In den Interviews wurde dieser Reformvorschlag von 63% der Verteidiger begrüßt. Von ihnen waren jedoch nur 25% dafür, diesen Verfahrensablauf für alle Fälle vorzuschreiben; 53% der Anwälte hielten die Zweiteilung der Hauptverhandlung nur bei bestimmten Fällen für notwendig und sinnvoll: 9% der Verteidiger waren der Ansicht, die Hauptverhandlung sollte auf Antrag des Angeklagten bzw. des Verteidigers in die zwei Stadien geteilt werden.
9% aller befragten Verteidiger sprachen sich dezidiert gegen die Zweiteilung der Hauptverhandlung aus.
In den Interviews entstand so der Eindruck, daß die Verteidiger, da sie gut mit der Situation des Verteidigerdilemmas fertig werden, die Zweiteilung der Hauptverhandlung nicht für ein vorrangiges Reformziel hielten.[500)].

---

498) Diese Reihenfolge wird auch von den einschlägigen Handbüchern vorgeschlagen, vgl. DAHS, a.a.O. Handbuch, Rdn. 637; DECKER/KOTZ, a.a.O. 1989, 4/5.6.1; HAMM/LOHBERGER, a.a.O. 1988, 105.

499) Vgl. dazu Fn. 397; vgl. ferner DAHS, a.a.O. Handbuch, Rdn. 19 m.w.N.; ROXIN, a.a.O. 1987; 270ff. m.w.N.; vgl. auch BEULKE, a.a.O. 1980, 248, 253.

500) Eine zurückhaltende Einschätzung der Dringlichkeit der Reform der Hauptverhandlung findet sich auch bei SCHÖCH, a.a.O. 1987a, 99.

MÜTZELBURG[501] faßt die Stellungnahmen der Verteidiger zu diesem Fragenkomplex zusammen und schreibt:

> *"Dieses Dilemma haben die meisten Strafverteidiger leicht genommen, sie fühlen sich hierdurch nicht sonderlich belastet. Sie sehen auch in einer zweigeteilten Hauptverhandlung keine wesentliche Entlastung, weil sie fürchten, auch im zweiten, den Sanktionen gewidmeten Teil der Hauptverhandlung immer wieder der Beteuerung der Unschuld des Klienten gegenüber zu stehen und bei deren Beiseiteschieben in ein viel stärkeres Dilemma zu geraten, ja das Vertrauen des Mandanten völlig zu verlieren, als wenn sie zunächst, wie es die meisten tun, den Antrag des Staatsanwalts in der Strafhöhe angreifen, um danach auch die Beweisführung zu erschüttern suchen und den Freispruch zu fordern."*

6.8. Die Effizienz der Verteidigung im Hauptverfahren

Bei der Einschätzung[502] der Fälle, in denen die Verteidiger ihrer Ansicht nach besonders erfolgreich in der Hauptverhandlung tätig sein können, ergibt sich ein ähnliches Bild wie bei der Effizienzeinschätzung der Tätigkeit im Vorverfahren[503]: Die Verteidiger schätzen ihre Effizienz besonders für die Verfahren hoch ein, auf die sie spezialisiert sind.
Im einzelnen wurden folgende Verfahren genannt: alle Verfahren, in denen die Schuldfähigkeit des Angeklagten eine Rolle spielte, sowie bei Vergewaltigung, Diebstahl, Betrug, Totschlag, Jugendstrafverfahren, Verkehrssachen und politischen Verfahren. Zur Begründung wurde angeführt, daß über Gutachten zur Schuldfähigkeit einiges erreicht werden kann, auch mit Therapievorschlägen in BtMG-Verfahren, sowie generell, wenn neues Beweismaterial in die Hauptverhandlung eingebracht werden kann.
Den Zusammenhang zwischen dem Stil des Verteidigers, dem Tatvorwurf und der Effizienz in der Hauptverhandlung faßt MÜTZELBURG[504] sehr gut so zusammen:

---

501) MÜTZELBURG, a.a.O. 1982, 282.
502) FB IV 11.
503) Vgl. oben, S. 158.
504) MÜTZELBURG, a.a.O. 1982, 278f.

"... Demgegenüber steht die andere Gruppe selbstbewußter Strafverteidiger, die ihre Effizienz nur im Hauptverfahren sehen, weil ihre Klienten sich mit Bagatellkriminalität nicht abgeben, sondern Mord und Totschlag, Raub und Vergewaltigung bevorzugen. ... Diese Verteidiger legen großen Wert auf psychologische Aufklärung der Motivation des Verbrechens, sie bemühen sich daher um namhafte Gutachter auf psychiatrischem wie auf psychologischem Gebiet. ... Sie sehen das Hauptgewicht ihrer Verteidigung in der Hauptverhandlung, in der sie mit der psychologischen Motivation die Richter von der Zwangsläufigkeit der strafbaren Handlungsweise zu überzeugen suchen, um zu einer annehmbaren Bestrafung vorzustoßen."

7. Die Pflichtverteidigung

Die Pflichtverteidigung steht nicht im Zentrum der Reformdiskussion[505]. Obwohl die derzeitige Regelung der Pflichtverteidigung in den §§ 140ff StPO immer wieder kritisiert wird[506], begnügt sich der Gesetzgeber mit zwar geringen, aber sinnvollen Korrekturen[507].
Die Reform der Pflichtverteidigung zumindest in Teilbereichen ist jedoch überfällig.

In der Rechtswirklichkeit stellt die Pflichtverteidigung einen wichtigen Teil der anwaltlichen Tätigeit dar.[508] So traten

---

505) Zuletzt befaßte sich ausführlicher der 5. Strafverteidigertag 1981 mit der Pflichtverteidigung, jedoch schwerpunktmäßig mit dem Thema Ersatzverteidigung, vgl. dazu auch die Beiträge in dem Schwerpunktheft "Pflichtverteidigung" in StV 1981, 433ff.; HAMMERSTEIN, a.a.O. 1985, 141.

506) Vgl. hierzu u.a. BEULKE, a.a.O. 1979, 47; BRINGEWAT, a.a.O. 1979, 250ff.; GÖSSEL, a.a.O. 1982, 34f.

507) Vgl. dazu die Veränderungen durch das Opferschutzgesetz 1987 (BGBl. I 1987, 475) sowie das Gesetz zur Änderung der Strafprozeßordnung (BGBl. I 1988, 606).
Zur Kritik an der jüngsten Reformgesetzgebung vgl. auch WEIDER, a.a.O. 1987, 317.

508) FB V 1, FB V 4.

92% der befragten Verteidiger auch als Pflichtverteidiger auf; nur 2% der Anwälte lehnten es grundsätzlich ab, als Pflichtverteidiger zu agieren; 6% der Anwälte waren (noch) nicht als Pflichtverteidiger bestellt worden. Der Anteil der Pflichtverteidigungen beträgt durchschnittlich 28% der Gesamtfallzahlen.

Die Beiordnung als Pflichtverteidiger[509)] gründet sich nach Einschätzung der Strafverteidiger[510)] in durchschnittlich 84% der Pflichtverteidigungen auf § 140 I StPO, während nur durchschnittlich 12% der Bestellungen auf § 140 II StPO beruhen, womit die relativ geringe Bedeutung dieser Auffangvorschrift deutlich wird[511)].

Auch der Wechsel von der Wahlverteidigung zur Pflichtverteidigung (Wahlpflichtverteidigung)[512)] gehört zum Alltag des Strafverteidigers: bei 89% der befragten Anwälte gab es solche Wechsel in der Verteidigerstellung. Der Anteil der Wahlpflichtverteidigungen beträgt nach den Angaben der Anwälte durchschnittlich 15% der Wahlverteidigungen.[513)]

Die Anwälte sind gegenüber einer Reform der Pflichtverteidigung, die zu einer Ausweitung der Möglichkeiten der Pflichtverteidigerbestellung führen würde[514)], durchaus aufgeschlossen: 77% der Anwälte würden eine solche Reform begrüßen; jedoch machte nur ein Viertel der Verteidiger (23%) die Reform der Pflichtverteidigung davon abhängig, daß die Gebühren zugleich leistungsgerecht angehoben würden.[515)]

---

509) Vgl. dazu ausführlich OELLERICH, a.a.O. 1981, 434.
510) FB V 2.
511) Vgl. dazu auch LÜDERSSEN, a.a.O. 1986, 2745ff., der die einzelnen Defizite benennt.
512) Vgl. dazu auch unten, S. 219ff.
513) FB V 3.
514) FB V 5.
515) FB V 6; 47% wollten keinen Zusammenhang dieser Art herstellen, 30% äußerten sich zu dieser Frage nicht.

Besonders problematisch ist der Zeitpunkt der Pflichtverteidigerbestellung[516)] in § 141 I StPO. Den dort genannten Zeitpunkt halten 88% der Verteidiger für zu spät, nur 12% der Anwälte waren dagegen der Ansicht, daß dieser Zeitpunkt richtig gewählt sei.[517)] § 141 III StPO sieht auch die Bestellung schon im Vorverfahren vor. 40% der Anwälte gaben an, daß sie noch nie während dieses Verfahrensstadiums zum Pflichtverteidiger bestellt worden waren, 60% der Anwälte waren dagegen auch schon zu diesem frühen Zeitpunkt bestellt worden[518)]. Diese hohe Angabe überrascht, wenn man bedenkt, wie hoch die Zahl derjenigen Anwälte war, die für eine Änderung des Zeitpunktes der Bestellung eingetreten war. Diese Diskrepanz läßt sich plausibel etwa dadurch erklären, daß die Bestellungen zum Pflichtverteidiger während des Vorverfahrens nicht häufig waren, sich aber insgesamt positiv ausgewirkt hatten.
Auf Grund dieser Überlegungen und wegen der veränderten Bedeutung des Ermittlungsverfahrens ist für eine Vorverlegung des Zeitpunktes der Bestellung einzutreten. Dieser Zeitpunkt kann nur die erste polizeiliche Vernehmung des Beschuldigten sein, da nur dann eine wirklich umfassende Verteidigung des Beschuldigten gewährleistet ist.[519)]

Die Pflichtverteidiger erscheinen immer wieder[520)] als die "schlechteren" Verteidiger, da sie sich angeblich weniger engagieren. Auch von 37% der befragten Anwälte wurde diese Ansicht

---

516) Vgl. dazu auch ARBEITSKREIS STRAFPROZESSREFORM, a.a.O. 1979, 59ff.; gegen die dort vorgenommene Aufspaltung des Bestellungszeitpunktes zu Recht STRAFRECHTSAUSSCHUSS DER BUNDESRECHTSANWALTSKAMMER, a.a.O. 1984, 12; HANACK, a.a.O. 1981, 568ff.

517) FB V 7.

518) FB V 8.

519) Ebenso BRINGEWAT, a.a.O. 1979, 251 m.w.N.; HANACK, a.a.O. 1981, 569.

520) Zuletzt BARTON, a.a.O. 1984, 400f. Bei ihm wird jedoch nicht klar, inwieweit die geringeren Einwirkungsmöglichkeiten der Pflichtverteidiger (vgl. dazu ausführlich unten, S. 202ff.) bei den "Interventionspunkten" berücksichtigt worden ist: Ist ein Verteidiger nicht bestellt, kann er keine "Interventionspunkte" sammeln; daraus darf aber

geteilt[521], 22% ergänzten jedoch ihre Angaben durch den Hinweis, daß bei ihnen keine Änderung in der Qualität der Verteidigung eintrete, wenn sie als Pflichtverteidiger bestellt werden.
Die Stellung des Pflichtverteidigers ist nach der Einschätzung von 85% der Verteidiger mit der des Wahlverteidigers vereinbar, nur 15% der Anwälte meinten, daß die Stellung, das Ansehen und der darauf beruhende Einfluß auf das Gericht geringer sei als bei einem Wahlverteidiger.
Die gleiche Tendenz ergibt sich bei der Frage nach der unterschiedlichen Einwirkung im Falle der notwendigen Verteidigung: 98% der Strafverteidiger sagten, daß auch in den Fällen der notwendigen Verteidigung ihr Einfluß auf das Gericht nicht davon abhänge, ob sie als Wahlverteidiger oder als Pflichtverteidiger aufträten. Nur 2% waren hier der gegenteiligen Auffassung. Diese Angaben machen m.E. deutlich, daß es in der Qualität, dem Engagement und dem Einfluß der Verteidiger keinen Unterschied dadurch gibt, ob sie als Wahlverteidiger oder als Pflichtverteidiger für den Mandanten agieren.
Wohl aber gibt es Unterschiede zwischen der Wahlverteidigung und der Pflichtverteidigung, da letztere - wie besonders in der Aktenanalyse sichtbar wird - institutionell schlechter gestellt ist als die Wahlverteidigung.
Der Ansicht von LÜDERSSEN[522], wonach die Pflichtverteidigung dringend der Wahlverteidigung anzugleichen ist, ist somit voll zuzustimmen.

---

nicht auf eine schlechtere Vertretung durch die Pflichtverteidiger (sic!, nicht Pflichtverteidigung) geschlossen werden.
521) FB V 9 - FB V 11.
522) LÜDERSSEN, a.a.O. 1986, 2743.

8. Die Kosten der Verteidigung

Die Angaben zu den Kosten der Verteidigung[523)] brachten kaum aussagekräftige Daten, da die Anwälte "über das Geld" nicht sprechen wollten.
Summarisch läßt sich jedoch folgendes sagen:
66% der Verteidiger rechnen nach der BRAGebO ab, 16% treffen ausschließlich Honorarvereinbarungen, bei 18% der Verteidiger wurden durchschnittlich 40% der Fälle über Honorarabrechnungen, der größere Teil über die BRAGebO abgerechnet.

Über die Höhe der Honorare gab es keine verwertbaren Auskünfte.

Ein Vorschuß wurde nur von 2% der Anwälte nie genommen, bei 20% war dies fallabhängig, bei 78% der Verteidiger geschieht dies stets.

Ein Erfolgshonorar wird von 92% der Verteidiger für nicht möglich, von 90% auch nicht für sinnvoll gehalten.

9. Betreuung der Mandanten

> *"Es versteht sich von selbst, daß ein verantwortungsbewußter Verteidiger dabei seine Aufgabe nicht rein prozeßbezogen auffassen wird, sondern daß er als u.U. einziger Vertrauter seines Mandanten diesem alle menschliche Hilfe zuteil werden läßt, die im Rahmen seiner Möglichkeiten liegen."*[524)]

Diese von BEULKE beschriebene Betreuung des Mandanten über die eigentliche Verteidigung hinaus wird von 93% der Verteidiger bejaht, während 2% der Anwälte angaben, sich auf die rein juri-

523) FB VII.
524) BEULKE, a.a.O. 1980, 42.

stische und verfahrensnotwendige Beratung zu beschränken.[525] Diese Betreuung erfolgt primär in den Besprechungen, in den Gesprächen, die über den Fall hinausgehen.
Ferner wurde die Betreuung während der U-Haft, aber auch während der Strafhaft genannt. Sie reicht von Botendiensten (etwa dem Mitbringen von Kleidungsstücken in die U-Haft) bis zu dem Versuch, die sozialen Kontakte "nach außen" aufrechtzuerhalten, auch z.B. Ehen über die Zeit der Strafhaft zu "retten".
Eine Betreuung während der Bewährungszeit oder auch sonst nach der Strafhaft findet dagegen jedoch nur selten statt, da sich hier die Mandanten schnell von ihrem Verteidiger lösen. Die Verteidiger ließen z.T. deutlich erkennen, daß sie an dem weiteren Schicksal ihrer Mandanten durchaus interessiert seien; enttäuschend sei es, von ihnen erst wieder zu hören, wenn eine erneute Strafverteidigung notwendig ist.

Die betreuende Tätigkeit der Anwälte, die ebenso zur Rechtswirklichkeit der Strafverteidigung gehört, konnte hier nur angedeutet werden. In den Gesprächen war aber deutlich zu spüren, daß diese Beistandsfunktion den Verteidigern ein wichtiger Bestandteil ihrer Arbeit, auch ihres Berufs- und Selbstverständnisses ist.

---

525) FB VIII.

4. KAPITEL: DIE ERGEBNISSE DER AKTENANALYSE

1. Die vier Verteidigertypen

Bei der Erhebung der Daten wurde zwischen Wahlverteidigung und Pflichtverteidigung unterschieden[1]. Die Zuordnung eines Verfahrens richtete sich nach dem **ersten** Verteidiger: war der erste Verteidiger ein Wahlverteidiger, so wurde das Verfahren als Wahlverteidigung, war der erste Verteidiger ein Pflichtverteidiger, so wurde das Verfahren als Pflichtverteidigung gezählt.
Für die im Laufe des Verfahrens eintretenden Veränderungen in der Verteidigung wurden u.a. erhoben: die Anträge eines Wahlverteidigers auf Bestellung zum Pflichtverteidiger[2] und - soweit in den Akten erkennbar - die Wahrnehmung der Möglichkeit der Auswahl des Pflichtverteidigers durch den Beschuldigten[3] (gemäß § 142 I (2) StPO).[4]

Für die Auswertung wurden aus diesen Angaben drei Verteidigertypen gebildet: der Wahlverteidiger, der Pflichtverteidiger und der Wahlpflichtverteidiger.

Unter dem **Wahlpflichtverteidiger** wird jener Verteidiger verstanden, der zunächst als Wahlverteidiger mandatiert worden war, aber dann im Laufe des Verfahrens einen erfolgreichen An-

---

1) Vgl. in dem als Anhang 2 abgedruckten Erhebungsbogen (EB) die Variablen 030ff. und 059ff.
2) Vgl. EB 053ff. Auch der umgekehrte Fall, also die Mandatierung eines Pflichtverteidigers als Wahlverteidiger konnte über EB 075 und EB 076 erfaßt werden; er kam in der Erhebung jedoch nicht vor.
3) EB 074.
4) § 142 I (2) und (3) StPO wurden erst durch das Strafverfahrensänderungsgesetz 1987 (BGBl 1987 I, 475) eingefügt; der Sache nach war dies jedoch schon vorher weithin üblich geworden, vgl. RIESS/HILGER, a.a.O. 1987, 147 m.w.N.

trag auf Bestellung zum Pflichtverteidiger gestellt hatte.[5] Zu dieser Gruppe wurden jene Pflichtverteidiger hinzugerechnet, die auf Wunsch (nach Auswahl) des Beschuldigten hin bestellt worden waren[6], also die sog. bezeichneten Pflichtverteidiger. Da dieser Verteidigertyp aus der Gruppe der bezeichneten Pflichtverteidiger und aus der Gruppe der Wahlverteidiger mit erfolgreichem Antrag auf Bestellung zum Pflichtverteidiger besteht, wurde die Bezeichnung Wahlpflichtverteidiger gewählt.

Die Gruppe der **Wahlverteidiger** besteht aus den als Wahlverteidigung erhobenen Verfahren, vermindert um die Anzahl der Verteidiger, die einen erfolgreichen Antrag auf Bestellung zum Pflichtverteidiger gestellt hatten.

Die Gruppe der **Pflichtverteidiger** besteht aus den als Pflichtverteidigung erhobenen Verfahren, vermindert um die Anzahl der Verfahren, in denen der Beschuldigte erkennbar den Pflichtverteidiger auswählen konnte.

Der vierte Verteidigertyp ist der sog. **Ersatzverteidiger**, also jener Pflichtverteidiger, der neben dem Wahlverteidiger zur Sicherstellung der Durchführung der Hauptverhandlung bestellt wird.[7]

Wird in der Darstellung von dieser Einteilung abgewichen, werden also z.B. die Wahlverteidiger und die Verteidiger, die einen erfolgreichen Antrag auf Pflichtverteidgerbestellung gestellt hatten, zusammen ausgewertet, so wird darauf jeweils gesondert hingewiesen.

---

5) EB 056.
6) EB 074.
7) Vgl. EB 079ff.; zum Ersatzverteidiger vgl. auch ROXIN, a.a.O. 1987, 106f.

1.1. Der Wahlverteidiger

1.1.1. Anzahl der Wahlverteidiger

In der Erhebung befanden sich 165 Verfahren mit Wahlverteidigern.[8].
In 148 Verfahren (**90%** der Verfahren mit Wahlverteidigern) gab es **nur einen** Wahlverteidiger; in 17 Verfahren (**10%** der Verfahren mit Wahlverteidigern) gab es mehrere Wahlverteidiger. Von diesen Verfahren wurden jedoch nur 7 Verfahren durchgehend von zwei Verteidigern geführt, während in den weiteren 10 Verfahren (6% der Verfahren mit Wahlverteidigern, ca. 60% der Verfahren mit mehreren Verteidigern) die Anwälte nacheinander bevollmächtigt wurden.[9].
Es finden also tendenziell mehr Verfahren mit Verteidigerwechseln statt als Verfahren, in denen mehrere Verteidiger nebeneinander auftreten.
In der überwiegenden Anzahl der Fälle findet jedoch die Verteidigung durch einen Anwalt statt; die **typische Verteidigung** ist die **1-Verteidiger-Verteidigung**.

1.1.2. Ortsansässigkeit der Wahlverteidiger

Der Beurteilung der "Ortsansässigkeit"[10] des Wahlverteidigers lag die Niederlassung der Kanzlei in dem entsprechenden LG-Bezirk zugrunde.
Es gab 29 Verfahren (ca. 18% der Wahlverteidigungen), in denen keiner der Verteidiger ortsansässig war.
Bei den Verfahren mit mehreren Verteidigern zeigte sich, daß zumindest einer der Anwälte dem Gerichtsbezirk entstammte.

---

8) EB 030.
9) EB 030, EB 043, EB 049.
10) EB 031.

1.1.3. Geschlechtsverteilung der Wahlverteidiger

Für das Verhältnis der männlichen zu den weiblichen Wahlverteidigern[11] ergab sich folgende Verteilung:
in den 165 Fällen mit Wahlverteidigung traten 5 Verteidigerinnen auf, das entspricht einem Anteil von 3% dieser Verfahren.

1.1.4. Stadium der Mandatierung

Der Zeitpunkt der Mandatierung[12] ist von ausschlaggebender Bedeutung für die Möglichkeiten des Verteidigers, in das Verfahren einzugreifen.
Das nachfolgende Schaubild gibt einen Überblick über die Verteilung der Mandatierungen der ersten Wahlverteidiger auf die einzelnen Stadien des Verfahrens.

11) EB 035, 036.
12) EB 037 - EB 039.

Schaubild Nr. 3: Stadium der Mandatierung des ersten Wahlverteidigers

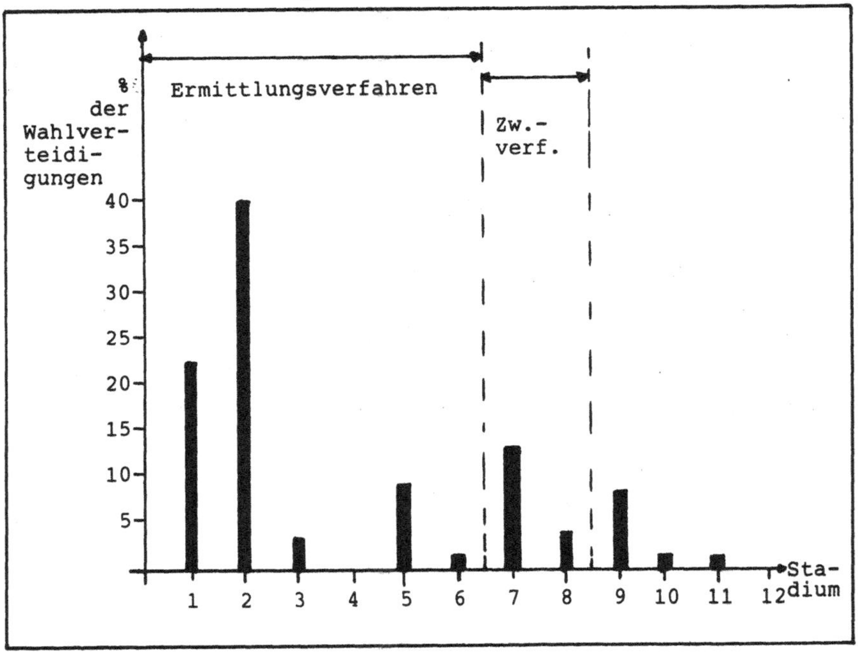

01 = vor polizeil.Vernehmung
02 = nach polizeil. Vernehmung
03 = vor staatsanw. od. ri. Vernehmung
04 = nach staatsanw. od. ri. Vernehmung
05 = vor Abschluß der Ermittlungen
06 = nach Abschluß der Ermittlungen
07 = nach Mitteilung der Ankl.schr.
08 = im Zwischenverfahren
09 = vor Hauptverhandlung
10 = während der Hauptverhandlung
11 = vor Berufung
12 = vor Revision

Die Häufigkeitsverteilung für den Zeitpunkt der Mandatierung des ersten Wahlverteidigers zeigt deutliche Spitzen bei den Stadien 1, 2, 5 und 7, also für die Stadien "vor der polizeilichen Vernehmung" (1), "nach der polizeilichen Vernehmung" (2), "vor Abschluß der Ermittlungen" (5) und "nach Mitteilung der Anklageschrift" (7).

Die hier für das Stadium 1 ermittelten ca. 22% der Wahlverteidigungen ergeben damit eine etwas geringere Anzahl, als dies von den Verteidigern in den Interviews eingeschätzt worden

war[13]: hatten die Anwälte dort geschätzt, daß fast ein Drittel der Mandanten zu diesem Zeitpunkt kommt, so zeigt sich hier, daß etwa nur ein Viertel der Mandanten zu dem für den Verteidiger optimalen Zeitpunkt, nämlich ganz früh im Verfahren und vor der polizeilichen Vernehmung, zu dem Anwalt kommt.
Der entscheidende Anstoß, einen Wahlverteidiger zu mandatieren, geht aber offensichtlich von der polizeilichen Vernehmung aus: knapp 40% der Mandanten suchen sich nun ihren Verteidiger. Im weiteren Verlauf des Ermittlungsverfahrens (bis zum Abschluß der Ermittlungen, Stadium 5) kommen dann nur mehr etwa 13% der Wahlverteidigungen zustande.
Insgesamt werden damit im Laufe des Ermittlungsverfahrens ca. 75% der Wahlverteidigungen (1. Verteidiger) begründet.
Im Zwischenverfahren werden noch ca. 16% der ersten Wahlverteidiger mandatiert, die weiteren Verfahrensstadien sind dagegen mit ca. 9% für die Mandatierung praktisch ohne Bedeutung.
Im Zwischenverfahren ist der Zeitpunkt der Mitteilung der Anklageschrift (7) mit ca. 13% von größerer Bedeutung gegenüber dem weiteren Gang des Zwischenverfahrens (8).
Nur die drohende Hauptverhandlung (9) zeigt noch einmal höhere Werte: 8%.
Die Häufung der Kontaktaufnahme der Mandanten mit ihren Verteidigern zu den Zeitpunkten 4, 7 und 9 sind aus der psychischen Situation des Mandanten gut zu erklären, denn in diesen Stadien werden sie besonders mit dem Strafverfahren konfrontiert, dies mag auch noch z.T. für das Stadium 1 zutreffen, in dem sich der Beschuldigte besonders mit seiner Tat auseinandersetzen muß.
Die Kontaktaufnahme zu den anderen Zeitpunkten scheint eher auf rationalen Abwägungen der Beschuldigten zu beruhen, daß sie sich wohl doch alleine nicht optimal verteidigen können.
Die Häufigkeitsverteilung der Mandatierung des 2. Wahlverteidigers ist praktisch identisch mit der für den 1. Verteidiger. Bei der Verteilung der Mandatierung des 3. Wahlverteidigers

---

13) Vgl. oben, S. 77f.

zeigt sich eine Verschiebung in den Stadien "vor der Berufung" bzw. "vor der Revision".
Dieses Phänomen ist im Prinzip gut damit zu erklären, daß vor so entscheidenden Stadien wie der Berufung bzw. insbesondere der Revision ein Verteidigerwechsel stattfindet oder ein (spezialisierter) Verteidiger mit zu dem Verfahren hinzugezogen wird. Im einzelnen sind die Zahlen hier aber zu gering, um einen gesicherten Zusammenhang nachzuweisen.

1.1.5. Vollmacht

1.1.5.1. Vollmachtsanzeige

Bei 93% aller Vollmachtsanzeigen[14] wurden die von den verschiedenen Verlagen angebotenen Formulare verwendet. In nur 7% der Verfahren wurden selbst gefertigte Vollmachtsanzeigen verwendet.
Inhaltlich unterscheiden sich die Formulare nur geringfügig, auch die selbst gefertigten Formulare weichen nur in Einzelpunkten von den sonst verwendeten ab.

1.1.5.2. Sozietätsvollmacht; § 146 StPO

Unter dem Gesichtspunkt des § 146 StPO spielt die Frage, ob eine Vollmacht einer Sozietät oder nur einem Mitglied einer Kanzlei erteilt worden ist, eine gewichtige Rolle, denn mehrere Mitglieder einer Sozietät können in demselben Verfahren für mehrere Beschuldigte nur dann auftreten, wenn die Vollmachten jeweils nur einzelnen Mitgliedern, aber nicht der gesamten Sozietät erteilt worden sind.[15]
In der Praxis - so wie sie sich in den analysierten Akten widerspiegelt - wird dieses Problem äußerst nachlässig gehandhabt:

---

14) EB 040 - EB 042.
15) DAHS, a.a.O. Handbuch, Rdn. 67; DECKER/KOTZ, a.a.O. 1989, 2/2.3.; HAMM/LOHBERGER (DANCKERT), a.a.O. 1988, 34.

In der Erhebung konnten 160 Vollmachten[16] auf die hier interessierende Frage untersucht werden. Dabei wurde unterschieden zwischen "keinerlei Beschränkung", "konkludente Beschränkung" und "ausdrückliche Beschränkung", wobei anzufügen ist, daß allein die letzte Form den Anforderungen genügen kann.
Eine "konkludente Beschränkung" wurde dann angenommen, wenn der Vollmacht etwa ein Schreiben beigefügt war, in dem aus dem Geschäftszeichen, dem Text oder der (lesbaren!) Unterschrift ein Mitglied der Sozietät identifiziert werden konnte, das den Fall offensichtlich alleine bearbeitete.
"Keine Beschränkung" wurde dann angenommen, wenn sich in den Akten nur eine Vollmacht fand, in deren Kopf nur ein Sozietätsstempel eigesetzt war, bzw. dann, wenn Schreiben mehrerer Sozietätsmitglieder vorlagen, aus denen sich aber nicht das Verhältnis zu dem federführenden Anwalt entnehmen ließ (etwa: Untervollmacht). Die Auswertung zeigt, daß in 48 Fällen (30% der untersuchten Sozietätsvollmachten) keinerlei Beschränkung vorgenommen wurde, in 81 Fällen (51%) lag eine "konkludente Beschränkung" vor, nur 21 Vollmachten (13%) entsprachen den Anforderungen.
Eine sorgfältige und überlegte Handhabung der Vollmachten innerhalb einer Sozietät war insbesondere wegen der extensiven Ausdehnung des § 146 StPO durch die Gerichte[17] dringend geboten, wie Fall 143 zeigt.

Fall 143:

Es handelt sich um ein Verfahren wegen Untreue, in dem der Neffe N als Vermögensverwalter das mehrere Millionen umfassende Vermögen seiner (möglicherweise) geisteskranken Tante T verwaltete und dabei relativ geringfügige Summen rechtswidrig entzog, um es für den Start eines eigenen Unternehmens zu verwenden, das er mit dem späteren Zeugen B gemeinsam aufbauen wollte. Im

16) Es wurden hier die Vollmachten der Wahlverteidiger und der Verteidiger, die einen erfolgreichen Antrag auf Bestellung zum Pflichtverteidiger gestellt hatten, zusammen ausgewertet. EB 046, EB 047.
17) Vgl. dazu ausführlich oben, S. 48ff.

November 1981 erwirkte die Staatsanwaltschaft einen Durchsuchungs- und Beschlagnahmebeschluß in dieser Sache gegen B.
B wird in dieser Zeit von dem Anwalt V1 der Kanzlei V1, V2 und V3 vertreten. Wegen der Abwesenheit von V1 wird V2 vorübergehend persönlich Vollmacht erteilt.
Ab Dezember 1981 vertreten V2 und V3 den N, V1 ist weiterhin für B tätig, gegen den erst im November 1982 ein förmliches Verfahren eingeleitet wird.
In der Verhandlung gegen N wird auf Gerichtsbeschluß V2 von der Verteidigung des Angeklagten N ausgeschlossen. Daraufhin muß das Verfahren ausgesetzt werden, damit sich V3 auf das Verfahren vorbereiten kann, denn die Hauptlast der Verteidigung war von V2 getragen worden.
Die Beschwerde gegen den Ausschluß von V2 hält das OLG für unbegründet. In der Begründung heißt es:
"... Rechtsanwalt V2 hat, bevor er am ... Dezember 1981 von dem Angeklagten als Verteidiger bevollmächtigt wurde, wegen der gleichen Tat im strafprozessualen Sinn (§ 264 StPO) in dem Ermittlungsverfahren bereits B als Beschuldigten vertreten.
N und B waren bereits im November 1981 Beschuldigte derselben, auf einen einheitlichen historischen Vorgang beruhenden Tat, auch wenn gegen B ein förmliches staatsanwaltliches Ermittlungsverfahren erst am ... November 1982 eingeleitet wurde.
Beschuldigt ist jemand nicht erst mit der Einleitung eines förmlichen Verfahrens, sondern bereits dann, wenn sich ein Ermittlungsverfahren erkennbar gegen ihn richtet." Die Gegenvorstellungen des V2 werden vom OLG für unzulässig erklärt; es blieb bei dem Ausschluß des Verteidigers.

Dieser Fall zeigt anschaulich, wie wenig diese starre Regelung des § 146 StPO der Komplexität der Rechtswirklichkeit gerecht wurde.[18]
Es ist daher kein Wunder, daß sich in der Praxis Umgehungsformen eingeschlichen haben.

Fall 194:

Mit der Vollmacht wurde angezeigt, daß "... wir Herrn AB, sowie seine Ehefrau CB vertreten", wobei aber nur ein Mitglied der Sozietät als Sachbearbeiter aufgeführt worden war. In der Hauptverhandlung trat dann der genannte Anwalt nur für Herrn AB auf, während die Ehefrau CB unverteidigt blieb.

---

18) Nach der Zulassung der sukzessiven Verteidigung ist die Vertretung in diesem Fall nun zulässig (vgl. dazu auch oben, S. 51f.).

Es lag der auch in den Interviews[19] angesprochene Fall der Vertretung eines Ehepaares vor, in dem offiziell die Verteidigung nur für einen Ehepartner geführt wird, aber alle Beteiligten wissen, daß für beide gesprochen wird.
Mit diesen beiden Fällen werden die Angaben der Anwälte zu § 146 StPO mit Beispielen belegt und bestätigt. Das Problem des zweiten Falles ist noch nicht gelöst.[20]

1.1.5.3. Untervollmacht

Die Erhebung weist 6 Fälle (3,6% der Wahlverteidigungen) aus, in denen Untervollmachten, zumeist fur die Vertretung in der Hauptverhandlung, erteilt wurden.[21]
Probleme konnten in der Aktenanalyse nicht festgestellt werden.

1.1.6. Mandatsauflösung

Jedem Verteidigerwechsel[22] geht eine Mandatsauflösung[23] voraus. Die Auswertung zeigt, daß in 24 Verfahren mit Wahlverteidigern (14,5% der Wahlverteidigungen) das Mandat gelöst wurde, während in nur 22 Verfahren (13,3% der Wahlverteidigungen) ein Verteidigerwechsel stattfand. Da die Angaben zur Mandatsauflösung die vollständige Lösung vom Verteidiger erfaßte (das Mandat wurde nicht als Pflichtverteidiger "fortgeführt"), bedeutet dies, daß in zwei Fällen (1,2% der Wahlverteidigungen) der Beschuldigte für den weiteren Verfahrenslauf ohne Verteidiger blieb. Diese relativ geringe Zahl kann durch die Schichtung der Stichprobe erklärt werden, denn es ist generell ein höherer Prozentsatz vorstellbar, in dem ein Mandat zunächst erteilt und Akteneinsicht genommen wird, nach einer Beratung des Mandanten der Verteidiger aber wieder aus dem Verfahren ausscheidet.

---

19) Vgl. oben, S. 56.
20) Vgl. oben, S. 57.
21) EB 048.
22) EB 049ff.
23) EB 043ff.

Auf der anderen Seite gaben aber die Verteidiger in den Interviews[24] (in denen nicht zwischen Mandatsauflösung und Verteidigerwechsel unterschieden wurde) einen Gesamtauflösungsanteil von 5% aller Mandate an, in denen ja auch die Verteidigerwechsel enthalten sein müssen. Dem stünden hier 14,5% der Wahlverteidigungen gegenüber, also etwa das Dreifache dessen, was in den Interviews genannt wurde.
Dieser Widerspruch ist auf der einen Seite durch die Schichtung der Stichprobe der Aktenanalyse zu erklären, auf der anderen Seite wird zu berücksichtigen sein, daß es sich bei den Angaben der Anwälte um Schätzungen handelte.
Die "Problemgröße" wird man in diesem Bereich daher mit ca. 10% schätzen können.

Die meisten Auflösungen bzw. Verteidigerwechsel fanden im Zwischenverfahren statt, und zwar nach der Mitteilung der Anklageschrift bzw. kurz vor der Hauptverhandlung.
Zudem ist zu berücksichtigen, daß ca. 60% der Mandanten, die den Verteidiger wechselten, zu diesem Zeitpunkt in Untersuchungshaft waren.
Damit kristallisiert sich deutlich das Zwischenverfahren in Haftsachen als ein für den Verteidiger und den Mandanten besonders schwieriges Stadium heraus.
Die Mandatsauflösungen bei den 2. und 3. Wahlverteidigern deckten sich mit den Verteidigerwechseln; die Fallzahlen waren hier aber zu gering, um weiterführende Erkenntnisse zu gewinnen.

---

24) Vgl. oben, S. 110.

1.2. Der Wahlpflichtverteidiger

1.2.1. Anzahl der Wahlpflichtverteidiger

Die Untersuchung[25] weist insgesamt 56 Verfahren aus, in denen der **Wahlverteidiger einen Antrag auf Bestellung als Pflichtverteidiger** gestellt hatte, das sind rund 26% der Verfahren, in denen der Mandant zunächst von einem Wahlverteidiger vertreten worden war.[26]
Dabei wurden in 53 Verfahren (25% der Wahlverteidigungen[27], 95% der Anträge auf Beiordnung) nur ein Antrag, in 2 Verfahren (1,0% bzw. 3,6%) 2 Anträge und in einem Verfahren (0,5% bzw. 1,8%) 3 Anträge gestellt.
Die **Erfolgsquote** der Anträge beträgt 86% (= 48 Verfahren), in 14% der Verfahren (8 Fälle) wurde dem Antrag auf Bestellung als Pflichtverteidiger nicht stattgegeben. In diesen Verfahren führten die Verteidiger das Mandant als Wahlverteidiger weiter.
Die folgende Tabelle gibt eine Übersicht über die Häufigkeitsverteilung der gestellten und der abgelehnten Anträge nach Deliktgruppen.

25) EB 043ff.
26) Zugrundegelegt sind hier alle als Wahlverteidigung erhobenen Verfahren, d.h. die Wahlverteidiger und die Verteidiger, die erfolgreich einen Antrag auf Bestellung zum Pflichtverteidiger gestellt hatten.
27) wie Fn. 26).

Tabelle Nr. 20: Häufigkeitsverteilung der gestellten und der abgelehnten Anträge auf Beiordnung als Pflichtverteidiger nach Deliktgruppen

Deliktgruppe	Antrag gestellt	Antrag abgelehnt
Sexualdelikte	6	1
Tötungsdelikte	20	3
Diebstahl/Raub	18	0
Betrug	7	2
Sonst. StGB, Nebenstrafrecht	5	2
insgesamt	56	8

Die Tabelle zeigt anschaulich, daß die Anträge überwiegend in Verfahren vor der großen Strafkammer und der großen Strafkammer als Schwurgericht gestellt wurden. Es ergibt sich aber keine Deliktgruppe, in der die Ablehnungen besonders hervorstechen würden.

Die zweite Gruppe, aus der sich die Wahlpflichtverteidiger zusammensetzen, sind die **bezeichneten Pflichtverteidiger**.[28) Bei der Aktenanalyse wurde versucht herauszufinden, ob der Beschuldigte vor der Bestellung eines Pflichtverteidigers in irgendeiner Form befragt wurde oder er sich sonst dazu äußerte, welcher Anwalt für ihn zum Pflichtverteidiger bestellt werden sollte. Danach konnten in 28 Verfahren, das sind 34% aller Pflichtverteidigungen[29)] Anhaltspunkte dafür gewonnen werden, daß der Beschuldigte Vorschläge hinsichtlich des Pflichtverteidigers machen konnte. Demgegenüber konnten in 54 Verfahren (66% aller Pflichtverteidigungen[30)]) keine Anhaltspunkte für eine Befragung gefunden werden.

28) EB 074.
29) Zugrundegelegt sind hier alle als Pflichtverteidigung erhobene Verfahren, d.h. die Pflichtverteidiger und die bezeichneten Pflichtverteidiger.
30) wie Fn. 29).

Auch unter Berücksichtigung der etwas unsicheren Datenbasis kann gesagt werden, daß diesbezüglich in der Rechtswirklichkeit Defizite bestehen. Es ist zu hoffen, daß durch die durch das Strafverfahrensänderungsgesetz 1987[31)] eingefügte Bestimmung, nach der dem Beschuldigten Gelegenheit gegeben werden soll, einen Rechtsanwalt zu bezeichnen (§ 142 I (2) und (3) StPO), hier eine grundlegende Änderung eintreten wird.

Die **Erfolgsquote** hinsichtlich Bestellung eines bezeichneten Pflichtverteidigers ergibt sich hier mit 100%, d.h., immer dann, wenn der Beschuldigte einen Vorschlag gemacht hatte, wurde diesem auch stattgegeben.

Aus den eben beschriebenen Gruppen ergeben sich zusammen 76 Wahlpflichtverteidigungen.

1.2.2. Ortsansässigkeit der Wahlpflichtverteidiger

Bei der Ortsansässigkeit[32)] der Wahlpflichtverteidiger zeigt sich für die als **Wahlverteidigung** gezählten Verfahren, daß in 43 (90%) der 48 Verfahren mit einem erfolgreichen Antrag auf Bestellung als Pflichtverteidiger der Verteidiger ortsansässig war. In 5 Verfahren war der Wahlverteidiger nicht ortsansässig, das entspricht 10% der Verfahren mit einem erfolgreichen Antrag auf Pflichtverteidigerbestellung.

Bei den zuletzt genannten Verfahren konnte es zu **Schwierigkeiten** kommen, wie sie sich exemplarisch in Fall 171 zeigten.
Fall 171:

In dem Antrag des Verteidigers heißt es:
"... Ich erkläre hierbei, daß ich, für den Fall, daß ich als Pflichtverteidiger bestellt werden sollte, zu den gleichen

---

31) BGBl. 1987 I, 475.
32) EB 031.

Bedingungen wie ein Ortsanwalt auftreten werde (also ohne Reisekosten, Tagegeld u.s.w.)".
Entsprechend diesem Antrag wurde der Verteidiger auch unter diesen Beschränkungen als Pflichtverteidiger bestellt.

Da sich der Verteidiger in diesem Fall ausdrücklich mit der Beiordnung unter der Beschränkung auf die Vergütung eines ortsansässigen Verteidigers einverstanden erklärt hatte, ist diese Bestellung zulässig.[33)]
Dennoch ist dieser Fall, wie auch die derzeitige gesetzliche Regelung, die wegen § 142 I (1) StPO den Wunsch nach einem auswärtigen Verteidiger noch immer als einen Grund für die Nichtbestellung betrachtet[34)], unbefriedigend, da so das staatliche Interesse an einer kostengünstigen Pflichtverteidigung über das Interesse an einer effektiven, durch den Anwalt des Vertrauens des Beschuldigten geführten Verteidigung gestellt wird.
Der optimistische Satz von DAHS[35)]

"Kein Grund für die Ablehnung ist das fiskalische Interesse, wenn ein anderer Verteidiger 'billiger' ist"

findet damit noch keinen Niederschlag im Gesetz und führt deswegen in der Rechtswirklichkeit zu einem Kostenverzicht durch die Verteidigung, die damit auch keine finanziellen Opfer scheut, um eine effiziente Verteidigung sicherzustellen (wenn sich nicht der Mandant zur Übernahme der Reisekosten bereit erklären konnte). Reformziel muß ein unbeschränkbares Wahlrecht sein; zumal sich dieses in der Rechtswirklichkeit schon andeutet.

Die Ortsansässigkeit der Wahlpflichtverteidiger zeigt für die als **Pflichtverteidigung** gezählten Verfahren, daß in 26

---

33) Vgl. KLEINKNECHT/MEYER, a.a.O. 38, § 142, Rdn. 6.
34) Vgl. RIESS/HILGER, a.a.O. 1987, 147 m.w.N.; dem Vertrauensverhältnis zwischen Angeklagtem und Verteidiger wird jedoch bei der Bestellung Vorrang eingeräumt vor der Ortsansässigkeit, vgl. OLG Karlsruhe NJW 1978, 1064; OLG Stuttgart MDR 1988, 77.
35) DAHS, a.a.O. Handbuch, Rdn. 112.

(93%) der 28 Verfahren, in denen der bezeichnete Verteidiger als Pflichtverteidiger bestellt worden war, der Verteidiger ortsansässig war. In 2 Verfahren (7%) war der Pflichtverteidiger nicht ortsansässig.

Damit kann gesagt werden, daß in durchschnittlich 91% der Wahlpflichtverteidigungen der Verteidiger ortsansässig ist.

1.2.3. Geschlechtsverteilung der Wahlpflichtverteidiger

In den 76 Verfahren mit Wahlpflichtverteidigungen traten 7 Verteidigerinnen[36] auf, das entspricht einem Anteil von ca. 9%. Dies waren jeweils Wahlverteidigerinnen gewesen, die einen erfolgreichen Antrag auf Bestellung zur Pflichtverteidigerin gestellt hatten.

1.2.4. Stadium der Bestellung

In 48 Verfahren stellten Wahlverteidiger einen erfolgreichen Antrag auf Bestellung zum Pflichtverteidiger.
Das folgende Schaubild zeigt die prozentuale Verteilung dieser Anträge auf die einzelnen Stadien des Verfahrens.[37]

36) EB 035, EB 036, EB 062.
37) EB 054, EB 056

Schaubild Nr. 4: Prozentuale Häufigkeitsverteilung der Anträge auf Beiordnung als Pflichtverteidiger auf die Verfahrensstadien

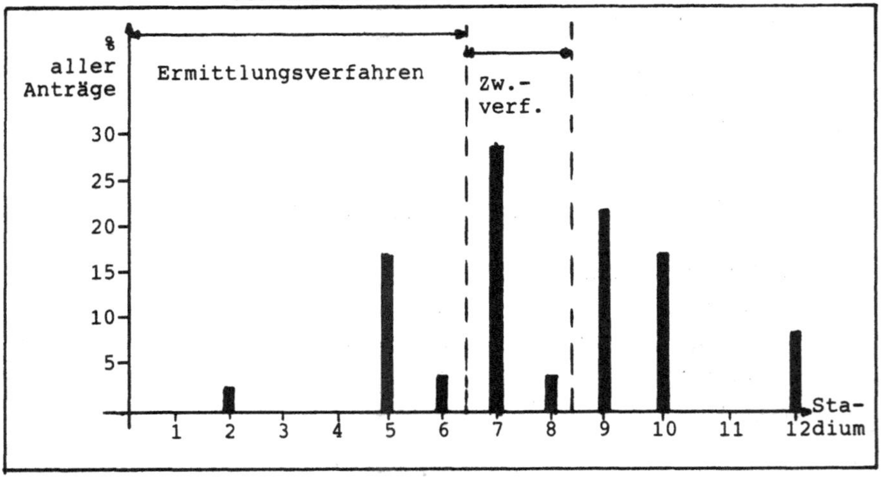

1 = vor der polizeil.Vernehmung
2 = nach der polizeil. Vernehmung
3 = vor staatsanw. od. ri. Vernehmung
4 = nach staatsanw. od. ri. Vernehmung
5 = vor Abschluß der Ermittlungen
6 = nach Abschluß der Ermittlungen
7 = nach Mitteilung der Ankl.schr.
8 = im Zwischenverfahren
9 = nach Eröffnungsbeschluß
10 = während der Hauptverhandlung
11 = vor Berufung
12 = vor Revision

Interessant sind dabei zunächst die Werte im Ermittlungsverfahren: ca. 20% der Anträge wurden schon in diesem Stadium gestellt, d.h. daß die Anwälte der Ansicht waren, daß von der Möglichkeit der Bestellung im Vorverfahren Gebrauch gemacht werden sollte (§ 141 Abs. 3 Satz 1 und 2 StPO).
Die Spitzenwerte im Zwischenverfahren, insbesondere der Wert für das Stadium 7 (nach Mitteilung der Anklageschrift) ist mit der Gesetzeslage zu erklären, denn es ist dies der Zeitpunkt, ab dem Pflichtverteidiger gemäß § 141 Abs. 3 Satz 3 StPO bestellt werden können. Insgesamt werden im Zwischenverfahren etwa ein Drittel der Anträge auf Bestellung als Pflichtverteidiger gestellt. Ein weiterer wichtiger Abschnitt ist der Zeitraum zwischen Eröffnungsbeschluß und Beginn der Hauptverhandlung: hier werden noch ca. 20% der Anträge gestellt. Immerhin noch

ca. 15% der Anträge wurden jedoch erst im Laufe der Hauptverhandlung gestellt, ca. 10% der Anträge erst vor dem Rechtsmitttelverfahren (v.a. Revision, da hier praktisch nur Verfahren vor der großen Strafkammer eine Rolle spielen).

Die 8 **abgelehnten Anträge**[38] verteilen sich auf die folgenden Stadien: 3 Anträge im Stadium "nach Mitteilung der Anklageschrift", also im Zwischenverfahren; 1 Antrag nach dem Eröffnungsbeschluß, also im Hauptverfahren vor dem Beginn der Hauptverhandlung, 1 Antrag während der Hauptverhandlung und 3 Anträge vor der Revision. Gemessen an dem generellen Vorkommen sind damit die Anträge in dem Stadium vor der Revision besonders erfolglos.

In 28 Verfahren wurden bezeichnete Pflichtverteidiger bestellt.
Das folgende Schaubild zeigt die prozentuale Verteilung dieser Bestellungen auf die einzelnen Stadien des Verfahrens.[39]

---

38) EB 054, EB 056.
39) EB 056.

Schaubild Nr. 5: Prozentuale Häufigkeitsverteilung der Bestellung der bezeichneten Pflichtverteidiger (Wahlpflichtverteidiger) auf die Verfahrensstadien

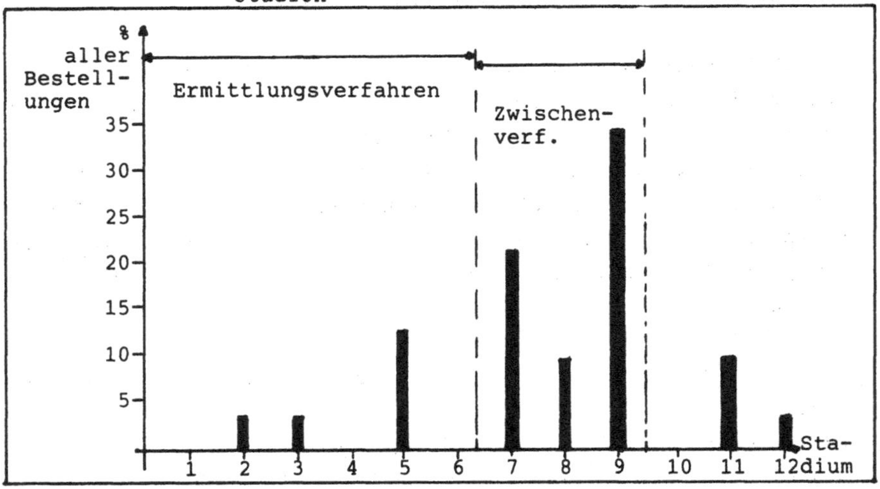

01 = vor polizeil.Vernehmung
02 = nach polizeil. Vernehmung
03 = vor staatsanw. od. ri. Vernehmung
04 = nach staatsanw. od. ri. Vernehmung
05 = vor Abschluß der Ermittlungen
06 = nach Abschluß der Ermittlungen
07 = nach Mitteilung der Ankl.schr.
08 = im Zwischenverfahren
09 = mit Eröffnungsbeschluß
10 = während der Hauptverhandlung
11 = vor Berufung
12 = vor Revision

Das entscheidende Stadium für die Bestellung der Wahlpflichtverteidiger, die auf Anregung des Beschuldigten hin bestellt werden, ist damit das Zwischenverfahren: hier werden rund 45% der Bestellungen vorgenommen; besonders ragen heraus das Stadium "Mitteilung der Anklageschrift" und "mit Eröffnungsbeschluß". Der von dem Gesetz primär vorgesehene Zeitpunkt (141 I StPO: nach der Aufforderung zur Erklärung über die Anklageschrift, also gemäß § 201 I StPO zugleich mit der Mitteilung der Anklageschrift) wird damit noch von dem Zeitpunkt "mit Eröffnungsbeschluß" übertroffen. Dies bedeutet, daß ein großer Anteil an Beschuldigten auch während des Zwischenverfahrens noch unverteidigt ist, obwohl von dem eröffnenden Gericht die Verteidigung für notwendig gehalten wird.

Die anderen Stadien (Ermittlungsverfahren: ca. 18%, vor Berufung bzw. vor Revision: zusammen ca. 15%) sind dagegen von geringerer Bedeutung.

1.2.5. Grund der Bestellung

Soweit die Begründungen[40] für die Bestellungen der Wahlverteidiger, die einen Antrag auf Bestellung zum Pflichtverteidiger gestellt hatten, festgehalten werden konnte, beruhten diese auf § 140 I Nr. 1 StPO und auf § 140 II StPO.
Wegen der besonderen Bedeutung, die § 140 II StPO für die Verteidiger hat, seien hier die Begründungen der beiden Fälle, in denen ein Wahlverteidiger gemäß § 140 II StPO zum Pflichtverteidiger bestellt worden war, wiedergegeben.

Fall 189:

Z verkehrte geschlechtlich mit der Prostituierten P und unterhielt sich danach mit deren Freund F.
Der Angeklagte soll danach dem Z Geld gestohlen haben. Nach dem Ersturteil wurde von F ein Antrag auf Bestellung eines Pflichtverteidigers gestellt, da der Zeuge Z unterschiedliche Angaben gemacht hatte.
Der Antrag des F wurde abgelehnt, da die "Voraussetzungen nicht vorliegen".
Daraufhin schrieb der Verteidiger V des F, die Pflichtverteidigerbestellung sei wohl abgelehnt worden, da das Gericht an die Voraussetzungen des § 140 Abs. 1 Nr. 5 StPO gedacht hätte; es könne jedoch wegen der unterschiedlichen Angaben des Zeugen Z auch an eine Bestellung gemäß § 140 Abs. 2 StPO erfolgen.
Diesem Antrag wurde dann stattgegeben.

Fall 268:

Der Verteidiger begründete seinen Antrag auf Bestellung als Pflichtverteidiger gemäß § 140 Abs. 2 StPO wie folgt:
"Herr ... kann weder lesen noch schreiben (abgesehen von seinem Namen). Auch die Anklageschrift konnte er nicht selbst lesen.
Er hat auch keinerlei Erfahrungen mit Justiz oder Behörden.
Er lebt in ärmlichen Verhältnissen, was auch daraus hervorgeht, daß er vom Arbeitsamt zur Zeit für sich und seine Familie ein wöchentliches Unterhaltsgeld in Höhe von 187,20 DM erhält...
In der gegenwärtigen Rechtssache ist er völlig hilflos; etwaige

40) EB 065ff.

im Prozeß vorgelegte Schriftstücke könnte er nicht lesen und auch justiziellen Sachvortrag nicht recht verstehen."
Auch diesem Antrag wurde stattgegeben.

Anträge auf Beiordnung können aber auch kontraproduktiv zu der eingeschlagenen Verteidigungsstrategie sein, wie das nachfolgende Beispiel verdeutlicht.

Fall 161:

Es handelte sich um ein Verfahren gegen einen Zuhälter, dem man u.a. nachzuweisen versuchte, daß er ausschließlich von den Zuwendungen der Prostituierten gelebt und somit den Ausbeutungstatbestand erfüllt hatte (§ 181a StGB).
Der Anwalt hatte als Wahlverteidiger in zahlreichen Briefen Beweise dafür angeboten, daß der Mandant in dem fraglichen Zeitraum auch andere Einnahmen hatte und zur Bestreitung seines Lebensunterhaltes nicht auf die Ausbeutung der Prostituierten angewiesen war.
In seinem Antrag auf Beiordnung als Pflichtverteidiger hieß es dann jedoch:
"... und als Pflichtverteidiger für ... zu bestellen, nachdem mein Mandant - entgegen der ursprünglichen Erwartung - nicht in der Lage war (sic!) und ist, sein Honorar auch nur in Teilbeträgen zu bezahlen."

Die Offenlegung der finanziellen Schwierigkeiten des Mandanten (auch in der Vergangenheit) beeinträchtigt die Verteidigungsstrategie und die Glaubwürdigkeit des Beschuldigten in solchen und in ähnlichen Fällen (z.B. bei Betrug) erheblich. Die Begründung des Antrags ist in dieser Form auch nicht notwendig und im übrigen auch nicht stichhaltig; es hätte dargelegt werden müssen, warum es für den Fortgang des Verfahrens notwendig ist, daß der Verteidiger nach Niederlegung des Mandats zum Pflichtverteidiger bestellt wird.[41]

Die Begründungen der Bestellung der bezeichneten Pflichtverteidiger konnten - wie bei den übrigen Pflichtverteidigungen[42] - nur unzulänglich festgehalten werden, da sie in den Verfügungen häufig nicht genannt wurden.

41) HAMM/LOHBERGER (DANCKERT), a.a.O. 1988, 47.
42) Vgl. dazu unten, S. 233.

Die nachfolgende Tabelle faßt die Begründungen[43] zu den 28 Verfahren zusammen (Mehrfachnennungen kamen vor).

Tabelle Nr. 21: Begründung der Bestellung der bezeichneten Pflichtverteidiger

Grund	Anzahl der Nennung	% der Nennung
§ 140 I Nr. 1	15	48,4
§ 140 I Nr. 2	2	6,5
§ 140 I Nr. 5	11	35,5
§ 140 I Nr. 6	1	3,1
§ 140 II	2	6,5
insg. Nennung	31	100%

Damit sind die §§ 140 I Nr. 1 und 140 I Nr. 5 die wichtigsten Begründungen, mit denen den Beschuldigten die von ihnen bezeichneten Pflichtverteidiger bestellt werden.

1.2.6. Untervollmacht

In den 48 Verfahren, in denen Wahlverteidiger einen erfolgreichen Antrag auf Pflichtverteidigerbestellung gestellt hatten, kamen 5 Verfahren (ca. 10%) vor, in denen eine Untervollmacht[44] erteilt worden war. Diese wurden jedoch vor der Bestellung zum Pflichtverteidiger erteilt, so daß es in keinem Fall zu einem Konflikt mit der Rechtsprechung kam, die eine solche Untervollmacht durch den Pflichtverteidiger als unzulässig ansieht, da die Pflichtverteidigerbestellung ad personam erfolgt.[45]

---

43) EB 065ff.
44) EB 048.
45) Vgl. DAHS, a.a.O. Handbuch, Rdn. 115 m.w.N.

1.2.7. Entpflichtung

In 7 der 76 Wahlpflichtverteidigungen, das sind 9% dieser Verfahren, wurde der Verteidiger entpflichtet. Davon entfiel ein Fall auf das Ermittlungsverfahren, 4 Fälle entfielen auf das Zwischenverfahren und 2 Fälle auf das Stadium zwischen Eröffnungsbeschluß und dem Beginn der Hauptverhandlung.
In 5 dieser Fälle war von dem Beschuldigten wieder der Wahlverteidiger mandatiert worden, in je einem Fall wurde als Begründung ein gestörtes Vertrauensverhältnis bzw. ein Interessenkonflikt angegeben. In den beiden zuletzt genannten Verfahren wurde ein anderer Wahlpflichtverteidiger mandatiert.
Zu der Verteilung nach den Delikten vgl. unten 1.3.6.

1.3. Der Pflichtverteidiger

1.3.1. Anzahl der Pflichtverteidiger

In der Erhebung befanden sich 54 Verfahren, in denen Pflichtverteidiger bestellt wurden.[46] In zwei dieser 54 Verfahren gab es 2 Pflichtverteidiger. Dies war in beiden Fällen durch einen Wechsel in der Pflichtverteidigung bedingt, d.h. die Pflichtverteidiger traten nacheinander auf.

1.3.2. Ortsansässigkeit der Pflichtverteidiger

Unter den 54 Verfahren mit Pflichtverteidigern gab es 52 Verfahren (das sind 96% aller Pflichtverteidigungen), in denen ortsansässige Anwälte zu Pflichtverteidigern bestellt worden waren.[47]

---

46) EB 059.
47) EB 060; auch hier wurde als ortsansässig der Anwalt angesehen, dessen Kanzlei sich in dem entsprechenden LG-Bezirk befand.

In nur 2 Fällen (das sind 4% der Pflichtverteidigungen) waren "auswärtige" Anwälte als Verteidiger tätig.
Dies zeigt, daß die Rechtswirklichkeit derzeit den Vorgaben durch § 142 Abs. 1 StPO weitgehend entspricht. Wie sich aber auch aus dem oben[48] wiedergegebenen Beispiel ergibt, besteht ein (begrenzter) Bedarf an Pflichtverteidigungen durch nicht ortsansässige Anwälte.

1.3.3. Geschlechtsverteilung der Pflichtverteidiger

In 50 der 54 Fälle mit Pflichtverteidigung, das sind 93%, wurden Rechtsanwälte zu Pflichtverteidigern bestellt, während in nur 4 Verfahren, das sind 7% der Pflichtverteidigungen, Anwältinnen bestellt wurden.[49]

1.3.4. Stadium der Bestellung

Eine Übersicht über die Häufigkeitsverteilung der Bestellungszeitpunkte auf die einzelnen Stadien[50] der Verfahren gibt das nachfolgende Schaubild.

48) Vgl. oben, S. 192.
49) EB 062.
50) EB 063.

Schaubild Nr. 6: Prozentuale Häufigkeitsverteilung der Pflichtverteidigerbestellungen auf die Verfahrensstadien

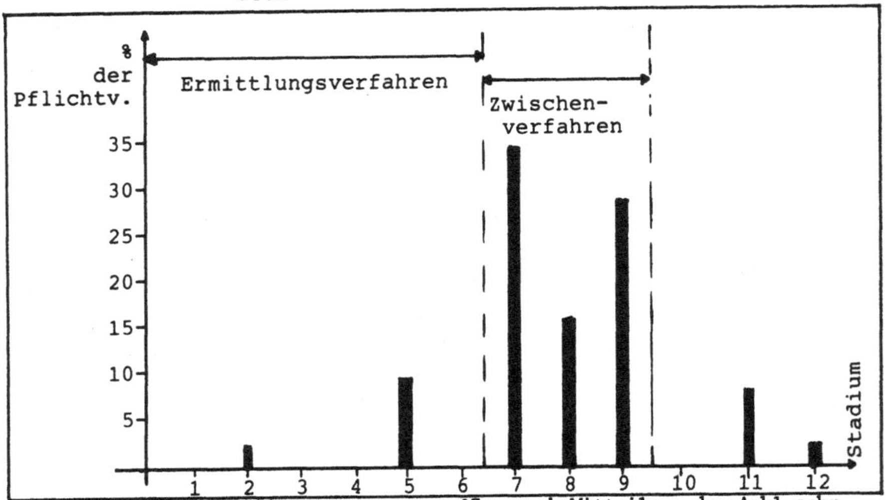

01 = vor polizeil.Vernehmung
02 = nach polizeil. Vernehmung
03 = vor staatsanw. od. ri. Vernehmung
04 = nach staatsanw. od. ri. Vernehmung
05 = vor Abschluß der Ermittlungen
06 = nach Abschluß der Ermittlungen
07 = nach Mitteilung der Ankl.schr.
08 = im Zwischenverfahren
09 = mit Eröffnungsbeschluß
10 = während der Hauptverhandlung
11 = vor Berufung
12 = vor Revision

Zusammenfassend ergibt die Auswertung, daß ca. 12% der Pflichtverteidiger während des Ermittlungsverfahrens bestellt werden, ca. 78% im Zwischenverfahren und ca. 10% vor der Rechtsmittelinstanz.

Als wichtigstes Stadium erwies sich somit wiederum das Zwischenverfahren, wobei sowohl der Zeitpunkt "nach Mitteilung der Anklageschrift", der primär durch § 141 I StPO für die Bestellung vorgegeben ist, als auch der Zeitpunkt "mit dem Eröffnungsbeschluß" von etwa gleichrangiger Bedeutung waren. Damit zeigt sich, daß es eine durchaus übliche Praxis ist, den Verteidiger zugleich mit dem Eröffnungsbeschluß zu bestellen. Diese Handhabung entspricht jedoch nicht den Intentionen des § 141 Abs. 1 StPO, denn es soll ja dem Beschuldigten die Möglichkeit gegeben werden, die Anklageschrift mit dem Verteidiger zu besprechen und Einwendungen gegen die Eröffnung des Hauptverfahrens geltend zu machen.

1.3.5. Grund der Bestellung

§ 140 StPO zählt in seinen Absätzen 1 und 2 insgesamt 9 Fälle auf, in denen Pflichtverteidiger bestellt werden können bzw. müssen.[51)]
Die Analyse der Akten ergab, daß die Begründung der Bestellung nachlässig gehandhabt wird: nicht selten fehlen die Angabe des einschlägigen Paragraphen (bzw. des Absatzes und der Nummer) oder ein anderer Hinweis auf den Bestellungsgrund völlig.
Die nachfolgende Tabelle gibt eine Übersicht über die Häufigkeit der angegebenen Bestellungsgründe, wobei aber zu berücksichtigen ist, daß in einigen Fällen mehrere Gründe angeführt wurden.

---

51) EB 065ff.

Tabelle Nr. 22: Begründung der Bestellung der Pflichtverteidiger

Grund	Anzahl der Nennung	% der Nennung
§ 140 I Nr. 1 (Hauptverhandl. vor OLG oder LG)	17	33,3
§ 140 I Nr. 2 (Verbrechen)	6	11,7
§ 140 I Nr. 3 (Berufsverbot)	0	0
§ 140 I Nr. 4 (taub oder stumm)	0	0
§ 140 I Nr. 5 (mindestens 3 Monate in Anstalt)	23	45
§ 140 I Nr. 6 (Gutachten nach § 81)	1	2
§ 140 I Nr. 7 (Sicherungsverfahren)	0	0
§ 140 I Nr. 8 (Verteidiger kann nicht mitwirken)	0	0
§ 140 II (Schwierigkeit der Sach- und Rechtslage)	4	8

Dabei stand - wobei auch die Schichtung der Stichprobe zu berücksichtigen ist - an der Spitze der Begründungen § 140 Abs. 1 Nr. 1 StPO, also weil die Hauptverhandlung im ersten Rechtszug vor (dem Oberlandesgericht oder) dem Landgericht stattfinden sollte. An zweiter Stelle stand § 140 Abs. 1 Nr. 5 StPO, also weil sich der Beschuldigte mindestens drei Monate aufgrund richterlicher Anordnung oder mit richterlicher Genehmigung in einer Anstalt befunden hatte und nicht mindestens zwei Wochen vor Beginn der Hauptverhandlung entlassen worden war.
Es kam jedoch häufig eine Nennung beider Gründe vor. Von untergeordneter Bedeutung waren die Begründungen der Pflichtvertei-

digerbestellung mit § 140 Abs. 1 Nr. 2 StPO und § 140 Abs. 1 Nr. 6 StPO.

Wegen der **Schwierigkeiten der Sach- und Rechtslage** wurden in 4 Fällen Pflichtverteidiger gemäß § 140 II StPO bestellt. Die enorme Bedeutung dieser Vorschrift für die Verteidigung rechtfertigt es auch hier, drei unterschiedliche Begründungen näher darzulegen.

Fall 001:

Die Bestellung des Pflichtverteidigers gemäß § 140 Abs. 2 StPO wurde nicht begründet. Aus den Akten ergibt sich aber die Vermutung, daß der Pflichtverteidiger bestellt wurde, weil die Beschuldigte einen Schwerbehindertenausweis (100%) wegen geistiger Störungen besaß. Es bestand daher die Möglichkeit, daß die Beschuldigte schuldunfähig sein könnte.

Fall 008:

Es handelte sich bei dem Beschuldigten um einen Marokkaner, der nur der französischen Sprache mächtig war, zudem waren eine Reihe weiterer Verfahren gegen ihn anhängig.

Fall 071:

Die Staatsanwaltschaft stellte in ihrer Anklageschrift einen entsprechenden Antrag, ohne ihn jedoch zu begründen. Der Grund für den Antrag dürfte jedoch in einer schweren neurotischen Fehlentwicklung des Angeklagten liegen.

Damit zeigt sich, daß § 140 Abs. 2 StPO überwiegend in Fällen angewandt wurde, in denen "sich der Beschuldigte nicht selbst verteidigen" konnte, in denen also § 140 Abs. 2 StPO als "soziale Auffangvorschrift" dienen mußte, weil die in Absatz 1 vorgesehenen Bestellungstatbestände die (sozial) notwendigen Fälle einer Pflichtverteidigerbestellung nicht voll erfassen. Die Reform des § 140 StPO müßte es ermöglichen, etwa unter Rückgriff auf den Behindertenbegriff einen Bestellungstatbestand zu schaffen.[52]

52) In den Interviews, vgl. oben S. 204, traten die Verteidiger generell für eine Ausweitung der Bestelltatbestände ein.

1.3.6. Entpflichtung

In 9 der 54 Pflichtverteidiger-Verfahren fanden Entpflichtungen der bestellten Verteidiger statt, das sind 16% aller Pflichtverteidigungen.[53)] Davon entfielen je ein Verfahren auf das Ermittlungsverfahren und das Zwischenverfahren, 5 Fälle entfielen auf das Hauptverfahren und wiederum je ein Fall auf das Stadium "vor der Berufung" bzw. "vor der Revision". Bei den Begründungen ragte mit 6 Verfahren die Wahl eines anderen Verteidigers heraus, während in je einem Fall ein gestörtes Vertrauensverhältnis, ein Interessenkonflikt bzw. der Wegfall der Voraussetzungen der Pflichtverteidigerbestellung angegeben wurde.

Auf die **Delikte** bezogen ragten bei den Entpflichtungen[54)] die Raub-Verfahren mit 50% der Entpflichtungen (8 Fälle) deutlich hervor, gefolgt von je 3 Verfahren wegen Tötungsdelikten bzw. wegen Verstößen gegen das Nebenstrafrecht und wegen je einer Straftat des Betruges und gegen die sexuelle Selbstbestimmung.

1.3.7. Kosten der Pflichtverteidigung

In insgesamt 98 Verfahren mit Pflichtverteidigern bzw. Wahlpflichtverteidigern konnten die von den Anwälten zu den Akten gebrachten (und genehmigten) Kostenrechnungen ausgewertet werden.
Die folgende Tabelle gibt einen Überblick über die durchschnittlich berechneten Gebühren.[55)]

---

53) EB 064, EB 075, EB 076.
54) Hier wurden die Pflichtverteidiger und die bestellten Pflichtverteidiger (vgl. oben 1.2.7.) gemeinsam ausgewertet.
55) EB 636ff.; die Berechnung des Durchschnitts erfolgte auf die hier insgesamt auswertbaren 98 Verfahren.

Tabelle Nr. 23: Durchschnittliche Gebühren der Pflichtverteidiger

Grundlage der Gebühr (BRAGebO)	arith. Mittel in DM
Gebühr für Verteidigung-Beiordnung-1. Rechtszug (§§ 83, 90, 91, 92, 94, 95)	422,--
Gebühr für Verfahren außerhalb der Hauptverhandlung (§§ 84, 97 I (2))	218,--
Gebühr für Verteidigung-Beiordnung-im Berufungsverfahren (§§ 85 I, II, III, 97)	310,--
Gebühr für Verteidigung-Beiordnung-Revisionsverfahren (§§ 86 I, II, III, 97)	245,--
Post etc.	40,--
Pkw etc.	84,--
Sonst. (insbesondere weitere Verhandlungstage)	152,--

Diese Zahlen zeigen, daß die Gebühren durchschnittlich nur etwa ein Drittel der im Gebührenrahmen vorgesehenen Beträge erreichen.
Unter Zugrundelegung aller 98 hier ausgewerteten Verfahren betragen die durchschnittlichen Gebühren für eine Pflichtverteidigung 980,-- DM.

1.4. Der Ersatzverteidiger

Zeichnet sich die Gefahr ab, "daß der Verteidiger die zur Durchführung der Hauptverhandlung notwendigen Maßnahmen nicht treffen kann oder ... will"[56], so kann das Gericht einen sog. "Ersatzverteidiger" bestellen.[57] In den hier analysierten Ver-

56) BGH St 15, 306, 309. Vgl. hierzu auch ROXIN, a.a.O. 1987, 106 m.w.N.; BEULKE, a.a.O. 1980, 239f.
57) EB 079ff.

fahren gab es nur einen Fall, in dem vorübergehend ein Ersatzverteidiger bestellt worden war.

Fall 169:

In der Begründung zur Bestellung des Ersatzverteidigers heißt es:
"... Als Wahlverteidiger hat sich RA ... angezeigt. Die Kammer hat die Erfahrung machen müssen, daß sich RA ... schon in mehreren Verfahren angezeigt hat, ohne dann den Termin wahrzunehmen. Um die Durchführung der Hauptverhandlung sicherzustellen, ist für den Angeklagten ein Pflichtverteidiger zu bestellen, der wieder entbunden werden kann, wenn RA ... den Termin selbst wahrnimmt."
Da der Wahlverteidiger den Termin wahrnahm, konnte der Ersatzverteidiger wieder entpflichtet werden.

Dieser Fall entspricht seiner Konstellation nach den Fällen, in denen in der Praxis Ersatzverteidiger bestellt werden. Eine statistische Auswertung verbietet sich auf der einen Seite, da nur dieser Einzelfall vorliegt, auf der anderen Seite, weil der Ersatzverteidiger nur für kurze Zeit bestellt war und besondere Aktivitäten nicht registriert werden konnten.

Diese rechtstatsächliche Untersuchung kann daher die Ersatzverteidigung nicht weiter analysieren.

1.5. Die Kontaktaufnahme im Vergleich zwischen Wahlverteidigung, Wahlpflichtverteidigung und Pflichtverteidigung

In einer ersten Zusammenfassung der bisher gewonnenen Ergebnisse sollen die Wahlverteidigung, die Wahlpflichtverteidigung und die Pflichtverteidigung einander gegenübergestellt werden.

Bei der **Ortsansässigkeit** ergaben sich folgende Zahlen für die Verteidiger, die nicht ortsansässig waren:

Wahlverteidiger:	18%
Wahlpflichtverteidiger:	9%
Pflichtverteidiger:	4%

Deutlich ragen damit die Wahlverteidiger und die Wahlpflichtverteidiger als diejenige Gruppen heraus, in der die meisten nicht ortsansässigen Verteidiger auftraten. Sie unterscheiden sich signifikant von der Gruppe der Pflichtverteidiger, es besteht jedoch nur eine schwache Korrelation, sodaß man nur von einer Tendenz dahingehend sprechen kann, daß der Wahl(pflicht)-verteidiger auch eher nicht-ortsansässig sein kann als der Pflichtverteidiger.

Bei der **Geschlechtsverteilung** ergaben sich für die Verteidigerinnen folgende Anteile an den jeweiligen Verfahren:

Wahlverteidigerinnen: 3,0%
Wahlpflichtverteidigerinnen: 9,2%
Pflichtverteidigerinnen: 7,4%

Dies bedeutet, daß der Anteil der Wahlverteidigerinnen durchschnittlich nur ein Drittel des Anteils der Wahlpflichtverteidigerinnen beträgt; es besteht ein signifikanter Unterschied bei einer schwachen Korrelation. Es besteht daher eine Tendenz, daß eher eine Wahlpflichtverteidigerin verteidigt als eine Wahlverteidigern.

Bei der Mandatsauflösung bzw. Entpflichtung ergaben sich folgende Anteile:

Wahlverteidiger: 14,4%
Wahlpflichtverteidiger: 9%
Pflichtverteidiger: 16%

Diese Unterschiede waren nicht signifikant, auch wenn nach der prozentualen Häufigkeitsverteilung die Wahlpflichtverteidigung die stabilste Verbindung zwischen Verteidiger und Beschuldigtem zu sein scheint.

Große Unterschiede zeigten sich allerdings in den **Einwirkungschancen** der Anwälte:
Schon der Vergleich der Häufigkeitsverteilung der Wahlverteidigermandatierung mit der (Wahl-)Pflichtverteidigerbestellung

nach den wesentlichen Abschnitten des Verfahrens macht dies deutlich:
Wurden 75% der Wahlverteidiger im Ermittlungsverfahren mandatiert, so kamen vergleichbare 84% der Wahlpflichtverteidiger zu diesem Zeitpunkt in das Verfahren (dies ist allerdings durch einen hohen Anteil der Verteidiger begründet, die (später) einen Antrag auf Bestellung zum Pflichtverteidiger gestellt hatten), demgegenüber wurden nur 12% der Pflichtverteidiger im Vorverfahren bestellt. Entsprechend umgekehrt verhält es sich im Zwischenverfahren: hier wurden nurmehr 16% der Wahlverteidiger mandatiert, dagegen 12% der Wahlpflichtverteidiger und 70% der Pflichtverteidiger bestellt, ein hoher Anteil (20 bzw. 40%) der zuletzt genannten Gruppen jedoch erst mit dem Eröffnungsbeschluß, also am Ende des Zwischenverfahrens, so daß sie auch während dieses Verfahrensstadiums nicht mehr in das Verfahren eingreifen konnten. Betrachtet man die Durchschnittszahlen über alle Verfahren für die Tage, die zwischen Anzeige und Vollmachtserteilung bzw. Pflichtverteidigerbestellung[58] vergehen, so ergibt sich für die

Wahlverteidiger	: 80 Tage	
Wahlpflichtverteidiger (Wahlverteidiger mit Antrag auf Bestellung)	: 40 Tage	durchschnittlich 125 Tage (zusammen mit der folgenden Zeile)
Wahlpflichtverteidiger (bezeichneter Pflichtverteidiger)	: 211 Tage	durchschnittlich 186 Tage (zusammen mit der folgenden Zeile)
Pflichtverteidiger	: 162 Tage	

Dies bedeutet, daß der **Pflichtverteidiger** (bzw. bezeichnete Pflichtverteidiger) durchschnittlich **3 1/2 Monate später als der Wahlverteidiger** in das Verfahren eingreifen kann und der bezeichnete Pflichtverteidiger etwa 2 Monate später als der einfach bestellte Pflichtverteidiger.
In der Gruppe der Wahlpflichtverteidiger ergeben sich auf Grund der unterschiedlichen Mandatierung bzw. Bestellung erhebliche Unterschiede.

58) EB 009, EB 015, EB 016.

2. Die Verteidigeraktivitäten

In einem ersten mehr formalen Zugriff sollen die Aktivitäten der Wahlverteidiger, Wahlpflichtverteidiger und der Pflichtverteidiger miteinander verglichen werden.[59]

2.1. Die Einlassungen der Verteidiger

2.1.1. Anzahl der Einlassungen

Für die drei Verteidigertypen (Wahlverteidiger, Wahlpflichtverteidiger und Pflichtverteidiger) ergaben sich die Anzahl aller schriftlichen Einlassungen aus den für die Wahlverteidigung und den für die Pflichtverteidigung erhobenen Daten[60].
Danach gaben die Wahlverteidiger durchschnittlich 3,6 Einlassungen zu den Akten, die Wahlpflichtverteidiger 4,6 und die Pflichtverteidiger 2,8.
Damit machten die Wahlpflichtverteidiger durchschnittlich die meisten Einlassungen, wobei sich jedoch die Gruppe der Verteidiger, die einen Antrag auf Bestellung zum Pflichtverteidiger gestellt hatte, deutlich von der Gruppe der bezeichneten Pflichtverteidiger unterscheidet. Verfertigte die erste Gruppe durchschnittlich 6,5 Schriftsätze, so waren es bei der zweiten Gruppe - wie auch bei den Pflichtverteidigern sonst - nur durchschnittlich 2,8 Schriftsätze. Dies verwundert nicht, da - wie gezeigt[61]- die erste Gruppe aus den Wahlpflichtverteidigern wesentlich früher in das Verfahren kommt.

---

59) Es wurde auch versucht, die Berufserfahrung der Verteidiger (EB 032ff., EB 061) einzuschätzen. Die dazu notwendigen gesicherten Daten erwiesen sich allerdings als nicht erfaßbar.

60) EB 057, EB 077. Nicht zu den Einlassungen wurden gezählt formelle Schreiben, wie sie bei der Einreichung der Vollmacht oder bei der Bitte um Akteneinsicht üblich sind.

61) Vgl. oben, S. 240.

2.1.2. Form der Einlassungen

Mit der Variablen "Form der Einlassungen"[62] wurde versucht festzuhalten, ob der Verteidiger überwiegend schriftlich oder überwiegend mündlich vorgeht, es wurde also versucht, ein äußeres Merkmal der Verteidigerstrategie zu ermitteln. Dabei ist es natürlich schwierig, in einer Aktenanalyse mündliche Einlassungen festzuhalten. Dies konnte nur geschehen, wenn sich aus einem Aktenvermerk ein eindeutiger Hinweis auf eine solche mündliche Einlassung ergab. Deshalb kann auch diese Einschätzung nur unter dem Vorbehalt der unzureichenden Datenbasis wiedergegeben werden. Das folgende Schaubild faßt die Ergebnisse der Auswertung für die Wahlverteidiger, die Wahlpflichtverteidiger und die Pflichtverteidiger zusammen.[63]

62) EB 058, EB 078.
63) Nicht eingeschätzt werden konnten 5% der Wahlverteidigungen, 19% der Wahlpflichtverteidigungen und 11% der Pflichtverteidigungen.

Schaubild Nr. 7: Form der Einlassung der Verteidiger

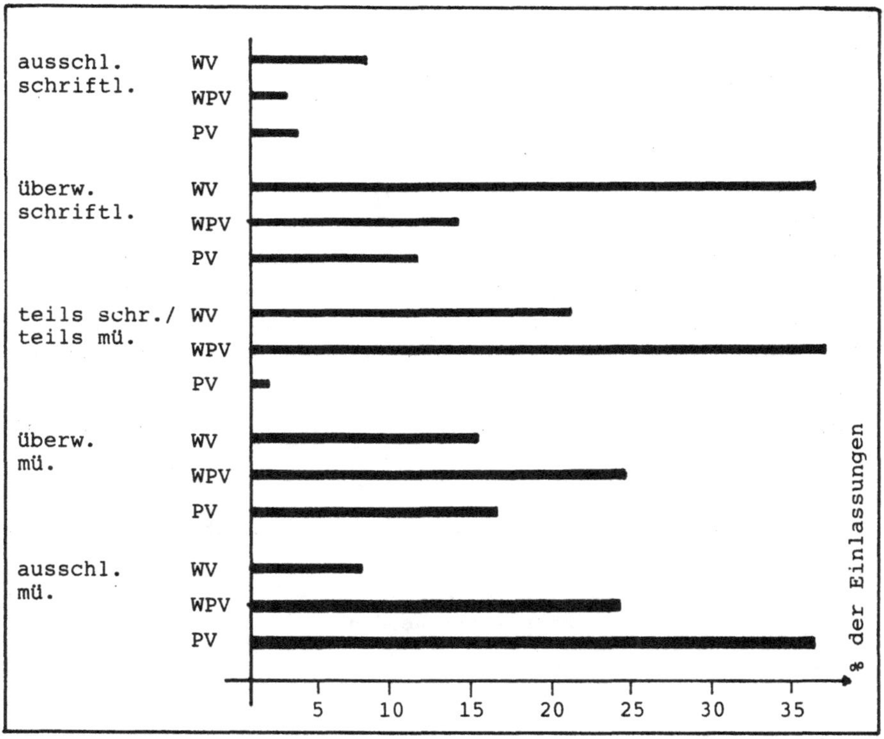

Das Schaubild läßt erkennen, daß die höchste Einschätzung bei den Wahlverteidigern bei "überwiegend schriftlich" erfolgte, bei den Wahlpflichtverteidigungen bei "teils schriftlich/teils mündlich" und bei den Pflichtverteidigungen bei "ausschließlich mündlich".

Die geringste Einschätzung lag bei den Wahlverteidigern bei "ausschließlich schriftlich" bzw. "ausschließlich mündlich", bei den Wahlpflichtverteidigern bei "ausschließlich schriftlich" und bei den Pflichtverteidigern bei "teils mündlich/teils schriftlich". Daraus läßt sich die Tendenz entnehmen, daß sich Wahlverteidiger eher schriftlich einlassen, während bei den Pflichtverteidigern eher die mündliche Form der Einlassung gewählt wird. Die Wahlpflichtverteidiger gehen dagegen meist "teils mündlich/teils schriftlich" vor.

2.1.3. Verteilung auf einzelne Zeitabschnitte

Die erste Stellungnahme des Verteidigers macht deutlich, daß er die Verteidigung des Beschuldigten aktiv betreibt. Es ist daher von Interesse, zu welchem Zeitpunkt diese erste Stellungnahme abgegeben wird. Dazu wurden hier folgende Zeitabschnitte analysiert: 1. Stellungnahme bis Entscheidung der Staatsanwaltschaft (Einstellung; Anklage), 2. Stellungnahme bis Entscheidung über die Eröffnung des Hauptverfahrens und 1. Stellungnahme bis (erster) Tag der Hauptverhandlung.[64]
Die nachfolgende Tabelle faßt die hier gewonnenen Daten zusammen:

Tabelle Nr. 24: Zeitdauer zwischen 1. Stellungnahme des Anwalts und einzelnen Verfahrensdaten

Verteidigung	Durchschnittliche Dauer von 1. Stellungn. bis Entscheidung StA	Eröffnung	1. Tag HV
WahlV.	45	119	173
WahlpflichtV.	-38	41	117
PflichtV.	7	84	175
Signifikanz	n.s.	n.s.	n.s.

Die Tabelle zeigt, daß keine signifikanten Unterschiede zwischen den drei Verteidigertypen bezüglich der drei Zeitabschnitte besteht. Faßt man jedoch die Wahlverteidiger und die Verteidiger, die einen erfolgreichen Antrag auf Bestellung zum Pflichtverteidiger gestellt hatten, sowie die Pflichtverteidiger und die bezeichneten Pflichtverteidiger zusammen, so erge-

64) EB 018, EB 019, EB 020, EB 021.

ben sich signifikante Unterschiede, wie sie die folgende Tabelle ausweist.

Tabelle Nr. 25: Zeitdauer zwischen 1. Stellungnahme des Anwalts und einzelnen Verfahrensabschnitten

Verteidigung	Durchschnittliche Dauer von 1. Stellungn. bis Entscheidung StA	Eröffnung	1. Tag HV
WahlV.	44	123	186
PflichtV.	-52	6	96
	s	s.s.	s.

Die Hypothese, Wahlverteidiger und Pflichtverteidiger würden ihre erste Stellungnahme in zeitlich gleichem Abstand zu den drei genannten Zeitpunkten abgeben, kann damit auf dem 5%-Niveau bzw. auf dem 1%-Niveau zurückgewiesen werden. Es besteht also ein signifikanter Unterschied zwischen diesen beiden Verteidigergruppen.
Dieser Unterschied ist auch darin begründet, daß - wie oben gezeigt[65] - Wahlverteidiger und Pflichtverteidiger zu einem sehr unterschiedlichen Zeitpunkt in das Verfahren kommen.

2.2. Die Akteneinsicht

2.2.1. Anzahl der Einsichtnahmen

Die folgende Tabelle gibt eine Übersicht über die Anzahl der Bitten um Einsichtnahme.[66]
Bei der Auswertung wurden die Wahlverteidiger und die Wahlpflichtverteidiger mit einem erfolgreichen Antrag auf Bestellung zum Pflichtverteidiger sowie die Pflichtverteidiger und die bezeichneten Pflichtverteidiger in je einer Gruppe zusam-

65) Vgl. oben, S. 240.
66) EB 084.

mengefaßt, da nur so signifikante Unterschiede aufgezeigt werden konnten, und dies auch von der Mandatierung bzw. Bestellung des Verteidigers her angezeigt ist.

Tabelle Nr. 26: Anzahl der Bitten um Akteneinsicht (Angaben in % der Verfahren)

Anzahl	0	1	2	3	4	5	6	7
Wahlverteidiger	8,7	54,1	22,7	9,2	2,4	1,4	1,0	0,5
Pflichtverteidiger	17,6	56,5	21,2	4,7	0	0	0	0

Es zeigt sich, daß in ca. 9% der Verfahren der Wahlverteidiger nicht um Akteneinsicht bat. Dem stehen ca. 18%, also doppelt so viele Verfahren, bei den Pflichtverteidigern gegenüber. Dabei ist aber zu berücksichtigen, daß in einigen Verfahren mit der Bestellung des Verteidigers zusammen verfügt wurde, daß ihm die Akten in sein Anwaltsfach gelegt werden, so daß in diesen Verfahren eine Bitte um Akteneinsicht entfallen konnte. Vergleicht man die Zahlen für die 1. und 2. Bitte um Akteneinsicht, so ergibt sich, daß sich die Zahlen für Wahlverteidigung und Pflichtverteidigung sehr gut entsprechen. Es ist daher zu vermuten, daß dies auch für die erste Spalte gelten würde, wenn es hier nicht die erwähnte Besonderheit bei den Pflichtverteidigern gäbe. Die höheren Anzahlen der Bitten um Akteneinsicht bei den Wahlverteidigern ist darauf zurückzuführen, daß es bei den Wahlverteidigern mehr Verfahren mit mehreren Verteidigern gab.
In insgesamt 17 Fällen, das sind 5% aller Bitten um Einsichtnahme, wurde den Eingaben der Verteidiger nicht entsprochen;[67)] davon einmal in einem sehr frühen Stadium des Ermittlungsverfahrens, alle anderen sonst im Laufe des Vorverfahrens.
In drei Verfahren konnten die Gründe für die Ablehnung nicht ermittelt werden, in 4 Verfahren lautete die Begründung "Akten nicht verfügbar" und in 10 Verfahren "Akten nicht entbehrlich".

---

67) EB 080ff. Die Variablen EB 087, EB 094 und EB 096 erbrachten keine Ergebnisse.

Es war also kein Verfahren dabei, in dem die Akteneinsichtnahme mit der Gefährdung des Ermittlungszweckes begründet worden wäre.
Damit bestätigt sich die von den Verteidigern in den Interviews[68] mitgeteilte Erfahrung, daß die Verweigerung der Akteneinsichtnahme auf das Ganze betrachtet sehr selten vorkommt.

2.2.2. Stadien der Einsichtnahmen

Die Bitte um Akteneinsicht wird erfahrungsgemäß mit der Übersendung der Vollmacht (Mandatierung) verbunden, und wie die Auswertung unter 2.2.1. gezeigt hat, auch generell gewährt. Entsprechendes gilt für die (im Vorverfahren seltene) Pflichtverteidigung.
Es wurde deshalb hier das Stadium der 2. Bitte um Akteneinsicht festgehalten[69], die nachfolgende Tabelle gibt eine Übersicht.

---

68) Vgl. oben, S. 121ff.
69) EB 086.

Schaubild Nr. 8: Stadien der zweiten Bitte um Akteneinsicht

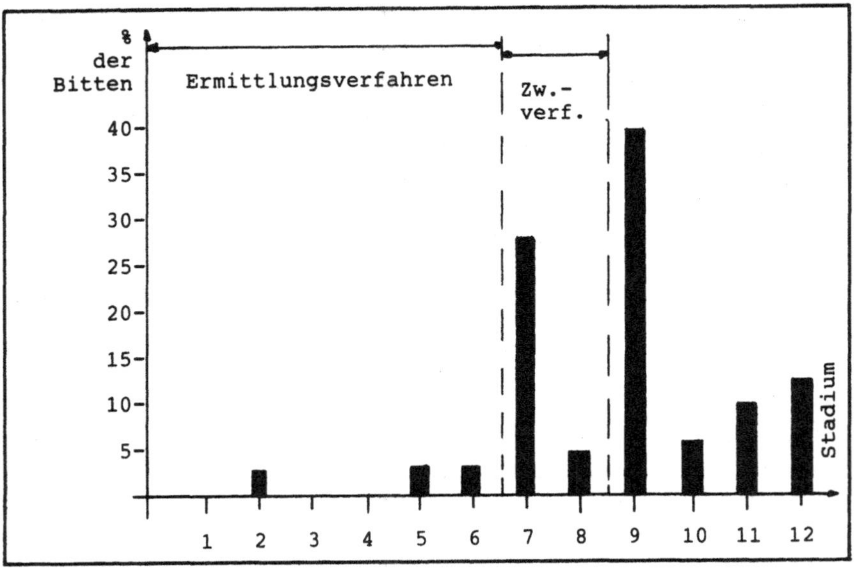

01 = vor polizeil.Vernehmung
02 = nach polizeil. Vernehmung
03 = vor staatsanw. od. ri. Vernehmung
04 = nach staatsanw. od. ri. Vernehmung
05 = vor Abschluß der Ermittlungen
06 = nach Abschluß der Ermittlungen
07 = nach Mitteilung der Ankl.schr.
08 = im Zwischenverfahren
09 = vor Beginn d. Hauptverhandlung
10 = während d. Hauptverhandlung
11 = vor Berufung
12 = vor Revision

Diese Tabelle zeigt sehr eindrücklich, daß während des Ermittlungsverfahrens kaum ein weiteres Mal um Akteneinsicht gebeten wird, während im Zwischenverfahren und insbesondere kurz vor der Hauptverhandlung ein gesteigertes Bedürfnis deutlich zu erkennen ist. Hierbei ist daran zu erinnern, daß im Zwischenverfahren auch vermehrt die Verteidiger gewechselt werden, so daß auf Grund dieser Tatsache eine erneute Akteneinsicht notwendig war. Dieser Umstand dürfte auch für die Häufungen im Rechtsmittelverfahren mitursächlich sein.

2.2.3. Dauer der Akteneinsicht

Zur Erfassung der **Dauer der Akteneinsichtsgewährung**[70] wurden zum einen die Anzahl der gewährten Einsichtstage festgehalten, zum anderen, ob eine pünktliche Rückgabe erfolgte bzw. um wieviele Tage der Rückgabetermin überschritten wurde.

Tabelle Nr. 27: Dauer der gewährten Akteneinsicht

Tage	% WahlV.	% WahlpflichtV.	% PflichtV.
1	2,7	4,3	3,3
2	9,3	10,6	13,3
3	50,6	40,4	46,7
4	2,7	2,1	0
5	1,3	2,1	13,3
6	0	6,3	0
7	20,0	25,5	23,3
8	0	4,3	0
9	0	0	0
10	6,7	4,3	0
14	6,7	0	0
Anzahl der Verfahren	75	47	30

Für die Dauer der Akteneinsichtsgewährung ergeben sich damit zwei deutliche Schwerpunkte, nämlich bei "3 Tagen" und bei "einer Woche". In rund 47% der Verfahren wurde für 3 Tage, in rund 22% der Verfahren für eine Woche Akteneinsicht gewährt; beide Gruppen zusammen machen bereits rund 70% der auf die Dauer der Akteneinsichtsgewährung hin untersuchten Verfahren aus.

---

70) EB 088, EB 089.

Insbesondere die Angaben zu diesen beiden Zeitspannen lassen erkennen, daß die drei Verteidigertypen gleich behandelt werden.

Für die **Rückgabe**[71] der Akten konnten folgende Daten gewonnen werden:

Tabelle Nr. 28: Rückgabe der Akten

Verteidigung	Rückgabe nicht erkennbar	Rückgabe pünktlich	Überschreitung um 1-3 Tage	Überschreitung um 4-7 Tage	Überschreitung um bis 2 Wochen	Anzahl
Wahl-	11,3	86,3	0,8	1,6	0	124
Wahlpflicht-	10,5	75,4	7,0	3,5	3,5	57
Pflicht-	10,0	80,0	5,0	0	5,0	40

Die herausragenden Daten sind die Angaben für die **pünktliche Rückgabe**: in ca. 80% der Verfahren gab es keine Verzögerungen bei dem Wiedereinlauf der Akten bei der Staatsanwaltschaft bzw. bei dem Gericht.
Die meisten **Überschreitungen** bewegten sich in einem Zeitraum von bis zu einer Woche. Ein statistisch signifikanter Unterschied zwischen den Wahlverteidigern, Wahlpflichtverteidigern und den Pflichtverteidigern hat sich hier nicht ergeben.

2.3. Die Anträge auf Verlegung des Termins

In insgesamt 41 Verfahren wurden von den Anwälten der Antrag gestellt, den Termin der Hauptverhandlung zu verlegen[72], dies sind rund 14% der Verfahren mit Verteidiger. In 39 dieser 41 Verfahren wurde jeweils nur ein Antrag, in je einem Verfahren

71) EB 096.
72) EB 057ff.

(eines Wahlverteidigers) wurden zwei bzw. drei Anträge gestellt.
In 21 Verfahren war der Antrag von einem Wahlverteidiger, in 16 Verfahren von einem Pflichtverteidiger gestellt worden. Bei der Antragstellung ergaben sich keine signifikanten Unterschiede zwischen den Verteidigern.

In 78% der Fälle (= 32 Fälle) wurde dem Antrag auch stattgegeben; nämlich in 16 Verfahren mit Wahlverteidigern, in 3 Verfahren mit Pflichtverteidigern und in 13 Verfahren mit Wahlpflichtverteidigern. Auch hier zeigten sich keine signifikanten Unterschiede.

In 2 Verfahren (ca. 5%) hat sich der Antrag von selbst erledigt, da die Verfahren vor der Hauptverhandlung eingestellt wurden. Es handelte sich hierbei jeweils um ein Verfahren eines Wahlverteidigers bzw. eines Wahlpflichtverteidigers.

In 7 Fällen (ca. 17%) wurde der Antrag abgelehnt, und zwar in 4 Verfahren mit Wahlverteidigung, in 2 Verfahren mit Wahlpflichtverteidigung und in einem Verfahren mit Pflichtverteidigung. Es ergaben sich keine statistisch signifikanten Unterschiede.

In 54 Verfahren ergaben sich Anhaltspunkte für **Terminabsprachen** mit dem Gericht; dies sind ca. 18% der Verfahren mit Verteidigern.

Unter Berücksichtigung der Schichtung dieser Stichprobe (vorwiegend schwerere Verfahren) kann zusammenfassend gesagt werden, daß es etwa in einem Viertel der Fälle zu Anträgen auf Terminverlegung oder zu Absprachen über den Termin der Hauptverhandlung gekommen war.

3. Die Sozialdaten der Beschuldigten

Die Sozialdaten der Beschuldigten, von denen hier die auf Grund der bisherigen Forschung wichtigsten erhoben wurden[73], gelten in der Kriminologie unter anderem als Kriterien für die Unterscheidung Krimineller und Nichtkrimineller[74]. Hier war zu untersuchen, inwieweit diese Merkmale auch auf die Art der Verteidigung (Wahlverteidigung, Wahlpflichtverteidigung, Pflichtverteidigung) einwirken. Dabei ergaben sich bei einer Reihe von Merkmalen signifikante Unterschiede; die über die Korrelationskoeffizienten ermittelte Stärke des Zusammenhangs zwischen den einzelnen Merkmalen und der Art der Verteidigung zeigte jedoch nur bei einigen Variablen signifikant höhere Werte an.

Tabelle Nr. 29: Analyse der Sozialdaten der Beschuldigten

Lfd. Nr.	Variable	ohne V %	WahlV. %	PflichtV. %	Signifik.-niveau	Korr.-koeff. C
1.	Nationalität				n.s.	0,11
	deutsch	89,2	85,1	95,3		
	griechisch	0,4	1,9	0		
	italienisch	1,5	1,4	0		
	jugoslawisch	1,9	2,4	1,2		
	NATO-Truppen	0,4	0,5	0		
	türkisch	2,6	4,3	1,2		
	staatenlos	3,7	3,8	2,3		
	sonst	0,4	0,5	0		
	n (562) 100%	(268)	(208)	(86)		
	k.A. (8) 1,4%	(3)	(1)	(0)		
2.	Alter				n.s.	0,15
	20 - 30	34,1	36,1	48,8		
	31 - 40	30,7	34,6	30,2		

73) EB 101 - EB 127.
74) KAISER, a.a.O. 1980, 80.

Lfd. Nr.	Variable	ohne V %	WahlV. %	PflichtV. %	Signifik.-niveau	Korr.-koeff. C
	41 - 50	18,1	17,8	16,3		
	51 - 60	10,9	7,2	1,2		
	61 - 99	6,4	4,3	3,5		
	n (561) 100% k.A. (9) 1,5%	(267) (8)	(208) (1)	(86) (0)		
3.	Geschlecht				s.s.	0,11
	männlich	80,1	86,5	91,9		
	weiblich	19,9	13,5	8,1		
	n (565) 100% k.A. (5) 0,8%	(271) (4)	(208) (1)	(86) (0)		
4.	Familienstand				h.s.	0,27
	ledig	29,2	27,3	60,0		
	verlobt	0,8	0	0		
	ständig zusammen lebend	2,0	4,4	2,4		
	verheiratet	44,0	45,4	17,6		
	getrennt lebend	4,4	6,3	4,7		
	geschieden	16,0	14,6	15,3		
	verwitwet	3,6	2,0	0		
	n (540) 100% k.A. (30) 5,2%	(250) (25)	(205) (4)	(85) (1)		
5.	Zahl der Kinder				h.s.	0,24
	0	36,4	35,8	66,7		
	1	22,9	21,4	14,8		
	2	21,5	26,9	11,1		
	3	9,3	10,4	4,9		
	4 und mehr	10,2	5,5	2,5		
	n (518) 100% k.A. (52) 9,1%	(236) (39)	(201) (8)	(81) (5)		

Lfd. Nr.	Variable	ohne V %	WahlV. %	PflichtV. %	Signifik.-niveau	Korr.-koeff. C
6.	Schulabschluß[75]				n.s.	0,24
	kein Schulabschluß	3,1	1,8	2,2		
	Sonderschule o. Abschluß	0	2,8	8,9		
	Hauptschule o. Abschluß	1,5	0,9	4,4		
	Hauptschule m. Abschluß	50,8	47,7	55,6		
	abgebrochene weiterführende Schule o. Abschluß	13,8	17,4	17,8		
	abgebrochene weiterführende Schule mit Hauptschulabschluß	0	4,6	2,2		
	abgebrochene weiterführende Schule m. Realschulabschluß	10,8	2,8	0		
	mittlere Reife	4,6	6,4	4,4		
	Abitur	15,4	12,8	4,4		
	n (218) 100% k.A. (351) 55,2%	(65) (210)	(109) (100)	(45) (41)		
7.	Berufsausbildung[76]				n.s.	0,12
	keine Ausbildung	20,1	17,2	25,3		
	Anlernberuf	13,4	10,7	12,0		
	Lehrabschluß	52,6	53,8	54,2		
	Meister-, Technikerprüfung	5,2	6,5	1,2		

75) Die Kategorienaufteilung erfolgte nach dem von MEIER, a.a.O. 1982, 128 ähnlich verwendeten Schema.

76) Die Einteilung beruht auf einer Erweiterung der auch von MEIER, a.a.O. 1982, 128 verwendeten Kategorien.

Lfd. Nr.	Variable	ohne V %	WahlV. %	PflichtV. %	Signifik.-niveau	Korr.-koeff. C
	Fachhochschule	1,5	3,0	1,2		
	Hochschule	7,2	8,9	6,0		
	n (446) 100%	(194)	(169)	(83)		
	k.A. (124) 21%	(81)	(40)	(3)		
8.	letzter Beruf[77]				h.s.	0,37
	ohne Beruf	7,0	6,6	20,7		
	Landwirt	1,6	3,5	0		
	Hilfsarbeiter	16,9	23,7	35,4		
	Facharbeiter	27,2	19,7	25,6		
	Angestellter	8,6	17,7	7,3		
	Beamter	1,6	4,5	0		
	selbständiger Unternehmer	5,3	4,5	0		
	freiberuflich	11,5	11,1	0		
	Student, Wehr- bzw. Zivildienst	4,5	3,5	1,2		
	Rentner, Pensionär	7,0	2,0	1,2		
	Hausfrau	7,4	3,0	1,2		
	n (523) 100%	(243)	(198)	(82)		
	k.A. (47) 8,2%	(32)	(11)	(4)		
9.	Gegenwärtige Beschäftigung[78]				h.s.	0,28
	voll	66,7	72,6	32,5		
	gelegentlich	5,1	3,4	9,1		
	arbeitslos	28,8	24,0	58,4		
	n (450) 100%	(197)	(176)	(77)		
	k.A. (120) 21%	(78)	(33)	(9)		

77) Die Einteilung beruht auf einer Erweiterung der auch von MEIER, a.a.O. 1982, 130 verwendeten Kategorien.
78) Vgl. SCHUNCK, a.a.O. 1982, 59.

Lfd. Nr.	Variable	ohne V %	WahlV. %	PflichtV. %	Signifik.-niveau	Korr.-koeff. C
10.	Monatliches Nettoeinkommen				h.s.	0,37
	kein Einkommen	7,0	7,8	35,1		
	bis 799 DM	29,8	14,2	15,8		
	800 - 999	5,1	7,8	12,3		
	1000 - 1499	29,9	27,7	22,8		
	1500 - 1999	13,4	18,4	10,5		
	2000 und mehr	15,3	24,1	3,5		
	n (355) 100% k.A. (215) 37,7%	(157) (118)	(141) (68)	(57) (29)		
11.	Index nach Kleining/Moore [79]				n.s.	0,20
	Oberschicht	4,5	2,8	0		
	Obere Mittel-schicht	5,7	2,8	3,9		
	Mittlere Mittel-schicht	22,2	28,0	10,5		
	Untere Mittel-schicht	18,1	21,3	26,3		
	Obere Unter-schicht	31,3	26,4	34,2		
	Untere Unter-schicht	15,2	15,2	21,0		
	n (479) 100% k.A. (73)	(243) (32)	(178) (31)	(76) (10)		
12.	Sozio-ökonomischer Status [80]				h.s.	0,21
	nicht einstufbar	18,6	9,9	19,8		
	manual	62,1	57,1	66,7		
	non-manual	19,4	33,8	13,6		

79) KLEINING/MOORE, a.a.O. 1968, 505.
80) Nach SCHUMANN/WINTER, a.a.O. 1973, 180; BLANKENBERG/SESSAR/STEFFEN, a.a.O. 1978, 40.

Lfd. Nr.	Variable	ohne V %	WahlV. %	PflichtV. %	Signifik.-niveau	Korr.-koeff. C
	n (537) 100%	(253)	(203)	(81)		
	k.A. (33) 5,7%	(22)	(6)	(5)		
13.	Vorstrafen				h.s.	0,27
	nein	53,8	50,8	14,2		
	ja	46,2	49,2	85,2		
	n (499) 100%	(221)	(195)	(83)		
	k.A. (71) 12,4%	(54)	(14)	(3)		
14.	Zahl der bereits verhängten Sanktionen				s.s.	0,31
	1	32,2	28,6	11,9		
	2 - 5	46,0	41,8	30,5		
	6 - 10	10,3	19,8	28,8		
	11 und mehr	11,5	9,9	28,8		
	n (237) 100%	(87)	(91)	(59)		
	k.A. (333) 58,4%	(188)	(118)	(27)		
15.	Zahl der einschlägigen Vorstrafen				s.	0,22
	keine	50,6	56,7	32,8		
	1	18,4	13,3	19,0		
	1 - 5	24,1	25,6	31,0		
	6 und mehr	6,9	4,4	17,2		
	n (235) 100%	(87)	(90)	(58)		
	k.A. (335) 58,7%	(188)	(119)	(28)		
16.	Vorstrafenbelastung nach einzelnen Delikten					

Lfd. Nr. Variable	ohne V %	WahlV. %	PflichtV. %	Signifik.-niveau	Korr.-koeff. C
a) Verkehrsdelikt mit Alkoholeinfluß				s.	0,19
keine	80,7	68,5	86,4		
1	14,8	24,7	6,8		
2 und mehr	4,5	6,7	6,8		
n (236) 100% k.A. (334) 58,5%	(88) (187)	(89) (120)	(59) (27)		
b) Diebstahl/Unterschlagung				s.s.	0,22
keine	58,4	65,9	42,4		
1	23,6	9,9	23,7		
2 und mehr	18,0	24,2	33,9		
n (239) 100% k.A. (331) 58,0%	(89) (186)	(91) (118)	(59) (27)		
c) Bes. schwerer Fall des Diebstahls				s.s.	0,28
keine	75,0	72,5	42,4		
1	10,2	13,2	20,3		
2 und mehr	14,8	14,3	37,3		
n (238) 100% k.A. (332) 58,2%	(88) (187)	(91) (118)	(59) (27)		
d) Straftaten g.d. sex. Selbstbest.				s.	0,15
keine	96,6	89,9	79,7		
1	2,3	6,7	15,3		
2 und mehr	1,1	3,4	5,1		
n (236) 100% k.A. (334) 58,5%	(88) (187)	(89) (120)	(59) (27)		

Lfd. Nr.	Variable	ohne V %	WahlV. %	PflichtV. %	Signifik.-niveau	Korr.-koeff. C
e)	Aggressionsdelikte				n.s.	0,6
	keine	65,9	75,6	69,5		
	1	20,5	14,4	16,9		
	2 und mehr	13,6	10,0	13,6		
	n (237) 100%	(88)	(90)	(59)		
	k.A. (333) 58,4%	(187)	(119)	(27)		
f)	Verstoß gegen BtMG				n.s.	0,12
	keine	96,6	97,8	91,7		
	1	3,4	2,2	8,3		
	2 und mehr	0	0	0		
	n (237) 100%	(88)	(89)	(60)		
	k.A. (333) 58,4%	(187)	(120)	(26)		
g)	Sonstige Delikte				s.	0,19
	keine	60,2	65,6	55,2		
	1	23,9	25,6	17,2		
	2 und mehr	15,9	8,9	27,6		
	n (236) 100%	(88)	(90)	(58)		
	k.A. (334) 58,5%	(187)	(119)	(28)		
h)	Verkehr ohne Alkoholeinfluß				-	-
	keine	70,5	67,8	72,9		
	1	17,0	18,9	16,9		
	2 und mehr	12,5	13,3	10,2		
	n (237) 100%	(88)	(90)	(59)		
	k.A. (333) 58,4%	(187)	(119)	(27)		

Lfd. Nr.	Variable	ohne V %	WahlV. %	PflichtV. %	Signifik.-niveau	Korr.-koeff. C
i)	Raub, räub. Diebst., räub. Erpr.				-	-
	keine	98,9	91,1	86,4		
	1	1,1	7,8	13,6		
	2 und mehr	0	1,1	0		
	n (237) 100%	(88)	(90)	(59)		
	k.A. (333) 58,4%	(187)	(119)	(27)		
j)	sonstige Vermögensdelikte				-	-
	keine	98,9	91,1	86,4		
	1	1,1	7,8	13,6		
	2 und mehr	0	1,1	0		
	n (237) 100%	(88)	(90)	(59)		
	k.A. (333) 58,4%	(187)	(119)	(27)		
17.	Schwerpunkt der bisherigen Delinquenz[81]				s.s.	0,27
	nicht einstufbar	55,1	45,5	29,3		
	Diebstahl	9,0	9,1	13,8		
	bes. schw. Diebstahl, Raub, sonst. Vermögensdelikt	16,7	23,9	44,8		
	Sexual- und Aggressionsdelikte	7,7	10,2	6,9		
	Sonst	11,5	11,4	5,2		
	n (224) 100%	(78)	(88)	(58)		
	k.A. (346) 60,7%	(197)	(121)	(28)		

81) Aus statistischen Gründen wurden die Merkmalsausprägungen der Variable "Schwerpunkt der bisherigen Delinquenz" (EB 126) wie folgt zusammengesetzt:
01 - 04 = "Diebstahl";
05 - 07 = "bes. schwerer Fall des Diebstahls, Raub, sonstige Vermögensdelikte";
08 - 09 = "Sexual- und Aggressionsdelikte";
10 - 13 = "sonst".

Lfd. Nr.	Variable	ohne V %	WahlV. %	PflichtV. %	Signifik.-niveau	Korr.-koeff. C
18.	Schwerste bisher verhängte Sanktion				s.s.	0,28
	Geldstrafe	36,2	30,0	9,8		
	Freiheitsstrafe mit Bewährung	27,5	27,8	19,7		
	Freiheitsstrafe ohne Bewährung	36,2	42,2	70,5		
	n (220) 100%	(69)	(90)	(61)		
	k.A. (350) 61,4%	(206)	(119)	(25)		

Vor einer weiteren Auseinandersetzung mit den dargestellten Daten ist auf die auch von MEIER[82] zu Recht hervorgehobene Crux der Aktenanalyse hinzuweisen: die für die Erhebung notwendigen Daten werden von den Strafverfolgungsbehörden zumeist aus Zeitmangel nicht oder nicht vollständig erfaßt. Die Ausfallquoten sind - wie sich auch in der Tabelle zeigt - erheblich; dies schränkt die Aussagekraft ein.

Die in Tabelle 29 dargestellten Sozialdaten werden nach den Gruppen Verfahren ohne Verteidigung, Verfahren mit Wahlverteidigung (Wahlverteidiger und Verteidiger, die einen erfolgreichen Antrag auf Bestellung zum Pflichtverteidiger gestellt haben) und Verfahren mit Pflichtverteidigung (Pflichtverteidiger und bestellte Pflichtverteidiger) getrennt ausgewertet.
Als sich (in unterschiedlichem Maß) **signifikant unterscheidend** haben sich herausgestellt: Geschlecht, Familienstand, Zahl der Kinder, (Schulabschluß), letzter Beruf, gegenwärtige Beschäftigung, monatliches Einkommen, sozialökonomischer Status, Vorstrafen, Zahl der bereits verhängten Sanktionen und die Zahl einiger einschlägiger Vorstrafen.
Einen **schwachen Zusammenhang** (C bis 0,30) mit der Art der Verteidigung zeigten dabei: Geschlecht, Familienstand, Zahl der

82) MEIER, a.a.O. 1982, 113.

Kinder, gegenwärtige Beschäftigung, sozialökonomischer Status, Vorstrafen, Schwerpunkt der bisherigen Delinquenz und schwerste bisher verhängte Sanktion.
Ein Zusammenhang **mittlerer Stärke** (C von 0,31 bis 0,60) ergab sich nur bei folgenden Merkmalen: Berufsgruppe nach letztem Beruf, monatliches Nettoeinkommen und bei der Zahl der bereits verhängten Sanktionen.
Ein **starker Zusammenhang** (C über 0,60) mit der Art der Verteidigung zeigte sich bei keiner der hier untersuchten sozialen Daten der Beschuldigten.

Bei den hier näher zu betrachtenden Variablen mit mittlerer Stärke des Zusammenhangs mit der Art der Verteidigung haben die Variablen "Berufsgruppe nach letztem Beruf"[83] und "monatliches Nettoeinkommen"[84] einen inneren Zusammenhang. Auch wegen der konkreteren Aussage des Nettoeinkommens mag es daher hier genügen, auf diese Variable näher einzugehen.
Deutliche Unterschiede zwischen den drei Arten der Verteidigung zeigen sich zwischen den Angaben für die Merkmalsausprägungen "kein Einkommen" und "über 2000 DM": 7,0% bzw. 7,8% der Beschuldigten ohne bzw. mit Wahlverteidigung hatten kein Einkommen, während 35% der Beschuldigten mit Pflichtverteidiger kein Einkommen hatten.
Auf dem anderen Ende der Einkommensskala ergab sich folgende Verteilung: 15,3% der Beschuldigten ohne Verteidiger hatten ein Einkommen über 2000,-- DM, bei den Verfahren mit Wahlverteidigern waren es sogar 24,1%, während es bei den Pflichtverteidigungen nur 3,5% der Beschuldigten waren. Zusammengenommen zeigt sich, daß das monatliche Nettoeinkommen ein entscheidender Faktor bei der Bestimmung der Art der Verteidigung ist.
Insbesondere zwei Daten zeigen aber auch an, daß weitere Faktoren für die Art der Verteidigung ausschlaggebend sein müssen.

83) EB 107.
84) EB 110.

Zum einen die 3,5% der Verfahren mit Pflichtverteidigung, in denen die Beschuldigten über 2000,-- DM monatliches Nettoeinkommen haben: hier könnten für die fehlende Mandatierung eines Wahlverteidigers erhebliche wirtschaftliche Belastungen (Schulden!) des Beschuldigten ausschlaggebend gewesen sein.
Zum anderen zeigt sich, daß in 15,3% der Verfahren ohne Verteidiger die Beschuldigten ein monatliches Nettoeinkommen von über 2000,-- DM hatten, während es bei den Wahlverteidigungen immerhin 24,1% der Beschuldigten waren. Dies ist ein Indiz dafür, daß Beschuldigte mit höherem Einkommen eher einen Wahlverteidiger mandatieren, auch wenn ein Verteidiger von der Verfahrensordnung her (§ 140 StPO) nicht zwingend notwendig ist.

Ebenfalls einen Zusammenhang mittlerer Stärke gab es zwischen der Art der Verteidigung und der Zahl der bereits verhängten Sanktionen, also der Vorstrafenbelastung des Beschuldigten.[85] Hierbei zeigt sich, daß die Vorstrafenbelastung bei Beschuldigten in Verfahren ohne Verteidiger eine deutliche Parallele zu den Verfahren mit Pflichtverteidigern haben, während die Zahlen zu den Wahlverteidigern deutlich abweichen:
So hatten 28,6% der Beschuldigten mit Wahlverteidiger nur eine Vorstrafe, während es bei den Beschuldigten mit Pflichtverteidigern 11,9% waren; demgegenüber hatten nur 9,9% der Beschuldigten mit Wahlverteidiger mehr als 11 Vorstrafen, während es bei den Beschuldigten mit Pflichtverteidiger etwa dreimal so viele waren, nämlich 28,8%.

Zur weiteren Differenzierung wurden die Sozialdaten der Beschuldigten auch auf die Unterschiede zwischen den drei Typen der Verteidigung (Wahlverteidigung, Wahlpflichtverteidigung und Pflichtverteidigung) hin untersucht. Die nachfolgende Tabelle Nr. 30 gibt jene Sozialdaten[86] wieder, bei denen sich Unter-

---

85) EB 114; Zahlenangaben Tab. 29 Nr. 14.
86) Um die Zahlen nicht zu klein werden zu lassen, erfolgte bei einigen Variablen eine Zusammenfassung von Merkmalen.

schiede zwischen den Verteidigertypen zeigten; die Analyse erfolgt wieder im Anschluß an die Tabelle.

Tabelle Nr. 30: Verteilung der Sozialdaten der Beschuldigten unter Berücksichtigung der drei Verteidigertypen

Lfd. Nr.	Variable	Verteidigung ohne %	Wahl- %	Pflicht- %	Wahlpflicht- %	Sign.-niveau	Korr.-koeff. C
1.	Familienstand					s.s.	0,31
	ledig	29,2	24,2	56,0	50,0		
	ständig mit P. zusammenlebend	2,0	1,9	3,8	7,9		
	verheiratet	44,4	50,9	17,0	22,8		
	getr. lebend	4,4	8,1	1,9	3,9		
	geschieden	16,0	13,7	20,8	13,2		
	sonst	4,4	1,2	0	2,6		
	n (540) 100%	(250)	(161)	(53)	(76)		
	k.A. (30) 5,2%	(25)	(4)	(1)	(0)		
2.	Berufsausbildung					s.	0,25
	keine Ausbildung	20,1	11,2	23,1	32,0		
	Anlernberuf	13,4	11,2	19,2	5,3		
	Lehrabschluß	52,6	54,5	48,1	57,3		
	Meister- oder Technikerprüfung	5,2	8,8	1,9	0		
	Fachhochschule	1,5	4,0	1,9	0		
	sonst	7,2	10,4	5,8	5,3		
	n (446) 100%	(194)	(125)	(52)	(75)		
	k.A. (124) 21,7%	(81)	(40)	(2)	(1)		

Lfd. Nr.	Variable	ohne %	Verteidigung Wahl- %	Pflicht- %	Wahlpflicht- %	Sign.-niveau	Korr.-koeff. C
3.	Gegenwärtige Beschäftigung					h.s.	0,41
	voll berufstätig	66,7	82,2	38,3	32,9		
	gelegentlich arbeitend	5,1	3,7	10,6	4,3		
	arbeitslos	28,2	14,1	51,1	62,9		
	n (447) 100% k.A. (123) 21,5%	(195) (80)	(135) (30)	(47) (7)	(70) (6)		
4.	Monatl. Nettoeinkommen					h.s.	0,41
	kein Einkommen	7,0	4,7	24,2	31,1		
	bis 795 DM	29,3	11,2	19,2	19,0		
	bis 999 DM	5,1	6,5	18,2	8,6		
	bis 1495 DM	29,9	29,9	24,2	20,7		
	bis 1995 DM	13,4	16,8	15,2	15,5		
	über 2000 DM	15,3	30,8	0	5,2		
	n (355) 100% k.A. (215) 37,7%	(157) (113)	(107) (58)	(33) (21)	(58) (18)		
5.	Zahl der bereits verhängten Sanktionen					s.s.	0,34
	1	32,2	36,7	12,8	11,3		
	2 bis 5	46,0	41,7	30,8	37,3		
	6 bis 10	10,3	13,3	25,6	33,3		
	über 10	11,5	8,3	20,8	17,6		
	n (237) 100% k.A. (333) 58,4%	(87) (188)	(60) (105)	(39) (15)	(51) (25)		

Lfd. Nr.	Variable	Verteidigung ohne %	Wahl- %	Pflicht- %	Wahl-pflicht- %	Sign.-niveau	Korr.-koeff. C
6.	Schwerste bisher verhängte Sanktion					h.s.	0,34
	Geldstrafe	36,2	39,7	7,9	12,7		
	Freiheitsstrafe mit Bewährung	27,5	29,3	23,7	20,0		
	Freiheitsstrafe ohne Bewährung	36,2	31,0	68,4	67,3		
	n (220) 100%	(69)	(58)	(38)	(55)		
	k.A. (349) 61,2%	(206)	(107)	(16)	(21)		

Ein **signifikanter** Unterschied zeigte sich bei der Berufsausbildung; zwischen der Wahlverteidigung und der Wahlpflichtverteidigung besteht hier ein signifikanter Unterschied.
Ein **sehr signifikanter** Unterschied zeigte sich bei dem Familienstand und bei der Zahl der bereits verhängten Sanktionen.
Bei dem Familienstand zeigten sich signifikante Unterschiede zwischen den Gruppen Wahlverteidigung und Pflichtverteidigung und zwischen Wahlverteidigung und Wahlpflichtverteidigung.
Bei der Zahl der bereits verhängten Sanktionen zeigten sich solche Unterschiede zwischen der Pflichtverteidigung und der Wahlverteidigung bzw. den Verfahren ohne Verteidigung sowie zwischen der Wahlpflichtverteidigung und der Wahlverteidigung bzw. dem Verfahren ohne Verteidigung.
Ein **hoch signifikanter** Unterschied zeigte sich bei der gegenwärtigen Beschäftigung, bei dem monatlichen Nettoeinkommen und bei der schwersten bisher verhängten Sanktion.
Signifikante Unterschiede zwischen den Gruppen zeigten sich bei der gegenwärtigen Beschäftigung zwischen der Wahlpflichtverteidigung und der Wahlverteidigung bzw. den Verfahren ohne Verteidigung; zwischen der Pflichtverteidigung und der Wahlverteidigung bzw. den Verfahren ohne Verteidigung sowie zwischen den Verfahren ohne Verteidigung und der Wahlverteidigung.

Bei dem monatlichen Nettoeinkommen zeigten sich Unterschiede zwischen der Wahlverteidigung und der Pflichtverteidigung, der Wahlpflichtverteidigung bzw. den Verfahren ohne Verteidigung sowie zwischen Verfahren ohne Verteidigung und der Wahlpflichtverteidigung.
Bei der schwersten bisher verhängten Sanktion zeigten sich signifikante Unterschiede zwischen der Wahlpflichtverteidigung und der Wahlverteidigung bzw. den Verfahren ohne Verteidigung sowie zwischen der Pflichtverteidigung und der Wahlverteidigung bzw. den Verfahren ohne Verteidigung.

Ein **schwacher Zusammenhang** (C unter 0,30) mit dem Typ der Verteidigung bestand bei der Berufsausbildung.
Ein Zusammenhang **mittlerer Stärke** (C zwischen 0,31 und 0,60) mit dem Typ der Verteidigung bestand bei dem Familienstand, bei der gegenwärtigen Beschäftigung, bei dem monatlichen Nettoeinkommen, bei der Zahl der bisher verhängten Sanktionen und bei der schwersten bisher verhängten Sanktion.
Ein **starker Zusammenhang** (C über 0,60) mit dem Typ der Verteidigung zeigte sich bei keiner der hier untersuchten Sozialdaten.

Betrachtet man wieder die Variablen mit mittlerer Stärke des Zusammenhangs mit der Art der Verteidigung, so zeigen sich folgende Ergebnisse:
Familienstand: Der Anteil der ledigen Beschuldigten ist bei der Pflichtverteidigung und der Wahlpflichtverteidigung etwa doppelt so groß als bei der Wahlverteidigung. Fast genau gegenteilig ist das Verhältnis bei den Verheirateten: hier ist der Anteil bei der Wahlverteidigung etwa doppelt so hoch als bei der Wahlpflichtverteidigung und etwa drei mal so hoch als bei der Pflichtverteidigung.
Der Anteil der geschiedenen Beschuldigten ist bei der Pflichtverteidigung etwa einhalbmal größer als bei Wahl- und Wahlpflichtverteidigung.

Es kann daher hier als Tendenz festgehalten werden: Verheiratete werden eher durch einen Wahlverteidiger vertreten, ledige Beschuldigte eher durch einen Pflichtverteidiger bzw. Wahlpflichtverteidiger.

Gegenwärtige Beschäftigung: Es lassen sich hier sehr deutliche Unterschiede zwischen den Merkmalsausprägungen "voll berufstätig" und "arbeitslos" erkennen. Sind rund 82% der von einem Wahlverteidiger vertretenen Beschuldigten voll berufstätig, so sind es bei den Pflichtverteidigern nur 38% und bei den Wahlpflichtverteidigern nur 33%. Genau entgegengesetzt ist es bei den arbeitslosen Beschuldigten: Es sind hier 63% der von einem Wahlpflichtverteidiger vertretenen Beschuldigten arbeitslos, 51% bei den Pflichtverteidigern und nur rund 14% bei den Wahlverteidigern.

Damit zeigt sich die gegenwärtige Beschäftigung als ein ganz entscheidendes Kriterium dafür, ob ein Beschuldigter von einem Wahlverteidiger, einem Wahlpflichtverteidiger oder einem Pflichtverteidiger vertreten wird.

Monatliches Nettoeinkommen: Den Erkenntnissen bei der gegenwärtigen Beschäftigung entsprechen die Ergebnisse bei dem monatlichen Nettoeinkommen. Hier gilt generell: je weniger der Beschuldigte verdient, desto eher wird er von einem Pflichtverteidiger vertreten, je mehr er verdient, desto eher wird er von einem Wahlverteidiger vertreten. Deutlich sind die Unterschiede dort, wo kein Einkommen erzielt wird (5%: Wahlverteidigung; 24%: Pflichtverteidigung; 31%: Wahlpflichtverteidigung) und dort, wo über 2000 DM verdient werden (31%: Wahlverteidigung; 0%: Pflichtverteidigung; 5,2%: Wahlpflichtverteidigung). Bei einem monatlichen Nettoeinkommen von ca. 1500 DM liegt dagegen fast eine Gleichverteilung vor (30%: Wahlverteidigung; 24%: Pflichtverteidigung; 21%: Wahlpflichtverteidigung).

Zahl der bereits verhängten Sanktionen: Auch die Zahl der Vorstrafen hat einen Einfluß auf die Art der Verteidigung. Während bei einer Anzahl von 2 bis 5 Vorstrafen die Anteile an Beschuldigten etwa gleich ist (41%: Wahlverteidigung; 31%: Pflichtverteidigung; 37%: Wahlpflichtverteidigung), zeigen sich große Un-

terschiede bei nur einer Vorstrafe (37% : 13% : 11%) und bei über 10 Vorstrafen (8% : 31% : 18%), wobei sich bei letzterer Gruppe auch ein deutlicher Unterschied zwischen Pflichtverteidigung und Wahlpflichtverteidigung (31% : 18%) zeigte.
Beschuldigte mit einem sehr langen Vorstrafenregister werden daher eher von einem Pflichtverteidiger als von einem Wahlpflichtverteidiger oder von einem Wahlverteidiger vertreten. Dies überrascht etwas, da zu erwarten gewesen wäre, daß "erfahrene" Beschuldigte eher einen Pflichtverteidiger bezeichnen als solche Beschuldigte, die noch nicht so häufig vor Gericht gestanden haben.
Schwerste bisher verhängte Sanktion: Entsprechend den eben gewonnenen Ergebnissen verwundert es nicht, daß die Zahl der nur mit einer Geldstrafe belegten Beschuldigten bei den Wahlverteidigern (40%) höher ist als bei den Pflichtverteidigern (8%) und den Wahlpflichtverteidigern (13%), bzw. umgekehrt bei der bisher verhängten Freiheitsstrafe ohne Bewährung (31% : 68% : 67%). Etwa gleichverteilt sind die Anteile der Beschuldigten bei der Freiheitsstrafe mit Bewährung als bisher schwerster verhängter Sanktion (29% : 24% : 20%). Es zeigt sich also hier, daß Beschuldigte, die bereits eine Verurteilung zu Freiheitsstrafe ohne Bewährung aufweisen, eher von einem Pflichtverteidiger bzw. Wahlpflichtverteidiger vertreten werden als Beschuldigte, deren schwerste bisherige Sanktion eine Geldstrafe war.

Zusammenfassend läßt sich anhand der Auswertung der Sozialdaten der Beschuldigten in Tabelle Nr. 29 und Tabelle Nr. 30 sagen: Wichtige Unterscheidungskriterien für die Art der Verteidigung sind die gegenwärtige Beschäftigung (und damit zusammenhängend die Berufsausbildung) und das monatliche Nettoeinkommen, sowie die Zahl bzw. die Schwere der bisher verhängten Sanktionen und der Familienstand.
Deutlicher als in Tabelle Nr. 29 zeigt sich in Tabelle Nr. 30 der Unterschied zwischen der Wahlverteidigung auf der einen Seite und der Pflichtverteidigung bzw. Wahlpflichtverteidigung auf der anderen Seite. Zeigt die statistische Auswertung auch

nur einen Zusammenhang mittlerer Stärke zwischen der gegenwärtigen Beschäftigung bzw. dem monatlichen Nettoeinkommen und der Art der Verteidigung auf, so zeigen die Zahlen doch eindrucksvoll, daß arbeitslose Beschuldigte bzw. Beschuldigte mit geringem Einkommen häufiger durch einen Pflichtverteidiger bzw. Wahlpflichtverteidiger als durch einen Wahlverteidiger vertreten werden.
Ein vergleichbarer Zusammenhang ergibt sich bei der Zahl bzw. der Stärke der bisher verhängten Sanktionen: Beschuldigte, die von einem Wahlverteidiger vertreten wurden, wiesen eine deutlich geringere Anzahl und weniger schwere Vorstrafen auf als die Beschuldigten, denen ein Pflichtverteidiger bzw. ein Wahlpflichtverteidiger bestellt worden war.

Nicht ganz so eindeutig ist der Unterschied zwischen der Pflichtverteidigung und der Wahlpflichtverteidigung: Wiesen die Beschuldigten, denen ein Wahlpflichtverteidiger bestellt worden war, einen geringen Anteil an voll Beschäftigten (entsprechend einen höheren Anteil an Arbeitslosen) und einen höheren Anteil an Einkommenslosen (jedoch einen höheren Anteil an über 2000.-- DM Verdienenden) auf, so wiesen die Beschuldigten, denen ein Pflichtverteidiger bestellt worden war, die höhere Anzahl an Vorstrafen und einen höheren Anteil an schwereren bisher verhängten Sanktionen auf, auch war ihr Anteil an Ledigen und Geschiedenen höher als bei den Beschuldigten mit Wahlpflichtverteidigern.
Es läßt sich daraus eine Tendenz dahingehend ableiten, daß die Defizite der Beschuldigten mit Wahlpflichtverteidigern eher im Beschäftigungs- und Einkommensbereich liegen, während es bei den Beschuldigten mit Pflichtverteidigern eher Defizite bei der Fähigkeit zur Eingehung dauernder Lebensbeziehungen und bei der Rechtstreue bzw. der Empfänglichkeit für Sanktionen sind.

4. Das Ermittlungsverfahren

Der 5. Abschnitt des Erhebungsbogens erfaßte Daten zum Ermittlungsverfahren, und zwar insbesondere die Aktivitäten der Polizei, der Staatsanwaltschaft, des Beschuldigten und des Verteidigers.

4.1. Eine Übersicht über die angezeigten Straftaten

Der Erhebungsbogen erfaßte das schwerste in der Anzeige genannte Delikt sowie die dazu in Ideal- bzw. Realkonkurrenz stehenden Delikte bzw. ob es sich bei der vorgeworfenen Tat um eine fortgesetzte Handlung handelte.[87]
Es können hier nicht alle Tatvorwürfe der 570 Verfahren im einzelnen dargestellt werden, doch soll mit der nachfolgenden Tabelle versucht werden, einen Überblick über die in den Anzeigen aufgeführten schwersten Delikte zu geben.

Tabelle Nr. 31: Überblick über die Deliktangaben in den Anzeigen[88]

§§ des StGB	Schwerstes Delikt in der Anzeige	Anzahl n	%
90a - 170b	Widerstand gegen Vollstreckungsbeamte (7), falsche Verdächtigung (6), Verletzung der Unterhaltspflicht (19)	49	8,6
173 - 185	Vergewaltigung (17), Zuhälterei (3), Beleidigung (3)	31	5,5
211 - 222	Mord (22), Totschlag (26), fahrlässige Tötung (1)	49	8,6
223 - 241	Körperverletzung (26), gefährliche Körperverletzung (17), Bedrohung (5)	54	9,5

87) EB 129 - 132.
88) Die Zahlenangaben hinter den aufgeführten Delikten heben die häufigsten Nennungen hervor.

§§ des StGB	Schwerstes Delikt in der Anzeige	Anzahl n	%
242 - 255	Diebstahl (44), bes. schw. Fall des Diebstahls (42), Diebstahl geringwertiger Sachen (46), räuberische Erpressung (10)	184	32,3
258 - 342	Betrug (81), Erschleichen von Leistungen (10), Sachbeschädigung (3), Verunreinigung von Gewässern (8)	135	23,7
Nebenstrafrecht	BtMG (14), AO (19), AusländerG (10)	67	11,8
	Insgesamt[89]	569	100%

Die Verteilung der Verfahren auf die Spruchkörper (bzw. eingestellte Verfahren und Strafbefehlsverfahren) sowie die Verteilung auf die Variable "Art der Verteidigung" wurde schon oben[90] dargestellt.

Signifikante Unterschiede nach der Art der Verteidigung ergaben sich bei der **Anzahl** der dem Verfahren zugrundeliegenden **Anzeigen**.[91]

89) Eine (querulatorische) Anzeige konnte unter keinem Tatbestand subsumiert werden.
90) Vgl. oben, S. 20ff.
91) EB 128.

Tabelle Nr. 32: Anzahl der Anzeigen

Verteidigung		Anzahl der Anzeigen		
		1	2	3 und mehr
ohne	n	259	7	8
	%	94,5	2,6	2,9
Wahl-	n	149	6	10
	%	90,3	3,6	6,1
Pflicht-	n	40	7	6
	%	75,5	13,2	11,3
Wahlpflicht-	n	50	8	18
	%	65,8	10,5	23,7

k.A.: 2 Fälle; Signifikanz: h.s.; C: 0,30

Die Tabelle zeigt in der Tendenz eine deutliche Trennung zwischen Wahlverteidigung auf der einen Seite und der Pflichtverteidigung bzw. Wahlpflichtverteidigung auf der anderen Seite; statistisch unterschied sich jedoch nur die Gruppe der Wahlpflichtverteidigung signifikant von allen anderen Gruppen. Das bedeutet, daß diese Beschuldigten häufiger mehreren Anzeigen gegenüberstehen. Dies könnte auch der Grund dafür sein, daß sie zunächst einen Wahlverteidiger mandatieren, obwohl dies außerhalb ihrer finanziellen Möglichkeiten liegt (vgl. oben, S. 268), bzw. auch deswegen eher einen Pflichtverteidiger bezeichnen als andere Beschuldigte.

In (abgeschwächter) Form zeigt sich dieser Zusammenhang wieder bei der **Realkonkurrenz**[92]; d.h. bei jenen Taten, die mit der angezeigten schwersten Tat in Realkonkurrenz stehen.

---

92) EB 130.

Tabelle Nr. 33: Anzahl der Taten in Realkonkurrenz zum schwersten angezeigten Delikt

Verteidigung		Taten in Realkonkurrenz		
		0	1	2 und mehr
ohne	n	238	22	13
	%	87,2	8,1	4,8
Wahl-	n	128	21	10
	%	80,5	13,2	6,3
Pflicht-	n	43	5	5
	%	81,1	9,4	9,4
Wahlpflicht-	n	48	9	19
	%	63,2	11,8	25,0

k.A.: 9 Fälle; Signifikanz: h.s.; C: 0,25

Es zeigen sich zwischen den Gruppen "ohne Verteidigung", "Wahlverteidigung" und "Pflichtverteidigung" keine großen Abweichungen; die Gruppe "Wahlpflichtverteidigung" unterscheidet sich dagegen von diesen Gruppen signifikant. Die Beschuldigten mit Wahlpflichtverteidigung werden häufiger mit Anzeigen mit mehr Taten in Realkonkurrenz zu dem angezeigten schwersten Delikt konfrontiert als die Beschuldigten der anderen Gruppen. Ist der Zusammenhang mit der Art der Verteidigung statistisch nur schwach, bestätigt er doch die schon oben gewonnene Tendenz, daß Beschuldigte mit Wahlpflichtverteidigern vielfältigeren Problemen gegenüberstehen als die anderen Beschuldigten.
Kein Zusammenhang mit der Art der Verteidigung hat sich dagegen ergeben bei der fortgesetzten Handlung[93] und bei den Taten in Idealkonkurrenz[94] mit dem angezeigten schwersten Delikt.

Wie bei der Anzahl der Anzeigen und bei den Taten in Realkonkurrenz mit dem angezeigten schwersten Delikt zeigt sich

93) EB 131.
94) EB 132.

auch bei dem **Schwereindex**[95], daß die Gruppe der Wahlpflichtverteidigung eine besondere Rolle spielt.

Tabelle Nr. 34: Schwereindex der Tat nach Anzeige

Verteidigung		Schwereindex 1	2	3	4	5	6	7	8
ohne	n	59	124	69	12	2	1	0	1
	%	22,0	46,3	25,7	4,5	0,7	0,4	0	0,4
Wahl-	n	15	32	62	10	2	16	11	8
	%	9,6	20,5	35,7	6,4	1,3	10,3	7,4	5,1
Pflicht-	n	3	6	18	9	2	7	3	4
	%	5,8	11,5	34,6	17,3	3,8	13,5	5,8	7,7
Wahlpflicht-	n	1	5	12	17	1	20	11	8
	%	1,9	6,7	16,0	22,7	1,3	26,7	14,7	10,7

Beispiele für Schwereindex:

1 = Diebstahl geringw. Sachen, einfache Körperverletzung
2 = Bedrohung, fahrlässige Körperverletzung
3 = KFZ-Diebstahl, schwere Körperverletzung
4 = Diebstahl m. Waffen, Erpressung
5 = minder schwerer Fall des Totschlags, räub. Angriff auf Kraftfahrer
6 = Raub, Vergewaltigung, Körperverletzung mit Todesfolge
7 = Totschlag
8 = Mord

k.A.: 19 Fälle; Signifikanz: h.s.; C: 0,53

Deutlich ist hier zunächst die Trennung zwischen den Verfahren ohne Verteidigung, die einen Schwerpunkt bei den Indexpunkten 1 bis 3 haben, und den Verfahren mit Verteidigung, die auch bei höheren Indexpunkten höhere Prozentangaben zeigen; sie unter

95) EB 134. Bei dem Schwereindex handelt es sich um eine Zuordnung einzelner Straftatbestände zu einer Rangskala und ihrer Schwere, wie sie von SCHÖCH, a.a.O. 1975, 110, entwickelt und von DÖLLING, a.a.O. 1978, 112 Anm. 1 und von SCHUNCK, a.a.O. 1982, 62 und 311ff. fortgeführt worden ist. Soweit die Tabelle von SCHUNCK nicht ausreichte, wurde sie im gleichen Verfahren fortentwickelt. Die Zuordnung ergibt sich im einzelnen aus Anhang 4.

scheiden sich auch signifikant von den Verfahren ohne Verteidigung. Die Wahlpflichtverteidigungen unterscheiden sich zudem von den Wahlverteidigungen und den Pflichtverteidigungen. Es zeigten sich v.a. bei den Indexpunkten 6 bis 8 höhere Prozentangaben, so daß in Verfahren mit einer Anzeige z.B. wegen Raubes, Vergewaltigung, Totschlag oder Mord signifikant häufiger Wahlpflichtverteidiger auftreten als Wahlverteidiger oder Pflichtverteidiger.
Auf Grund des Wertes für die Stärke des Zusammenhangs zwischen dem Tatvorwurf in der Anzeige und der Art der Verteidigung kann gesagt werden, daß die Schwere des vorgeworfenen Delikts einen Einfluß auf die Art der Verteidigung und insbesondere auf die Wahlpflichtverteidigung hat. Bei der Interpretation dieser Tabelle ist jedoch auch auf die Spruchkörperverteilung in der Stichprobe Rücksicht zu nehmen, so daß die hier naheliegende Deutung, daß es Verteidiger tendenziell häufiger mit schweren Fällen zu tun haben, hier so <u>nicht</u> gezogen werden kann.

Die Auswertung der Angaben zur Beteiligungsform[96], zur Begehungsform[97] und zur Art der subjektiven Tatbestandsverwirklichung[98] erbrachte keinen Zusammenhang mit der Art der Verteidigung.

Die Auswertung der Angaben zu dem <u>Tatort</u>[99] ergaben in bezug auf die Art der Verteidigung keine signifikanten Unterschiede, bei einem Wert des Korrelationskoeffizienten C von 0,15 liegt auch kein Zusammenhang zwischen der Art der Verteidigung und dem Ort der Tatbegehung vor. Dieses Ergebnis entspricht den Erwartungen aufgrund der Vorentscheidungen durch die Stichprobe:

---

96) EB 136: 86,3% Täterschaft; 13,7% Teilnahme.
97) EB 137: 98,4% Vorsatz; 1,2% Fahrlässigkeit; k.A.: 0,4%.
98) EB 138: 89,3% Vollendung; 10,4% Versuch; k.A.: 0,4%.
99) EB 139; die Erhebung erfolgte über die entsprechende Postleitzahl. Für die Auswertung erfolgte eine Zusammenfassung in folgende neun Gruppen (nach Postleitzahlen): 1 = 3000-3014; 2 = 3100-3363 (Hannover); 3 = 3400-3414; 4 = 3418-3452 (Göttingen); 5 = 3500-3541; 6 = 3520-3590 (Kassel); 7 = 8500-8536; 8 = 8530-8563 (Nürnberg); 9 = sonst, Ausland.

Wegen der dort festgelegten Zusammensetzung waren keine regionalen Unterschiede zu erwarten.

Bei den Anzeigeerstattungen[100] ergab sich folgende Rangfolge der Anzeigeerstattungen: Verletzter (47,4%), Polizei von Amts wegen (13,8%), Behörde (11,1%); alle anderen Anzeigeerstatter lagen jeweils unter 3%. Damit bestätigt[101] sich, daß das Opfer und sein Umkreis sowie die Polizei und andere zuständige Behörden die wichtigsten Instanzen der Sozialkontrolle sind. Weitere statistische Untersuchungen werden hier nicht durchgeführt.

Ein Strafantrag[102] wurde in 36,1% der Fälle gestellt. Bei der Datenerhebung stellte sich jedoch heraus, daß die entsprechenden Vorschriften in der Praxis nicht streng gehandhabt werden. So fanden sich zahlreiche Fälle mit Antragsdelikten, in denen auf dem Anzeigeformular keinerlei Feststellungen zum Strafantrag ("Kreuzchen") getroffen worden waren (konkludenter Antrag durch Anzeige?). Eine Ausnahme stellten hier nur die Sexualdelikte dar, in denen regelmäßig die Frage nach einem Strafantrag wegen Beleidigung gestellt wurde.
Von weiteren statistischen Untersuchungen wurde daher abgesehen.

Die Schadenshöhe[103] wurde entsprechend den Angaben in der Anzeige (in DM) übernommen. Zur statistischen Auswertung wurden diese Beträge in fünf Gruppen zusammengefaßt.

---

100) EB 140.
101) KAISER, a.a.O. 1980, 113f.
102) EB 141.
103) EB 142.

Tabelle Nr. 35: Schadenshöhe

Verteidigung		Schadensbetrag in DM				
		0-50	51-250	251-999	1000-10.000	10.001 u.mehr
ohne	n	50	31	21	41	15
	%	31,6	19,6	13,3	25,5	9,5
Wahl-	n	11	7	7	30	26
	%	13,6	8,6	8,6	37,0	32,1
Pflicht-	n	3	3	4	9	3
	%	13,6	13,6	18,2	40,4	13,6
Wahlpflicht-	n	2	3	8	11	9
	%	6,1	9,1	24,2	33,3	27,3

k.A.: 276; Signifikanz: h.s.; C: 0,35

Es ergab sich hier eine Unterscheidung nach der Art der Verteidigung auf dem 1%-Niveau; der Zusammenhang zwischen der Schadenshöhe und der Art der Verteidigung weist eine mittlere Stärke auf. Signifikant unterscheidet sich die Gruppe "Wahlverteidigung" von der Gruppe "ohne Verteidigung". Dies bedeutet tendenziell, daß bei einer Schadenshöhe von über 10 000.- DM eher ein Wahlverteidiger mandatiert wird, als das Verfahren ohne Verteidiger zu bestreiten. Gleiches gilt für die Wahlpflichtverteidigung.

4.2. Die Ermittlungstätigkeit der Polizei

Nach der Auswertung des Anzeigenblattes wurden die Aktivitäten der Polizei in Ermittlungsverfahren erhoben, da sie regelmäßig den ersten Zugriff bei den Strafverfolgungsmaßnahmen (Tataufklärung) hat.

4.2.1. Ermittelte und vernommene Zeugen

Zur statistischen Auswertung wurde die Zahl der von der Polizei ermittelten und vernommenen Zeugen[104] in fünf Gruppen zusammengefaßt.

Tabelle Nr. 36: Anzahl der polizeilich ermittelten Zeugen

Verteidigung		Anzahl der Zeugen				
		0	1	2	3-5	6 und mehr
ohne	n	153	66	28	23	5
	%	55,6	24,0	10,2	8,4	1,8
Wahl-	n	54	24	15	34	38
	%	32,7	14,5	9,1	20,6	23,0
Pflicht-	n	18	12	5	12	7
	%	33,3	22,2	9,3	22,2	13,0
Wahlpflicht-	n	11	12	11	20	22
	%	14,5	15,8	14,5	26,3	28,9

k.A.: 0; Signifikanz: h.s.; C = 0,40

Die Tabelle zeigt deutlich die Unterschiede zwischen den Verfahren ohne Verteidigung auf der einen Seite und den Verfahren mit Verteidigung auf der anderen Seite. Beachtenswert ist der weitgehend parallele Verlauf bei den Verfahren mit Verteidigung, wobei es jedoch einen signifikanten Unterschied zwischen Wahlpflicht- und Pflichtverteidigung gab. Wurden bei der Wahlpflichtverteidigung weniger Verfahren mit keinem bzw. nur einem Zeugen gezählt, so war die Zahl der Verfahren mit 6 und mehr Zeugen bei den Pflichtverteidigern deutlich geringer als bei der Wahlpflichtverteidigung und auch der Wahlverteidigung. Insgesamt ergab sich aber zwischen der Anzahl der polizeilich ermittelten und vernommenen Zeugen und der Art der Verteidigung nur ein Zusammenhang mittlerer Stärke.

---

104) EB 143.

4.2.2. Erhobene Urkunden

Die Angaben zu den polizeilich erhobenen Urkunden[105] wurden in vier Gruppen zusammengefaßt.

Tabelle Nr. 37: Anzahl der polizeilich erhobenen Urkunden

Verteidigung		Anzahl der Urkunden			
		0	1	2-10	11 u. mehr
ohne	n	145	60	49	20
	%	52,9	21,9	17,9	7,3
Wahl-	n	72	24	42	25
	%	44,2	14,7	25,8	15,8
Pflicht-	n	32	8	10	3
	%	60,4	15,1	19,9	5,7
Wahlpflicht-	n	46	14	11	5
	%	60,5	18,4	14,5	6,6

k.A.: 4 Fälle; Signifikanz: s.; C: 0,18

Die signifikanten Unterschiede bei der Zahl der polizeilich erhobenen Urkunden sind auf andere Ursachen als die Art der Verteidigung zurückzuführen, da es mit dieser Variablen nur einen ganz schwachen statistischen Zusammenhang gibt.

4.2.3. Gesicherte Augenscheinsobjekte

Die Zahl der von der Polizei gesicherten Augenscheinsobjekte[106] wurde in fünf Gruppen zusammengefaßt.

105) EB 144.
106) EB 145.

Tabelle Nr. 38: Anzahl der polizeilich gesicherten Augenscheinsobjekte

Verteidigung		Anzahl der Augenscheinsobjekte				
		0	1	2	3-10	11 und mehr
ohne	n	248	13	6	4	3
	%	90,5	4,7	2,2	1,5	1,1
Wahl-	n	105	15	8	17	16
	%	65,2	5,3	5,0	10,6	9,9
Pflicht-	n	31	8	1	9	5
	%	57,4	14,8	1,9	16,7	9,3
Wahlpflicht-	n	22	10	8	18	18
	%	28,9	15,2	10,5	23,7	23,7

k.A.: 4 Fälle; Signifikanz: h.s.; C = 0,44

Signifikant unterscheidet sich die Gruppe der Wahlverteidigungen von der Gruppe der Verfahren ohne Verteidigung; die Wahl- und die Pflichtverteidigung zeigen eine auffällig parallele Verteilung; die Wahlpflichtverteidigungen unterscheiden sich dagegen signifikant von allen anderen Gruppen; auffällig ist insbesondere der Anstieg in den letzten beiden Spalten (3 bis 10 bzw. 11 und mehr Augenscheinsobjekte). Die Verteilung ist gut mit der Verteilung bei den von der Polizei ermittelten und vernommenen Zeugen vergleichbar. Wie dort, so zeigt sich auch hier ein Zusammenhang mittlerer Stärke. Mitursächlich für die Unterschiede ist auch die Schwere der Delikte, die mit zunehmender Schwere auch umfangreichere Ermittlungen mit sich bringt, und so auf die Verteidigung zurückwirkt.

4.2.4. Wiederholte Tatortbesichtigung

Die Notwendigkeit der Tatortbesichtigung richtet sich generell sehr stark nach dem Delikt: Es besteht für die Polizei bei einem Ladendiebstahl praktisch keine Notwendigkeit, den Tatort zu besichtigen, während es bei einem Mordfall eine Selbstver-

ständlichkeit ist, eine umfassende Tatortbesichtigung durchzuführen. Unter "Tatortbesichtigung"[107] wurden daher nur die Fälle erfaßt, in denen die Polizei erneut und mit dem Beschuldigten (ggf. auch mit seinem Verteidiger) den Tatort besichtigte.
Die Aktenanalyse registriert 15 solcher Tatortbesichtigungen, wovon 4 Verfahren ohne Verteidiger, 4 Verfahren mit Wahlverteidigung, 2 Verfahren mit Pflichtverteidigung und 5 Verfahren mit Wahlpflichtverteidigung betrafen. Bei der statistischen Auswertung ergab sich kein Zusammenhang zwischen der Tatortbesichtigung und der Art der Verteidigung.[108]

4.2.5. Vernehmung des Beschuldigten

Das Aussageverhalten des Beschuldigten wurde unter vier Aspekten ausgewertet: der Anzahl der Vernehmungen des Beschuldigten durch die Polizei[109], dem Aussageverhalten des Beschuldigten[110] (Aussage/Aussageverweigerung, Aussage nur vor Richter/Aussage erfolgt schriftlich (über Verteidiger)), dem Umfang der Aussage (Geständnis/Teilgeständnis) und der Konstanz der Einlassung (konstante Einlassung/wechselnde Einlassung).

Die **Anzahl der polizeilichen Vernehmungen** des Beschuldigten wurde in vier Gruppen zusammengefaßt.

---

107) EB 146.
108) keine Angaben: 8 Fälle; Signifikanz: n.s.; C = 0,10.
109) EB 147.
110) EB 148.

Tabelle Nr. 39: Anzahl der polizeilichen Vernehmungen des Beschuldigten

Verteidigung		Anzahl der Vernehmungen			
		0	1	2	3 u. mehr
ohne	n	49	217	7	2
	%	17,8	78,9	2,5	0,7
Wahl-	n	20	130	6	9
	%	12,1	78,8	3,6	5,5
Pflicht-	n	5	40	4	5
	%	9,3	74,1	7,6	9,3
Wahlpflicht-	n	4	53	8	11
	%	5,3	65,1	10,5	14,5

k.A.: 0 Fälle; Signifikanz: h.s.; C = 0,27

Die Tabelle zeigt deutlich, daß in ca. 3/4 der Fälle nur eine Vernehmung des Beschuldigten durch die Polizei stattfindet, und zwar bei allen vier Gruppen.
Die Verfahren mit Verteidigung unterscheiden sich jeweils signifikant von den Verfahren ohne Verteidigung. Es besteht ein schwacher Zusammenhang mit der Art der Verteidigung. Der Unterschied ist daher mit auf andere Ursachen zurückzuführen; hier ist besonders die Verfahrensart (viele Verfahren ohne Verteidigung bei den eingestellten Verfahren) zu berücksichtigen.
Die Verfahren mit Wahlpflichtverteidigung unterscheiden sich ebenfalls signifikant von den Verfahren mit Wahlverteidigung. Auch hier besteht ein schwacher Zusammenhang mit der Art der Verteidigung. Für die Unterschiede sind daher andere Ursachen mitverantwortlich; es ist insbesondere an die Schwere der Delikte zu denken, die v.a. bei den höchsten Indices bei der Wahlpflichtverteidigung stärker vertreten waren und so auf den untersuchten Zusammenhang zurückwirken.

Das **Aussageverhalten** des Beschuldigten zeigt folgendes Bild.

Tabelle Nr. 40: Aussageverhalten des Beschuldigten bei der polizeilichen Vernehmung

Verteidigung		Aussageverhalten des Beschuldigten				
		keine Aussage	"nur vor Ri. oder StA"	"schr. über V."	"nicht erschienen"	Aussage mit Vern.protok.
ohne	n	22	3	14	11	176
	%	9,7	1,3	6,2	4,9	77,9
Wahl-	n	14	2	62	5	66
	%	9,4	1,3	41,6	3,4	44,3
Pflicht-	n	9	0	2	1	37
	%	18,4	0	4,1	2,0	75,5
Wahl-pflicht-	n	14	1	11	0	47
	%	19,2	1,4	15,1	0	64,4

k.A.: 73 Fälle; Signifikanz: h.s.; C = 0,40

Diese Tabelle zeigt einige interessante Zahlen: Die letzte Spalte weist aus, daß rund 78% der Beschuldigten ohne Verteidiger, rund 76% der Beschuldigten mit Pflichtverteidiger und immerhin noch rund 64% der Beschuldigten mit Wahlpflichtverteidiger vor der Polizei aussagen, während es bei den Beschuldigten mit Wahlverteidigern nur rund 44% sind. Dafür geben aber rund 41% der Beschuldigten mit Wahlverteidiger an, daß sie sich nach Rücksprache mit einem Anwalt schriftlich zu dem Tatvorwurf äußern wollen. Bei den Beschuldigten mit Pflichtverteidigern gaben nur 4% an, sich über einen Verteidiger äußern zu wollen, bei den Beschuldigten mit Wahlpflichtverteidiger waren es rund 15%; auch in den Verfahren ohne Verteidigung gab es 6% der Beschuldigten, die sich über einen Anwalt äußern wollten. Zu einer solchen Stellungnahme kam es dann jedoch - wie auch in vielen Verfahren mit Verteidigung - nicht.
Es unterscheiden sich signifikant die Verfahren ohne Verteidigung von den Verfahren mit Wahlverteidigung. Der Zusammenhang des Aussageverhaltens mit der Art der Verteidigung ist von mittlerer Stärke. Das Aussageverhalten der Beschuldigten wird also von der Art der Verteidigung mit beeinflußt, wenn es dane-

ben auch noch andere Ursachen für die Unterschiede in dem Aussageverhalten gibt.

Umfang und **Konsistenz** der Aussagen waren jedoch aus den Akten nur schwer zu erheben (insbesondere bei den eingestellten Verfahren und bei den Strafbefehlsverfahren): es fehlen hierzu die Angaben in 241 bzw. 248 Fällen. Die für die übrigen Verfahren durchgeführten statistischen Berechnungen ergaben weder bei dem Umfang noch bei der Konsistenz der Aussage signifikante Unterschiede; bei beiden Variablen ergab sich auch kein Zusammenhang mit der Art der Verteidigung.

4.2.6. Kurze Zusammenfassung

Die polizeiliche Ermittlungstätigkeit erweist sich hinsichtlich der hier geprüften Variablen als weitgehend unabhängig von der Art der Verteidigung. Ausnahmen gab es nur bei den Zeugenvernehmungen und den gesicherten Augenscheinsobjekten: es ergaben sich insbesondere für die Wahlpflichtverteidigung erhöhte Zahlen. Der Zusammenhang mit der Art der Verteidigung war jedoch nur von mittlerer Stärke, so daß neben der Art der Verteidigung auch noch andere Faktoren für die Unterschiede verantwortlich sind.
Etwas deutlicher waren die Veränderungen in dem Verhalten des Beschuldigten bei seiner Aussage vor der Polizei: hier war eine deutliche Tendenz dahingehend zu beobachten, daß Beschuldigte mit Wahlverteidiger eher von dem Recht Gebrauch machten, sich vor der Aussage von einem Anwalt beraten zu lassen, als Beschuldigte, die keinen Verteidiger hatten bzw. denen ein Pflichtverteidiger oder ein Wahlpflichtverteidiger bestellt worden war.

4.3. Die Ermittlungstätigkeit der Staatsanwaltschaft

Die Staatsanwaltschaft ist Herrin des Ermittlungsverfahrens[111]; es ist daher mitunter notwendig, daß sie die Polizei mit weiteren Ermittlungen beauftragt.
In den hier untersuchten 570 Verfahren kam es in insgesamt 71 Fällen (12,7%) zu solchen Weisungen[112], davon entfielen 20 (= 28,2%) auf Verfahren ohne Verteidiger, 36 (= 50,7%) auf Verfahren mit Wahlverteidiger, 7 (= 9,9%) auf Verfahren mit Pflichtverteidiger und 8 (= 11,3%) auf Verfahren mit Wahlpflichtverteidiger. Ein statistischer Zusammenhang mit der Art der Verteidigung ergab sich jedoch nicht.

4.3.1. Einzelne Ermittlungstätigkeiten

Die Ermittlungstätigkeiten der Staatsanwaltschaften erwiesen sich erwartungsgemäß als wesentlich geringer als die der Polizei. Zur statistischen Auswertung mußten die erhobenen Daten stark zusammengefaßt werden. In 20 Fällen wurden von der Staatsanwaltschaft selbst **Zeugen**[113] vernommen; die Zahl der vernommenen Zeugen schwankte dabei zwischen 1 und 5. Davon entfielen 2 Fälle (= 10%) auf Verfahren ohne Verteidiger, 14 Fälle (= 70%) auf Verfahren mit Wahlverteidiger, 1 Fall (= 5%) auf ein Verfahren mit Pflichtverteidiger und 3 Fälle (= 15%) auf Verfahren mit Wahlpflichtverteidiger. Ein statistischer Zusammenhang zwischen der Zahl der vernommenen Zeugen und der Art der Verteidigung ergab sich jedoch nicht.[114]
In 12 Fällen wurden **Urkunden**[115] erhoben, das sind 2,1% aller Fälle. Davon entfielen 3 Fälle (= 25%) auf Verfahren ohne Verteidigung, 6 Fälle (= 50%) auf Verfahren mit Wahlverteidigung,

---

111) Vgl. ROXIN, a.a.O. 1987, 55.
112) EB 155; Signifikanz: h.s.; C = 0,19.
113) EB 163.
114) Signifikanz: s.s.; C = 0,17.
115) EB 165; die Anzahl der Urkunden schwankte zwischen 1 und 9.

kein Fall auf Verfahren mit Pflichtverteidigung und 3 Fälle (= 25%) auf Verfahren mit Wahlpflichtverteidigung. Ein Zusammenhang mit der Art der Verteidigung ergab sich auch hier nicht.[116]

In nur einem Fall wurden durch die Staatsanwaltschaft **Augenscheinsobjekte**[117] gesichert. Eine statistische Auswertung ist nicht möglich.

Eine **Tatortbesichtigung**[118] fand in keinem Fall statt.

4.3.2. Vernehmung des Beschuldigten

In 20 der 570 Fälle (3,5%) fanden **Vernehmungen des Beschuldigten** durch die Staatsanwaltschaft statt.[119] Die Verteilung auf die Art der Verteidigung ergibt 7 Fälle (= 35%) für die Verfahren ohne Verteidigung, 8 Fälle (= 40%) für die Verfahren mit Wahlverteidigung, 1 Fall (= 5%) für die Verfahren mit Pflichtverteidigung und 4 Fälle (= 20%) für die Verfahren mit Wahlpflichtverteidigung. Ein Zusammenhang zwischen der Vernehmung des Beschuldigten und der Art der Verteidigung besteht nicht.[120]

Nur in einem der 20 Fälle wurde der Beschuldigte mehr als einmal von der Staatsanwaltschaft vernommen.

Für das **Aussageverhalten**[121] der Beschuldigten läßt sich festhalten, daß 15 von ihnen zu einer Aussage bereit waren, 4 erklärten, sie würden sich schriftlich (über ihren Verteidiger) äußern; in einem Fall war der Beschuldigte nicht zur Vernehmung erschienen.

116) Signifikanz: n.s.; C = 0,09.
117) EB 166.
118) EB 167.
119) EB 156.
120) Signifikanz: n.s.; C = 0,07.
121) EB 157.

Für den **Inhalt der Aussagen**[122] der 19 verbliebenen Fälle der Vernehmungen der Beschuldigten läßt sich festhalten, daß in 5 Fällen der Tatvorwurf bestritten wurde, in 8 Fällen wurde ein volles Geständnis abgelegt, in 3 Fällen wurde ein Teilgeständnis gemacht, in 3 Fällen konnten keine inhaltlichen Feststellungen getroffen werden.

Die **Konstanz der Einlassungen**[123] konnte in nur 3 Fällen eingeschätzt werden; in diesen Fällen hat sich keine Abweichung von früheren Einlassungen ergeben.
Die Zahlen für das Aussageverhalten, den Inhalt der Aussage und die Konstanz der Einlassungen waren jedoch für eine weitere statistische Bearbeitung zu gering.

4.3.3. Gutachterbestellungen

§ 161a StPO verpflichtet die Sachverständigen, auch für die Staatsanwaltschaft Gutachten zu erstatten. Diese Bestimmung wurde eingeführt, um das Ermittlungsverfahren zu beschleunigen und bei der Staatsanwaltschaft zu konzentrieren.[124]
Davon wird auch weitgehend Gebrauch gemacht, so daß die überwiegende Zahl der Gutachter heute schon durch die Staatsanwaltschaft in das Ermittlungsverfahren eingeschaltet wird.
In 129 der 570 dieser Untersuchung zugrundeliegenden Verfahren, das sind 22,6%, wurden insgesamt 297 Sachverständige von den Staatsanwaltschaften mit entsprechenden Untersuchungen beauftragt, dies entspricht einer durchschnittlichen Anzahl von 2,3 Sachverständigen pro Verfahren mit Gutachterbeteiligung.[125]
Bei der Aktenanalyse wurde zwischen Gutachten zur Schuldfähigkeit und sonstiger Gutachten (Schriftsachverständiger, ge-

122) EB 158.
123) EB 159.
124) KLEINKNECHT/MEYER, a.a.O. 38, § 161a, Rdn. 1.
125) EB 168.

richtsmedizinisches Gutachten, Glaubwürdigkeitsgutachten etc.) unterschieden.[126)]

Für die Gutachten zur Schuldfähigkeit wurden registriert: 43 Verfahren mit ausschließlicher Erhebung eines Gutachtens zum Blutalkoholgehalt des Beschuldigten, 27 Verfahren mit Psychiatern (Nervenfachärzten) als Sachverständigen und 15 Verfahren, in denen sowohl ein Psychiater als auch ein Psychologe ein Gutachten erstatteten.

Damit spielte in 85 der 129 Verfahren mit Sachverständigenbeteiligung, das sind 65,9% dieser Verfahren, die Frage der Schuldfähigkeit eine Rolle.

Für die sonstigen Gutachten wurden registriert:

Es gab insgesamt 95 Verfahren (73,6% der Verfahren mit Sachverständigenbeteiligung), in denen "sonstige Gutachten" für die Staatsanwaltschaft erstellt worden sind. Darunter waren 5 Schriftsachverständige, 15 Gutachten zu Tatwerkzeugen (insbesondere Schußwaffen), 28 gerichtsmedizinische Untersuchungen und 45 sonstige Gutachten (zur Bestimmung von Rauschmitteln, aufgrund des Lebensmittelgesetzes), sowie je ein Gutachten zu wirtschaftlichen Fragen und zur Glauwürdigkeit eines Zeugen.

Die Bestellung von Sachverständigen vermittelte insgesamt das Bild einer umfassenden und zielgerichteten Ermittlungstätigkeit der Staatsanwaltschaften.

Die Verteilung der staatsanwaltschaftlich bestellten Gutachter auf die Art der Verteidigung ergibt sich aus der nachfolgenden Tabelle.

---

126) EB 169, EB 170.

Tabelle Nr. 41: Staatsanwaltschaftlich bestellte Gutachter - Art der Verteidigung

Verteidigung		Anzahl der Gutachter		
		0	1	2 und mehr
ohne	n	254	18	2
	%	92,7	6,6	0,7
Wahl-	n	113	23	29
	%	68,5	13,9	17,6
Pflicht-	n	35	8	11
	%	64,8	14,8	20,4
Wahlpflicht-	n	38	13	35
	%	50,0	17,1	32,9

k.A.: 1 Fall; Signifikanz: h.s.; C = 0,37

Die Tabelle zeigt deutlich, daß der Schwerpunkt der Gutachterbestellung bei den Verfahren mit Verteidigung liegt; dies ist durch die Stichprobenkonstellation begründet. (Dieser Unterschied ist auch signifikant.)
Die Tabelle weist zudem eine weitgehend gleichgerichtete Verteilung bei den Verfahren mit Verteidigung aus. Eine Ausnahme zeigt sich allerdings in der letzten Spalte bei der Wahlverteidigung und der Wahlpflichtverteidigung: die Zahl der Verfahren mit mehreren Gutachtern ist bei den Wahlpflichtverteidigern fast doppelt so hoch als bei den Wahlverteidigern; der Unterschied zwischen diesen beiden Gruppen ist auch signifikant.
Zwischen der Anzahl der staatsanwaltschaftlich bestellten Gutachter und der Art der Verteidigung ergab sich ein Zusammenhang mittlerer Stärke. Dies zeigt, daß die Art der Verteidigung einen gewissen Einfluß auf die Anzahl der staatsanwaltschaftlich bestellten Gutachter hat. Hierbei ist zu berücksichtigen, daß bei der Analyse des Schwereindex[127)] festgestellt worden war, daß die Wahlpflichtverteidiger in den Verfahren wegen Totschlags und wegen Mordes häufiger als alle anderen Verteidiger

127) Vgl. oben, S. 275.

aufgetreten waren, also in genau jenen Verfahren, in denen üblicherweise mehrere Gutachter notwendig sind, so daß zu vermuten ist, daß auch die Schwere des Tatvorwurfs einen Einfluß auf die Anzahl der erstellten Gutachter hat.

Bei der Frage der Abstimmung[128)] der Staatsanwälte mit den Verteidigern bei der Auswahl der Gutachter zeigte die Aktenanalyse jedoch erhebliche Defizite auf: nur in vier Fällen fand eine solche Abstimmung statt bzw. wurde sie auch aktenkundig. Alle vier Fälle betrafen Verfahren mit Wahlverteidigern, woraus aber - auch wegen der geringen Zahl - keine weiteren Schlüsse gezogen werden können.

4.3.4. Kurze Zusammenfassung

Die Aktivitäten der Staatsanwaltschaft im Ermittlungsverfahren waren deutlich geringer als die der Polizei.
Nur bei der Anzahl der bestellten Gutachter konnte jedoch ein Zusammenhang mit der Art der Verteidigung festgestellt werden, d.h. daß die Staatsanwaltschaften die Ermittlungen weitgehend unabhängig davon durchführen, ob - wenn wie - der Beschuldigte durch einen Anwalt vertreten wird.

In einem interessanten Bereich, nämlich bei der Frage, ob die Art der Verteidigung einen Einfluß auf die Einlassungen der Beschuldigten vor der Staatsanwaltschaft haben, waren die Zahlen zu gering, um Zusammenhänge (positiv oder negativ) statistisch nachweisen zu können.

4.4. Die Aktivitäten des Beschuldigten und des Verteidigers

Unter dem Punkt "Aktivitäten des Beschuldigten und des Verteidigers" im Ermittlungsverfahren werden die Auswertungen zu

---

128) EB 171; vgl. dazu auch oben, S. 146.

drei Komplexen dargestellt: die Anwesenheit des Verteidigers bei polizeilichen und staatsanwaltschaftlichen Vernehmungen, die Beweisanträge des Beschuldigten im Ermittlungsverfahren und die Beweisanträge (und ihr Erfolg) des Verteidigers im Ermittlungsverfahren.

4.4.1. Anwesenheit des Verteidigers bei Vernehmungen

Auf die Anwesenheit des Verteidigers bei den polizeilichen Vernehmungen des Beschuldigten besteht kein Rechtsanspruch. Dementsprechend hatten die Verteidiger in den Interviews zumeist angegeben, daß sie "selten" oder "nie" bei einer solchen Vernehmung anwesend waren; 11% der befragten Anwälte hatten jedoch auch schon häufiger an solchen Vernehmungen teilgenommen.[129)]
Insgesamt war jedoch der Eindruck entstanden, daß die Anwesenheit des Verteidigers bei polizeilichen Vernehmungen einen Ausnahmefall darstellt.
Dieser Eindruck kann durch die Aktenanalyse nur bestätigt werden. Obwohl aufgrund der Stichprobe ein Schwerpunkt der Untersuchung auf den schweren Delikten liegt, weist die Erhebung[130)] nur einen Fall auf, in dem ein Beschuldigter die Anwesenheit des Verteidigers bei der Vernehmung beantragt hatte, die dann auch gewährt worden war.
Weitere Untersuchungen etwa auch dahingehend, ob Wahlverteidiger gegenüber Pflichtverteidigern gesteigerte Aktivitäten entfalten, werden bei einem solchen Ergebnis obsolet.
Obwohl bei staatsanwaltschaftlichen Vernehmungen ein Anwesenheitsrecht des Verteidigers besteht[131)], konnte diese Untersuchung[132)] auch für diesen Bereich keine rege Verteidigeraktivität feststellen: Es gab in 2 Fällen Anträge der Beschuldigten auf Anwesenheit ihres Verteidigers, denen auch stattgegeben

129) Vgl. oben, S. 287.
130) EB 151 - EB 154.
131) Vgl. die oben, S. 130, Fn. 320) zitierte Literatur.
132) Vgl. EB 160 - EB 162.

wurde. Dabei ist aber zu bedenken, daß hier ohnehin nur 20 Beschuldigtenvernehmungen durch die Staatsanwaltschaft registriert worden waren, so daß sich eine Anwesenheit von Verteidigern in 10% der staatsanwaltschaftlichen Vernehmungen ergäbe. Es ist jedoch auch hier die Schichtung der Stichprobe zu berücksichtigen, so daß allenfalls von einer Tendenz gesprochen werden kann, daß Verteidiger eher bei staatsanwaltschaftlichen als bei polizeilichen Vernehmungen anwesend sind.

4.4.2. Aktivitäten des Beschuldigten

Die Aktenanalyse erhob die Aktivitäten des Beschuldigten insoweit, als sich Anhaltspunkte für etwaige Anträge auf Zeugenvernehmungen, Erhebung von Urkunden, Sicherung von Augenscheinobjekten, Tatortbesichtigungen und auf Erstellung von Gutachten (zur Schuldfähigkeit oder sonstige Gutachten) fanden.[133)]
Die ermittelten Anträge waren aber äußerst gering: In nur 10 Verfahren (das sind 1,7%) beantragte der Beschuldigte die Vernehmung von Zeugen.[134)] Nur einmal wurde ein Antrag auf einen Urkundenbeweis gestellt. Anträge zur Sicherung von Augenscheinobjekten und zur Tatortbesichtigung fanden sich nicht. Ebenfalls in nur einem Fall wurde ein Antrag auf Erstellung eines Gutachtens gestellt, dabei handelte es sich um eine Glaubwürdigkeitsbegutachtung eines Zeugen.
Die Aktenanalyse vermittelt somit das Bild von völlig passiven Angeklagten, die das Verfahren ohne jede Gegenwehr über sich ergehen lassen.
Eine weitere statistische Auswertung dieser Zahlen war nicht möglich.

---

133) EB 172 - EB 178.
134) Die Zahl der zu vernehmenden Zeugen schwankte zwischen 1 und 6.

4.4.3. Aktivitäten des Verteidigers

Wie bei den Beschuldigten wurden auch für die Verteidiger die Aktivitäten hinsichtlich der Anträge auf Bestellung bzw. Beibringung von Zeugen, Urkunden, Augenscheinobjekten und Gutachtern und die Anträge auf Tatortbesichtigung erfaßt.[135] Da es Ziel der Untersuchung ist, Qualität und Quantität der Verteidigeraktivitäten zu ermitteln, ist dies eine der zentralen Stellen der Analyse.
In diese Untersuchung waren 570 Verfahren einbezogen, von denen 165 Wahlverteidiger-, 54 Pflichtverteidiger und 76 Wahlpflichtverteidiger-Fälle waren. Für die exakte Berechnung der Aktivitäten der Verteidiger in Ermittlungsverfahren können aber hier nur jene Verfahren herangezogen werden, in denen der Verteidiger schon vor dem Abschluß des Ermittlungsverfahrens mandatiert bzw. bestellt worden war.
Dies war in 123 der 165 Wahlverteidigungen[136], in 6 der 56 Pflichtverteidigungen[137] und in 30 der 76 Wahlpflichtverteidigungen[138] der Fall. Die Größe, von der bei den Berechnungen auszugehen ist, sind daher 159 Verfahren mit Verteidigung.
In diesen 159 Verfahren wurden von den Verteidigern in

18 Fällen Zeugenvernehmungen, in
13 Fällen Urkundenerhebungen, in
2 Fällen die Beibringung von Augenscheinsobjekten, in
0 Fällen die Tatortbesichtigung und in
21 Fällen die Begutachtung durch einen Sachverständigen

beantragt.
Geht man davon aus, daß jeder Beweisantrag in einem anderen Verfahren gestellt worden ist, so zeigt sich, daß auf die 159 möglichen Verfahren 54 Beweisanträge kommen, mit anderen Worten: **in durchschnittlich 34%** der Verfahren mit Verteidigern

135) EB 179ff.
136) Vgl. oben, S. 212.
137) Vgl. oben, S. 232.
138) Vgl. oben, S. 213.

werden **während des Ermittlungsverfahrens Beweisanträge** gestellt. Negativ ausgedrückt bedeutet dies, daß in zwei Dritteln der Verfahren keine sich in den Akten niederschlagende Verteidigeraktivität entfaltet wird.
Dieses Ergebnis stimmt gut mit den von BARTON[139)] mitgeteilten Zahlen überein, in dessen Stichprobe 85,1% der Verfahren ohne eine einzige Verteidigeraktivität geblieben waren. Die Unterschiede zwischen den beiden Untersuchungen kann mit der unterschiedlichen Stichprobe erklärt werden: in dieser Untersuchung sind gravierende Tatvorwürfe überrepräsentiert, während in der Untersuchung BARTONS offenbar eine Normalverteilung angestrebt wurde.
Für die einzelnen Beweisanträge ergibt sich folgendes: Alle Anträge auf Zeugenvernehmungen, Urkundenerhebungen und Beibringung von Augenscheinsobjekten wurden von Wahlverteidigern bzw. Wahlpflichtverteidigern gestellt. Die Zahl der zu vernehmenden Zeugen schwankte in den Anträgen zwischen 1 (6 Verfahren) und 8 (2 Verfahren); die Zahl der zu erhebenden Urkunden schwankte zwischen 1 und 6; in den zwei Fällen mit Anträgen auf Beibringung von Augenscheinsobjekten wurde dies für je ein Augenscheinsobjekt beantragt. Betrachtet man die hier mitgeteilten Zahlen, so könnte der Eindruck entstehen, daß die Wahlverteidiger bzw. Wahlpflichtverteidiger wesentlich aktiver als die Pflichtverteidiger seien. Statistisch läßt sich jedoch nicht belegen, daß ein Zusammenhang zwischen der Anzahl der einzelnen Beweisanträge und der Art der Verteidigung besteht, da die entsprechenden Werte der Korrelationskoeffizienten jeweils sehr niedrig sind.[140)]
Für die Anträge auf Erstellung von Sachverständigengutachten ergibt sich kein wesentlich anderes Bild:
In 10 Verfahren wurde der Antrag von einem Wahlverteidiger, in 11 Verfahren von einem Wahlpflichtverteidiger, in keinem Verfahren aber von einem Pflichtverteidiger gestellt. Jedoch er-

139) BARTON, a.a.O. 1984, 395.
140) Für die Zeugen: C = 0,19; für die Urkunden: C = 0,17; für die Augenscheinsobjekte: C = 0,08.

gibt sich auch hier kein statistischer Zusammenhang zwischen den Anträgen und der Art der Verteidigung.[141)]
Der Schwerpunkt der Verteidigeraktivitäten lag hier ganz bei der Frage der Schuldfähigkeit des Beschuldigten:
In 18 Fällen wurde die Begutachtung durch einen Psychiater beantragt, in einem Fall durch einen Psychiater und einen Psychologen, in einem weiteren Fall wurde die Erstellung eines Blutalkoholgutachtens beantragt. In nur einem Fall wurde ein "sonstiges Gutachten"[142)] beantragt, nämlich ein gerichtsmedizinisches Gutachten.

Das in dieser Untersuchung starke Hervortreten der Anträge auf Erstellung von psychiatrischen und psychologischen Gutachten spiegelt den Umstand wider, daß heute eine Strafverteidigung in Tötungsverfahren praktisch nicht mehr ohne Begutachtung der Schuldfähigkeit des Mandanten durchgeführt werden kann. Auf der anderen Seite muß aber auch gesagt werden, daß die Staatsanwaltschaften inzwischen auch hier entsprechend tätig werden[143)], was sicher nicht zuletzt auf die von den Verteidigern erzwungene Revisionsentsprechung des BGH zur Aufklärungspflicht der Gerichte[144)] zurückzuführen ist.

In der Aktenanalyse wurde auch versucht, den **Erfolg der Verteidigeraktivitäten** (soweit sie die Beweisanträge betrafen) während des Ermittlungsverfahrens zu erfassen.[145)]
Dabei wurde zwischen "formellem" und "materiellem" Erfolg unterschieden, wobei mit dem Kriterium "formeller" Erfolg erfaßt wurde, ob dem Antrag überhaupt nachgegangen worden ist und wenn ja, in welchem Ausmaß (ganz oder nur teilweise). Mit dem Kriterium "materieller" Erfolg wurde versucht einzuschätzen, ob der

141) C = 0,19.
142) EB 170.
143) Vgl. zu den zahlreichen Gutachterbestellungen durch die StA oben, S. 286ff.
144) Vgl. hierzu BGH St 23, 176 (Fall Bartsch); BGH St 30, 131; BGH NStZ 83, 210.
145) EB 186ff.

erhobene Beweis einen (positiven) Einfluß auf den Ausgang des Verfahrens für den Beschuldigten hatte.

Für die **Zeugenvernehmungsanträge** ergibt sich, daß in 6 dieser 18 Fälle dem Antrag nicht nachgegegangen worden ist, in 10 Fällen wurde dem Antrag nur teilweise nachgegangen bzw. war der Zeuge inzwischen bereits vernommen worden.
Somit ergibt sich für die Verteidiger bei den Anträgen auf Zeugenvernehmung im Ermittlungsverfahren eine Erfolgsquote von 66%.
Hinsichtlich ihres materiellen Erfolges waren 10 Anträge nicht einzuschätzen, 2 Anträge wurden mit teilweise und 6 Anträge mit ganz erfolgreich eingeschätzt.[146)]

In den 13 Fällen mit Anträgen auf **Urkundenerhebungen** ergab sich, daß in einem Fall dem Antrag nicht nachgegangen worden ist, in 9 Fällen wurde dem Antrag in vollem Umfang nachgegangen und in 3 weiteren Fällen hatte sich das Antragsanliegen durch die Tätigkeit der Ermittlungsbehörde inzwischen bereits erledigt.
Die Erfolgsquote liegt damit für die Verteidiger bei den Urkunden bei 92%.
Hinsichtlich des materiellen Erfolges waren 5 Anträge nicht einzuschätzen, in 6 Fällen hatten die Anträge keinen verfahrensentscheidenden Einfluß, während in 2 Fällen auch im Hinblick auf den Verfahrensausgang ein entscheidender Einfluß sichtbar wurde.

Den 2 Anträgen auf Beibringung von **Augenscheinsobjekten** wurde ganz nachgegangen, insofern liegt hier die Erfolgsquote bei 100%. "Materiell" erbrachten die Augenscheinsobjekte in einem Fall einen teilweisen Erfolg, in einem Fall hatte der Antrag verfahrensentscheidenden Einfluß.

---

146) Bei diesen "materiellen" Einschätzungen handelt es sich um subjektive Bewertungen des Verfassers auf der Grundlage des gesamten Aktenmaterials.

Die Auswertung und Einschätzung der Anträge auf Bestellung eines **Gutachters** ergibt folgendes Bild: Von den 21 Fällen wurde in 3 Fällen dem Antrag nicht nachgegangen, in 8 Fällen nur teilweise, in 8 Fällen ganz und in 2 Fällen hatten die Ermittlungsbehörden (Staatsanwaltschaften) den Gutachter bereits selbst eingeschaltet.
Die Erfolgsquote liegt damit bei 85%.
6 dieser 21 Verfahren konnten nicht auf ihren materiellen Erfolg eingeschätzt werden, in 2 Fällen hatten die Anträge keinen "materiellen" Erfolg, in 5 Fällen war das Gutachten von teilweisem und in 8 Fällen von entscheidendem Einfluß auf den Verfahrensausgang.
Signifikante Unterschiede zwischen den einzelnen Arten der Verteidigung gab es nicht.

4.4.4. Kurze Zusammenfassung

Die sich in den Akten niederschlagenden Aktivitäten der Verteidiger hinsichtlich der Beibringung oder der Anregung zur Beibringung von entlastendem Beweismaterial sind zahlenmäßig gering.
Die Durchsetzung der Beschaffung bei den Strafverfolgungsbehörden hängt ab von der Leichtigkeit der Beschaffbarkeit des Beweismaterials (es werden Urkunden und Augenscheinsobjekte eher beigebracht als Zeugen) und von dem Gewicht des Beweises (s. die relativ hohe Erfolgsquote bei den Gutachtern).
Die Zahlen insgesamt wie auch die Einschätzung des materiellen Erfolges sprechen dafür, daß das "Beweisantragsrecht" im Ermittlungsverfahren nur gezielt eingesetzt wird, um Defizite im (bisherigen) Ermittlungsergebnis auszugleichen, nicht aber, um etwa durch eine Vielzahl von Beweisanträgen das Verfahren zu verzögern. Es vermittelt sich hier eindrucksvoll das Bild vom Wächteramt des Strafverteidigers über die ordnungsgemäße Durchführung des Verfahrens.

4.5. Die richterlichen Aktivitäten

Unter der Überschrift "richterliche Aktivitäten" werden hier die Tätigkeiten der Richter während des Ermittlungsverfahrens[147] (v.a. Vernehmungen des Beschuldigten und von Zeugen) und die kommissarischen Vernehmungen[148] zusammengefaßt.

4.5.1. Richterliche Vernehmungen des Beschuldigten

Die Untersuchung hält 8 richterliche Vernehmungen des Beschuldigten fest; dies entspricht 1,4% aller Verfahren. Davon entfielen 3 Fälle auf Verfahren ohne Verteidiger, 2 auf Verfahren mit Wahlverteidiger, 1 auf Verfahren mit Pflichtverteidiger und 2 auf Verfahren mit Wahlpflichtverteidiger. Ein Zusammenhang mit der Art der Verteidigung läßt sich bei diesen Zahlen nicht erkennen.
Von diesen 8 Beschuldigten erschien einer nicht zur Vernehmung, einer machte keine Angaben, die übrigen 6 Beschuldigten waren generell zu einer Aussage bereit. Von diesen machte jedoch einer nur sehr wenig Angaben zur Sache, 2 Beschuldigte legten ein Teilgeständnis und 1 Beschuldigter legte ein volles Geständnis ab. Ein Vernommener bestritt den Tatvorwurf.
Nur in 2 der 5 möglichen Fälle war bei der Vernehmung auch der Verteidiger anwesend.
Beweisanträge wurden weder von den Beschuldigten noch von den Verteidigern gestellt; es handelte sich in beiden Fällen um einen Wahlpflichtverteidiger.
Damit stellen sich die richterlichen Vernehmungen des Beschuldigten als für das Verfahren und damit die Verteidigung ohne größere Bedeutung dar.

---

147) EB 280ff.
148) EB 391ff.

4.5.2. Richterliche Vernehmung von Zeugen

Von statistisch wesentlich größerer Bedeutung sind dagegen die richterlichen Vernehmungen von Zeugen. Die Untersuchung hielt hier 47 Fälle mit solchen Zeugenvernehmungen fest, das sind immerhin 8,2% aller untersuchten Verfahren.
20 Vernehmungen entfielen davon auf Verfahren mit Wahlverteidigern, 6 auf Verfahren mit Pflichtverteidigern, 18 auf Verfahren mit Wahlpflichtverteidigern und 3 Vernehmungen auf Verfahren ohne Verteidiger.[149)]
Es zeigte sich somit ein auffälliger Unterschied zwischen den Verfahren ohne und den Verfahren mit Verteidigern.[150)] Dabei unterschied sich die Gruppe der Wahlpflichtverteidiger von allen anderen Gruppen sowie die Gruppe der Wahlverteidiger von der Gruppe der Verfahren ohne Verteidiger signifikant. Der Korrelationswert bedeutet, daß die Art der Verteidigung einen gewissen Einfluß auf die Anzahl der richterlichen Vernehmungen von Zeugen hat. Da die Gruppe der Wahlpflichtverteidiger jene Gruppe ist, in der die schwersten Delikte zahlenmäßig am stärksten vertreten sind, ist anzunehmen, daß auch die Schwere des Tatvorwurfs einen Einfluß auf die Zahl der richterlichen Zeugenvernehmungen hat.
Nur 1 dieser richterlichen Zeugenvernehmungen fand auch in Anwesenheit des Beschuldigten statt, 15 Vernehmungen dagegen in Anwesenheit des Verteidigers. Dies bedeutet, daß in immerhin 31,8% der richterlichen Zeugenvernehmungen in Verfahren mit Verteidigern der Verteidiger auch anwesend ist.
Die Anwesenheit bei richterlichen Zeugenvernehmungen erweist sich damit als ein für die Strafverteidigeraktivitäten durchaus erheblicher Punkt.
Demgegenüber sind richterliche Tatortbesichtigungen[151)] ohne Bedeutung. Die Untersuchung enthält nur einen solchen Fall; der

---

149) Die Anzahl der zu vernehmenden Zeugen schwankte dabei zwischen 1 (32 Verfahren) und 5 (1 Verfahren).
150) Signifikanz: h.s.; C = 0,28.
151) EB 290 - EB 292.

Beschuldigte und der Verteidiger waren hier jedoch nicht beteiligt.

4.5.3. Kommissarische Vernehmungen

Die Analyse weist 9 Fälle aus, in denen Zeugen kommissarisch vernommen worden sind, das sind 1,5% aller untersuchten Verfahren.[152] Es gab keinen Fall einer kommissarischen Vernehmung eines Sachverständigen. Die in § 168c III und V (2) StPO vorgesehene Unterlassung der Benachrichtigung des Beschuldigten bzw. des Verteidigers von dem Termin der Vernehmung konnte in keinem Fall festgestellt werden. Jedoch konnten ebensowenig Anträge auf Anwesenheit des Beschuldigten bzw. des Verteidigers ermittelt werden. In 2 Fällen fanden die Vernehmungen in Anwesenheit des Beschuldigten, in 4 Fällen in Anwesenheit des Verteidigers statt. Diese Zahlen belegen, daß die kommissarischen Vernehmungen in der Praxis selten sind, daß aber Verteidiger daran gemessen häufig versuchen, an diesen Vernehmungen teilzunehmen.

4.5.4. Kurze Zusammenfassung

Es erweisen sich die richterlichen (kommissarischen) Vernehmungen der Zeugen als ein in der Praxis häufiger auftretendens Verfahrensgeschehen, an dem auch die Verteidiger beteiligt sind und das Teilnahmerecht verhaltensmäßig stark wahrnehmen.

5. Die Durchsuchung

§ 102 StPO gestattet die Durchsuchung der Wohnung und anderer Räume sowie der Person des Beschuldigten und der ihm gehö-

152) EB 391 - EB 398; die Zahl der zu vernehmenden Zeugen schwankte dabei zwischen 1 (7 Verfahren) und 6 (1 Verfahren).

renden Sachen. § 103 StPO gestattet Durchsuchungen in engeren Grenzen auch bei anderen Personen.

5.1. Die Anzahl der Durchsuchungen

Die Erhebung[153) zählte alle Durchsuchungen, die es in den betreffenden Verfahren gab; dabei wurde jedoch nicht zwischen den Untersuchungen nach § 102 StPO und denen nach § 103 StPO unterschieden. Die Analyse weist 106 Durchsuchungen aus, das sind 18,6% aller Verfahren, von denen in 93 Fällen nur 1 Durchsuchung, in 11 Fällen 2 Durchsuchungen und in je einem Fall 3 bzw. 4 Durchsuchungen stattgefunden haben.
Damit findet in ca. 88% aller Fälle mit Durchsuchungen nur eine Durchsuchung pro Verfahren statt.
Nach der Art der Verteidigung unterschieden zeigt sich, daß 25 Fälle mit Durchsuchungen in Verfahren ohne Verteidigung stattfanden (das sind 23,6% der Verfahren mit Durchsuchungen), 37 Fälle in Verfahren mit Wahlverteidigern (das sind 34,9%), 13 Fälle in Verfahren mit Pflichtverteidigern (das sind 12,3%) und 31 Fälle mit Wahlpflichtverteidigern (das sind 29,2%). Es besteht dabei ein hoch signifikanter Unterschied bei dem Vergleich mit den Verfahren ohne Durchsuchung, jedoch zeigt der Korrelationskoeffizient einen Wert von C = 0,26, was bedeutet, daß die Art der Verteidigung keinen wesentlichen Einfluß auf die Anzahl der Durchsuchungen hat.

5.2. Die Reaktionen der Beschuldigten

§ 105 I StPO sieht vor, daß die Durchsuchung vorher von dem Richter angeordnet wird, es sei denn, die Staatsanwaltschaft

153) EB 199 - EB 211.

bzw. ihre Hilfsbeamten nähmen "Gefahr im Verzug" an oder der Betroffene wäre mit der Durchsuchung einverstanden.[154]
Die Aktenanalyse weist 32 Fälle aus, in denen die Staatsanwaltschaft diese richterliche Durchsuchungsanordnung beantragt hatte; sie sind auch alle ohne Ausnahme genehmigt worden.
Sie weist darüber hinaus aber auch aus, daß in 98 Fällen der Beschuldigte mit der Durchsuchung einverstanden war. Es gab nur einen Fall, in dem die Durchsuchung dezidiert nicht gestattet worden war.
Damit zeigt sich, daß der Durchsuchung durch den Beschuldigten praktisch keine Gegenwehr entgegengesetzt wird.
Dies bestätigt sich bei dem Eingreifen der ohnehin nur rudimentär ausgebildeten Rechtsmittel gegen die Durchsuchung durch den Beschuldigten. Möglich ist die Beschwerde gem. § 304 StPO gegen die richterliche Anordnung solange die Durchsuchung andauert[155] und der Antrag auf richterliche Entscheidung analog § 98 II StPO über die Durchsuchungsanordnung der Staatsanwaltschaft bzw. ihrer Hilfsbeamten.[156]
Von keiner dieser Möglichkeiten wurde von einem Beschuldigten Gebrauch gemacht.[157]

5.3. Die Reaktionen der Verteidiger

Es gab keinen Fall, in dem der Verteidiger bei der Durchsuchung anwesend war. Dies kommt offenbar nur bei schwereren Wirtschaftsdelikten häufiger vor.[158] Es gab nur einen Fall mit einer Beschwerde eines Verteidigers gegen die richterliche Anordnung, die jedoch ohne Erfolg war. Einen Antrag auf richter-

---

154) KLEINKNECHT/MEYER, a.a.O. 38, § 105 Rdn. 1.
155) Vgl. KLEINKNECHT/MEYER, a.a.O. 38, § 105 Rdn. 15.
156) Vgl. KLEINKNECHT/MEYER; a.a.O. 38, § 105 Rdn. 16.
157) Genauso verhält es sich mit dem in den Aktenanalyse erfaßten Dienstaufsichtsbeschwerden (EB 196 - EB 198); es gab hier nur je eine Beschwerde eines Anwalts und eines Verletzten.
158) Der Anwalt sollte aber versuchen, anwesend zu sein, vgl. DAHS, a.a.O. Handbuch, Rdn. 308.

liche Entscheidung über die staatsanwaltschaftliche Anordnung gab es in keinem Fall.
Damit bestätigen sich die Angaben in den Interviews[159], wonach gegen die Durchsuchung praktisch nichts unternommen wird, da auch nichts Effektives unternommen werden kann.

6. Die Beschlagnahme

§§ 94ff StPO regeln die Beschlagnahme, die §§ 116ff StPO die Sicherstellung. Bei der Zählung wurde nicht zwischen der Beschlagnahme und der Sicherstellung unterschieden.

6.1. Die Anzahl der Beschlagnahmen

Die Erhebung[160] zählt alle Beschlagnahmen bzw. Sicherstellungen, die es in den betreffenden Verfahren gab. Die Analyse weist insgesamt 163 Verfahren aus, das sind 28,6% aller Verfahren, von denen in 142 Fällen nur eine Beschlagnahme, in 2 Fällen 2 und in 12 Fällen 3 bis 5 Beschlagnahmen stattgefunden haben. Damit findet in rund 87% aller Fälle mit Beschlagnahme nur eine Beschlagnahme statt.
Nach der Art der Verteidigung unterschieden zeigt sich, daß 33 Fälle mit Beschlagnahmen in Verfahren ohne Verteidiger stattfanden (das sind 20,2% aller Verfahren mit Beschlagnahmen), 53 Fälle in Verfahren mit Wahlverteidigung (32,5%), 25 Fälle in Verfahren mit Pflichtverteidigung (15,3%) und 52 Fälle in Verfahren mit Wahlpflichtverteidigung (31,9%).
Vergleicht man die Gruppen mit Verteidigung untereinander, so ergibt sich ein hoch signifikanter Unterschied. Der Wert für die Stärke des Zusammenhangs beträgt C = 0,25; dies besagt, daß

159) Vgl. oben, S. 161ff.
160) EB 212 - EB 228.

es einen schwachen Einfluß der Art der Verteidigung auf die Anzahl der Beschlagnahmen gibt. Es ergibt sich auch hier wieder die herausragende Rolle der Wahlpflichtverteidigungen, die sich von allen anderen Gruppen signifikant unterscheiden.

6.2. Die Reaktionen der Beschuldigten

Die StPO eröffnet dem Beschuldigten folgende Reaktionsmöglichkeiten: den Widerspruch gegen die ohne richterliche Anordnung durchgeführte Beschlagnahme und den Antrag auf richterliche Entscheidung über diese Beschlagnahme gemäß § 98 II StPO, sowie die Beschwerde gem. § 304 StPO. Ferner kann gem. § 107 (2) StPO ein Verzeichnis über die beschlagnahmten Gegenstände verlangt werden.

Die Auswertung zeigt hier, daß in 6 Fällen von den Beschuldigten Widerspruch erhoben worden ist, was in 3 Fällen ohne Erfolg blieb, in 2 Fällen zu einem teilweisen und in einem Fall zu einem vollen Erfolg führte.
Es gab jedoch in keinem Fall einen Antrag auf richterliche Entscheidung oder eine Beschwerde, noch einen Antrag auf Verzeichniserstellung. Es kann daher gesagt werden, daß wie die Durchsuchungen so auch die Beschlagnahmen praktisch ohne Widerspruch von den Beschuldigten hingenommen werden.

6.3. Die Reaktionen der Verteidiger

Die Analyse verzeichnet bei den Reaktionen der Verteidiger auf bei den Mandanten durchgeführte Beschlagnahmen einen Widerspruch, der teilweise Erfolg hatte, und einen Antrag auf richterliche Entscheidung, der im Sinne der Verteidigung ohne Erfolg blieb. Ferner wurde eine Beschwerde registriert, die jedoch ebenfalls ohne Erfolg war. Demgegenüber wurde ein erfolgreicher Antrag auf Erhebung eines Verzeichnisses gestellt.

Die geringen Zahlen belegen, daß Verteidigeraktivitäten gegen die Beschlagnahme eine absolute Ausnahme darstellen; eingelegte Rechtsbehelfe sind zudem fast ausnahmslos ohne Erfolg.

7. Die Untersuchungshaft

Die Untersuchungshaft stellt für den Beschuldigten die am schwersten wiegende Maßnahme der Strafverfolgungsbehörden vor der Hauptverhandlung dar. Auf sie wurde daher bei der Aktenanalyse ein gewisser Schwerpunkt gelegt. Die Untersuchungshaft war aber darüber hinaus Gegenstand zweier ausführlicher Untersuchungen[161)], die sich speziell mit der Rechtswirklichkeit der Untersuchungshaft auseinandersetzten. Die hier durchgeführte Untersuchung hatte daher nur zum Ziel, erste Anhaltspunkte über die Aktivitäten der Verteidiger aufgrund der Untersuchungshaft des Mandanten zu gewinnen.

7.1. Ein Überblick über die U-Haft-Fälle

Die Erhebung erfaßt sowohl die von der Staatsanwaltschaft beantragten bzw. von ihr erlassenen Haftbefehle[162)] als auch die von den Haftrichtern erlassenen Haftbefehle.[163)]
Insgesamt verzeichnet die Untersuchung 147 Verfahren mit Haftbefehlen; in diesen 147 Verfahren sind 7 Fälle enthalten, in denen der Haftbefehl aufgrund § 230 StPO ergangen ist, also weil der Angeklagte ohne hinreichende Entschuldigung nicht zur Hauptverhandlung erschienen war.[164)]

---

161) GEBAUER, a.a.O. 1987; JABEL, a.a.O. 1987; vgl. dazu auch oben, S. 161ff.
162) EB 229.
163) EB 236.
164) Die Staatsanwaltschaften erließen darüber hinaus in 9 Fällen einen Haftbefehl aufgrund § 457 StPO (Vollstreckung einer Freiheitsstrafe).

Sieht man von diesen besonderen Fällen ab, so enthält die Analyse 140 Verfahren, in denen (im Vorverfahren) von der Staatsanwaltschaft ein Haftbefehl beantragt und dieser auch von den Haftrichtern erlassen worden war; dies entspricht einem Anteil von 24,5% an allen untersuchten Verfahren, also rund einem Viertel.
Dieser Prozentsatz ist aber einer Verallgemeinerung nicht zugänglich, da der Untersuchung eine geschichtete Stichprobe zugrunde liegt, die schwerere Delikte überproportional berücksichtigt.

Die Schichtung spiegelt sich auch in den in den Anträgen aufgeführten **schwersten Delikten**[165] wider, denn allein 90 der 140 Anträge, das sind 64,2%, stützen sich auf folgende fünf Beschuldigungen:

11 Fälle (7,9%) auf § 177 StGB (Vergewaltigung)
20 Fälle (14,2%) auf § 211 StGB (Mord)
23 Fälle (16,4%) auf § 212 StGB (Totschlag)
25 Fälle (17,8%) auf § 243 StGB (besonders schwerer Fall des Diebstahls) und
11 Fälle (7,9%) auf § 263 StGB (Betrug).

Andere Delikte waren weniger als zehnmal (7,1%) in der Stichprobe vertreten.
Die durch die Schichtung der Stichprobe bedingten Unterschiede werden besonders deutlich durch den Vergleich mit der repräsentativen Auswahl der Verfahren bei GEBAUER[166], in dessen Untersuchung z.B. die Tötungsdelikte (§§ 211-213 StGB) insgesamt nur 4,9% ausmachen.
Abweichungen zwischen den von den Staatsanwaltschaften beantragten und von den Haftrichtern erlassenen Haftbefehlen kamen hinsichtlich des Tatvorwurfes nur selten vor: mit Ausnahme des Betrugs wurde in allen anderen vier Deliktgruppen (§§ 177, 211, 212, 243) bei den erlassenen Haftbefehlen nur je ein Fall weni-

165) EB 230.
166) GEBAUER, a.a.O. 1987, 171.

ger gezählt als bei den beantragten Haftbefehlen, bei den Betrugsfällen war es genau umgekehrt: hier wurde ein Fall mehr mit einem erlassenen Haftbefehl verzeichnet als er von der Staatsanwaltschaft beantragt worden war. Da es keinen Fall gab, in dem ein beantragter Haftbefehl nicht auch erlassen worden wäre, können diese Verschiebungen nur mit einer anderen rechtlichen Qualifizierung erklärt werden (also etwa: statt Mord wurde Totschlag angenommen, statt Totschlag fahrlässige Tötung etc.). Damit scheinen die Staatsanwaltschaften und die Haftrichter die tatsächlichen und rechtlichen Voraussetzungen für einen Haftbefehl im wesentlichen gleich zu beurteilen.
Vergleichbares gilt für die Haftgründe[167]: Auch hier wurden nur geringfügige Schwankungen zwischen den beantragten und den erlassenen Haftbefehlen festgestellt.
Die nachfolgende Tabelle enthält die Verteilung der Haftgründe in den erlassenen Haftbefehlen.

Tabelle Nr. 42: Verteilung der Haftgründe (Haftbefehle)

Haftgründe	Anzahl	%
Flucht und Fluchtgefahr	77	55,0
Verdunklungsgefahr	6	4,3
Schwere des Delikts	38	27,1
Wiederholungsgefahr	6	4,3
Fluchtgefahr und Verdunklungsgefahr	9	6,4
Verborgenhalten	4	2,9
Zusammen	140	100,0

Die häufigsten Haftgründe waren somit "Fluchtgefahr" und "Schwere des Delikts", die zusammen 82,1% aller Haftbefehle abdecken. Alle anderen Haftgründe kamen dagegen nur vereinzelt vor.

167) EB 233, 239.

Die Stichprobe hat hier vor allem Einfluß genommen auf die Anzahl der Fälle, in denen der Haftbefehl auf die Schwere des Delikts (§ 112 Abs. 3 StPO: §§ 211, 212 StGB) gestützt wurde, wie der Vergleich mit der repräsentativen Untersuchung von GEBAUER[168)] zeigt, da dort dieser Haftgrund nur 4,8% ausmacht, in der Strafverfolgungsstatistik 1981 sogar nur 1%.
Unter Berücksichtigung dieses Umstandes kann verallgemeinernd gesagt werden, daß die Beschuldigten und ihre Verteidiger normalerweise einem Haftbefehl gegenüberstehen, der mit der Fluchtgefahr[169)] begründet ist und dessen tatsächliche und rechtliche Voraussetzungen von den Staatsanwälten und den Haftrichtern im wesentlichen gleich beurteilt werden.

Auf den Erlaß eines Haftbefehls haben in der Regel weder die Beschuldigten noch die Verteidiger eine Einfluß. Ausnahmsweise kann aber auf Antrag und Erlaß eingewirkt werden, etwa dann, wenn sich in der Hauptverhandlung die Frage der Inhaftnahme des Beschuldigten stellt. Entsprechend gering waren die Zahlen für Äußerungen des Beschuldigten[170)] oder des Verteidigers[171)] zum Antrag der Staatsanwaltschaft auf Erlaß eines Haftbefehls: es wurden nur drei Beschuldigten- und zwei Verteidigeräußerungen registriert.

Von den 140 erlassenen Haftbefehlen wurden bis zum Ende der ersten Instanz 47 wieder aufgehoben[172)], und zwar

34 wegen Freispruchs, Einstellung des Verfahrens bzw. Verurteilung zu einer Freiheitsstrafe mit Bewährung oder Haftantritt;
2 aufgrund einer Haftbeschwerde;

---

168) GEBAUER, a.a.O. 1987, 230.
169) Auch die Untersuchung von GEBAUER, a.a.O. 1987, 230 weist die Flucht bzw. Fluchtgefahr mit einem Anteil von 93,9% aller Haftgründe als den wichtigsten Haftgrund aus; in der Strafverfolgungsstatistik 1981 beträgt der Anteil 94,5%.
170) EB 234.
171) EB 235.
172) EB 254 - EB 256.

1 nach Haftprüfung;
2 wegen Umwandlung in einen Unterbringungsbeschluß und
2 wegen Ersetzung durch einen anderen Haftbefehl.

8 Haftbefehle waren im Laufe des Vorverfahrens auf Betreiben der Staatsanwaltschaft wieder aufgehoben worden, da die Voraussetzungen für einen Haftbefehl nicht mehr vorgelegen hatten. In den verbleibenden 91 Verfahren wurde zunächst die Fortdauer der Untersuchungshaft angeordnet.

Die Verteilung der Haftbefehlsanträge auf die Arten der Verteidigung gibt die nachfolgende Tabelle wieder.

Tabelle Nr. 43: Verteilung der Haftbefehlsanträge nach der Art der Verteidigung

Verteidigung		Haftbefehlsantrag nein	ja	Verfahren insgesamt
ohne	n	256	19	275
	%	93,1	6,9	100
Wahl-	n	112	44	165
	%	73,4	26,6	100
Pflicht-	n	22	32	54
	%	40,1	59,9	100
Wahlpflicht-	n	15	61	76
	%	19,8	80,2	100
insgesamt	n	414	156	570
	%	72,6	27,4	100

Von den insgesamt 156 beantragten bzw. erlassenen Haftbefehlen (mit: 140 Haftbefehlen gemäß §§ 112ff StPO, 7 gemäß § 230 StPO, 9 gemäß § 457 StPO) entfallen 19 (= 12,2%) auf Verfahren ohne Verteidiger, 44 (= 28,2%) auf Verfahren mit Wahlverteigern, 32 (= 20,5%) auf Verfahren mit Pflichtverteidigern und 61 (= 39,1%) auf Verfahren mit Wahlpflichtverteidigern. Der Unterschied zwischen der Anordnung des Haftbefehls und der Art der Verteidigung ist hoch signifikant; es ergab sich ein mittlerer Wert (C = 0,42) für die Stärke des Zusammenhangs zwischen der

Anordnung des Haftbefehls und der Art der Verteidigung. Es unterschieden sich im einzelnen signifikant die Gruppe der Wahlverteidigungen von den Verfahren ohne Verteidiger, die Gruppe der Pflichtverteidigungen von den Verfahren ohne Verteidigung und denen mit Wahlverteidigung und die Gruppe der Wahlpflichtverteidigungen von allen anderen Gruppen.
Auch die Tabelle zeigt anschaulich, daß die Verfahren mit Wahlpflichtverteidigungen jene sind, in denen die meisten Anträge auf Haftbefehl gestellt werden, gefolgt von den Pflichtverteidigungen und den Wahlverteidigungen; in Verfahren ohne Verteidigung sind Haftbefehlsanträge dagegen mit rund 7% dieser Verfahren selten.
Zwischen der Anordnung des Haftbefehls und der Art der Verteidigung besteht damit ein Zusammenhang, der jedoch hauptsächlich durch die Deliktsschwere zu erklären ist.

7.2. Der Hafttermin

§ 115 StPO schreibt vor, daß der Beschuldigte dem Haftrichter unverzüglich vorzuführen ist. Gemäß § 168c Abs. 1 StPO hat der Verteidiger das Recht, an diesen Hattterminen teilzunehmen, er ist auch gemäß § 168c Abs. 3 StPO vorher von diesem Termin zu benachrichtigen.

Über die Anzahl der mandatierten bzw. bestellten Verteidiger zum Zeitpunkt des Hafttermins gibt die Untersuchung keine exakten Angaben, da das Datum des Hafttermins nicht erfaßt wurde. Aus den Angaben zum Haftprüfungstermin läßt sich aber folgendes sagen[173]: Vor dem Haftprüfungstermin waren 62 Anwälte mandatiert und 10 Pflichtverteidiger bestellt worden. Vor dem Haftbefehl waren 9 Wahlverteidiger mandatiert und 6 Pflichtverteidiger bestellt worden, so daß sich eine Verteidigerzahl von

173) EB 012, EB 015, EB 016.

mindestens 15, aber höchstens von 72 zum Zeitpunkt des Hafttermins ergibt.
Die Untersuchung[174] weist aus, daß insgesamt 131 Hafttermine stattgefunden haben, davon entfielen 6 auf Verfahren ohne Verteidiger, 41 auf Verfahren mit Wahlverteidigern, 26 auf Verfahren mit Pflichtverteidigern und 58 auf Verfahren mit Wahlpflichtverteidigern.
Weiterhin wurde festgehalten, daß 11 Wahlverteidiger, 1 Pflichtverteidiger und 8 Wahlpflichtverteidiger an dem Hafttermin teilgenommen haben.
Für die im Zeitpunkt des Hafttermins mandatierten bzw. bestellten Verteidigern ergibt sich somit eine Beteiligung von mindestens 27,7%.

Insgesamt 41 Beschuldigte[175] äußern sich in den 131 Hafterminen dezidiert zu den Tatvorwürfen, also in ca. 31% der Haftverfahren.

Bei den Verteidigern[176] äußerten sich insgesamt nur 9 Verteidiger, und zwar 6 Wahlverteidiger, 1 Pflichtverteidiger und 2 Wahlpflichtverteidiger, das sind rund 13%. 2 Verteidiger äußerten sich auch schriftlich zu dem Haftbefehl.[177] Damit erweist sich der Hafttermin als ein von den Verteidigern nicht genutztes bzw. nicht nutzbares Verfahrensstadium. Dies spiegelt sich auch in den wichtigen Handbüchern für die Verteidigung wider: weder von DAHS[178] noch von DECKER/KOTZ[179] wird dieser Termin als geeigneter Zeitpunkt für Rechtsmittel gegen den Haftbefehl angesehen, zumal dem Verteidiger häufig noch die Akteneinsicht fehle. Der Zeitraum um den Hafttermin wird daher

174) EB 240.
175) EB 241.
176) EB 242.
177) EB 244; der Umfang betrug 2 bzw. 3 Seiten.
178) DAHS, a.a.O. Handbuch, Rdn. 271ff., 284ff.
179) DECKER/KOTZ, a.a.O. 1989, 3/2.1.

eher als Gelegenheit für informelle Gespräche angesehen, in denen auch auf eine Beschleunigung des Verfahrens gedrängt werden sollte.[180)]
Solche Aktivitäten konnten aber durch die Aktenanalyse nicht nachgewiesen werden.

7.3. Die Aussetzung des Vollzugs des Haftbefehls

Die Untersuchung weist 131 Fälle aus, in denen ein Antrag auf Aussetzung des Vollzugs des Haftbefehls möglich gewesen wäre.[181)] Die nachfolgende Tabelle gibt eine Übersicht über die Anzahl der Anträge und die Antragsteller.

Tabelle Nr. 44: Antragsteller und Anzahl der Anträge auf Aussetzung des Vollzugs des Haftbefehls

Antragsteller	Anzahl	%
kein Antrag	81	61,8
Staatsanwaltschaft	5	3,8
Beschuldigter	3	2,3
Verteidiger	36	27,5
Beschuldigter und Verteidiger	5	3,8
StA, Besch. und Vert.	1	0,7
Zusammen	131	100

In fast zwei Drittel der Fälle, in denen der Beschuldigte in Untersuchungshaft ist, wurde kein Antrag auf Aussetzung des Vollzugs des Haftbefehls gestellt.

180) DAHS, a.a.O. Handbuch, Rdn. 285.
181) EB 245.

Diese hohe Quote dürfte auch durch die Schichtung der Stichprobe begründet sein, da bei schwersten Beschuldigungen (§§ 211, 212 StGB) ein Antrag häufig völlig aussichtslos sein dürfte.
Die Tabelle zeigt aber eindeutig, daß der Verteidiger die treibende Kraft bei der Aussetzung des Vollzugs des Haftbefehls war. Anträge aller Beteiligter waren dagegen äußerst selten.
Die Tabelle weist weiterhin aus, daß in 50 Fällen ein Antrag auf Aussetzung des Vollzugs des Haftbefehls gestellt wurde. In 22 Fällen wurde diesem Antrag auch stattgegeben[182], das sind 44% aller Anträge.
Davon entfielen 3 Fälle auf Verfahren ohne Verteidiger, 7 Fälle auf Verfahren mit Wahlverteidigern, 3 Fälle auf Verfahren mit Pflichtverteidigern und 9 Fälle auf Verfahren mit Wahlpflichtverteidigern, wobei sich zeigt, daß es hinsichtlich des Erfolgs der Anträge keinen Zusammenhang mit der Art der Verteidigung gibt[183].
Die Hypothese, Wahlverteidiger seien bei dem Erreichen von Haftverschonung erfolgreicher als Wahlpflichtverteidiger bzw. als Pflichtverteidiger, kann damit eindeutig zurückgewiesen werden. Das hier gewonnene Ergebnis stimmt auch mit den Erkenntnissen von GEBAUER[184] überein, der gleichfalls für die Wahlverteidigung keinen besonderen Einfluß auf die Aussetzung des Vollzugs des Haftbefehls erkennen konnte.

Die Aussetzung des Vollzugs des Haftbefehls wurde in 10 Fällen auf § 116 Abs. 2 StPO (Flucht kann durch weniger einschneidende Maßnahmen verhindert werden) gestützt, in 3 Fällen auf § 116 Abs. 2 StPO (Verdunkelung kann durch weniger einschneidende Maßnahmen verhindert werden), in einem Fall auf § 116 Abs. 2 StPO, in 4 Fällen wurde eine sonstige Begründung gegeben, in 4 Fällen konnte keine Begründung festgehalten werden.[185]

---

182) EB 246.
183) Signifikanz: h.s.; C = 0,11.
184) GEBAUER, a.a.O. 1987, 261f.
185) EB 247.

Unter Berücksichtigung der Anteile der Haftgründe kann daher gesagt werden, daß es leichter erreichbar ist, einen Haftbefehl, der auf Verdunkelungsgefahr gestützt ist, außer Vollzug zu setzen als Haftbefehle, die auf Fluchtgefahr gestützt sind.[186]

Ein für die Verteidigung wichtiges Instrument bei der Aussetzung des Vollzugs ist das Anerbieten einer Sicherheitsleistung. Die Untersuchung weist 8 Fälle aus, in denen eine Sicherheitsleistung angeboten wurde. Alle 8 Sicherheitsleistungen wurden von Verteidigern[187] angeregt, in 6 Fällen wurde auch eine Sicherheitsleistung bei der Vollzugsaussetzung festgesetzt.
Die nachfolgende Tabelle gibt eine Übersicht über die angebotenen[188] und die festgesetzten[189] Sicherheitsleistungen.

Tabelle Nr. 45: Angebotene und festgesetzte Sicherheitsleistungen

Sicherheitsleistung angeboten			Sicherheitsleistung festgesetzt		
DM	Anzahl	%	DM	Anzahl	%
0,-	1	12,5	300,-	1	16,7
5.000,-	1	12,5	10.000,-	1	16,7
10.000,-	1	12,5	5.000,-	1	16,7
20.000,-	1	12,5	30.000,-	1	16,7
30.000,-	1	12,5	50.000,-	1	16,7
50.000,-	3	37,5	100.000,-	1	16,7

186) Im Ergebnis ebenso GEBAUER, a.a.O. 1987, 267.
187) EB 248.
188) EB 249.
189) EB 250.

Durchschnittlich wurden demnach 26.875,-- DM als Sicherheitsleistung angeboten und 31.050,-- DM als Sicherheitsleistung festgesetzt.
Diese Zahlen könnten belegen, daß zahlungskräftige Beschuldigte eher eine Außer-Vollzug-Setzung des Haftbefehls erreichen, da sie entsprechend hohe Summen hinterlegen können. Auf der anderen Seite ist aber zu berücksichtigen, daß auch Sicherheitsleistungen in Höhe von 300,-- DM bzw. von 1.000,-- DM festgesetzt wurden, Beträge also, die noch für jedermann im Bereich des Möglichen liegen. Diese Daten können die These von der Schichtabhängigkeit der Außer-Vollzug-Setzung zumindest erschüttern. Jedoch muß auch eingewandt werden, daß diese hier gewonnenen Fallzahlen zu gering sind, um für solche weitreichenden Schlußfolgerungen eine sichere Datenbasis zu geben.

Wenn auch keine Verhandlungen[190)] über die Sicherheitsleistung zwischen den Verteidigern, Staatsanwälten und Richtern aktenkundig geworden sind, so kann doch aufgrund der hohen Erfolgsquote des Anerbietens einer Sicherheitsleistung durch die Verteidiger (75%) angenommen werden, daß diese Angebote sorgfältig gestellt wurden, wenn eine gute Erfolgschance gegeben war.
Es kann sicher auch gesagt werden, daß diese Möglichkeit von den Verteidigern nur sehr gezielt wahrgenommen wurde.

In nur 4 der 22 Fälle, in denen der Haftbefehl außer Vollzug gesetzt worden war, mußte der Haftbefehl wieder in Vollzug gesetzt werden[191)], dies sind ca. 18%. Dies wurde in zwei Fällen damit begründet[192)], daß neu hervorgetretene Umstände die Verhaftung erforderlich machten (§ 116 Abs. 4 Nr. 3 StPO), in einem Fall damit, daß der Beschuldigte gröblich gegen ihm auferlegte Pflichten oder Beschränkungen verstoßen habe (§ 116 Abs.

---

190) EB 251.
191) EB 252.
192) EB 253.

4 Nr. 1 StPO), in einem Fall konnte keine Begründung festgehalten werden.
Alle vier Fälle betrafen Verfahren, in denen der Beschuldigte einen Verteidiger hatte, und zwar zwei mit Wahlverteidiger und zwei mit einem Wahlpflichtverteidiger.

Insgesamt entsteht aber der Eindruck, daß die Aussetzung des Vollzugs ein gut geeignetes Mittel zur Vermeidung von (zu langer) Untersuchungshaft ist, dessen stärkerer Gebrauch durchaus wünschenswert und vertretbar ist.[193)] Es ist also auch von den Verteidigern zu überlegen, ob nicht häufiger entsprechende Anträge gestellt werden können.

7.4. Die Rechtsbehelfe gegen den Haftbefehl (Beschwerde)

Gegen den Haftbefehl sieht die Strafprozeßordnung als Rechtsbehelf die **Beschwerde** gemäß § 304 StPO vor; gegen die Entscheidung des Beschwerdegerichts ist die **weitere Beschwerde** möglich.[194)]

Von den **Beschuldigten**[195)] wurden in 12 Fällen Beschwerden eingelegt, in keinem Fall eine weitere Beschwerde.[196)] Die Beschwerde führte jedoch in nur einem Fall zum Erfolg[197)], d.h. daß auf diese Beschwerde hin der Haftbefehl aufgehoben wurde.

Von den **Verteidigern**[198)] wurden in 24 Fällen Beschwerde gegen den Haftbefehl erhoben. Dies bedeutet, daß in bezug auf die Zahl der Haftbefehle gemäß §§ 112ff StPO in rund 17% der Fälle eine Beschwerde eingelegt worden ist. Bei dieser Größenordnung ist zum einen die Schichtung der Stichprobe zu berücksichtigen

193) Vgl. dazu auch GEBAUER, a.a.O. 1987, 279.
194) ROXIN, a.a.O. 1987, 181.
195) EB 257.
196) EB 261.
197) EB 258.
198) EB 259.

(dadurch vermutlich höhere Beschwerdequote), zum anderen muß man aber auch bedenken, daß es nicht Verteidigerstrategie sein kann, einen Tatvorwurf durch einen gerichtlich bestätigten Haftbefehl zu verfestigen, mit anderen Worten: eine Beschwerde sollte nur dann eingelegt werden, wenn sie auch eine gewisse Aussicht auf Erfolg in sich trägt. Zu berücksichtigen ist auch, daß Beschwerden eine Verfahrensverzögerung mit sich bringen können.[199]
Kann somit eine Beschwerdequote von einem Fünftel quantitativ noch als angemessener Gebrauch von Rechtsbehelfen angesehen werden, so muß doch die fast völlige Erfolglosigkeit[200] zu denken geben: von den 24 eingelegten Beschwerden war nur eine erfolgreich, es wurde also nur ein Haftbefehl daraufhin aufgehoben; dies entspricht einer Erfolgsquote von 4%.
Die Erfolglosigkeit der Beschwerde wird auch durch die Untersuchung von GEBAUER bestätigt.[201]

Die Analyse zeigt weiterhin, daß 15 Beschwerden (= 62,5%) von Wahlverteidigern und 9 Beschwerden (= 37,5%) von Wahlpflichtverteidigern erhoben wurden. Bezogen auf die Art der Verteidigung ergibt sich eine Tendenz dahin, daß Wahlverteidiger eher eine Beschwerde einlegen als Wahlpflichtverteidiger; auffallend ist, daß von keinem Pflichtverteidiger Beschwerde erhoben wurde.[202] Daß die Wahlverteidiger erfolgreicher sind bei den Beschwerden als die Wahlpflichtverteidiger kann dagegen nicht belegt werden.

199) DAHS, a.a.O. Handbuch, Rdn. 290.
200) EB 260.
201) GEBAUER, a.a.O. 1987, 286.
202) Die Zahlen lauten: 45 Wahlverteidigungen, davon 15 mit Beschwerde, 30 Pflichtverteidigungen, davon keine mit Beschwerde und 57 Wahlpflichtverteidigungen, davon 9 mit Beschwerde. Signifikanz: hoch signifikant, C = 0,30 (schwacher Zusammenhang).

Die **weitere Beschwerde**[203)] wurde von den Verteidigern in insgesamt vier Fällen erhoben, davon entfielen drei auf Verfahren mit Wahlverteidiger und eine auf die Verfahren mit Wahlpflichtverteidiger.
Alle weiteren Beschwerden waren ohne Erfolg.[204)]
Die bei der Beschwerde festgestellte Tendenz der vermehrten Einlegung durch Wahlverteidiger bestätigt sich hier nicht.[205)]

Zusammenfassend läßt sich sagen, daß die Haftbeschwerde von den Verteidigern in maximal einem Drittel der Haftverfahren, die weitere Beschwerde dagegen nur sehr selten eingelegt wird. Beide Rechtsbehelfe zeigen sich aber als durchweg stumpfe Waffe der Verteidigung: eine Aufhebung des Haftbefehls kann hiermit praktisch nicht erreicht werden. Es besteht eine Tendenz zur vermehrten Einlegung durch Wahlverteidiger. Die Verteidiger werden daher den Nutzen einer Beschwerdeeinlegung sehr sorgfältig gegenüber dem möglichen Schaden (Verfahrensverzögerung) abwägen müssen, auch wenn dem Mandanten dadurch signalisiert werden kann, daß der Verteidiger für ihn aktiv tätig ist.[206)]

7.5. Die Haftprüfung

7.5.1. Haftprüfung gemäß § 117 StPO

Neben den Beschwerden sieht die Strafprozeßordnung als den wichtigeren Rechtsbehelf die Haftprüfung gemäß § 117 StPO vor, die von Amts wegen nach drei Monaten stattfinden muß, wenn der

203) EB 263.
204) EB 264.
205) Die Zahlen lauten: 45 Wahlverteidigungen, davon 3 mit weiterer Beschwerde, 30 Pflichtverteidigungen, davon keine mit weiterer Beschwerde und 57 Wahlpflichtverteidigungen, davon 1 mit weiterer Beschwerde. Signifikanz: nicht signifikant. C = 0,15.
206) Skeptisch zu dem Beschwerdeerfolg äußert sich auch GEBAUER, a.a.O. 1987, 291ff., insbesondere wegen des in der Regel sehr frühen Einlegens der Beschwerde.

Beschuldigte bis dahin keine Haftprüfung beantragt oder eine Haftbeschwerde eingelegt hat (§ 117 V StPO).

In insgesamt 72 Fällen wurde die Haftprüfung[207] durchgeführt, wobei in 19 Fällen (= 26,3%) der **Beschuldigte** einen entsprechenden Antrag stellte.[208] Diese Zahl ist beachtlich, weil davon 3 Anträge auf Verfahren mit Wahlverteidiger, 2 Anträge auf Verfahren mit Pflichtverteidiger und 13 Anträge auf Verfahren mit Wahlpflichtverteidiger entfallen. Es zeigt sich hier die stärkste Beteiligung der Beschuldigten während des gesamten Vorverfahrens in bezug auf die Wahrnehmung ihrer Rechte.

In 37 Fällen (= 51,3%) wurden Anträge von Verteidigern gestellt[209], wovon 16 Fälle auf Verfahren mit Wahlverteidiger und 21 Fälle auf Verfahren mit Wahlpflichtverteidiger entfielen; die Pflichtverteidiger waren nicht vertreten.

In 53 Verfahren wurde die Haftprüfung auch von Amts wegen durchgeführt. Dabei kam es wiederholt zu Überschneidungen zwischen den Anträgen des Beschuldigten und/oder der Verteidiger und der aufgrund der Frist ohnehin nach 3 Monaten notwendigen Haftprüfung.

Die nachfolgende Tabelle gibt die Beschlüsse über die Haftprüfungsanträge wieder.[210]

---

207) EB 265 - EB 269.
208) Davon in einem Fall zweimal.
209) Davon in 3 Fällen zweimal und in je einem Verfahren dreimal bzw. viermal.
210) EB 270.

Tabelle Nr. 46: Beschlüsse über Haftprüfungsanträge

Beschluß	Fälle n	Fälle %
kein Beschluß	2	2,8
Aufhebung HB	1	1,4
Fortdauer HB	49	68,1
Aussetzung HB	9	12,5
Sonst	1	1,4
kein B, da Rückn.	10	13,8
Zusammen	72	100

Mit 68,1% stehen die Beschlüsse, mit denen die Haftfortdauer angeordnet wird, deutlich an der Spitze. Damit zeigt sich, daß auch die Haftprüfung keine durchschlagskräftige Waffe gegen die Haftbefehle ist, allerdings zeichnet sich ab, daß hier zumindest Teilerfolge (Aussetzung des Vollzugs) errungen werden können.
Beachtenswert sind auch noch die 13,8% der Fälle, in denen nicht über den Haftprüfungsantrag beschlossen wurde, weil dieser zurückgenommen worden war. Dies betrifft durchweg Fälle, in denen die Verteidiger die Anträge gestellt hatten. Dies deutet darauf hin, daß der Haftprüfungsantrag auch zu taktischen Zwekken eingesetzt wird, sei es, um etwas zur Beruhigung der Mandanten zu tun, sei es, um damit das Verfahren zu beschleunigen.

Die **Anwesenheit der Verteidiger** bei den Haftprüfungsterminen[211)] konnte in 59 Fällen überprüft werden, und zwar in 27 Verfahren mit Wahlverteidigung, in 3 Verfahren mit Pflichtverteidigung und in 29 Verfahren mit Wahlpflichtverteidigung. Es ergaben sich zwischen diesen Gruppen keine signifikanten Unter-

211) EB 269.

schiede, so daß die Art der Verteidigung keinen Einfluß auf die Anwesenheit der Verteidiger hat.[212)]

Entgegen den Erkenntnissen von GEBAUER[213)] konnte hier kein entscheidender Einfluß der Verteidigung auf die Beschlüsse über die Haftprüfungsanträge festgestellt werden.
Dies könnte darauf zurückzuführen sein, daß in dieser Stichprobe die schwereren Delikte überrepräsentiert sind, weswegen eine Aussetzung oder eine Aufhebung des Haftbefehls seltener ist.[214)]

7.5.2. Haftprüfung gemäß §§ 121, 122 StPO

Dauert die Untersuchungshaft 6 Monate und soll der Beschuldigte in Haft bleiben, so hat das **OLG** gemäß § 121 StPO eine **Haftprüfung** durchzuführen. diese Prüfung kann das OLG gemäß § 122 Abs. 2 Satz 2 StPO in mündlicher Verhandlung durchführen.

Die Untersuchung[215)] verzeichnet insgesamt 46 Fälle mit OLG-Haftprüfungen, von denen jedoch nur 2 (4,3%) in mündlicher Verhandlung stattfanden.[216)] Davon waren jedoch in nur je einem Fall der Beschuldigte bzw. der Verteidiger anwesend.[217)]

Die Verteidiger nehmen vorwiegend schriftlich zu den OLG-Verhandlungen Stellung[218)]: In insgesamt 23 Fällen, von denen 13 auf Verfahren mit Wahlverteidiger, 3 auf Verfahren mit Pflichtverteidiger und 7 auf Verfahren mit Wahlpflichtverteidi-

212) Die subjektiven Einschätzungen des Einflusses der Beschuldigten (EB 271) und des Verteidigers (EB 272) erbrachten keine Ergebnisse.
213) GEBAUER, a.a.O. 1987, 289f.
214) Daß die Schwere des Delikts ein Kriterium für Erfolg oder Mißerfolg der Haftprüfung ist, wurde auch von GEBAUER, a.a.O. 1987, 287ff. festgestellt.
215) EB 273 - EB 279.
216) EB 273.
217) EB 274, 275.
218) EB 276.

ger entfielen, reichten die Anwälte Schriftsätze ein, deren Umfang zwischen 1 und 3 Seiten schwankte und durchschnittlich 1,5 Seiten betrug. Signifikante Unterschiede zwischen den Arten der Verteidigung ergaben sich nicht.

Die **Beschlüsse des OLG** ergaben für die 46 Fälle[219]:

kein Beschluß: 1 Fall (2,2%),
Fortdauer der Haft: 43 Fälle (93,5%),
Aussetzung des Vollzugs des Haftbefehls: 2 Fälle (4,3%).

Die Auswertung zeigt deutlich, daß die Chancen, vom OLG von den früheren Haftentscheidungen abweichende Beschlüsse zu erhalten, äußert gering sind, da in rund 94% der Fälle die Haftfortdauer angeordnet wurde.[220] Damit wird der auch von GEBAUER[221] dargestellte Befund bestätigt, wonach die Haftprüfung durch das OLG nur sehr selten zur Aufhebung der Haft führt.

7.6. Eine kurze Zusammenfassung

In etwa einem Viertel der der Untersuchung zugrundeliegenden Verfahren wurde ein Haftbefehl erlassen. Die Haftbefehle wurden überwiegend mit Fluchtgefahr bzw. mit der Schwere des Delikts begründet. Es zeigte sich, daß die Verteidiger bei den Anträgen auf Aussetzung des Vollzugs des Haftbefehls durchaus erfolgreich sind: in etwa einem Drittel der Fälle wurde ein entsprechender Antrag gestellt, in davon 44% wurde der Haftbefehl auch außer Vollzug gesetzt. Bei diesen Anträgen waren die Verteidiger die treibende Kraft; bei dem Anerbieten von Sicherheitsleistungen entstand der Eindruck, daß dieses in informellen Gesprächen gut vorbereitet worden war.

---

219) EB 277.
220) Die subjektiven Einschätzungen zur Einflußnahme des Beschuldigten bzw. des Verteidigers auf die Beschlüsse des OLG (EB 278 bzw. EB 279) brachten keine auswertbaren Ergebnisse.
221) GEBAUER, a.a.O. 1987, 295.

Bei den Rechtsbehelfen wird hauptsächlich von der Beschwerde und der Haftprüfung Gebrauch gemacht, kaum dagegen von der weiteren Beschwerde. Bei der Beschwerde ließ sich eine Tendenz dahin erkennen, daß diese eher von den Wahlverteidigern als von den Wahlpflichtverteidigern erhoben wurde.
Im Gegensatz zu den Anträgen auf Aussetzung des Vollzugs des Haftbefehls zeigte sich bei den Rechtsbehelfen nur eine geringe Effektivität der Verteidigeraktivitäten.

8. Der Abschluß des Ermittlungsverfahrens (Anklageschrift)

Das Ermittlungsverfahren endete in 304 Fällen mit einer Anklageschrift.[222] Entsprechend der Stichprobe endeten 100 Verfahren mit einem Strafbefehl[223], 175 Verfahren waren als eingestellte Verfahren[224] ausgewählt worden, darunter befanden sich 8 Verfahren, in denen noch eine Anklageschrift erstellt worden war, in einem Fall war die Anklage zurückgenommen worden.
In der folgenden Darstellung werden die Fälle mit einer Anklageschrift auf den Zusammenhang zwischen der Art der Verteidigung und dem Abschluß des Verfahrens mit einer Anklageschrift hin untersucht.
Die nachfolgende Tabelle gibt zunächst einen Überblick über die Verteilung der Anzahl der Anklagen auf die Deliktsgruppen.

---

222) EB 322 - EB 331.
223) Siehe unten, S. 363.
224) Siehe unten, S. 361.

Tabelle Nr. 47: Verteilung der Anzahl der Anklagen auf die Deliktgruppen

	Deliktgruppe	Anzahl	%
1	Einfacher Diebstahl	27	8,9
2	Diebstahl: bes. schw. Fall	34	11,2
3	Raub, räub. Erpressung, räub. Diebstahl	31	10,2
4	sonst. Vermögensdelikte (Betrug)	53	17,5
5	Sexualdelikte	18	6,0
6	Aggressionsdelikte	73	24,1
7	Verstoß gegen BtMG	6	2,0
8	sonst	61	20,1
	Zusammen	303	100,0

Bei der Verteilung der Deliktsgruppen auf die Art der Verteidigung ergibt sich folgende Tabelle:

Tabelle Nr. 48: Deliktsgruppen - Art der Verteidigung

Verteidigung		Deliktsgruppe 1	2	3	4	5	6	7	8	9	10	Zusammen
Ohne	n	0	1	3	0	0	4	13	15	2	21	59
	%	0	1,7	5,1	0	0	6,8	22,0	25,4	3,4	35,6	19,4
Wahl-	n	3	4	4	8	21	6	16	26	4	26	118
	%	2,5	3,4	3,4	6,7	13,7	5,1	13,6	11,0	3,4	22,0	38,8
Pflicht-	n	0	0	2	3	8	3	20	8	0	7	51
	%	0	0	3,9	5,9	15,7	5,9	39,2	15,7	0	13,7	16,8
Wahl-pflicht-	n	1	0	1	6	19	1	32	7	1	7	76
	%	1,3	0	1,3	7,9	25,0	1,3	42,1	9,2	1,3	9,2	25,0
Zusammen	n	4	5	10	17	47	14	81	56	7	61	304
	%	1,3	1,6	3,3	5,6	15,5	4,6	26,6	18,4	2,3	10,1	100

1 = §§ 113,123,303,304 StGB
2 = §§ 136,267,268,274 StGB
3 = §§ 153,154,156,164,185,258 StGB
4 = §§ 173,176,177,178,181,183 StGB
5 = §§ 211,212,217,222 StGB
6 = §§ 223,229,240,241 StGB
7 = §§ 242,243,244,249-255,292,293
8 = §§ 246,254,260-266,283
9 = §§ 284, 90a ff
10 = Nebenstrafrecht

Signifikanz: sehr signifikant; C = 0,45

Dies bedeutet, daß es einen Zusammenhang gibt zwischen dem in der Anklage bezeichneten Delikt (Deliktsgruppe) und der Art der Verteidigung. Dieses Ergebnis ist nicht überraschend, da in der Stichprobe die schwereren Delikte überwiegen und für diese ein Verteidiger vom Gesetz zwingend vorgeschrieben ist.
Der Zusammenhang zwischen dem in der Anklage bezeichneten Delikt und der Art der Verteidigung wird deutlicher, wenn man diesen Zusammenhang mit Hilfe des Schwereindex[225)] untersucht.

---

225) EB 327, vgl. dazu auch Anhang 4.

Tabelle Nr. 49: Verteilung: Schwereindex - Art der Verteidigung (Anklageschrift)

Verteidigung		Schwereindex 1	2	3	4	5	6	7	8	Zusammen
Ohne	n	8	27	19	4	0	0	0	0	58
	%	13,8	46,6	32,8	6,9	0	0	0	0	19,8
Wahl-	n	8	24	42	7	2	12	12	6	113
	%	7,1	21,2	33,2	6,2	1,8	10,6	10,6	5,3	34,6
Pflicht-	n	2	5	16	9	1	9	3	4	43
	%	4,1	10,2	32,7	18,4	2,0	18,4	6,1	8,2	16,7
Wahl-pflicht-	n	2	4	12	16	1	20	11	7	73
	%	2,7	5,5	16,4	21,9	1,4	27,4	15,1	9,6	24,9
Zusammen	n	20	60	89	36	4	41	26	17	293
	%	6,8	20,5	30,4	12,3	1,4	14,0	8,9	5,8	100

keine Angabe: 9 Fälle; Signifikanz: sehr hoch; C = 0,48

Die Tabelle weist eine interessante Tendenz in Spalte 8 auf: Bei den Delikten mit dem schwersten Index 8 (Mord) werden nur 35% der Verfahren durchgehend von einem Wahlverteidiger geführt, während in 65% der Verfahren der Verteidiger sogleich als Pflichtverteidiger bestellt wird bzw. im Laufe des Verfahrens der Wahlverteidiger als Pflichtverteidiger bestellt wird. Ähnlich, aber nicht ganz so deutlich, ist das Verhältnis bei den Taten mit Schwereindex 7 (Totschlag), hier wurden 46% der Verfahren als Wahlverteidigungen geführt, während 54% auf die Pflichtverteidigung und die Wahlpflichtverteidigung entfielen. Sehr ausgeprägt ist dagegen diese Tendenz wieder bei den Delikten mit dem Schwereindex 4 (Diebstahl mit Waffen, Erpressung, sexuelle Nötigung u.a.): Hier werden nur 19% der Verfahren von Wahlverteidigern geführt, dagegen in rund 70% von Pflichtverteidigern und Wahlpflichtverteidigern.

Genau umgekehrt ist dagegen das Verhältnis bei den Delikten mit dem Schwereindex 2 (Nötigung, Rauschmitteldelikte etc.) und mit dem Schwereindex 3 (KFZ-Diebstahl, Vollrausch etc.), denn hier stehen 40% Wahlverteidigungen (bzw. 47% bei Schwereindex 3) 15% Pflicht- und Wahlpflichtverteidigungen (bzw. 31%) gegenüber. Der deutliche Unterschied bei Schwereindex 2 kann dadurch mitverursacht sein, daß in diese Kategorie überwiegend Verstöße gegen das Nebenstrafrecht einzuordnen waren, also z.B. die Strafbestimmungen der AO, des GmbHG und der RVO. Dies sind Verfahren in dem Bereich der Wirtschaftsdelikte, in denen der Beschuldigte möglicherweise auf Grund anhängiger zivilrechtlicher Verfahren ohnehin einen Anwalt hat, der dann auch "kraft Zusammenhanges" mit der Vertretung in dem strafrechtlichen Verfahren betraut wird. Dies sind aber nur Überlegungen zu dem Zusammenhang, die auf Grund der Daten plausibel sind, sie können jedoch mit dem vorhandenen Datenmaterial nicht eindeutig belegt werden.

Die übrigen zur Konkretisierung der angeklagten Verfahren erhobenen Daten (Real-, Idealkonkurrenz, fortgesetzte Handlung, Täterschaft/Teilnahme, Vorsatz/Fahrlässigkeit, Versuch/Vollendung, Mitangeklagte)[226] ergaben keine Anhaltspunkte auf einen Zusammenhang mit der Art der Verteidigung.

Für die in der Anklageschrift aufgeführten **Beweismittel**[227] ergab sich: es wurden durchschnittlich 5,2 Zeugen, 2,6 Urkunden, 0,3 Sachverständige und 1,0 Augenscheinsobjekte angegeben. Es ergaben sich hinsichtlich der Art der Verteidigung folgende Unterschiede: Die Anzahl der Zeugen unterschied sich hoch signifikant, der Wert für den Zusammenhang zwischen der Art der Verteidigung und der Anzahl der angegebenen Zeugen ergab sich mit C = 0,38, also ein Zusammenhang mittlerer Stärke. Es unterschieden sich dabei die Wahlverteidigungen von den Verfahren ohne Verteidigung und die Wahlpflichtverteidigungen von den Verfahren ohne Verteidigung und den Verfahren mit Pflichtverteidigung signifikant.

---

226) EB 323 - EB 325; EB 328 - EB 330.
227) EB 332.

Die Anzahl der Urkunden und die Anzahl der Sachverständigen unterschied sich jeweils auf dem 1%-Niveau (sehr signifikant), der Wert für den Zusammenhang betrug jedoch nur 0,28 bzw. 0,25 (schwacher Zusammenhang).
Hoch signifikant war wieder der Unterschied bei der Anzahl der angegebenen Augenscheinsobjekte; der Wert für den Zusammenhang ergab sich mit C = 0,33, also einem Zusammenhang mittlerer Stärke. Signifikant unterschied sich die Gruppe der Verfahren mit Wahlpflichtverteidigern von der Gruppe der Verfahren ohne Verteidiger.
Dies bedeutet, daß insbesondere bei der Anzahl der von der Staatsanwaltschaft in der Anklageschrift aufgeführten Zeugen und bei der Anzahl der Augenscheinsobjekte ein Zusammenhang mit der Art der Verteidigung vorliegt.
Dieses Ergebnis kann als Hinweis darauf gedeutet werden, daß Anklageschriften in Verfahren mit Verteidigern etwas besser mit Zeugen und Augenscheinsobjekten als Beweismittel abgesichert werden als in Verfahren ohne Verteidigung.

Abweichungen[228] zwischen der Anzeige und der Anklageschrift wurden in ca. 57% der Fälle festgestellt. Es ergab sich hier ein Unterschied bei der Art der Verteidigung auf dem 5%-Niveau, es konnte jedoch nur ein ganz schwacher Zusammenhang mit der Art der Verteidigung (C = 0,15) festgestellt werden.

Die Untersuchung zeigt damit, daß sich der Tatvorwurf in über der Hälfte der Fälle zwischen der Anzeige und der Anklage verändert; es zeigt sich aber auch, daß diese Veränderungen praktisch nicht von der Art der Verteidigung abhängen, wenn sie auch im Einzelfall von dem Verteidiger (mit-)bewirkt worden sein können.

---

228) EB 332.

9. Das Zwischenverfahren

Hat die Staatsanwaltschaft die Anklage mit den Akten dem (zuständigen) Gericht vorgelegt, so wird damit das sog. Zwischenverfahren eröffnet, in dem das Gericht darüber entscheidet, ob das Hauptverfahren zu eröffnen ist (§ 199 Abs. 1 StPO). Die Bedeutung dieses Verfahrens liegt in der negativen Kontrollfunktion[229)], d.h. es wird nochmals überprüft, ob die Strafverfolgung notwendig ist. Da zu Beginn dieses Verfahrens dem Beschuldigten die Anklageschrift übersandt wird und er somit in substantiierter Weise von dem Anklagevorwurf Kenntnis erhält, könnte erwartet werden, daß er und/oder sein Verteidiger nun aktiv werden, um die Eröffnung des Hauptverfahrens zu verhindern, denn dieses Verfahrensstadium dient auch gerade dazu, daß der Angeschuldigte nun Einwendungen gegen den Tatvorwurf erhebt. Während der Vorbereitung der Hauptverhandlung kann der Angeklagte "die Ladung von Zeugen oder Sachverständigen oder die Herbeischaffung anderer Beweismittel" (§ 219 Abs. 1 Satz 1 StPO) verlangen. Die hierzu gewonnenen Daten werden an dieser Stelle im Zusammenhang mit den von den Beschuldigten und den Verteidigern entfalteten Aktivitäten dargestellt.

9.1. Die Aktivitäten der Beschuldigten

An Aktivitäten des Beschuldigten wurden seine **Einlassungen** festgehalten, und zwar seine mündlichen[230)] und seine schriftlichen[231)]. Die Auswertung zeigt, daß sich 2 Beschuldigte ohne Verteidiger mündlich äußerten, während insgesamt 34 Beschuldigte sich schriftlich zur Anklage äußerten, das sind 10,8% der Angeschuldigten. Davon entfielen 12 auf Verfahren ohne Verteidiger, 6 auf Verfahren mit Wahlverteidiger, 7 auf Verfahren mit

229) ROXIN, a.a.O. 1987, 228.
230) EB 352.
231) EB 353.

Pflichtverteidiger und 9 auf Verfahren mit Wahlpflichtverteidiger. Es zeigt sich nur ein schwacher Zusammenhang mit der Art der Verteidigung (C = 0,27).
Es läßt sich damit sagen, daß sich die Beschuldigten im Zwischenverfahren mehr oder weniger unabhängig davon zur Sache einlassen, ob sie einen Verteidiger haben oder nicht.

Die Untersuchung weist ferner 4 Fälle auf, in denen der Beschuldigte **Beweisanträge**[232] stellte. Es handelte sich dabei ausschließlich um Verfahren mit Pflichtverteidigung, die sich damit signifikant von allen anderen Gruppen unterschieden. Zwar ist der Zusammenhang mit der Art der Verteidigung statistisch nur schwach (C = 0,24), jedoch zeigt sich, daß in diesem Verfahrensstadium für Beschuldigte, denen bis dahin noch kein Pflichtverteidiger bestellt worden ist, die Notwendigkeit besteht, selbst entlastendes Material in das Verfahren einzubringen. Dies ist auch ein Beleg für die Chancenunterschiede zwischen Beschuldigten mit Wahl- oder Wahlpflichtverteidigern und Beschuldigten mit Pflichtverteidigern.
Drei dieser Anträge waren ganz erfolgreich[233], einer nur teilweise. Mit 1,3% der Fälle mit Zwischenverfahren, in denen der Angeschuldigte einen Beweisantrag stellte, spielt diese Möglichkeit in der Praxis fast keine Rolle.

Nichts wesentlich anderes ergibt sich bei den **Ladungen**[234]: Es gab insgesamt nur 6 Fälle, in denen der Angeklagte beantragte, Zeugen zu laden, dies sind 1,9% der hier untersuchten Verfahren. In 2 Fällen wurde die Ladung der Zeugen durch das Gericht abgelehnt, und zwar in je einem Fall mit einem Pflichtverteidiger bzw. mit einem Wahlpflichtverteidiger. In einem Fall wurden die Zeugen von dem Angeklagten unmittelbar geladen (§ 220 StPO). Es wurden damit nur 4 Fälle erfolgreicher Anträge

232) EB 354.
233) EB 355.
234) EB 373 - EB 381.

auf Ladung von Zeugen registriert, die alle in Verfahren mit Verteidigung erfolgten.

Andere Beweisanträge des Beschuldigten konnten nicht ermittelt werden.

Damit zeigen sich die Beschuldigten im Zwischenverfahren als überwiegend passiv. Ergreifen sie Initiativen zur Verteidigung, so erfolgt dies überwiegend in Verfahren, in denen ihnen noch kein Pflichtverteidiger bestellt worden ist.

9.2. Die Aktivitäten der Verteidiger

Auch für die Verteidiger wurde die Anzahl der mündlichen und schriftlichen **Einlassungen**[235] festgehalten. Es gab hier ebenfalls drei **mündliche** Einlassungen, und zwar zwei von Wahlverteidigern und eine von einem Pflichtverteidiger.

Die zahlreicheren **schriftlichen** Einlassungen gibt die nachfolgende Tabelle wieder.

---

235) EB 356 - EB 357.

Tabelle Nr. 50: Schriftliche Einlassungen der Verteidiger im Zwischenverfahren

Verteidigung		Einlassungen 0	1	2	3 und mehr	Zusammen
Wahl-	n	66	19	11	5	101
	%	65,3	18,8	10,9	5,0	49,8
Pflicht-	n	28	6	3	1	38
	%	73,7	10,8	7,9	2,6	18,7
Wahlpflicht-	n	46	10	2	6	64
	%	71,9	15,6	3,1	9,4	31,5
Zusammen	n	140	35	16	12	203
	%	69,0	17,2	7,9	5,9	100

Signifikanz: n.s.; C = 0,11

Die Tabelle weist 63 Fälle aus, in denen die Verteidiger z.T. mehrfach schriftlich zu dem Verfahren Stellung genommen haben. Bezogen auf die zu diesem Zeitpunkt mandatierten bzw. bestellten Verteidiger sind dies immerhin 31%, es wird also in rund einem Drittel der Verfahren von den Verteidigern eine Einlassung zu den Akten gebracht. Dabei ist beachtenswert, daß es hier statistisch keinen Unterschied zwischen Wahl-, Pflicht- und Wahlpflichtverteidigern gibt.

Vergleichbares gilt für die **Beweisanträge**[236] der Verteidigung im Zwischenverfahren:
Von den Wahlverteidigern wurden in insgesamt 15 Fällen Beweisanträge gestellt, die in 10 Fällen ganz und in einem Fall teilweise erfolgreich waren, in 4 Fällen blieben die Beweisanträge ganz ohne Erfolg.
Von den Pflichtverteidigern wurden 2 Beweisanträge gestellt, von denen einer teilweise erfolgreich und einer erfolglos war.

236) EB 358 - EB 359.

Von den Wahlpflichtverteidigern wurden in 8 Verfahren Beweisanträge gestellt, von denen 4 ganz und 3 teilweise erfolgreich waren, ein Beweisantrag blieb ohne Erfolg.
Die Unterschiede zwischen den Arten der Verteidigung waren nicht signifikant, es ergab sich auch kein Zusammenhang zwischen der Anzahl der Beweisanträge und der Art der Verteidigung (C = 0,14).
Dies zeigt, daß die Verteidiger im Zwischenverfahren ihre Initiativen unabhängig davon ergreifen, ob sie als Wahlverteidiger mandatiert bzw. als Pflichtverteidiger bestellt wurden bzw. werden.

Bei den von den Verteidigern beantragten **Ladungen**[237)] ergab sich folgendes:

In 27 Fällen (16 Wahlverteidigungen, 2 Pflichtverteidigungen, 9 Wahlpflichtverteidigungen) wurde die Ladung von **Zeugen** beantragt; die Zahl der zu ladenden Zeugen schwankte zwischen 1 und 9.
Diese Anträge waren bis auf eine Ausnahme (hier wurde die Ladung aller 9 beantragten Zeugen abgelehnt) alle erfolgreich. Ein Zusammenhang zwischen der Ladung und der Art der Verteidigung zeigte sich nicht (Signifikanz: n.s.; C = 0,13).

In 9 Fällen beantragte die Verteidigung (4 Wahlverteidiger, 5 Wahlpflichtverteidiger) die Ladung eines **Sachverständigen**. Mit einer Ausnahme (bei einer Wahlverteidigung) waren hier alle Anträge erfolgreich.

In 5 Fällen wurde die Herbeischaffung von **Urkunden** beantragt; hier waren alle Anträge erfolgreich.

Anträge auf Beibringung von Augenscheinsobjekten bzw. auf einen Ortstermin gab es nicht.

---

237) EB 382 - EB 390.

In 4 Fällen (je 2 Wahlverteidiger bzw. Pflichtverteidiger) wurde ein Zeuge unmittelbar geladen.

Die Verteidiger schalten sich damit vor allem mit schriftlichen Einlassungen in das Zwischenverfahren ein, aber auch mit Beweisanträgen (12,3% der Verfahren) und später mit Ladungen insbesondere von Zeugen (12,3% der Verfahren).
Diese Initiativen erwiesen sich durchweg als unabhängig von der Art der Verteidigung.

9.3. Die Durchführung und der Abschluß des Zwischenverfahrens

Zur Entscheidung über die Eröffnung des Hauptverfahrens hörte das Gericht in einem Fall einen Beschuldigten[238]; bei dieser Vernehmung war auch der Verteidiger zugegen. In einem Fall wurden 2 Zeugen[239] vernommen, bei diesen Vernehmungen war der Verteidiger, nicht aber der Beschuldigte anwesend. In einem Verfahren wurde ein Sachverständiger[240] gehört, hier waren weder der Beschuldigte noch der Verteidiger dabei. Urkundenbeweise[241] wurden in insgesamt 9 Verfahren erhoben, die Anzahl der Urkunden schwankte zwischen 1 und 3. Es wurden jedoch weder Augenscheinsobjekte[242] erhoben noch eine Tatortbesichtigung[243] durchgeführt.

Damit zeigt sich zum einen, daß das Zwischenverfahren von Amts wegen praktisch ein reines "Aktenverfahren" ist. Dies dürfte die Chancen der Verteidigung auf positiv beschiedene Beweisanträge durchaus erhöhen.

---

238) EB 338 - EB 342.
239) EB 343 - EB 345.
240) EB 346 - EB 348.
241) EB 349.
242) EB 350.
243) EB 351.

In 13 der 304 Verfahren mit Anklageschrift wurde die **Eröffnung** des Verfahrens **abgelehnt**[244], dies sind 4,6% der hier zugrundeliegenden Fälle. Dies wurde in je 3 Fällen mit § 153 bzw. § 153a StPO begründet, in 6 Fällen erfolgte eine Einstellung gemäß § 154 StPO und in einem Fall wurde das Verfahren nach §§ 203, 204 StPO eingestellt.
Davon entfielen 2 Fälle auf Verfahren ohne Verteidiger, 6 Fälle auf Verfahren mit Wahlverteidigern, 3 Fälle auf Verfahren mit Pflichtverteidigern und 2 Fälle auf Verfahren mit Wahlpflichtverteidigern. Ein Zusammenhang mit der Art der Verteidigung läßt sich hier nicht nachweisen.

Die **Zuständigkeit**[245] des in der Anklageschrift bezeichneten Gerichts wurde in 284 Fällen (das sind 97,3%) auch von dem eröffnenden Gericht als gegeben angesehen. In 2 Fällen (0,7%) wurde die Zuständigkeit eines Gerichts niederer Ordnung und in 6 Fällen (2,0%) die Zuständigkeit eines Gerichts höherer Ordnung angenommen.

Die Auswertung der Daten aus den Eröffnungsbeschlüssen[246] ergab inhaltlich hinsichtlich der Zusammenhänge mit der Art der Verteidigung keine Abweichungen gegenüber dem oben zu dem Abschluß des Ermittlungsverfahrens Ausgeführten. Es kann insoweit darauf verwiesen werden.

Abweichungen zwischen der Anklageschrift und dem Eröffnungsbeschluß wurden in insgesamt 12 Verfahren verzeichnet, davon entfiel ein Fall auf ein Verfahren ohne Verteidiger, 2 Fälle auf Verfahren mit Wahlverteidigern, 4 Fälle auf Verfahren mit Pflichtverteidigern und 5 Fälle auf Verfahren mit Wahlpflichtverteidigern. Der Korrelationskoeffizient C gibt hier einen Wert von 0,14 an, was bedeutet, daß zwischen der Abweichung und

---

244) EB 370, EB 371.
245) EB 360.
246) EB 361 - EB 369.

der Art der Verteidigung nur ein schwacher Zusammenhang besteht.

Zusammenfassend kann gesagt werden, daß eine einmal erhobene Anklage durch das Zwischenverfahren nicht mehr zu Fall gebracht werden kann: rund 97% der Anklageschriften "überleben" dieses Verfahrensstadium.
Die Aktivitäten der Verteidigung bestehen im wesentlichen aus schriftlichen Einlassungen, Beweisanträgen und (später) aus Anträgen auf Ladungen von Zeugen. Daraus ist zu entnehmen, daß der Schwerpunkt der Verteidigeraktivitäten in diesem Verfahrensstadium nicht auf die Nicht-Eröffnung des Hauptverfahrens abzielt, sondern der Vorbereitung der Hauptverhandlung dient.

10. Die Hauptverhandlung

Die Hauptverhandlung gilt nach wie vor als die zentrale Station des gesamten Verfahrens, wenn auch einige Verteidiger den Schwerpunkt ihrer Tätigkeit im Ermittlungsverfahren sehen.[247)]
Das Forschungsprojekt sah daher neben den hier durchgeführten Untersuchungen eine Beobachtung der Hauptverhandlung vor, durch die es möglich war, auch die verbalen Äußerungen der Verteidiger zu erfassen und auszuwerten.
Die Aktenanalyse konnte sich dagegen für die Hauptverhandlung nur auf die Protokolle stützen. Dabei ist zu berücksichtigen, daß für die Mehrzahl der untersuchten Fälle keine Wortprotokolle vorlagen, da solche für die Verfahren vor dem Landgericht (wegen der fehlenden Berufungsinstanz) nicht mehr geführt werden. So konnten an Verteidigeraktivitäten weitgehend nur die formalen Anträge erfaßt und ausgewertet werden.

247) Vgl. oben, S. 158.

10.1. Mitteilung der Besetzung

Durch das Strafverfahrensänderungsgesetz 1979 waren die §§ 222a und 222b in die Strafprozeßordnung aufgenommen worden, die vorschreiben, daß in Verfahren, die im ersten Rechtszug vor dem Landgericht oder dem Oberlandesgericht stattfinden, spätestens zu Beginn der Hauptverhandlung die Besetzung des Gerichts mitzuteilen ist (§ 222a Abs. 1 Satz 1 StPO). Nach § 222a Abs. 1 Satz 2 StPO kann die Besetzung auf Anordnung des Vorsitzenden schon vor der Hauptverhandlung mitgeteilt werden. In der Stichprobe befand sich nur ein Gerichtsort, an dem diese Möglichkeit formularmäßig generell so gehandhabt wurde. § 222b StPO enthält die Rügepräklusion, also den eigentlichen Zweck der Gesetzesänderung.

Der Untersuchung lagen 136 Verfahren vor dem Landgericht zugrunde.
In 56 Fällen, das sind 41% der Landgerichtsverfahren, konnten keine Anhaltspunkte für eine Mitteilung der Besetzung festgehalten werden.[248]
In 54 Fällen (40%) wurde die Besetzung vor der Hauptverhandlung mitgeteilt, in 26 Fällen (19%) erging die Mitteilung zu Beginn der Hauptverhandlung.
Ein Antrag auf Unterbrechung der Hauptverhandlung zur Prüfung der Besetzung (§ 222a Abs. 2 StPO) konnte in keinem Verfahren festgestellt werden.
Damit spielen die Fragen der Kontrolle der Besetzung im Gerichtsalltag statistisch keine Rolle mehr.[249]

---

248) EB 399.
249) Vgl. zur Besetzungsrüge allgemein eingehend SCHLOTHAUER, a.a.O. 1988, Rdn. 242ff.

10.2. Die Ablehnung von Richtern

Gemäß § 24 StPO kann ein Richter abgelehnt werden, wenn die Besorgnis der Befangenheit besteht. In den untersuchten Verfahren (hier: 295 Verfahren vor AG und LG) konnte nur ein Fall festgehalten werden, in dem ein solcher Befangenheitsantrag gestellt worden war.[250)] Befangenheitsanträge kamen damit in nur 0,3% der Verfahren vor. Bedenkt man, daß in dieser Stichprobe vorwiegend schwerere Verfahren vertreten sind, in denen eher "hart gekämpft" wird, so dürften die Befangenheitsanträge im Gerichtsalltag statistisch eine noch geringere Rolle spielen.

10.3. Die verfahrensbeschreibenden Daten

Unter den "verfahrensbeschreibenden Daten" werden die Erhebungen zu der Besetzung des Gerichts und zu den Sitzungsvertretern der Staatsanwaltschaft zusammengefaßt.[251)]
Es konnten hier keine Zusammenhänge mit der Art der Verteidigung festgestellt werden.
Insgesamt konnten in 292 Verfahren die Protokolle[252)] ausgewertet werden, in davon 27 Verfahren (9,2%) gab es 2 Protokolle, in 2 Verfahren (0,6%) gab es sogar 3 Protokolle.
Dies ist auf Aussetzungen bzw. Vertagungen der Hauptverhandlung zurückzuführen.

10.4. Die Dauer der Verhandlungen

In dem Erhebungsbogen waren sowohl die Anzahl der Hauptverhandlungstage als auch die Anzahl der Stunden festgehalten worden.[253)]

250) EB 400.
251) EB 406 - EB 412.
252) EB 401.
253) EB 404, EB 405.

Die nachfolgende Tabelle gibt einen Überblick über die Anzahl der Tage, wobei "ein Tag" nicht gleichbedeutend damit ist, daß die Verhandlung einen vollen Arbeitstag in Anspruch genommen hat, sondern nur, daß diese an einem Tag durchgeführt werden konnte.

Tabelle Nr. 51: Anzahl der Verhandlungstage

Verteidigung		Hauptverhandlungstage 1	2	3 und mehr	zusammen
Ohne	n	54	4	0	58
	%	93,1	6,9	0	19,9
Wahl-	n	72	23	19	114
	%	63,2	20,2	16,7	39,0
Pflicht-	n	33	10	4	47
	%	70,2	21,3	8,5	16,1
Wahlpflicht-	n	39	16	18	73
	%	53,4	21,9	24,7	25,0
zusammen	n	198	53	41	292
	%	67,8	18,2	14,0	100

Signifikanz: h.s.; C = 0,30

Es zeigt sich, daß ein hochsignifikanter Zusammenhang zwischen der Anzahl der Hauptverhandlungstage und der Art der Verteidigung besteht.
Bei der Analyse der Gruppenunterschiede zeigte sich jedoch, daß sich jeweils nur die Gruppe der Wahlverteidigungen bzw. der Wahlpflichtverteidigungen von den Verfahren ohne Verteidigung signifikant (5%-Niveau) unterschieden.
Für die Anzahl der Verhandlungstage ist damit nur mitentscheidend, ob ein Verteidiger mitwirkt oder nicht. Kein Einfluß auf die Anzahl der Hauptverhandlungstage hat jedoch die Art der Verteidigung, denn zwischen den einzelnen Arten der Verteidigung hatten sich keine signifikanten Unterschiede ergeben.

Diese Zusammenhänge finden sich auch bei der Analyse der Anzahl der Stunden der Hauptverhandlung wieder. Es wurden 199 Verfahren ausgewertet, in denen die Verhandlung mindestens eine Stunde gedauert hat.

Tabelle Nr. 52: Anzahl der Stunden der Hauptverhandlung

Verteidigung		Stunden der Hauptverhandlung 1	2	3	4	5 u. mehr	zusammen
Ohne	n	31	7	2	1	0	41
	%	75,6	17,1	4,9	2,4	0	20,6
Wahl-	n	19	17	17	6	18	77
	%	24,7	22,1	22,1	7,8	23,4	38,7
Pflicht-	n	5	4	7	7	5	28
	%	17,5	14,3	25,0	25,0	17,9	14,1
Wahlpflicht-	n	4	6	12	16	15	53
	%	7,5	11,3	22,6	30,2	20,3	26,6
zusammen	n	59	34	38	30	38	199
	%	29,6	17,1	19,1	15,1	19,1	100

Signifikanz: h.s.; C = 0,52

Bei der Anzahl der Stunden, die die Hauptverhandlungen jeweils dauerten, ergibt sich ein Zusammenhang mittlerer Stärke mit der Art der Verteidigung.
Analysiert man nun wiederum die Gruppenunterschiede, so zeigt sich wie bei der Anzahl der Hauptverhandlungstage, daß sich jeweils nur die Wahlverteidigungen und die Wahlpflichtverteidigungen von den Verfahren ohne Verteidigung signifikant (5%-Niveau) unterschieden. Keine Unterschiede gab es damit zwischen den Arten der Verteidigung, so daß das oben gewonnene Ergebnis, wonach wesentlich mitbestimmend für die Dauer der Hauptverhandlung nur war, ob überhaupt eine Verteidigung stattfand, auch bei der Anzahl der Stunden der Hauptverhandlung bestätigt wird.

10.5. Die Aktivitäten der Beschuldigten

Auf der Grundlage der Protokolle und der Urteilsbegründungen wurden die Daten für die Aussagebereitschaft[254], den Umfang der Aussage[255] und die Konstanz der Einlassungen[256] erhoben.

Es zeigte sich hier, daß die Angeklagten in 284 Fällen, das sind 97,2% der Verfahren mit Hauptverhandlung, zu einer **Aussage bereit** waren, nur 4 Angeklagte machten keinerlei Angaben, das sind 1,4%. In weiteren vier Fällen (1,4%) konnte die Aussagebereitschaft nicht eingeschätzt werden.

275 Verfahren konnten auch auf den **Umfang bzw. den Inhalt der Aussagen** hin überprüft werden.

Tabelle Nr. 53: Umfang bzw. Inhalt der Aussage des Angeklagten

Verteidigung		Umfang der Aussage kein	gering	mittel	volles Geständnis	Bestreiten	zusammen
Ohne	n	0	1	17	17	19	54
	%	0	1,3	1,9	31,5	35,2	19,6
Wahl-	n	1	1	31	42	31	106
	%	0,9	0,9	29,2	33,6	29,2	34,5
Pflicht-	n	1	1	7	31	4	44
	%	2,3	2,3	15,9	70,5	9,1	16,0
Wahl-pflicht-	n	2	2	14	43	10	71
	%	2,8	2,8	19,7	60,6	14,1	25,8
zusammen	n	4	5	69	133	64	275
	%	1,5	1,8	25,1	48,4	23,3	100

Signifikanz: s.; C = 0,31

254) EB 423.
255) EB 424.
256) EB 425.

Es ergibt sich ein signifikanter Zusammenhang mit der Art der Verteidigung. Insbesondere aus den Prozentzahlen für die beiden letzten Spalten (also volles Geständnis bzw. Bestreiten des Tatvorwurfs) läßt sich eine Tendenz dahingehend erkennen, daß Angeklagte mit Verteidigern auch hier insbesondere mit Pflichtverteidigern eher ein Geständnis ablegen als Angeklagte ohne Verteidiger.

Für die **Konstanz** der Einlassungen ergab sich kein Zusammenhang mit der Art der Verteidigung.

Es muß deutlich darauf hingewiesen werden, daß die Datenerhebung hierzu äußerst schwierig war. Zur Klärung dieser Frage sollte insbesondere die Beobachtung in der Hauptverhandlung dienen, da nur dort die (wechselnden) Einlassungen erfaßt werden können.

Das **Beweisantragsrecht**[257] wurde von den Angeklagten praktisch nicht genutzt.
Die Analyse weist hier nur je einen Antrag auf Vernehmung von Zeugen auf Anhörung eines Sachverständigen und auf Herbeischaffung einer Urkunde aus. Alle diese Anträge waren erfolgreich. Eine weitere statistische Verwertung dieser Daten war jedoch nicht möglich.

Ein unentschuldigtes Fernbleiben des Angeklagten[258] wurde in 14 Fällen registriert.

10.6. Die Aktivitäten der Verteidiger

225 Verfahren konnten auf die **Anwesenheit des Verteidigers** untersucht werden. Davon waren 214 Verteidiger während der gan-

---

257) EB 432 - EB 441.
258) EB 403.

zen Verhandlung anwesend, das sind 95,1% dieser Verfahren. In 4 Fällen war der Verteidiger überhaupt nicht anwesend (1,8%), in 7 Fällen waren wechselnde Verteidiger anwesend (3,1%), d.h. hier wurde der Angeklagte während der Hauptverhandlung von mehreren Verteidigern vertreten.
Aufgrund der Stichprobe zeigt sich hier, daß auch die schwerer und schwerster Delikte beschuldigten Angeklagten primär von einem Verteidiger vertreten werden, der während der gesamten Hauptverhandlung anwesend ist.

Besondere Aufmerksamkeit ist den **Beweisanträgen der Verteidiger** in der Hauptverhandlung zu widmen.
220 Verfahren konnten auf die Anträge der Verteidigung hin untersucht werden.

Für die Anträge auf **Zeugenvernehmung**[259)] ergab sich: In nur 23 der 220 Verfahren konnten Anträge der Verteidigung festgehalten werden, das bedeutet, daß in nur 10,5% der untersuchten Verfahren solche Anträge gestellt worden sind.
Die nachfolgende Tabelle gibt die Verteilung der Zahl der beantragten Zeugenvernehmungen auf die Wahl-, Wahlpflicht- bzw. Pflichtverteidiger wieder.

259) EB 442.

Tabelle Nr. 54: Verteidigeranträge auf Zeugenvernehmungen

Verteidigung		Zahl der Anträge 0	1	2 und mehr	zusammen
Wahl-	n	100	2	6	108
	%	92,6	1,9	5,6	49,1
Pflicht-	n	39	1	2	42
	%	92,9	2,4	4,8	19,1
Wahlpflicht-	n	58	8	4	70
	%	82,9	11,4	5,7	31,8
zusammen	n	197	11	12	220
	%	89,5	5,0	5,5	100

Signifikanz: n.s.; C = 0,19

Die Tabelle zeigt, daß 8 Anträge von Wahlverteidigern, 3 Anträge von Pflichtverteidigern und 12 Anträge von Wahlpflichtverteidigern stammen.
Die Zahl der beantragten Zeugen schwankt zwischen 1 und 8. Insgesamt ergaben sich so 50 Einzelanträge auf Zeugenvernehmungen, da auch die Beantragung von mehreren Zeugen in formal einem Antrag prozessual als Einzelanträge gewertet werden müssen. Die Analyse der Gruppenunterschiede zeigte, daß sich keine der Gruppen signifikant voneinander unterschied. Es läßt sich aber eine Tendenz dahingehend erkennen, daß von den Wahlpflichtverteidigern etwas mehr Anträge gestellt werden.
Für die **Ablehnung**[260)] der beantragten Zeugenvernehmungen ergab sich, daß bei den Wahlverteidigern die Vernehmung von 4 Zeugen (18% aller beantragten Zeugen) abgelehnt wurde, bei den Pflichtverteidigern 1 Zeuge (20%) und bei den Wahlpflichtverteidigern ebenfalls 4 Zeugen (22%). Die Erfolgsquote liegt damit bei allen Arten der Verteidigung bei vier Fünfteln der gestellten (Einzel-)Anträge auf Zeugenvernehmungen. Die Unterschiede zwischen den einzelnen Arten der Verteidigung erwiesen sich auch als nicht signifikant.

260) EB 447.

Für die Anträge auf Anhörung von Sachverständigen[261] ergab sich:
In insgesamt 22 der 220 Verfahren wurden von der Verteidigung Anträge auf Anhörung von Sachverständigen gestellt, das sind rund 10% der Verfahren.
Die nachfolgende Tabelle gibt einen Überblick über die Verteilung der Anzahl der beantragten Sachverständigen auf die Wahl-, Wahlpflicht- bzw. Pflichtverteidiger.

Tabelle Nr. 55: Verteidigeranträge auf Anhörung von Sachverständigen

Verteidigung		Beantragte SV 0	1	2 und mehr	zusammen
Wahl-	n	100	6	2	108
	%	92,6	5,5	1,9	49,1
Pflicht-	n	40	2	0	42
	%	95,2	4,8	0	19,1
Wahlpflicht-	n	58	10	2	70
	%	82,9	14,3	2,8	31,8
zusammen	n	198	18	4	220
	%	60,0	8,2	1,8	100

Signifikanz: signifikant; C = 0,16

Die Tabelle weist aus, daß in 8 Fällen die Anträge von Wahlverteidigern, in 2 Fällen von Pflichtverteidigern und in 12 Fällen von Wahlpflichtverteidigern stammen. Dabei wurden in je 2 Verfahren von den Wahlverteidigern bzw. von den Wahlpflichtverteidigern die Erstellung von 2 Gutachten gefordert.
Der Korrelationskoeffizient zeigt hier einen Wert von C = 0,16, d.h., daß es nur einen schwachen Zusammenhang zwischen der Anzahl der beantragten Sachverständigenanhörungen und der Art der Verteidigung gibt. Es ergibt sich eine Tendenz dahin, daß von

261) EB 443.

Wahlpflichtverteidigern etwas mehr Gutachteranhörungen beantragt werden als von den beiden anderen Arten der Verteidigung.

Bei den Ablehnungen[262] der Anträge auf Anhörung von Sachverständigen ergab sich bei allen drei Arten der Verteidigung eine Erfolgsquote von rund 50%.

Für die Anträge auf **Herbeischaffung von Urkunden**[263] ergab sich:
In insgesamt 20 der 220 Verfahren wurden von der Verteidigung Anträge auf die Einsichtnahme in Urkunden gestellt, das sind rund 9% der Verfahren.
Die nachfolgende Tabelle gibt einen Überblick über die Verteilung der Anzahl der beantragten Urkunden auf die Wahl-, Pflicht- bzw. Wahlpflichtverteidiger.

Tabelle Nr. 56: Verteidigeranträge auf Herbeischaffung von Urkunden

Verteidigung		Beantragte Urkunden 0	1 und mehr	zusammen
Wahl-	n	94	14	108
	%	87,0	13,0	49,1
Pflicht-	n	41	1	42
	%	97,6	2,4	19,1
Wahlpflicht-	n	65	5	70
	%	92,9	7,1	31,8
zusammen	n	200	20	220
	%	90,9	9,1	100

Signifikanz: n.s.; C = 0,14

Die Tabelle weist aus, daß in insgesamt 14 Fällen von Wahlverteidigern, in 1 Fall von einem Pflichtverteidiger und in 5 Fällen von Wahlpflichtverteidigern die Herbeischaffung von Urkun-

262) EB 448.
263) EB 444.

kunden beantragt worden ist, das sind 91% der Verfahren. Mit dem Korrelationskoeffizienten von C = 0,14 zeigt sich, daß es nur eine Tendenz dahin gibt, daß von Wahlverteidigern etwas mehr Urkundenerhebungen beantragt werden als von den anderen Verteidigerarten.

Für die **Ablehnung**[264] der Anträge auf Herbeischaffung von Urkunden ergab sich, daß in nur einem Fall eines Wahlverteidigers der Antrag abgelehnt worden war. Auch hier kann damit nicht gesagt werden, daß die Pflichtverteidiger erfolgreicher seien als die Wahlverteidiger.

Die Auswertung der Daten über die Anträge auf Herbeischaffung von Augenscheinsobjekten[265] ergibt, daß in 2 Fällen der Wahlverteidigung und in einem Fall der Pflichtverteidigung jeweils ein Antrag gestellt worden ist. Ein Antrag eines Wahlverteidigers wurde abgelehnt.[266]
Diese Zahlen sind zu gering, um damit sinnvoll statistische Aussagen über den Zusammenhang zwischen der Anzahl der Anträge und der Art der Verteidigung machen zu können.
Gleiches muß für die Anträge auf Wahrnehmung eines Ortstermins[267] gesagt werden: In je einem Verfahren mit einem Wahl- bzw. mit einem Pflichtverteidiger wurde ein solcher Antrag gestellt. Kein Antrag wurde abgelehnt.[268]

Zusammenfassend muß gesagt werden, daß durch diese Untersuchung die von BARTON[269] aufgezeigte Häufigkeit von Beweisanträgen in der Tendenz bestätigt wird: hier konnte ein Maximum an Beweisanträgen durch die Verteidigung bei den Anträgen auf Zeugenvernehmung festgestellt werden, dies geschah jedoch in nur 10,5% der Verfahren mit Verteidigern. In vergleichbarer Hö-

264) EB 449.
265) EB 445.
266) EB 450.
267) EB 446.
268) EB 451.
269) BARTON, a.a.O. 1984, 401.

he lagen die Anträge auf Anhörung von Sachverständigen mit 10% und die Anträge auf Herbeischaffung von Urkunden mit rund 9%. Deutlich geringer waren dagegen die Anträge auf Herbeischaffung von Augenscheinsobjekten und auf Wahrnehmung eines Ortstermins.

Es kann damit fast gesagt werden, daß Beweisanträge der Verteidigung eine Seltenheit im strafprozessualen Alltag sind.
Nicht bestätigt werden kann das von BARTON[270)] mitgeteilte Ergebnis, daß ein wesentlicher Unterschied zwischen den Wahl-, Pflicht- und Wahlpflichtverteidigern besteht. Bei allen hier untersuchten Beweisanträgen ergab sich kein eindeutiger Unterschied zwischen den Arten der Verteidigung, lediglich bei den Anträgen auf Vernehmung von Zeugen und Anhörung von Sachverständigen ergab sich eine Tendenz dahin, daß von Wahlpflichtverteidigern mehr Vernehmungen bzw. Anhörungen beantragt werden als von den beiden anderen Arten der Verteidigung. Bei den Anträgen auf Herbeischaffung von Urkunden ergab sich eine Tendenz zugunsten der Wahlverteidiger.
Ein Grund für die unterschiedlichen Ergebnisse dieser beiden Untersuchungen kann darin liegen, daß das Ergebnis bei BARTON auf Grund einer "summarischen Methode" erzielt wurde, bei der nicht nur die formalen Beweisanträge berücksichtigt wurden, sondern auch andere Verteidigeraktivitäten.

Für die Nutzung des Beweisantragsrechts kann auf Grund dieser Untersuchung gesagt werden: es besteht (fast ausnahmslos) kein Unterschied zwischen den Arten der Verteidigung hinsichtlich der gestellten Beweisanträge, ferner kann auch nicht gesagt werden, daß eine der Arten der Verteidigung eine unterschiedliche Erfolgsquote bei den Beweisanträgen hätte. Insofern ist die Effizienz von Wahl-, Pflicht- und Wahlpflichtverteidigern durchaus vergleichbar. Es mag hier noch hinzukommen, daß in dieser Untersuchung überwiegend erstinstanzliche Strafkammerverfahren untersucht wurden.

---

270) BARTON, a.a.O. 1984, 401.

Die Begründung der Ablehnungen[271]

In den 27 Fällen mit Ablehnungen von Beweisanträgen der Verteidigung konnten 24 Begründungen festgehalten werden. Die nachfolgende Tabelle gibt die Übersicht über die Häufigkeitsverteilung der Ablehnungsgründe.

Tabelle Nr. 57: Häufigkeitsverteilung der Ablehnungsbegründungen für Beweisanträge der Verteidigung

Begründung	Fälle	%
Unzulässigkeit	1	4,2
Offenkundigkeit	1	4,2
Bedeutungslosigkeit	1	4,2
Ungeeignetheit	2	8,4
Unerreichbarkeit	0	0
Prozeßverschleppung	0	0
Wahrunterstellung	8	33,3
eigene Sachkunde	7	29,1
Erwiesensein der Beweistatsache	3	12,4
SV hat keine überlegenen Forschungsmittel	1	4,2
Beweisermittlungsantrag	0	0

Damit erweisen sich die Wahrunterstellungen (33,3%), die eigene Sachkunde des Gerichts (29,1%) und das Bewiesensein der Beweistatsache (12,4%) als die Begründungen, mit denen am häufigsten Verteidigerbeweisanträge abgelehnt werden. Sie allein machen bereits rund 75% aller Begründungen aus.
Berücksichtigt man jedoch, daß Wahrunterstellungen für die Verteidigung nicht unbedingt negativ gesehen werden können, so ergibt sich eine insgesamt etwas positivere Beurteilung der Erfolgsquote der Verteidigung bei Beweisanträgen.

271) EB 452 - EB 462.

10.7. Die in der Hauptverhandlung erhobenen Beweise

Die Hauptverhandlungsprotokolle wurden auch daraufhin untersucht, wieviele Beweismittel in den Verhandlungen verwendet wurden[272]; ferner die Aussageverweigerung auf Grund der §§ 52, 53 und 55 StPO[273], sowie die Protokollierungsanträge der Angeklagten, der Verteidiger und der Staatsanwaltschaften[274].

Für die **Zeugenvernehmungen** in den Hauptverhandlungen ergab sich folgendes Bild:

Tabelle Nr. 58: Verteilung der in der Hauptverhandlung vernommenen Zeugen nach der Art der Verteidigung

Verteidigung		Anzahl der vernommenen Zeugen 0	1	2	3	4	5 u. mehr	zusammen
Ohne	n	13	20	12	7	3	0	55
	%	23,6	36,4	21,8	12,7	5,5	0	19,3
Wahl-	n	16	18	19	13	26	19	111
	%	14,4	16,2	17,1	11,7	23,4	17,1	38,9
Pflicht-	n	9	8	9	2	15	3	46
	%	19,6	12,4	19,6	4,3	32,6	6,5	16,1
Wahl-pflicht-	n	15	5	8	8	19	18	73
	%	20,5	6,8	11,0	11,0	26,0	24,7	25,6
zusammen	n	53	51	48	30	63	40	195
	%	18,6	12,9	16,8	10,5	22,1	14,0	100

Signifikanz: h.s.; C = 0,38

Die Berechnungen zeigen, daß sich die Anzahl der vernommenen Zeugen auf dem 0,01%-Niveau unterscheidet nach der Art der Verteidigung; der Korrelationskoeffizient (C = 0,38) weist auf einen Zusammenhang mittlerer Stärke mit der Art der Verteidigung hin.

---

272) EB 416 - EB 422.
273) EB 426 - EB 428.
274) EB 429 - EB 431.

Der Sprung zwischen der Anzahl der vernommenen Zeugen entspricht gemäß der Stichprobe dem Sprung zwischen AG und LG; er ist damit im wesentlichen davon abhängig, auf welcher Ebene das Verfahren erstinstanzlich stattfindet, damit eher auch von dem Tatvorwurf.
Dies wird bestätigt dadurch, daß sich bei dem Vergleich der Gruppen untereinander nur die Wahlverteidigungen und die Wahlpflichtverteidigungen signifikant von den Verfahren ohne Verteidigung unterscheiden; keine signifikanten Unterschiede zeigten sich jedoch zwischen den einzelnen Arten der Verteidigung.

Für die Anzahl der **Sachverständigen** ergaben sich folgende Daten:

Tabelle Nr. 59: Verteilung der Anzahl der vernommenen Sachverständigen nach der Art der Verteidigung

Verteidigung		Anzahl der vernommenen SV 0	1	2	3 u. mehr	zusammen
Ohne	n	55	0	0	0	55
	%	100	0	0	0	19,3
Wahl-	n	74	17	15	5	111
	%	66,7	15,3	13,5	4,5	38,9
Pflicht-	n	31	7	5	3	46
	%	67,4	15,2	10,9	6,3	16,1
Wahlpflicht-	n	38	17	8	10	73
	%	52,1	23,3	11,0	13,7	25,6
zusammen	n	198	41	28	18	285
	%	69,5	14,4	9,8	6,3	100

Signifikanz: h.s.; C = 0,35

Es ergibt sich, daß in den Verfahren ohne Verteidigung kein Sachverständiger gehört wurde. Der Wert für den Zusammenhang zwischen der Anzahl der vernommenen Sachverständigen und der Art der Verteidigung weist auf einen Zusammenhang mittlerer Stärke hin.

Bei den Gruppenunterschieden zeigt sich, daß sich jeweils die Wahl-, Pflicht- und Wahlpflichtverteidigung von den Verfahren ohne Verteidigung signifikant unterscheiden; bei dem Vergleich zwischen den Arten der Verteidigung zeigt sich eine Tendenz dahingehend, daß in den Verfahren mit Wahlpflichtverteidigern etwas mehr Sachverständige gehört werden als in Verfahren mit Pflichtverteidigern. Dies ist mit auf die den Verfahren zugrunde liegenden Tatvorwürfe zurückzuführen.

Dies gilt auch für die Verfahren mit Sachverständigen zur Schuldfähigkeit des Angeklagten.
Unter den 37 Verfahren mit Wahlverteidigern, in denen Sachverständige gehört wurden, waren 29, in denen Sachverständige zur Schuldfähigkeit angehört wurden, das sind 78,3% der Verfahren mit Gutachtern. Bei den Pflichtverteidigern waren 15 Verfahren mit Sachverständigenanhörungen verzeichnet worden, in 14 davon wurden Gutachter zur Schuldfähigkeit gehört, das sind 93,3%. Bei den Wahlpflichtverteidigern gab es 35 Verfahren mit Gutachter, davon waren in 31 Verfahren Sachverständige zur Schuldfähigkeit gehört worden, das sind 98,5%.
Die Gruppenunterschiede zeigen hier wiederum die Differenz zwischen den Verfahren mit und den Verfahren ohne Verteidigung auf, während sich auch bei den Gutachten zur Schuldfähigkeit nur Tendenzen - wie beschrieben - zwischen den Arten der Verteidigung ergaben. Keine Unterschiede ergaben sich für die sonstigen Gutachter.

Die für die Sachverständigenanhörungen gewonnenen Ergebnisse bestätigen sich auch bei den in der Hauptverhandlung verwerteten **Urkunden**.

Tabelle Nr. 60: Verteilung der Anzahl der in der Hauptverhandlung verwerteten Urkunden nach der Art der Verteidigung

Verteidigung		Anzahl der Urkunden 0	1	2	3 u. mehr	zusammen
Ohne	n	42	8	0	5	55
	%	76,4	14,5	0	9,1	19,4
Wahl-	n	53	14	15	29	111
	%	47,7	12,6	13,5	26,1	39,1
Pflicht-	n	23	10	2	10	45
	%	51,1	22,2	4,4	22,2	15,8
Wahlpflicht-	n	30	8	13	22	73
	%	41,1	11,0	17,8	30,1	25,1
zusammen	n	148	40	30	66	284
	%	52,1	14,1	10,6	23,2	100

k.A.: 1 Fall; Signifikanz: s.s.; C = 0,30

Bei der Anzahl der Urkunden zeigen die Berechnungen einen sehr signifikanten Zusammenhang. Die Analyse der Gruppenunterschiede zeigt eine Tendenz dahingehend, daß in Verfahren mit Wahlpflichtverteidigern etwas mehr Urkunden verwendet werden als in Verfahren mit Wahlverteidigern.
Wie für die Sachverständigen kann daher gesagt werden, daß in Verfahren vor den Landgerichten mehr Urkunden verwendet werden als in Verfahren vor den Amtsgerichten, wobei hier nur eine Tendenz in diese Richtung festgestellt werden konnte. Die Anzahl der Urkunden ist nur in geringem Umfang abhängig davon, ob der Angeklagte von einem Wahl-, Pflicht- oder Wahlpflichtverteidiger vertreten wird.

Auch für die in den Hauptverhandlungen verwerteten **Augenscheinsobjekte** bestätigt sich das bisher gewonnene Bild:

Tabelle Nr. 61: Verteilung der in der Hauptverhandlung verwerteten Augenscheinsobjekte nach der Art der Verteidigung

Verteidigung		Anzahl der AO 0	1	2 u. mehr	zusammen
Ohne	n	47	3	0	50
	%	94,0	6,0	0	18,3
Wahl-	n	71	8	27	106
	%	67,0	7,5	25,5	38,8
Pflicht-	n	28	8	8	44
	%	63,6	18,2	18,2	16,1
Wahl-pflicht-	n	35	10	28	73
	%	47,9	13,7	38,4	26,7
zusammen	n	181	29	63	273
	%	66,3	10,6	23,1	100

k.A.: 12 Fälle; Signifikanz: h.s.; C = 0,33

Es unterscheiden sich hier wiederum die Wahlverteidigung und die Wahlpflichtverteidigung signifikant von den Verfahren ohne Verteidigung, während sich bei den Arten der Verteidigung wieder eine Tendenz zugunsten der Wahlpflichtverteidigung zeigte. Es bestätigt sich damit der Unterschied zwischen den Verfahren ohne und den Verfahren mit Verteidigung, sowie die Unterschiede zwischen den Arten der Verteidigung.

Bei der Auswertung der Daten für die **Ortstermine** ergab sich, daß es in insgesamt 7 Verfahren Ortstermine gab, davon entfiel ein Fall auf ein Verfahren ohne Verteidigung, 3 Fälle auf Verfahren mit Wahlverteidigung, 1 Fall auf ein Verfahren mit Pflichtverteidigung und 2 Fälle auf Verfahren mit Wahlpflichtverteidigungen.
Es ergab sich kein Zusammenhang mit der Art der Verteidigung.

Zusammenfassend kann damit gesagt werden, daß diese Untersuchung, in der überwiegend Verfahren vor dem Landgericht unter-

sucht wurden, zeigt, daß es nur geringe **Unterschiede** gibt hinsichtlich der **Art der Verteidigung**; es zeigte sich durchweg eine Tendenz dahingehend, daß in Verfahren mit Wahlpflichtverteidigern etwas mehr Sachverständige, Urkunden und Augenscheinsobjekte angehört bzw. herangezogen werden als in Verfahren mit Wahl- bzw. Pflichtverteidigern. Die Unterschiede sind auch auf die den Verfahren zugrunde liegenden unterschiedlichen Tatvorwürfe zurückzuführen.
Es entsteht daraus der Eindruck, daß die Aufklärung des Sachverhaltes durch das Gericht weitgehend unbeeinflußt davon, wie der Angeklagte verteidigt wird, durchgeführt wird.

Für die Aussageverweigerungen gemäß § 52 StPO konnten folgende Daten erhoben werden:

Tabelle Nr. 62: Verteilung der Aussageverweigerungen gemäß § 52 StPO nach der Art der Verteidigung

Verteidigung		Anzahl Verweigerungen 0	1	2	zusammen
Ohne	n	8	0	0	8
	%	100,0			11,0
Wahl-	n	25	8	1	34
	%	73,5	23,5	2,9	46,6
Pflicht-	n	9	1	0	10
	%	90,0	10,0	0	13,7
Wahl-pflicht-	n	18	3	0	21
	%	35,7	14,3		28,8
zusammen	n	60	12	1	73
	%	82,2	16,4	1,4	100

Signifikanz: n.s.; C = 0,24

In insgesamt 73 Fällen, in denen aussageverweigerungsberechtigte Personen vernommen wurden, haben in 13 Fällen, das sind 17,8%, die Zeugen von diesem Recht Gebrauch gemacht, davon entfielen 9 Fälle auf Verfahren mit Wahlverteidigung, ein Fall auf ein Verfahren mit Pflichtverteidigung und 3 Fälle auf Verfahren mit Wahlpflichtverteidigung. Es ergab sich kein Zusammenhang mit der Art der Verteidigung.

Es wurde ferner ein Fall festgehalten, in dem von dem Aussageverweigerungsrecht gemäß § 53 StPO Gebrauch gemacht wurde, jedoch kein Fall, in dem die Auskunft gemäß § 55 StPO hätte verweigert werden müssen. Berechnungen konnten hier nicht durchgeführt werden.

Anträge auf **Protokollierung** von Aussagen wurden in keinem Fall von den Angeklagten gestellt, in drei Fällen von den Verteidigern, und zwar in 2 Fällen von Wahlverteidigern und in einem Fall von einem Wahlpflichtverteidiger, ferner in einem Fall von der Staatsanwaltschaft. Damit erweisen sich diese Anträge als Ausnahmeerscheinungen. Weitere Berechnungen konnten nicht durchgeführt werden.
Diese geringe Anzahl von Protokollierungsanträgen durch die Verteidiger stimmt absolut gesehen mit den Ergebnissen von BARTON[275] überein.
Auf Grund dieser umfangreicheren Untersuchung kann jedoch auch das Verhältnis zu den Protokollierungsanträgen der Staatsanwaltschaft wiedergegeben werden: danach werden die Verteidiger in dieser Hinsicht dreimal so häufig tätig wie die Staatsanwälte. Unter diesem relativen Gesichtspunkt zeigt sich eine wesentlich höhere Aktivität der Verteidiger, so daß der in absoluten Zahlen ausgedrückte geringe Umfang der Aktivitäten nicht ohne weiteres in ein Argument gegen die Verteidigung umgemünzt werden kann.

275) BARTON, a.a.O. 1984, 336.

10.8. Die Anträge der Staatsanwaltschaften, der Angeklagten und der Verteidiger und das Urteil in der erstinstanzlichen Hauptverhandlung

10.8.1. Das Urteil

Um einen Überblick über die Abschlüsse der Hauptverhandlungen zu gewinnen, wird hier als erstes eine Tabelle mit den Sanktionen[276], die von dem Gericht verhängt wurden, wiedergegeben.

Tabelle Nr. 63: Die gerichtlich verhängten Sanktionen

	Sanktion	Fälle	%
0	Freispruch	21	7,2
1	Verwarnung	1	0,3
2	Absehen von Strafe	2	0,6
3	Geldstrafe	35	12,0
4	Freiheitsstrafe mit Bewährung	36	12,4
5	Freiheitsstrafe ohne Bewährung	144	49,4
6	§ 153 StPO	10	3,4
7	§ 153a StPO	36	12,4
8	§ 154	4	1,4
9	§ 63 StGB	2	0,6
10	§ 63 StGB mit Bewährung	1	0,3
	Zusammen	292	100,0

Es zeigt sich, daß in 21 Fällen der Angeklagte freigesprochen wurde, in zusammen 73,8% der Verfahren wurde ein Geldstrafe, eine Freiheitsstrafe ohne Bewährung bzw. eine Freiheitsstrafe mit Bewährung verhängt, die zweitstärkste Gruppe bilden die Einstellungen mit zusammen 17,2%. Die übrigen Sanktionen betragen zusammen nur 7,8%.

---

276) EB 519.

Diese Verteilung der Sanktionen ist mit der Schichtung der Stichprobe zu begründen. Dies ergibt sich auch eindeutig aus der nachfolgenden Tabelle, die die Verteilung der Sanktionen nach der Art der Verteidigung wiedergibt.

Tabelle Nr. 64: Verteilung der Sanktionen nach der Art der Verteidigung (Urteil)

Verteidigung[278]		Sanktion[277] 0	1	2	3	4	5	6	7	8	9	10	zusammen
Ohne	n	3	0	1	18	11	6	5	10	1	0	0	55
	%	5,5	0	1,9	32,7	20,0	11,0	9,1	18,1	1,8	0	0	18,8
Wahl-	n	13	0	1	17	17	79	4	25	1	0	1	158
	%	8,2	0	0,6	10,8	10,8	50,0	2,5	15,9	0,6	0	0,6	54,1
Pflicht-	n	5	1	0	0	8	59	1	1	2	2	0	79
	%	6,3	1,3	0	0	10,1	74,4	1,3	1,3	2,5	2,5	0	27,1
zusammen	n	21	1	2	35	36	144	10	36	4	2	1	292
	%	7,2	0,3	0,7	12,0	12,3	49,4	34,0	12,3	1,4	0,7	0,3	100

Signifikanz: h.s.; C = 0,49

Bei der Verteilung der Sanktionen nach der Art der Verteidigung ergibt sich ein hoch signifikanter Zusammenhang. Zur näheren Analyse dieses Ergebnisses wurden die drei wichtigsten Gruppen (Geldstrafe : Freiheitsstrafe mit Bewährung : Freiheitsstrafe ohne Bewährung) miteinander verglichen.
Für die Unterscheidung zwischen Geldstrafe und Freiheitsstrafe mit Bewährung ergibt sich die nachfolgende Tabelle:

277) Die Aufschlüsselung ergibt sich aus der vorigen Tabelle.
278) Die Wiedergabe erfolgt hier so, wie die Daten mit dem Erhebungsbogen gesammelt wurden, vgl. dazu oben, S. 208ff.

Tabelle Nr. 65: Verteilung der Sanktionen (Geldstrafe/Freiheitsstrafe mit Bewährung) nach der Art der Verteidigung

Verteidigung		Anzahl Sanktionen Geld-strafe	Freiheitsstrafe mit Bewährung	zu-sammen
Ohne	n	18	11	29
	%	62,1	32,9	40,8
Wahl-	n	17	11	28
	%	60,7	39,3	35,4
Pflicht-	n	0	5	5
	%		100	7,0
Wahl-pflicht-	n	0	9	9
	%		100	12,7
zusammen	n	35	36	71
	%	49,3	50,7	100

Signifikanz: s.s.; C = 0,43

Es ergibt sich bei diesem Vergleich ein sehr signifikanter Zusammenhang mit der Art der Verteidigung; danach wird in Verfahren mit Pflicht- bzw. Wahlpflichtverteidigern eher eine Freiheitsstrafe mit Bewährung als eine Geldstrafe verhängt.

Für den Vergleich zwischen Freiheitsstrafe mit Bewährung und Freiheitsstrafe ohne Bewährung ergibt sich folgendes:

Tabelle Nr. 66: Verteilung der Sanktionen (Freiheitsstrafe mit Bewährung/Freiheitsstrafe ohne Bewährung) nach der Art der Verteidigung

Verteidigung		Anzahl Sanktionen Freiheitsstrafe mit Bew.	ohne Bew.	zusammen
Ohne	n	11	6	17
	%	64,7	35,3	9,4
Wahl-	n	11	46	57
	%	19,3	80,7	31,5
Pflicht-	n	5	35	40
	%	12,5	87,5	22,2
Wahl-pflicht-	n	9	57	66
	%	13,6	86,4	36,7
zusammen	n	36	144	180
	%	20,0	80,0	100

Signifikanz: h.s.; C = 0,34

Auch hier ergibt sich ein hochsignifikanter Zusammenhang. Rechnet man jedoch nur die Arten der Verteidigung gegeneinander, so ergibt sich kein signifikanter Unterschied mehr, der Korrelationswert beträgt C = 0,08, so daß sich dann kein signifikanter Zusammenhang ergibt.
Dies bedeutet, daß der entscheidende Unterschied darin besteht, ob der Angeklagte von einem Verteidiger vertreten wird oder nicht. Dies ist aber bei dieser Stichprobe weitgehend gleichbedeutend mit dem Unterschied zwischen den Verfahren vor dem AG und den Verfahren vor dem LG und hängt damit letztlich von der Schwere des Tatvorwurfs ab.
Diese Überlegung gilt auch für den bei dem Vergleich zwischen der Geldstrafe und der Freiheitsstrafe mit Bewährung gefundenen Zusammenhang mit der Art der Verteidigung.

10.8.2. Der Antrag der Staatsanwaltschaft

Für die Staatsanwaltschaften wurde ebenfalls die beantragte Sanktion[279] festgehalten.
Es bestätigt sich hier das für das Urteil gefundene Ergebnis, dem eine Abhängigkeit von der Instanz, nicht aber von der Art der Verteidigung zu entnehmen ist.

Tabelle Nr. 67: Verteilung der Sanktionen nach der Art der Verteidigung (Antrag StA)

Verteidigung		Sanktion[280] 0	1	2	3	4	5	6	7	8	9	sonst	zusammen
Ohne	n	1	0	1	17	8	12	5	10	1	0	0	55
	%	1,8	0	1,8	31,0	14,5	21,8	9,1	18,2	1,8	0	0	18,8
Wahl-	n	12	0	1	17	14	85	3	25	0	1	0	158
	%	7,6	0	0,6	10,8	8,9	53,8	1,9	15,8	0	0,6	0	54,1
Pflicht-	n	2	0	0	1	7	63	1	1	2	2	0	79
	%	2,5	0	0	1,3	8,9	79,7	1,3	1,3	2,5	2,5	0	27,1
zusammen	n	15	0	2	35	29	160	9	36	3	3	0	292
	%	5,2	0	0,7	12,0	9,9	54,8	3,1	12,3	1,0	1,0	0	100

Signifikanz: h.s.; C = 0,37

10.8.3. Die Anträge des Angeklagten

Die Auswertungen der Anträge der Angeklagten[281] waren unergiebig, da zumeist keine und wenn, dann keine konkreten Anträge gestellt wurden: keine Anträge konnten festgehalten werden in 57,5% der 292 Verfahren[282], in 12 Verfahren (4,1%) bat der Angeklagte um eine mildere Strafe, als sie von der Staatsanwaltschaft beantragt worden war, in 66 Verfahren (22,6%) schloß sich der Angeklagte den Ausführungen des Verteidigers an, in 22

279) EB 472.
280) Die Aufschlüsselung ergibt sich aus Tabelle Nr. 63.
281) EB 498 - EB 508.
282) EB 502.

Verfahren (7,6%) war der Angeklagte mit dem Antrag der Staatsanwaltschaft einverstanden, in 16 Verfahren (5,5%) machte der Angeklagte eigene Ausführungen, in 7 Verfahren (2,4%) forderte er einen Freispruch und in einem Verfahren (0,3%) eine Einstellung des Verfahrens.
Diese Daten belegen die Passivität der Angeklagten während der Hauptverhandlung erneut. Von den feststellbaren Äußerungen nahm der Anschluß an den Verteidiger den größten Anteil ein. Dies deutet an, wie häufig Angeklagte sich nur über ihre Verteidiger äußern können.

10.8.4. Der Antrag des Verteidigers

In insgesamt 183 Verfahren konnten die Sanktionsanträge der Verteidiger[283] festgehalten werden:

Tabelle Nr. 68: Verteilung der Sanktionsanträge nach der Art der Verteidigung

Verteidigung		Sanktion[284] 0	1	2	3	4	5	6	7	8	9	sonst	zusammen
Wahl-	n	38	0	1	10	23	19	3	26	0	1	2	123
	%	30,9	0	0,8	8,1	18,7	15,4	2,4	21,1	0	0,8	1,6	67,2
Pflicht-	n	7	1	0	2	20	21	2	1	2	1	3	60
	%	11,7	1,7	0	3,3	33,3	35,0	3,3	1,7	3,3	1,7	4,9	32,8
zusammen	n	45	1	1	12	43	40	5	27	2	2	5	183
	%	24,6	0,5	0,5	6,6	23,5	21,9	2,7	14,8	1,1	1,1	2,7	100

Signifikanz: h.s.; C = 0,41

Die Auswertung zeigt, daß zwischen den Sanktionsanträgen der Wahlverteidiger und der Pflichtverteidiger ein hoch signifikanter Unterschied besteht; der Wert für den Zusammenhang zeigt an, daß es sich hier um einen Zusammenhang mittlerer Stärke handelt.

283) EB 492.
284) Die Aufschlüsselung ergibt sich aus Tabelle Nr. 63.

Die Tabelle weist große Unterschiede aus bei den Anträgen auf Freispruch des Beschuldigten. Während die Wahlverteidiger in 30,8% ihrer Verfahren Freispruch beantragten, beträgt der Prozentsatz bei den Pflichtverteidigern nur 11,6%.
Ein großer Unterschied zeigt sich weiter bei den Anträgen auf Einstellung des Verfahrens gemäß § 153a StPO: während die Wahlverteidiger dies in 26 Verfahren, das sind 21,1%, beantragten, wurde nur von einem Pflichtverteidiger, also in 1,6% der Verfahren, ein entsprechender Antrag gestellt.
Gerade das letzte Beispiel kann aber darauf hindeuten, daß die unterschiedlichen Anträge nicht auf eine je andere Einstellung der Verteidiger zurückzuführen ist, sondern auf die finanziellen Möglichkeiten der Mandanten.

Zur weiteren Analyse dieser Daten wurde wiederum die Verteilung der Anträge auf Freiheitsstrafe mit bzw. ohne Bewährung auf die drei Arten der Verteidigung hin untersucht.

Tabelle Nr. 69: Verteilung der Anträge auf Freiheitsstrafe mit bzw. ohne Bewährung nach der Art der Verteidigung

Verteidigung		Anzahl Anträge Freiheitsstrafe mit Bew.	ohne Bew.	zusammen
Wahl-	n	17	6	23
	%	73,9	26,1	27,7
Pflicht-	n	16	9	25
	%	64,0	36,0	30,1
Wahl-pflicht	n	10	25	35
	%	28,6	71,4	42,2
zusammen	n	43	40	83
	%	51,8	48,2	100

Signifikanz: h.s.; C = 0,37

Die Tabelle weist einen sehr signifikanten Zusammenhang aus. Betrachtet man die Besetzung in den einzelnen Zellen, so fällt die hohe Angabe bei den Wahlpflichtverteidigern für die Freiheitsstrafe ohne Bewährung auf. Da bereits oben[285] gezeigt wurde, daß die Wahlpflichtverteidiger besonders stark in den Verfahren mit den gravierendsten Tatvorwürfen vertreten sind, ist anzunehmen, daß hier der Tatvorwurf mitentscheidend für die Unterschiede zwischen den Verteidigern ist.

10.8.5. Zusammenfassender Vergleich

Zusammenfassend sollen das Urteil, die Anträge der Staatsanwaltschaften und die Anträge der Verteidiger einander gegenüber gestellt werden.
Die Gegenüberstellung erfolgt hier nach der ursprünglichen Aufteilung in der Erhebung (Pflichtverteidiger mit bezeichneten Pflichtverteidigern; Wahlverteidiger mit Verteidigern, die einen erfolgreichen Antrag auf Bestellung zum Pflichtverteidiger gestellt haben).

Tabelle Nr. 70: Zusammenfassende Gegenüberstellung der Sanktion(santräge) im Urteil bzw. von StA und Verteidigung

Verteidigung		Sanktion[286] in %										
		0	1	2	3	4	5	6	7	8	9	sonst
Wahl-	Urteil	8,2	0	0,6	10,8	10,8	50,0	2,5	15,9	0,6	0	0,6
	StA	7,6	0	0,6	10,8	8,9	53,8	1,9	15,8	0	0,6	0
	V	24,1	0	0,6	6,3	14,6	(34,1) 12,0	1,9	16,5	0	0,6	1,3
Pflicht-	Urteil	6,3	1,3	0	0	10,8	74,7	1,3	1,3	2,5	2,5	0
	StA	2,5	0	0	1,3	8,9	79,7	1,3	1,3	2,5	2,5	0
	V	8,9	1,3	0	2,5	25,3	(50,6) 26,6	2,5	1,3	2,5	1,3	3,8

285) Vgl. oben, S. 275.
286) Die Aufschlüsselung ergibt sich aus Tabelle Nr. 63.

Diese Übersicht zeigt eine erstaunliche Übereinstimmung zwischen dem Urteil und den Anträgen der Staatsanwaltschaft bzw. der Wahl- oder Pflichtverteidiger, bei einer großen Ausnahme: der Freiheitsstrafe ohne Bewährung, und einer Ausnahme bei der Wahlverteidigung: den Anträgen auf Freispruch.

Bei den Anträgen zur Freiheitsstrafe ohne Bewährung fiel zunächst auf, daß von vielen Verteidigern kein konkreter Antrag gestellt wird. Aber auch bei Berücksichtigung dieser Verfahren liegt die Zahl dieser Anträge bei Wahl- und bei Pflichtverteidigern rund 20% unter den Anträgen der Staatsanwaltschaft und dem Urteil. Anders dagegen bei den Anträgen auf Freispruch: hier beantragen die Wahlverteidiger etwa dreimal so häufig einen Freispruch, als dann durch das Gericht ausgesprochen wird. Bei der Pflichtverteidigung liegen dagegen die Anträge der Verteidigung nur um etwa ein Drittel über den Freisprüchen durch das Gericht, dafür aber wesentlich über den Anträgen der Staatsanwaltschaft.

Stimmen bei den Wahlverteidigern die Anträge der Staatsanwaltschaft auf Freispruch weitgehend mit dem Urteil überein, so stimmen bei den Pflichtverteidigern eher der Antrag der Verteidigung und das Urteil überein.

Der Unterschied zwischen der Wahlverteidigung und der Pflichtverteidigung von etwa 2% bei den Freisprüchen durch das Gericht kann in Anbetracht der unterschiedlichen Deliktsverteilung als nicht gravierend bezeichnet werden. Im Hinblick auf die Anträge der Staatsanwaltschaft könnte die Pflichtverteidigung hier sogar als etwas effizienter als die Wahlverteidigung bezeichnet werden.

11. Die Rechtsmittel

11.1. Die Berufung

Es konnten insgesamt 112 berufungsfähige Verfahren auf die Einlegung der Berufung hin untersucht werden.[287)]

Tabelle Nr. 71: Verteilung der Berufungseinlegung

Verteidigung	Rechtsmittelführer 0	1	2	3	4	5	6	7	8	Zusammen
Ohne	33	3	1	0	0	0	1	0	1	39
Wahl-	24	0	0	10	2	0	0	1	0	37
Pflicht-	24	4	1	2	0	0	2	2	1	36
Zusammen	81	7	2	12	2	0	3	3	2	112

0 = kein Rechtsmittel
1 = Angeklagter
2 = Staatsanwalt
3 = Verteidiger
4 = Angeklagter und Verteidiger
5 = Alle
6 = Rechtsmittel d. Angekl., aber Rücknahme
7 = Rechtsmittel d. Angekl. und d. Verteidigers, aber Rücknahme
8 = Rechtsmittel d. Staatsanwaltschaft, aber Rücknahme

Die Tabelle zeigt, daß in 31 Verfahren zunächst Berufung eingelegt worden war. Davon wurden in je 3 Fällen vom Angeklagten bzw. von ihm und seinem Verteidiger die Berufung wieder zurückgenommen, in einem Verfahren nahm die Staatsanwaltschaft die Berufung zurück, so daß in insgesamt 23 Verfahren das Berufungsverfahren durchgeführt wurde. Dies sind ca. 20% der hier untersuchten Verfahren.
In 12 dieser Verfahren wurde die Berufung von der Verteidigung eingelegt, wovon 10 Verfahren mit Wahlverteidigungen und 2 Verfahren mit Pflichtverteidigungen waren.

---

287) EB 528; keine Trennung nach Wahl-, Pflicht- und Wahlpflichtverteidigern.

Dies bedeutet, daß in rund 43% die Berufung von den Wahlverteidigern eingelegt wird, die sich somit als diejenigen erweisen, die am häufigsten die Berufung betreiben; die Pflichtverteidiger sind dagegen nur mit rund 9% an den Berufungseinlegungen beteiligt.
Bezieht man die Zahlen auf die nach der Stichprobe insgesamt zugrundeliegenden Verfahren mit Wahl- bzw. Pflichtverteidigern, so ergibt sich, daß in rund 14% der Verfahren mit Wahlverteidigern und in rund 6% der Verfahren mit Pflichtverteidigern Berufung eingelegt wird.
Dies bedeutet, daß von den Wahlverteidigern etwa doppelt so häufig Berufung eingelegt wird wie von den Pflichtverteidigern.

Die Zahlen für die **Beweisanträge der Verteidigung**[288)] waren denkbar gering: es wurde nur ein Antrag auf Anhörung eines Gutachters festgehalten, dem auch entsprochen worden war. Damit erweist sich, daß von dem Beweisantragsrecht in der Berufungsverhandlung noch weniger Gebrauch gemacht wird als in der erstinstanzlichen Verhandlung.
Die Berufungsverhandlungen endeten wie folgt:

2 Verfahren mit Freispruch,
2 Verfahren mit Geldstrafe,
1 Verfahren mit einer Freiheitsstrafe mit Bewährung,
3 Verfahren wurden gemäß § 153a StPO eingestellt,
1 Verfahren wurde gemäß § 154 StPO eingestellt,
9 Verfahren mit Verwerfung der Berufung,
2 Verfahren wurden an ein anderes Gericht verwiesen.

Je ein Freispruch entfiel auf ein Verfahren mit Wahl- bzw. mit Pflichtverteidiger, 3 Verwerfungen auf Wahl- und 4 auf Pflichtverteidigungen.
Daran läßt sich erkennen, daß es auch bei diesen gerichtlichen Entscheidungen nicht auf die Art der Verteidigung ankommt.

---

288) EB 572 - EB 592.

11.2. Die Revision

In 60 der auf Grund der Stichprobe möglichen 295 Verfahren wurde Revision eingelegt[289], das sind rund 20%.
Davon wurde in 42 Fällen die Revision von Wahlverteidigern eingelegt, das sind rund 70% der Revisionen, in 18 Fällen (30%) von Pflichtverteidigern.
Bezieht man diese Zahlen jedoch auf die der Untersuchung zugrundeliegenden Verfahren mit Wahl- bzw. Pflichtverteidigungen, so zeigt sich, daß in rund 27% der Verfahren mit Wahlverteidigern und in rund 23% der Verfahren mit Pflichtverteidigern die Revision eingelegt wird. Auf Grund dieser Zahlen kann nicht gesagt werden, daß die Wahlverteidiger häufiger Revision eingelegt hätten als Pflichtverteidiger.
Untersucht man den Umfang der Revisionsbegründungsschriften[290], so zeigt sich:

Tabelle Nr. 72: Umfang der Revisionsbegründungsschriften

Verteidigung		Seiten 1	Seiten 2 und mehr	zusammen
Wahl-	n	6	20	26
	%	23,1	76,9	43,3
Pflicht-	n	6	5	11
	%	54,5	45,5	18,3
Wahlpflicht-	n	12	11	23
	%	52,2	47,8	38,3
zusammen	n	24	36	60
	%	40,0	60,0	100

Signifikanz: n.s.; C = 0,28

Nur bei dem Einzelgruppenvergleich zwischen den Arten der Verteidigung ergibt sich ein signifikanter Unterschied zwischen

---

289) EB 632 - EB 635.
290) EB 633.

der Wahlverteidigung und der Pflichtverteidigung. Dies bedeutet, daß die Wahlverteidiger die Revisionsbegründungen etwas ausführlicher begründen als die Pflichtverteidiger; gegenüber den Wahlpflichtverteidigern zeigten sich dagegen keine Unterschiede.

Die Revisionen wurden auf folgende **Gründe**[291] gestützt:

in 55 Fällen auf § 337 StPO,
in 1 Fall auf § 338 Nr. 6 StPO,
in 1 Fall auf § 338 Nr. 5 StPO,
in 1 Fall auf § 338 Nr. 3 StPO.

In 2 Fällen konnte keine Begründung festgehalten werden; es handelt sich hier um Fälle, in denen zwar die Revision eingelegt, dann aber nicht begründet wurde.
Die Revisionen hatten jedoch nur in ca. 23% **Erfolg**[292], denn in 14 Fällen wurden die Urteile aufgehoben und an das zuständige Gericht zurückgewiesen.
In 44 Fällen (47%) wurde die Revision durch Beschluß als offensichtlich unbegründet zurückgewiesen, in 2 Fällen (3%) war die Revision unzulässig; ein Fall der Revisionsverwerfung durch Urteil fand sich in den Akten nicht.
Es waren rund 24% der Revisionen der Wahlverteidiger und rund 22% der Revisionen der Pflichtverteidiger erfolgreich.
Es kann auf Grund dieser Zahlen nicht gesagt werden, daß die Wahlverteidiger erfolgreicher sind als die Pflichtverteidiger.

12. Die eingestellten Verfahren

Insgesamt 175 der ausgewerteten Verfahren wurden vor der Hauptverhandlung eingestellt.
Die Einstellungen wurden wie folgt begründet[293]:

291) EB 632.
292) EB 634.
293) EB 298; Trennung nur nach Wahl- und Pflichtverteidigern wie oben, S. 208.

Tabelle Nr. 73: Verteilung der Begründung der Einstellungen nach der Art der Verteidigung

Verteidigung		Einstellungsgrund					zu-sammen
		§ 170	§ 153	§ 153a	§ 154	Privatkl.	
Ohne	n	73	11	24	17	16	141
	%	51,8	7,8	17,0	12,0	11,4	
Wahl-	n	22	2	5	3	0	32
	%	68,7	6,3	15,6	9,4	0	
Pflicht-	n	1	0	0	1	0	2
	%	50,0	0	0	50,0	0	
zusammen	n	96	13	29	21	16	175
	%	54,9	7,4	16,6	12,0	9,1	100

Damit wurden 96 Verfahren (54,9%) auf Grund § 170 Abs. 2 StPO eingestellt, in 13 Fällen (7,4%) wurde gemäß § 153 StPO eingestellt, in 29 Fällen (16,6%) gemäß § 153a StPO und in 16 Fällen (9,1%) wurde das Opfer auf den Privatklageweg verwiesen.
80,6% dieser Einstellungen entfielen auf die Verfahren ohne Verteidiger, 18,3% entfielen auf die Verfahren mit Wahlverteidigern und nur 1,1% auf Verfahren mit Pflichtverteidigern.
Da die Stichprobe bei den Einstellungen nicht geschichtet worden war, sondern es sich um eine reine Zufallsstichprobe handelte, geben diese Zahlen Auskunft über die Beteiligung der Verteidiger an eingestellten Verfahren allgemein: in rund einem Viertel der eingestellten Verfahren waren demnach Anwälte beteiligt.
Anregungen des Beschuldigten[294)] wurden in insgesamt 13 Fällen registriert, das waren 7,4% der eingestellten Verfahren. In 34 Fällen (19,4%) wurden Anregungen der Verteidigung[295)] festgehalten, diese Zahl entspricht auch der Beteiligungsquote der Anwälte.
Diese Anregungen der Verteidigung auf Einstellung des Verfahrens entziehen sich aber weitgehend der Aktenanalyse. Es muß

294) EB 294.
295) EB 295.

auf Grund der Interviews angenommen werden, daß die Verteidiger in einem weit höheren Prozentsatz dementsprechend tätig werden; der Erfolg der Bemühungen zeigt sich aber möglicherweise erst in späteren Verfahrensstadien.
"Verhandlungen"[296] waren nur in einem Fall aktenkundig geworden.
Gemäß § 153a Abs. 1 Ziff. 3 StPO ist es möglich, das Verfahren gegen die Erbringung gemeinnütziger Leistungen einzustellen. In dieser Stichprobe befand sich jedoch kein Fall, der diese Auflage enthalten hätte.[297] Dies ist ein Hinweis darauf, daß von dieser Möglichkeit praktisch nie Gebrauch gemacht wird. Die Höhe der finanziellen Leistungen gemäß § 153a Abs. 1 Ziff. 2 StPO schwankten zwischen 30,-- DM und 2.500,-- DM, durchschnittlich waren 358,48 DM zu bezahlen.

Ein Widerspruch gegen die Einstellungsverfügungen konnte in 5 Fällen festgehalten werden. In 6 Fällen wurde die vorläufige Einstellung widerrufen, da die Auflagen nicht erfüllt worden waren.

Weitere Anhaltspunkte über die Aktivitäten der Verteidiger bei den Einstellungen konnten durch die Aktenanalyse nicht gewonnen werden.

13. Die Strafbefehlsverfahren

Die Strafbefehlsverfahren wurden durch eine Zufallsstichprobe ausgewählt. In den 100 ausgewählten Verfahren[298] befanden sich 6 mit entsprechenden Anregungen des Beschuldigten[299] und

296) EB 296.
297) Dies entspricht auch dem von HERTWIG, a.a.O. 1982, 237 gewonnenen Ergebnis.
298) EB 308.
299) EB 309.

4 Anregungen von Verteidigern.[300] "Verhandlungen"[301] wurden in nur einem Fall registriert.
Von den 100 beantragten Strafbefehlen wurden 97 durch das Gericht erlassen. Die drei Fälle, in denen dem Antrag der Staatsanwaltschaft nicht gefolgt worden war, betrafen Verfahren ohne Verteidiger.
Von den 97 verhängten Strafbefehlen entfielen 76 (78,4%) auf die Verfahren ohne Verteidiger, 20 auf Verfahren mit Wahlverteidiger (20,6%) und einer auf ein Verfahren mit Pflichtverteidigung (1%). Damit zeigt sich hier eine Beteiligungsquote der Verteidigung von 21,6%, also rund einem Fünftel der Strafbefehlsverfahren, sie liegt damit etwas niedriger als bei den Einstellungen.
Die Höhe der Geldstrafe schwankte zwischen 88,-- DM und 7.000,-- DM, durchschnittlich wurden 870,-- DM verhängt. Andere Sanktionen wurden nicht festgestellt.
Gegen den Strafbefehl wurde in 5 Fällen von dem Beschuldigten und in 3 Fällen durch den Verteidiger Einspruch erhoben[302], wovon in je einem Fall der Einspruch wieder zurückgenommen worden war. In 2 Fällen war der Einspruch verspätet, in 2 Fällen wurde das Verfahren eingestellt und in 8 Fällen fand die Hauptverhandlung statt.
Damit zeigt sich, daß in Verfahren mit Verteidigern etwa doppelt so häufig Einspruch gegen den Strafbefehl erhoben wird wie in Verfahren ohne Verteidiger. Dies dürfte jedoch hauptsächlich darauf zurückzuführen sein, daß sich die Beschuldigten erst nach Erhalt des Strafbefehls an einen Anwalt wenden und dann auch wegen der kurzen Frist zunächst Einspruch einlegen lassen. Weitere Anhaltspunkte über die Aktivitäten der Verteidigung im Bereich des Strafbefehlsverfahrens konnten nicht gewonnen werden.

---

300) EB 310.
301) EB 311.
302) EB 320.

14. Ausgewählte Aspekte zur Dauer der Verfahren

Die Dauer der Verfahren von der Anzeige bis zur Hauptverhandlung

Die Dauer der Verfahren vom Zeitpunkt der Anzeige bis zum 1. Tag der Hauptverhandlung wurde für die wichtigsten Gerichte (Einzelrichter, Schöffengericht, große Strafkammer und Schwurgericht) getrennt berechnet.[303] Dabei ergaben sich nur für den Strafrichter und das Schwurgericht Werte des Korrelationskoeffizienten, die einen mittelstarken Zusammenhang zwischen der Verfahrensdauer und der Art der Verteidigung erkennen lassen.

Tabelle Nr. 74: Dauer der Verfahren (Anzeige - Beginn) bei den Strafrichtern

Verteidigung		Tage 1-90	91-120	121-180	181-270	271-360	361-520	über 520	zusammen
Ohne	n	4	9	4	4	3	1	2	27
	%	14,8	33,3	14,8	14,8	11,1	3,7	7,4	38,6
Wahl-	n	1	2	8	11	5	4	2	33
	%	3,0	6,1	24,2	33,3	15,2	12,1	6,1	47,1
Pflicht-	n	2	2	5	0	1	0	0	10
	%	20,0	20,0	50,0	0	10,0	0	0	14,3
zusammen	n	7	13	17	15	9	5	4	70
	%	10,0	18,6	24,3	21,4	12,9	7,1	5,7	100

Signifikanz: s.; C = 0,48

Die Tabelle zeigt eindrücklich, daß in den Verfahren mit Pflichtverteidigern eher mit der Hauptverhandlung begonnen werden kann als in den Verfahren ohne Verteidiger bzw. in den Verfahren mit Wahlverteidigern.

303) EB 009, 021; Trennung nur nach Wahl- und Pflichtverteidigung wie oben, S. 208.

Bei einer Gegenüberstellung der Verfahren ohne bzw. mit Wahlverteidigern ergibt sich nur eine schwache Tendenz dahin, daß die Verfahren mit Wahlverteidigern etwas länger dauern. Das eindeutige Ergebnis bei den Pflichtverteidigern dürfte mit der Besonderheit einer Bestellung eines Pflichtverteidigers beim Verfahren vor dem Einzelrichter zusammenhängen. Es liegt aber nahe zu vermuten, daß es diese Besonderheit ist, die sowohl zur Pflichtverteidigerbestellung als auch zu einer beschleunigten Durchführung des Verfahrens führt, so daß also nicht die Aktivitäten der Pflichtverteidiger für die kürzere Verfahrensdauer kausal sein müssen.
Die entsprechenden Korrelationswerte für die Verfahren vor dem Schöffengericht bzw. vor der großen Strafkammer betragen 0,22 bzw. 0,29, so daß hier nur von einem schwachen Zusammenhang zwischen Verfahrensdauer und Art der Verteidigung gesprochen werden kann. Die Verfahrensdauer wird hier von anderen Größen bestimmt. Im Gegensatz dazu zeigt sich bei den Verhandlungen vor dem Schwurgericht wieder ein etwas stärkerer Zusammenhang (C = 0,31), jedoch unterscheiden sich die beiden Gruppen nicht signifikant voneinander.

Tabelle Nr. 75: Dauer der Verfahren (Anzeige - Beginn) vor dem Schwurgericht

Verteidigung		Tage					zusammen
		121-180	181-270	271-360	361-520	über 520	
Wahl-	n	1	9	8	17	2	37
	%	2,7	24,3	21,6	46,0	5,4	77,0
Pflicht-	n	0	1	3	4	3	11
	%	0	9,0	27,2	36,4	22,2	23,0
zusammen	n	1	10	11	21	5	48
	%	2,1	20,8	23,0	43,7	10,5	100

Signifikanz: n.s.; C = 0,31

Es kann daher von einer Tendenz dahingehend gesprochen werden, daß in Verfahren mit Wahlverteidigern eher die Hauptverhandlung anberaumt wird als in Verfahren mit Pflichtverteidigern, da in ca. 64% der Pflichtverteidigungen dieser Termin erst nach über einem Jahr anberaumt wird, während es bei den Wahlverteidigern "nur" ca. 51% der Verfahren sind.

15. Aktivitäten im Bereich der Strafvollstreckung

Aus den Akten wurden soweit möglich die Aktivitäten der Verteidiger im Bereich der Strafvollstreckung erhoben.[303] Es wurden 21 Fälle registriert, in denen die Verteidiger auch auf diesem Gebiet tätig wurden, davon waren 16 Wahlverteidiger und 5 Pflichtverteidiger. Bezogen auf die Anzahl der jeweils zugrundeliegenden Verfahren ergibt sich, daß die Wahlverteidiger in 7,6% und die Pflichtverteidiger in 5,8% der Fälle auch im Bereich der Strafvollstreckung tätig wurden. Dies zeigt, daß das Engagement hier in etwa gleich groß ist.
Es konnten nur Schreiben ermittelt werden, andere Aktivitäten waren in den Akten nicht festgehalten worden. Durchschnittlich wurden 2,1 Seiten zu den Akten gebracht.

5. KAPITEL: DIE RECHTSVERGLEICHENDE UNTERSUCHUNG

1. Der Forschungsgegenstand und der Forschungsablauf

1.1. Der Forschungsgegenstand

Gegenstand der rechtsvergleichenden Untersuchung war das englische Strafverfahren unter dem für ihn geltenden gesetzlichen und richterlichen Strafverfahrensrecht.
Die Untersuchung verfolgte das Ziel, einige Schlaglichter auf die auch mit den deutschen Anwälten in den Interviews angesprochenen Probleme der Strafverteidigung zu werfen, um leichter Differenzierungen zwischen den allgemein im Strafverfahren auftretenden Problemen und den Problemen, die auf der geltenden Rechtsordnung beruhen, treffen zu können.

1.2. Der Forschungsablauf

1.2.1. Methode der Befragung

Hinsichtlich der Methode der Befragung kann voll inhaltlich auf das für die deutschen Interviews oben in Kapitel 2.2.1. Gesagte verwiesen werden.
Für die Interviews mit den Solicitor und die Barrister wurde je ein strukturierter und nicht-standardisierter Fragebogen entwickelt, in die soweit möglich die auch in Deutschland gestellten Fragen übernommen wurden, darüber hinaus wurden aber auch einige Fragen zu den besonders interessanten Abweichungen des englischen von dem deutschen Strafverfahren gestellt.[1)]

---

1) Die Fragebögen sind als Anhang 5 (Fragebogen für Solicitor) und als Anhang 6 (Fragebogen für Barrister) abgedruckt.

1.2.2. Methode der Rechtsvergleichung

Bei den Methoden der Rechtsvergleichung wird zwischen Auslandsrechtskunde und Rechtsvergleichung unterschieden. Unter Auslandsrechtskunde wird dabei die Zusammenstellung von zu einem Thema gehörenden Normen verstanden[2], während die Untersuchung der Funktionsweisen der jeweiligen Normen und der daraufhin erfolgende Vergleich der (Qualität der) Funktionserfüllung als Rechtsvergleichung bezeichnet wird.[3]
In dieser Untersuchung wurde in diesem Sinne sowohl auslandsrechtskundlich als auch rechtsvergleichend vorgegangen, darüber hinaus sollten einige Sozialdaten erfaßt werden, die die Rechtswirklichkeit der Strafverfahren beeinflussen.

1.2.3. Stichprobe

Zur Gewinnung der Interviewpartner aus dem Kreis der Solicitor stand eine Liste der Mitglieder der London Criminal Courts' Solicitor Association zur Verfügung, aus der nach dem Zufallsprinzip[4] 12 Anwälte ausgewählt und angeschrieben worden waren. Von diesen Anwälten fanden sich sechs zu einem Interview bereit.
Die Interviewpartner aus dem Kreis der Barrister wurden auf Grund von Empfehlungen durch den Vorsitzenden der Criminal Bar Association gewonnen. Er erstellte eine Liste mit 12 Barrister, die dann um ein Interview gebeten wurden. Von ihnen fanden sich ebenfalls sechs zu einem Interview bereit. Beide Stichproben entsprechen nicht den Anforderungen für eine statistische Auswertung.
Da jedoch Ziel der Untersuchung nicht eine statistische Auswertung, sondern eine Abklärung von Problemen beabsichtigt war, beeinträchtigt diese Form der Auswahl nicht die Aussagekraft der Antworten.

---

2) RHEINSTEIN, a.a.O. 1974, 27.
3) RHEINSTEIN, a.a.O. 1974, 27.
4) Vgl. dazu oben, S. 7ff.

2. Kurze Übersicht über das englische Strafverfahren

2.1. Die Gerichtsverfassung

Die englische Gerichtsverfassung kennt folgende fünf Strafgerichte: Magistrates' Courts, Crown Court, Divisional Court, Court of Appeal und House of Lords.
Die erstinstanzlichen Gerichte sind die Magistrates' Courts (vergleichbar mit den deutschen Einzelrichtern beim Amtsgericht) und der Crown Court (vergleichbar etwa mit der großen Strafkammer beim Landgericht). Die sachliche Zuständigkeit ergibt sich primär aus dem Criminal Law Act 1977, dem Magistrates' Courts Act 1980 und dem Supreme Court Act 1981. Danach kann man generell sagen, daß die leichtere Kriminalität erstinstanzlich vor den Magistrates' Courts[5] verhandelt wird, die Schwerstkriminalität dagegen vor dem Crown Court[6].
Für die (ebenfalls gesetzlich bestimmten) Delikte der mittleren Kriminalität findet zunächst ein besonderes Verfahren vor einem Magistrates' Court statt, das sog. "committal proceeding", in dem entschieden wird, ob der Fall vor dem Magistrates' Court (weiter-)verhandelt oder an den Crown Court überwiesen wird.[7]
Die Delikte dieser Gruppe werden als "offences triable either way" bezeichnet; dazu gehören z.B. vorsätzliche Körperverletzung, rechtswidriger Geschlechtsverkehr mit einem Mädchen unter 16 Jahren, Diebstahl und Hehlerei.
Die Delikte, die nur vor dem Crown Court verhandelt werden dürfen (z.B. Mord, Totschlag, Geschlechtsverkehr mit einem Mädchen unter 13 Jahren), werden "triable only on indictment" genannt.

---

5) Vgl. s. 2(1) Magistrates' Court Act 1980 i.V.m. s. 15 Criminal Law Act 1977 und den entsprechenden Einzelgesetzen, vgl. EMMINS, a.a.O. 1983, 155.
6) s. 46 Supreme Court Act 1981.
7) s. 2(3) Magistrates' Court Act 1980, s. 17 Magistrates' Court Act 1980 und die entsprechenden Einzelgesetze, vgl. EMMINS, a.a.O. 1983, 156.

Die Delikte, die den Magistrates' Court zugewiesen sind, heißen "summary offences".
Rechtsmittelgerichte für die Magistrates' Courts sind der Crown Court (Rehearing) und der Divisional Court of Queen's Bench Division (Appeal), für den Crown Court der Court of Appeal[8].
In Ausnahmefällen kann jeweils die Revision zum House of Lords zugelassen werden.[9] Die wichtigste Instanz bei der Bewältigung der jährlich anfallenden Strafverfahren sind zweifellos die Magistrates' Courts mit ihren kurzen, zügigen Verhandlungen: rund 97% aller Fälle werden dort in der ersten Instanz abgeurteilt.[10]
Die Magistrates' Courts sind fast ausschließlich mit Laienrichtern besetzt[11], während die Crown Court-Verhandlungen von einem ausgebildeten Richter (Juristen)[12] geleitet werden; über die Schuldfrage entscheiden aber auch hier Laien, nämlich die 12 Geschworenen.[13]

2.2. Die Anwaltschaft

Die englische Anwaltschaft ist seit Alters her zweigeteilt, nämlich in die Solicitor und in die Barrister.[14]

---

8) SIM, SCOTT, a.a.O. 1984, 99ff., vgl. auch die Übersicht S. 107.
9) s. 33 Criminal Appeal Act 1968; vgl. HAMPTON, a.a.O. 1982, 319.
10) ZANDER, a.a.O. 1984, 17.
11) ZANDER, a.a.O. 1984, 17: es gibt rund 620 Magistrates' Courts (in England und Wales), in ihnen arbeiten rund 24.000 unbezahlte Laienrichter und rund 50 professionelle und bezahlte Vollzeit-Richter ("stipendiary" magistrates). Die Einzelheiten der Berufung und Amtsführung sind geregelt in Justices of Peace Act 1979. Vgl. - insbesondere auch zur Geschichte - ROMBERG, a.a.O. 1965, 77ff. und EMMINS, a.a.O. 1983, 131ff.
12) Zu den Einzelheiten: s. 8 Supreme Court Act 1981; EMMINS, a.a.O. 1983, 37ff.
13) Zu den Einzelheiten: Juries Act 1974; EMMINS, a.a.O. 1983, 78ff.
14) Vgl. insbesondere ROMBERG, a.a.O. 1965, 25ff.

Funktionell unterscheiden sie sich am markantesten durch das Recht, vor Gericht aufzutreten: nur die Barrister dürfen vor allen Gerichten den Beschuldigten vertreten. Von den deutschen Anwälten unterscheiden sich Solicitor und Barrister unter anderem dadurch, daß sie sowohl als Ankläger als auch als Verteidiger auftreten können (Ausfluß des Prinzips der Popularklage anstelle des deutschen Offizialprinzips).

2.2.1. Solicitor

Mit der deutschen Anwaltschaft vergleichbar sind nur die Solicitor, von denen es derzeit rund 30.000 in England und Wales gibt.[15] Sie praktizieren in Kanzleien, die sowohl von Einzelpersonen als auch von Sozietäten betrieben werden; letztere können aber im Gegensatz zu dem in Deutschland Üblichen auch zu sogenannten "Law Firms" anwachsen, in denen bis zu 240 qualifizierte Mitarbeiter tätig sind[16].
Wie in der Bundesrepublik sind diese Kanzleien häufig als moderne Büros eingerichtet, in denen mit den neuesten Kommunikations- und Textverarbeitungsgeräten versucht wird, dem Mandanten ein Optimum an "Service" zu bieten, aber natürlich auch den Gesetzen der Wirtschaftlichkeit gerecht zu werden.
Daß die Solicitor auch unter wirtschaftlichen Gesichtspunkten arbeiten müssen, tritt bei ihnen offenkundiger als bei den deutschen Anwälten dadurch zu Tage, daß sie für ihre Kanzleien werben dürfen: so finden sich in den (großen) Tageszeitungen mitunter bis zu viertelseitige Anzeigen.[17] Das Recht, vor (Straf-)Gerichten aufzutreten (right of audience), ist jedoch für die Solicitor im wesentlichen auf die Magistrates' Courts beschränkt.[18] Dieser "Nachteil" für die Solicitor wird jedoch

15) ZANDER, a.a.O. 1980, 2.
16) Financial Times, 16. Mai 1985, S. 16.
17) Vgl. z.B. The Times, 17. Juli 1985, S. 19; vgl. dazu auch ZANDER, a.a.O. 1984, 615f.
18) s. 122 Magistrates' Court Act 1980; Ausnahmen sind jedoch möglich: s. 83 Supreme Court Act 1981, so daß Solicitor heute einen Mandanten auch nach Einlegung eines Rechtsmit-

dadurch aufgewogen, daß kein Beschuldigter direkt einen Barrister mandatieren kann. Stets muß zunächst ein Solicitor aufgesucht werden, der dann seinerseits für den Mandanten den Barrister mit der Vertretung vor Gericht beauftragt.[19)]

2.2.2. Barrister

Im Gegensatz zu den Solicitor findet sich zu den Barrister in der deutschen Anwaltschaft kein Gegenstück: sie bilden eine unvergleichbare Zunft[20)], aus der auch die meisten Richter hervorgehen.[21)]
Es gibt heute etwa 4300 Barrister[22)], von denen jeder - soweit er in London praktiziert - zu einer "Bürogemeinschaft" gehört.[23)] Diese "Set of Chambers" sind in den vier Inns of Court (Gray's Inn, Lincoln's Inn, Inner Temple, Middle Temple) konzentriert[24)], wodurch für den einzelnen Barrister nurmehr ein Minimum an Raum bleibt, so daß sich häufig auch zwei oder mehr Anwälte ein Arbeitszimmer teilen. Diese "chambers" beeindrucken durch ihre auf das Notwendige beschränkte Ausstattung. Jedem "Set of Chambers" steht ein Clerk ("Bürovorsteher") vor, an den sich der Solicitor mit einem neuen Fall zunächst wendet; mit ihm - und nicht mit dem Barrister - werden z.B. auch die Honorarfragen geregelt.[25)]
Die Barrister sind somit von (büro-)organisatorischen Dingen weitgehend entlastet und können sich ganz auf ihre Tätigkeit konzentrieren, nämlich auf die Rechtsberatung (Erstellen von Gutachten) und vor allem auf die Vertretung vor Gericht. Sie

---

tels gegen ein Magistrates' Court-Urteil vor dem Crown Court (Appeal) vertreten können; vgl. dazu auch zu weiteren Vertretungsrechten ZANDER, a.a.O. 1984, 596.

19) PRICE, a.a.O. 1979, 24; ROMBERG, a.a.O. 1965, 35f.
20) Vgl. dazu insbesondere die anschauliche Darstellung bei ROMBERG, a.a.O. 1965, 12ff.
21) Vgl. EMMINS, a.a.O. 1983, 37ff.
22) Vgl. ZANDER, a.a.O. 1980, 4.
23) Vgl. ROMBERG, a.a.O. 1965, 32ff.
24) Vgl. ROMBERG, a.a.O. 1965, 12ff.
25) ROMBERG, a.a.O. 1965, 33.

sind zudem häufig auf ein Rechtsgebiet spezialisiert[26], so daß eine hohe Qualifikation und Professionalität erreicht wird. Das Standesrecht ist streng und auf die Bewahrung der Tradition bedacht.[27]

3. Die Auswertung der Interviews

3.1. Die Angaben zur Dauer der Berufstätigkeit und zum Arbeitsschwerpunkt

3.1.1. Dauer der Berufstätigkeit

Die Auswertung der Angaben der Solicitor[28] bzw. der Barrister[29] ergab, daß die Solicitor durchschnittlich 15,5 Jahre, die Barrister durchschnittlich 16,3 Jahre als Anwälte bis zum Zeitpunkt der Interviews gearbeitet hatten. Bei den deutschen Anwälten hatte sich eine durchschnittliche Berufstätigkeit von ca. 13 Jahren ergeben. Die befragten englischen Verteidiger lagen damit im Durchschnitt um 2 bis 3 Jahre Berufstätigkeit über den deutschen Anwälten.
Für den hier versuchten Vergleich zwischen den Erfahrungen der Verteidiger dürften sich daraus keine (negativen) Einflüsse ergeben.

3.1.2. Fallzahlen

Die Angaben der Solicitor und der Barrister[30] zu ihren Gesamtfallzahlen schwankten sehr stark. Sie hingen zum einen davon ab, ob der Solicitor oder Barrister generell auf Strafver-

---

26) ROMBERG, a.a.O. 1965, 26.
27) Vgl. DANIELL, a.a.O. 1976, 15ff.
28) Vgl. dazu den im Anhang 5 abgedruckten Erhebungsbogen FBS I 1.
29) Vgl. den im Anhang 6 abgedruckten Erhebungsbogen FBB I 1.
30) FBS I 2, 3 und FBB I 2, 4.

fahren spezialisiert war und ferner auch davon, ob auch noch auf dem Gebiet des Strafrechts eine weitere Spezialisierung stattgefunden hatte.
Generell kann gesagt werden, daß die Solicitor durchschnittlich mehr Fälle pro Jahr bearbeiten als die Barrister, nämlich durchschnittlich 250 gegenüber durchschnittlich 140.[31)]
Auch die Spannweite der Angaben zu den Fallzahlen schwankte entsprechend: bei den Sollicitor zwischen 30 und 1200 Fällen pro Jahr, bei den Barrister zwischen 12 und 300.
Vergleicht man dies mit den durchschnittlichen Fallzahlen der deutschen Anwälte (ca. 130 Verfahren pro Jahr), so liegen sie etwa mit den Barrister gleich auf, jedoch deutlich unter den Fallzahlen der Solicitor.

3.1.3. Verteidigung und Anklage

Ein besonderer Aspekt ergibt sich daraus, daß in dem englischen Gerichtssystem sowohl die Solicitor als auch die Barrister in der Funktion des Verteidigers oder in der Funktion des Anklägers auftreten können.
Von den befragten Solicitor[32)] gab nur einer an, daß er ausschließlich Strafverteidigungen übernehmen würde, während die anderen Solicitor angaben, überwiegend Strafverteidigungen zu haben. Das Überwiegen der Strafverteidigungen hängt sicher damit zusammen, daß die Anklage vor den Magistrates' Courts vorwiegend von Polizeibeamten vertreten wird und nur in gravierenderen Fällen Solicitor eingeschaltet werden (müssen). Es zeichnete sich eine Verteilung von zwei Drittel zu einem Drittel zugunsten der Strafverteidigungen ab.
Bei den Barrister[33)] gab es ebenfalls einen, der angab, ausschließlich Strafverteidigungen zu übernehmen, ansonsten ergab

31) Bei den Durchschnittszahlen für die Solicitor wurde der Extremwert von 1200 Fällen pro Jahr außer Betracht gelassen (der Durchschnitt betrüge sonst 407 Fälle pro Jahr).
32) FBS I 3.
33) FBB I 3.

sich ein Verhältnis von etwa 60 : 40 zugunsten der Strafverteidigungen.

3.1.4. Spezialisierung

Hinsichtlich der Spezialisierung auf Strafverfahren generell[34] zeigte sich, daß bei den Solicitor nur einer ausschließlich Strafverfahren bearbeitete, bei der überwiegenden Anzahl der Solicitor die Strafverteidigung nur eines der Arbeitsgebiete ist, während bei den Barrister zwei angaben, auch andere Verfahren zu führen, also zwei Drittel der Befragten auf Strafverfahren spezialisiert waren. Damit zeigen sich die Barrister als spezialisierter als die Solicitor.
Eine weitere Spezialisierung innerhalb des Strafrechts[35] gaben zwei der befragten Barrister und ein Solicitor an, wobei in zwei Fällen besonders der Betrug erwähnt wurde.
Ein quantitativer Vergleich mit der Spezialisierung in Deutschland ist wegen der geringen Zahl der englischen Interviews nicht sinnvoll.

3.1.5. Verteilung der Tätigkeit auf die Spruchkörper (Instanzen)

3.1.5.1. Solicitor

Die Verteilung der Häufigkeit des Auftretens vor den einzelnen Spruchkörpern[36] ist praktisch durch die Gerichtsverfassung vorgegeben, da ja - wie erwähnt[37] - nur die Barrister das Recht haben, vor allen Gerichten aufzutreten, die Magistrates' Courts aber als eine Domäne der Solicitor gelten können.
Bei den Solicitor steht dementsprechend die Tätigkeit vor den

34) FBS I 2, 3; FBB I 2, 3, 4.
35) FBS II 6a), b), c); FBB II 6a), b), c).
36) FBS II 7.
37) Oben, S. 372.

Magistrates' Courts mit 70-80% der Gesamtfallzahl eindeutig an erster Stelle.
In den übrigen Fällen vertritt der Barrister den Mandanten vor den höheren Instanzen bzw. vor den anderen Spruchkörpern. Hier begleitet der Solicitor den Barrister in nur ganz besonders wichtigen Fällen.

3.1.5.2. Barrister

Der Schwerpunkt der Tätigkeit der Barrister[38] liegt in dem Auftreten vor dem Crown Court: bis zu 80% der Gesamtfallzahlen werden (nur) dort verhandelt.
Bei jüngeren Barrister ergibt sich jedoch eine andere Verteilung, denn sie treten auch noch häufiger vor den Magistrates' Court auf. Die Verteilung wurde hier wie folgt angegeben: 15% Magistrates' Courts (summary trial), 5% Magistrates' Courts (committal proceeding) und 80% Crown Court.
Die erfahreneren Barrister treten auch noch vor den Rechtsmittelgerichten auf, vor allem vor dem Court of Appeal, weniger vor dem Divisional Court.
Die Fälle, die vor dem House of Lords vertreten werden können, sind sehr selten für den einzelnen Anwalt. Es war in den Interviews so, daß die in dem Berufsleben bisher angefallenen Fälle noch einzeln aufgezählt werden konnten.
Der Frage, wann und warum Barrister vor den Magistrates' Court auftreten, wurde in den Interviews noch weiter nachgegangen.[39]
Es kristallisierten sich danach im wesentlichen drei Gründe heraus:

1. Der Solicitor wünscht insbesondere bei schweren Fällen, daß der Barrister von einem möglichst frühen Stadium an an dem Verfahren beteiligt ist, also vor allem dann, wenn ein committal proceeding stattfindet und der Fall vor dem Crown Court von dem Barrister (weiter-)geführt werden soll.

---

38) FBB II 7.
39) FBS II 8; FBB II 8.

2. Der Mandant wünscht, vor dem Magistrates' Court (auch bei summary trial) bestmöglich repräsentiert zu werden. Dies geschieht auch in Fällen, die von vorneherein aussichtslos sind, in denen es aber nach den Vorstellungen des Mandanten darum geht, einen "edlen Wettkampf" zu führen und nichts selbst kampflos preiszugeben. Hier spielt offensichtlich das Image des Beschuldigten eine wichtige Rolle.
3. Überlastung des Solicitors: Kann der Solicitor wegen zu vieler Fälle einen Termin nicht wahrnehmen, so werden diese Verfahren häufig an jüngere Barrister weitergegeben.

3.1.5.3. Zusammenfassung

Das klassische Betätigungsfeld der Solicitor und der jüngeren Barrister sind damit die Magistrates' Courts, während die etablierteren Barrister vor allem vor dem Crown Court und dem Court of Appeal auftreten.

3.2. Das Mandatsverhältnis

3.2.1. Kontaktaufnahme des Mandanten mit dem Solicitor

3.2.1.1. Kontaktaufnahmegründe

Die Solicitor wurden danach gefragt[40], warum sie ihrer Meinung nach von den Klienten ausgewählt worden seien. Die Antworten ergaben folgende "Rangliste" der Mandatierungsgründe:

1. Ansehen der Kanzlei
2. Ansehen des Seniors der Kanzlei
3. Spezialisierung des Solicitors
4. duty-solicitor scheme
5. Zufriedenheit der Mandanten
6. Empfehlung durch einen früheren Mandanten

40) FBS II 1.

7. Großzügigkeit bei der Berechnung
8. Auswahl aus dem Telephonbuch

In diese Liste wurden die häufigsten genannten Gründe aufgenommen. Eine Quantifizierung der Anteile der jeweiligen Kontaktaufnahmegründe fiel den Anwälten jedoch schwer, so daß auch wegen der geringen Interviewzahlen hier die Rangliste nur einen ersten Anhaltspunkt für die Anteile der Gründe geben kann. Vergleicht man die Angaben jedoch mit denen der deutschen Anwälte, so erkennt man, daß hier wie dort Empfehlungen und die Reputation von entscheidender Bedeutung sind.

3.2.1.2. Exkurs: duty-solicitor scheme

Bei dem duty-solicitor scheme handelt es sich um ein Rechtsberatungssystem für (inhaftierte) Beschuldigte.
Versuche mit diesem System gab es seit den sechziger Jahren, jedoch stieß es damals noch auf erheblichen Widerstand. Erst seitdem das System 1979 von der Royal Commission on Legal Services[41)] nachdrücklich empfohlen worden war, fand es 1982 Eingang in den Legal Aid Act und funktioniert nun auf breiter Basis.[42)] Die Aufgaben der Rechtsberatung sind:

- Beratung des Beschuldigten vor der Verhandlung
- Anträge auf Haftverschonung
- Anträge auf Rechtskostenbeihilfe
- Anträge auf Vertagung der Verhandlung
- Beratung bei Strafmilderungsbegründungen
- Beratung Beschuldigter, die gerade inhaftiert worden sind.

Diese Beratung wird von den Solicitor nach dem Rotationsprinzip wahrgenommen; die Bezahlung erfolgt stundenweise, nicht nach der Anzahl der bearbeiteten Fälle. Ein wichtiger Bestandteil dieses duty-solicitor scheme's ist es, daß dadurch auch ein "24-Stunden-Notanwalt-System" garantiert ist. Es ist damit gewährleistet, daß eben Festgenommene sofort einen Anwalt kontak-

41) The Royal Commission on Legal Services, a.a.O. 1979, 92ff.
42) Vgl. ZANDER, a.a.O. 1984, 470ff.

tieren können. Hier können durch weitere auslandsrechtskundliche Untersuchungen Impulse für die Versuche mit anwaltlichen Notdiensten[43] gewonnen werden.

3.2.2. Kontaktaufnahme der Solicitor mit den Barrister

Die englische Gerichtsverfassung macht es notwendig, daß die Solicitor einen Barrister beauftragen, wenn sie nicht selbst das Recht haben, vor Gericht aufzutreten.[44]
Die Solicitor wurden daher gefragt[45], nach welchen Kriterien sie die Barrister auswählen. Im Gegenzug wurden die Barrister gefragt[46], welche Gründe es ihrer Meinung nach seien, nach denen die Solicitor die Barrister beauftragen.
Dazu gab ein jüngerer Barrister folgende Erläuterung: Er sagte, der Solicitor würde zunächst an den Clerk des Set of Chamber herantreten, von diesem würde dann je nach Art des Falles der Barrister vorgeschlagen. So käme es zu dem ersten Kontakt, aus dem sich dann neue Mandate ergeben können, wenn der Solicitor (und sein Klient) mit dem Barrister zufrieden gewesen waren.
Aus dieser Sicht ergeben sich die Gründe für die Mandatierung aus einer (über die Jahre hin entwickelten) Bekanntheit, aus der Bewährung in der Praxis und - nach den Angaben der übrigen Barrister - auch aus der Spezialisierung auf einem Gebiet.
Dies kann aus den Antworten der Solicitor dahingehend ergänzt werden, daß es für ihre Auswahl des Barristers insbesondere darauf ankommt, daß die Zusammenarbeit zwischen Mandant und Barrister gut ist (dies hängt wesentlich von dem jeweiligen Charakter, von der jeweiligen Persönlichkeit ab, auf deren Harmonieren der Solicitor zu achten hat), aber auch darauf, daß sie selbst mit dem Barrister gut zusammenarbeiten können, daß insgesamt also ein gutes Team gebildet werden kann.

---

43) Vgl. oben, S. 72.
44) Vgl. oben, S. 372.
45) FBS IV 1.
46) FBB II 1.

3.2.3. Zeitpunkt der Kontaktaufnahme

3.2.3.1. Zeitpunkt der Kontaktaufnahme des Mandanten mit dem Solicitor

Der Ablauf des Verfahrens bis zur Verhandlung vor dem Gericht ist abhängig von der Schwere des Delikts: bei leichteren Delikten wird eine formlose Anzeige ("information") erstattet, die gewöhnlich in schriftlicher Form erfolgt.[47] Eine schriftliche Anzeige wird dem Magistrates' Court zugeschickt; es ist aber auch möglich, die Anzeige bei einem magistrates' clerk mündlich zu erstatten. Bei schwereren Delikten, wenn der Beschuldigte festgenommen worden ist, wird eine förmliche Anklageschrift ("charge") von der Polizei erstellt. Mit dem Verlesen dieser Anklageschrift ist die Belehrung über die Rechte des Beschuldigten verbunden.[48] Diese Anklageschrift wird dann an das Gericht weitergeleitet.
In beiden Fällen - es sei denn, der Beschuldigte würde in Haft gehalten - wird von dem Gericht eine Vorladung ("summons") an den Beschuldigten ausgestellt.[49]
Gegenüber dem deutschen Strafprozeß fehlt im englischen Strafverfahren insbesondere bei den schwereren Straftaten der markante Zeitpunkt der Anklageerhebung durch die Staatsanwaltschaft (bzw. Zusendung der Anklageschrift durch das Gericht gemäß § 201 StPO), da dort Anzeige und Anklage zusammenfallen.

Die Angaben der Solicitor zu den Zeitpunkten der Kontaktaufnahme[50] lassen sich dahin zusammenfassen, daß in etwa

10% der Fälle die Einschaltung vor der Anklage (charge) erfolgt, also zu einem sehr frühen Zeitpunkt; in etwa

47) BARNARD, a.a.O. 1979, 74; EMMINS, a.a.O. 1983, 6; HAMPTON, a.a.O. 1982, 71f.
48) EMMINS, a.a.O. 1983, 7.
49) BARNARD, a.a.O. 1979, 76f.; EMMINS, a.a.O. 1983, 6; HAMPTON, a.a.O. 1982 73f.
50) FBS II 2a) und b).

70% der Fälle erfolgt die Mandatierung nach der Anzeige bzw. Anklage (information/charge) und in etwa
20% der Fälle nach der Vorladung zum Gericht ("summon").

Im Vergleich zu den deutschen Anwälten erfolgt die Mandatierung somit in der Regel etwas früher; die Angaben zu dem Zeitpunkt "Vorladung zum Gericht" sind in etwa vergleichbar mit den Angaben der deutschen Anwälte zu dem Zeitpunkt "nach der Zulassung der Anklage".

3.2.3.2. Zeitpunkt der Kontaktaufnahme Solicitor - Barrister

Der Zeitpunkt hängt nach den übereinstimmenden Angaben der Solicitor und der Barrister[51] davon ab, ob ein committal proceeding stattfindet sowie von der Größe (dem Umfang) des Verfahrens.
Findet ein committal proceeding statt, so werden die Barrister gewöhnlich vor diesem Verfahren beauftragt.
Handelt es sich dagegen um ein Verfahren vor dem Crown Court, werden die Barrister innerhalb der Zeitspanne zwischen Anklage und Verhandlung umso eher beauftragt, je umfangreicher das Verfahren ist. Sieht der Solicitor also, daß es sich um ein sehr umfangreiches Verfahren handeln wird, so kontaktiert er sofort einen Barrister, während er in weniger umfangreichen Verfahren den Mandanten zunächst alleine betreut. In einigen Fällen kann so der Barrister sogar vor der Inhaftierung des Beschuldigten zu dem Verfahren hinzugezogen werden.
Die Beauftragung erst vor dem Berufungsverfahren wurde nur in einem Fall erwähnt; dies kann ein Hinweis darauf sein, daß der Wechsel des Barristers bzw. das Hinzuziehen eines weiteren Barristers ein Ausnahmefall ist. Dies würde auch mit den Erfahrungen in der Bundesrepublik übereinstimmen.
Weder Solicitor noch Barrister[52] sahen jedoch einen Zusammenhang mit der Schwere des Tatvorwurfs: der Zeitpunkt der Beauf-

51) FBS IV 2; FBB II 2.
52) FBB II 3.

tragung der Barrister durch die Solicitor ist damit nicht davon abhängig, ob dem Beschuldigten ein Raub oder ein Mord vorgeworfen wird.

3.2.3.3. Schichtabhängigkeit der Kontaktaufnahme

Die soziale Herkunft[53)] der Mandanten wurde von den Solicitor und den Barrister wie folgt eingeschätzt:
1 Solicitor und 2 Barrister gaben an, daß sie Mandanten aus allen Schichten haben;
3 Solicitor und 2 Barrister gaben an, daß ihre Mandanten vorwiegend aus der unteren Mittelschicht und der Unterschicht kämen;
2 Solicitor und 1 Barrister gaben an, daß ihre Mandanten der Oberschicht bzw. der oberen und mittleren Mittelschicht entstammen.
Bei den Barrister läßt sich diese Differenzierung primär durch die Schichtabhängigkeit der Delikte bzw. mit der Spezialisierung des Anwalts erklären, da die Beschuldigten nur über den Solicitor mit dem Barrister in Kontakt treten können und damit die Auswahl des Barrister zunächst eine Angelegenheit des Soliciter ist.
Bei den Solicitor ist die Differenzierung etwas schwieriger zu erklären, neben der auch für sie zutreffenden Spezialisierung und der durch die überwiegend in den gleichen Schichten erfolgende Weiterempfehlung von Mandant zu Mandant, dürfte vor allem das "soziale Umfeld" der Kanzlei von ausschlaggebender Bedeutung sein, also insbesondere der Stadtteil, in dem die Kanzlei liegt.

Überraschend war, daß Solicitor wie Barrister[54)] keinen Zusammenhang zwischen der Schicht und dem Zeitpunkt der Kontaktaufnahme sahen.

53) FBS III 4; FBB II 4; keine Angabe bei je einem Solicitor und Barrister.
54) FBS II 5; FBB II 5.

Ist dies bei den Barrister noch gut nachvollziehbar, da der Zeitpunkt nicht (oder nur indirekt) von dem Beschuldigten bestimmt wird, so war doch die Eindeutigkeit, mit der diese Aussage gemacht wurde, erstaunlich.
Der Grund hierfür wurde aber von den Solicitor überzeugend mit der Funktionsweise des "duty-solicitor scheme" und das Legal-Aid-System erklärt[55]: wird durch das erste ein rascher Kontakt des inhaftierten Beschuldigten mit einem Anwalt sichergestellt, gewährt das zweite eine kostengünstige bzw. kostenlose Rechtsberatung, was den Zugang zu dem Anwalt offensichtlich sehr erleichtert.

3.2.4. Ablehnung von Mandanten

Die Solicitor[56] verneinten übereinstimmend die Frage, ob sie Mandate ablehnen würden. Dies fand nur in einem Interview eine Einschränkung, indem dort angegeben wurde, daß politische bzw. terroristische Verfahren gegen bestimmte Beschuldigte abgelehnt würden, da auf Grund der eigenen politischen bzw. religiösen Einstellung eine Verteidigung dieses Personenkreises nicht möglich sei.
Den Solicitor wird dies erleichtert dadurch, daß sie bei mandatierter oder fachlicher Überforderung jederzeit einen Barrister beauftragen können.
Ebenso verneinten generell die Barrister[57] die Ablehnung von Mandaten, wofür als Begründung die Standesregeln angeführt wurden, die auf Grund ihrer Strenge eine Ablehnung nicht zuließen. Ausnahmen gab es hier jedoch für Mandate, die örtlich zu weit entfernt waren. Eine (zulässige) Möglichkeit der Ablehnung ist ferner die Überlastung des Barrister ("not available"); in Ausnahmefällen wird mit dieser Begründung auch ein unbeliebter Mandant abgelehnt.

---

55) Vgl. zu beidem ausführlich ZANDER, a.a.O. 1984, 470ff.
56) FBS II 9.
57) FBB II 9.

Den Barrister wird dies erleichtert dadurch, daß der Clerk bei der Annahme der Mandate auf die Möglichkeiten des einzelnen Anwalts und der Kanzlei achten und für eine entsprechende Verteilung sorgen kann.

3.3. Die Durchführung des Mandats

3.3.1. Zusammenarbeit mit Kollegen

Solicitor[58] arbeiten praktisch nie mit einem weiteren Solicitor für einen Mandanten. Für sie ist der Jurist, mit dem sie ggf. einen Fall zusammen bearbeiten, der Barrister, und zwar auch in den Fällen, in denen dies nicht auf Grund des Gesetzes ohnehin notwendig ist.
Anders ist es dagegen bei den Barrister[59]: hier haben alle befragten Anwälte angegeben, daß sie vor allem in schwierigeren Verfahren mit einem oder mehreren weiteren Barrister zusammenarbeiten. Diese Kollegen sind zum einen die "junior", also die jungen Anwälte, die zu der Kanzlei gehören, zum anderen aber die Queen's Counsels, dies sind Anwälte, die hierzu auf Grund ihrer besonderen Erfahrung ernannt werden[60] und vorwiegend als Gutachter tätig sind. In schwierigen Fällen ist damit ein regelrechtes "Barrister-Team" tätig.

3.3.2. Vertretung mehrerer Mandanten in einem Fall

Entgegen der deutschen Regelung in § 146 StPO kennt das englische Recht keine gesetzliche Beschränkung der Verteidigung mehrerer einer Tat Beschuldigter in einem Verfahren.

58) FBS II 10a) und b).
59) FBB II 10.
60) Vgl. ZANDER, a.a.O. 1984, 570f.

Die Solicitor[61] gaben einen durchschnittlichen Anteil von 10-15% ihrer Verfahren an, in denen sie mehrere Mandanten gleichzeitig vertreten würden.
Aber auch sie kennen Fälle, in denen es zu Konflikten bei der Verteidigung mehrerer Beschuldigter kommen kann. Diese Konflikte werden von der Mehrzahl der Solicitor dadurch gelöst, daß sie einen Mandanten behalten, während das oder die Mandat(e) des (der) anderen Beschuldigten abgegeben werden.
Mit der deutschen Regelung eher vergleichbar ist dagegen die (standesrechtlich geprägte) Übung der Barrister[62]: hier gilt die Maxime "one barrister - one client", es ist also üblich - wenn auch nicht gesetzlich verpflichtend -, daß ein Barrister nur einen Beschuldigten vertritt.
Es kommt aber auch vor, daß Barrister mehrere Beschuldigte in einem Verfahren vertreten, die Anzahl dieser Verfahren liegt bei ca. 5%, sie sind also eher selten.
Die Lösung evtl. auftretender Probleme wird wie bei den Solicitor gelöst, d.h. es wird ein Mandant behalten, die anderen werden an andere Barrister abgegeben.
Die Handhabung der "Mehrfachverteidigung" ist somit gut mit dem deutschen Verfahren vor der Verschärfung des § 146 StPO durch das ErgG 1. StVRG zu vergleichen und mit den Vorstellungen, die die deutschen Anwälte für den Fall einer Rückführung des § 146 StPO auf den Stand vor der genannten Gesetzesreform entwickelt hatten.

3.3.3. Verhältnis zu den Mandanten

Das Verhältnis der Solicitor[63] zu den Mandanten wurde überwiegend mit dem Schlagwort "professional" beschrieben; danach besteht nur eine geschäftsmäßige Beziehung zu den Mandanten; nur in wenigen Fällen käme es - je nach Mandant - auch zu einem freundschaftlichen Verhältnis. Diese Angaben wird man gut mit

61) FBS II 11.
62) FBB II 11a)-c).
63) FBS II 12a).

dem in Deutschland am häufigsten genannten "distanzierten Vertrauensverhältnis" vergleichen können.
Einen etwas anderen Akzent setzten die Barrister[64], bei denen das charakterisierende Schlagwort "distance" lautete: es war hier der Eindruck zu gewinnen, als ob von den Barrister deutlicher als bei den Solicitor Wert auf ein Distanz-Halten gelegt wurde. Es wurde hier wiederholt deutlich gemacht, daß persönliche Freundschaften ein Fehler seien; so würde z.B. vermieden, den zu Vertretenden mit dem Vornamen anzureden. Dennoch gab es auch hier Differenzierungen, aus denen sich entnehmen ließ, daß es - abhängig von der Persönlichkeit des Barrister - auch einen ganz anderen Zugang zu den Mandanten gibt: es wird versucht, den Kontakt zu dem Mandanten so eng wie möglich zu gestalten.
Ferner wurde in den Gesprächen deutlich, daß sich insbesondere bei sehr lange dauernden Verfahren auch über das Professionelle hinausgehende freundschaftlichere Beziehungen zu den Mandanten aufbauen lassen.

Spannungen[65] in den Beziehungen zwischen dem Anwalt und dem Mandanten wurden häufiger von den Solicitor als von den Barrister angegeben.
Dies ist verständlich, da es der Mandant zunächst und überwiegend mit dem Solicitor zu tun hat, da der Barrister erst über den Solicitor mit dem Mandanten in Verbindung gebracht wird. Dem Solicitor kommt insofern auch die Rolle des Mediators zu. Nach Angaben der Solicitor kommt es vorwiegend während der U-Haft des Mandanten zu Spannungen. Dies stimmt auch mit den Angaben der deutschen Anwälte überein.

---

64) FBB II 13a) und c).
65) FBS II 12b); EBB II 13b).

3.3.4. Häufigkeit und Anlaß der Kontakte zwischen Solicitor und Mandant

3.3.4.1. Häufigkeit

Exakte Zahlen für die Häufigkeit der Kontakte zwischen Solicitor und Mandant[66] konnten in keinem Interview gewonnen werden. Die Antworten lauteten: "so häufig wie nötig", "häufig", "regelmäßiger Kontakt" etc.
Daraus läßt sich erkennen, daß die Häufigkeit der Kontakte von dem Mandanten und dem Fall abhängen, und daß es generell nicht bei einem Kontakt verbleibt, sondern daß im Laufe des Verfahrens immer wieder mit dem Mandanten gesprochen wird. Besondere Stadien ließen sich nicht erkennen.

3.3.4.2. Anlaß

Anlaß für die Kontakte zwischen Solicitor und Mandant sind v.a. das Erstellen von schriftlichen Einlassungen an die Polizei und die Vorbereitung der mündlichen Einlassung vor Gericht. Wie die deutschen Anwälte vermitteln auch die Solicitor dem Mandanten bei letzteren nur einen "roten Faden".
Darüber hinaus werden ebenfalls Ratschläge für das Aussehen und Verhalten vor Gericht gegeben, insbesondere bei Jugendlichen.

3.3.5. Häufigkeit und Anlaß der Kontakte zwischen Barrister und Beschuldigten

3.3.5.1. Häufigkeit

Für die Häufigkeit der Kontakte des Barrister mit dem Beschuldigten[67] ließen sich etwas konkretere Daten gewinnen. Danach kann gesagt werden, daß in der Phase der Ermittlungen nur selten Zusammenkünfte stattfinden, also in dem Stadium, in dem

66) FBS II 13a)-b).
67) FBB II 12a)-c).

der Solicitor Beweise zu sammeln hat. Eine oder - in schwierigen Fällen auch mehrere - Konferenz(en) finde(t)(n) dann kurz vor dem committal proceeding und möglichst bald nach dem committal proceeding statt, danach dann wieder nur je nach Lage des Falles und nochmals kurz vor der Hauptverhandlung. Diese Zusammenkünfte finden (in dieser Häufigkeit) nur in besonders schwierigen Verfahren statt. In leichteren Verfahren sieht der Barrister den Beschuldigten erstmals am Tag der Verhandlung.
Bezeichnend war in den Interviews, daß für die Zusammenkünfte stets der Begriff "conferences" gebraucht wurde; es kommt damit zum Ausdruck, daß bei diesen Terminen sowohl der Barrister und der Beschuldigte, als auch der Solicitor anwesend sind. Es gibt also keine Zusammenkunft des Barrister und des Beschuldigten, bei der der Solicitor nicht zugegen ist.

3.3.5.2. Anlaß

Anlaß[68)] für die Konferenzen sind - wie bei den Solicitor - die Vorbereitung von schriftlichen Einlassungen sowie die Bewertung des Beweismaterials und die Vorbereitung der Einlassung des Mandanten bei Gericht.

3.4. Die Kündigung des Mandats

Nach den Angaben der Solicitor[69)] werden die Mandate nur selten gekündigt: die Angaben schwankten zwischen 1% und 10%, so daß - mit der Situation in Deutschland vergleichbar - etwa 3-5% der Mandate aufgelöst werden.
Die Gründe für die Kündigungen sind ebenfalls vergleichbar; es wurden genannt: Unzufriedenheit mit dem Rat des Anwalts, Wechseln des Anwalts und Spannungen insbesondere während der Inhaftierung des Mandanten.

---

68) FBB II 12d).
69) FBS II 14, 15, 16.

Ganz anders stellt sich die Situation bei den Barrister dar: Bei ihnen kommen Mandatskündigungen so gut wie nicht vor. Die Antworten waren hier: niemals, einmal in sieben Jahren, einer von tausend Fällen.
Dies hängt zum einen damit zusammen, daß es die Solicitor sind, die den Barrister beauftragen. Dies geschieht - wie gezeigt - nach einer sorgfältigen Auswahl, so daß das Entstehen von Kündigungsgründen unwahrscheinlich ist.
Darüber hinaus wird sich in den meisten Fällen das Verhältnis zwischen dem Solicitor und dem Mandanten bis zur Beauftragung des Barrister gefestigt haben, so daß sich hieraus schon eine gute Basis für die Beziehung zum Barrister gebildet hat.

3.5. Der Solicitor und das Ermittlungsverfahren

3.5.1. Probleme bei der Kontaktaufnahme

3.5.1.1. Mandant - Solicitor

Nach der Einschätzung der Solicitor[70)] kann es während der polizeilichen Vernehmung zu Schwierigkeiten bei der Kontaktaufnahme des (künftigen) Mandanten mit dem Solicitor kommen, wenn es sich um einen sehr schweren Fall handelt. Dies sei aber auch von der Persönlichkeit des vernehmenden Beamten abhängig.
Darüber hinaus konnten aber die Solicitor keine weiteren Probleme benennen.

3.5.1.2. Solicitor - Mandant

Schwieriger scheint es demgegenüber zu sein, wenn der Solicitor den Mandanten vor oder während der polizeilichen Vernehmung sprechen will.[71)] Hier wurde in allen Interviews angege-

70) FBS III 1, 2.
71) FBS III 2.

ben, daß es zu Problemen gekommen sei, da die Polizei das Recht habe, solche Kontakte zu unterbinden.

3.5.1.3. Neue Gesetzgebung

Durch das Police and Criminal Evidence Act 1984 sollte das Zugangsrecht der Anwälte zu den Mandanten verbessert werden. Danach kann ein Beschuldigter ohne vorherigen (gewünschten) Kontakt zu seinem Anwalt nur noch in engen Grenzen vernommen werden.[72)]
Bei den Solicitor herrschte jedoch durchweg Skepsis darüber, daß durch das neue Gesetz eine wesentliche Verbesserung eintreten wird. Man war der Ansicht, daß es trotz des neuen Gesetzes den Behörden gelingt, derartige Kontakte zumindest hinauszuschieben.
Dennoch ist diese gesetzliche Festlegung des Zugangsrechts gegenüber dem deutschen Verfahrensrecht besser, da hier eine Regelung noch aussteht.
In dem Code of Practice for the Detention, Treatment and Questioning of Persons by the Police heißt es:

"...
6.3. A person who asks for legal advice may not be interviewed or continue to be interviewed until he has received it unless:
(a) Annex B applies (betrifft Gegenüberstellung mit Zeugen); or
(b) an officer of the rank of superintendent or above has reasonable grounds to believe that (i) delay will involve an immediate risk of harm to persons or serious loss of or damage to property; or that (ii) awaiting the arrival of a solicitor would cause unreasonable delay to the processes of investigation; or (iii) the person has given his agreement in writing or on tape that the interview may be commenced at once ...
...
6.5. Where a person has been permitted to consult a solicitor and the solicitor is available at the time the interview begins or is in progress, he must be allowed to have his solicitor present while he is interviewed.

72) Vgl. ZANDER, a.a.O. 1985, 268f.

6.6. The solicitor may only be required to leave the interview if his conduct is such that the investigating officer is unable properly to put questions to the suspect."

3.5.1.4. Anwesenheit bei Vernehmungen

Trotz der genannten Schwierigkeiten sind die Solicitor[73] besonders bei komplizierteren Verfahren bei den polizeilichen Vernehmungen des Mandanten anwesend.
Auf Grund des erleichterten Zugangs zu den Anwälten und des - nun auch gesetzlich fixierten - Anwesenheitsrechts ist es in England offensichtlich leichter, schon bei der wichtigen polizeilichen Vernehmung anwaltlich vertreten zu sein.

3.5.2. Beratung des Mandanten (Aussage vor der Polizei)

Unterschiedliche Vorstellungen gibt es bei den Solicitor[74] darüber, wie der Mandant hinsichtlich seiner Aussage vor der Polizei beraten werden soll. Während 2 Solicitor angaben, sie würden gewöhnlich dem Mandanten raten, bei der polizeilichen Vernehmung keine Angaben zu machen, differenzierten die übrigen Solicitor bei der Beratung je nach den Umständen des Falles, aber auch nach der Persönlichkeit des Vernehmungsbeamten.
Die Bedeutung der polizeilichen Vernehmung für das weitere Verfahren wird demnach in beiden Ländern gleich eingeschätzt; auch bei den anwaltlichen Strategien zeigten sich keine tiefgreifenden Unterschiede.

3.5.3. Kontakte zu Polizeibeamten

Der Kontakt der Solicitor[75] zu den ermittelnden Polizeibeamten ist generell gering. Er ergibt sich nur bei evtl. notwendigen Nachfragen zum Tatvorwurf und bei Einlassungen des Man-

73) FBS III 4, 5.
74) FBS III 6.
75) FBS III 7.

danten; Details des Verfahrens werden jedoch gewöhnlich nicht mit den Polizisten erörtert. Letzteres geschieht erst zu einem späteren Stadium des Verfahrens und nur mit den in schwierigen Fällen von der Polizei mit der Anklagevertretung beauftragten Solicitor. Anlaß für diese Kontakte ist auch die Offenlegung des Beweismaterials, zu der die Polizei verpflichtet ist, spätestens dann, wenn sie um eine Abschrift z.B. der Zeugenaussagen gebeten wird.[76)]

3.5.4. Entlastungszeugen

Auf Grund des Strafverfahrensrechts in England sind die Befragungen bzw. das Benennen von Zeugen bei Gericht[77)] durch die Solicitor generell häufiger, jedoch abhängig von dem Tatvorwurf. So werden in Wirtschaftsstrafverfahren in der Regel weniger Zeugen vernommen und benannt als in anderen Bereichen der Kriminalität, insbesondere der Schwerkriminalität.
Mit Ausnahme der Verfahren gegen Jugendliche werden derzeit auch kaum Zeugen zu Strafzumessungstatsachen vernommen. Es gilt hier die Regel: mehr als drei Zeugen zum Charakter des Beschuldigten sind zu viel. So weit möglich, werden Angaben zu diesem Bereich in schriftlicher Form in das Verfahren eingebracht (schriftliche Stellungnahmen von Zeugen, Zeugnisse, ärztl. Berichte etc.).
Bei Jugendliche kommt es dagegen häufiger vor, daß der Arbeitgeber, der Arzt oder der Priester als Zeugen gehört werden.

3.5.5. Sachverständige

Die Erfahrung der Solicitor[78)] mit Gutachtern ist sehr stark abhängig von der Spezialisierung der Solicitor: 2 der befragten der Anwälte gaben an, noch nie Gutachter beauftragt zu haben,

---

76) Vgl. ZANDER, a.a.O. 1984, 223f.
77) FBS III 8.
78) FBS III 9, FBB III 5a) und b).

während 2 Solicitor angaben, sie hätten sehr große Erfahrungen in der Auswahl und in dem Umgang mit Sachverständigen. Auch bei ihnen hing das Einschalten der Gutachter von den Umständen des Einzelfalles ab. Es wurde geschildert, daß man über eine Liste mit Sachverständigen verfügt, mit denen regelmäßig zusammengearbeitet wird. Werden Sachverständige für besonders schwierige Fragen gesucht, so wenden sich die Solicitor auch an bestimmte Institutionen, um entsprechende Experten benannt zu bekommen.
Die Auswahl der Sachverständigen wird auch mit den Barrister in den Konferenzen diskutiert. Die Beauftragung der Sachverständigen ist aber Sache der Solicitor, die gewöhnlich auch den Gutachter vorschlagen.
Hauptsächlich werden Psychiater, Schriftgutachter und Fingerabdruckexperten benötigt.
Eine Zusammenarbeit mit dem Anklagevertreter gibt es jedoch bei der Auswahl der Gutachter nicht, da dies systemfremd wäre; dies ist Ausfluß der im englischen Strafverfahren geltenden Verhandlungsmaxime.

3.5.6. Privatdetektive

Alle befragten Solicitor[79] hatten bereits mit Privatdetektiven zusammengearbeitet, gaben aber übereinstimmend an, daß dies nur in einer sehr geringen Anzahl von Fällen vorgekommen sei; das Einschalten eines Privatdetektivs erweist sich damit wie in Deutschland als Ausnahmefall.
Ebenfalls übereinstimmend mit den Erfahrungen in der Bundesrepublik wurde der Erfolg von Privatdetektiven zurückhaltend eingeschätzt: Erfolg und Mißerfolg hielten sich etwa die Waage.

---

79) FBS III 11.

3.5.7. Effizienzeinschätzung

Die Effizienz der eigenen Tätigkeit im Ermittlungsverfahren[80] wurde von den Solicitor durchweg als hoch eingeschätzt: teils wurde ausdrücklich von einer hohen Effizienz gesprochen, teils drückten sich die Solicitor aber etwas vorsichtiger aus und sagten, sie hofften, daß sie effizient seien. Aus beidem kann man jedoch entnehmen, daß die Solicitor der Ansicht sind, in diesem Stadium durchaus etwas für den Mandanten erreichen zu können.
Hinsichtlich des Schwerpunktes ihrer Tätigkeit (Ermittlungsverfahren oder Verhandlung) ergab sich jedoch ein Patt: die eine Hälfte der Solicitor sahen den Schwerpunkt im Ermittlungsverfahren, die andere in der Verhandlung.
Auch hier ergibt sich also in der Tendenz eine Übereinstimmung mit den deutschen Anwälten. Dies kann als Hinweis darauf gedeutet werden, daß für den Schwerpunkt der anwaltlichen Tätigkeit in dem einen oder anderen Verfahrensstadium weniger die Ausgestaltung der Verfahrensordnung verantwortlich ist als vielmehr die Delikte, deren die Mandanten beschuldigt werden, und vor allem der persönliche Stil und die Strategien der Anwälte.

3.6. Das Verhältnis zwischen Solicitor und Barrister

Das Verhältnis zwischen Solicitor und Barrister wurde von den Solicitor etwas positiver geschildert als von den Barrister. Die Solicitor[81] gaben an, sie würden die Barrister, mit denen sie ein gutes Team bilden könnten, immer wieder mit einem Fall beauftragen. So käme es über die Jahre hin immer wieder zu einer Zusammenarbeit mit denselben Barrister, woraus sich ein enges und freundschaftliches Verhältnis entwickeln würde.

---

80) FBS III 12-14.
81) FBS IV 4-6.

Die Barrister[82] äußerten sich etwas distanzierter: auf Grund der mitunter täglichen Zusammenarbeit hätten sie ein enges Verhältnis zu den Solicitor, das auf professioneller Ebene liege, zum Teil könne es aber auch eng und freundschaftlich sein. Typische Spannungen in dem Verhältnis zwischen Solicitor und Barrister konnten weder die Solicitor noch die Barrister angeben.
Die Arbeitsteilung zwischen Solicitor und Barrister[83] wird für das Strafrecht von den Solicitor im großen und ganzen bejaht. Sie waren der Ansicht, daß dieses System sehr gut funktioniere und auch in der Zukunft keinen größeren Änderungen unterworfen werden würde.
Die Arbeit der Solicitor wird von den Barrister[84] als erfolgreich bis sehr erfolgreich bezeichnet. Von den Aktivitäten des Solicitor hänge sehr viel für den Fall ab; es komme sehr darauf an, daß der Solicitor über eine ausgeprägte Sensibilität gegenüber den Problemen des Falles verfüge.
Es kommt aber auch immer wieder vor, daß sich ein Solicitor nicht genügend engagiere und der Barrister immer wieder Hinweise darauf geben müsse, was von dem Solicitor noch zu tun sei.

3.7. Der Solicitor und die Hauptverhandlung vor den Magistrates' Courts

3.7.1. Vorbereitung des Mandanten (plea guilty or not guilty)

Die Verhandlung sowohl vor dem Crown Court als auch vor den Magistrates' Courts beginnt mit der Vorlesung der Anklage bzw. Anzeige und der Frage an den Beschuldigten, die nach jedem Anklagepunkt neu zu stellen ist, ob er sich "schuldig" oder "nicht-schuldig" bekennt[85]. Je nach der Antwort des Angeklagten kann der weitere Verlauf der Hauptverhandlung differieren.

---

82) FBB III 3.
83) FBS IV 6.
84) FBB III 4.
85) Vgl. EMMINS, a.a.O. 1983, 63, 149.

Ein wichtiger Punkt der Vorbereitung des Mandanten auf die Hauptverhandlung ist die Beratung zu dieser Frage. Nach der Einschätzung der Solicitor[86)] kann der Rat, sich "nicht-schuldig" zu bekennen, dann nicht mehr gegeben werden, wenn die Beweise eindeutig gegen den Mandanten sprechen.
Bei nicht eindeutiger Beweislage, also wenn eine "statistische Chance" für einen Freispruch besteht, wird der Rat gegeben, sich "nicht-schuldig" zu bekennen. In diesem Fall ist der Solicitor auch verstärkt auf die Angaben des Mandanten angewiesen, worauf sich die Solicitor auch überwiegend verlassen. Dennoch sind sie sich bewußt, daß ihnen von den Mandanten auch häufig nicht die (volle) Wahrheit gesagt wird. Gäbe der Mandant jedoch an, die Tat nicht begangen zu haben, so würde ihm bei dieser Beweislage geraten, sich "nicht-schuldig" zu bekennen.

3.7.2. Vorbereitung des Solicitor

Die eigene Vorbereitung der Solicitor[87)] besteht im wesentlichen in dem Aktenstudium, also dem Lesen der bislang zu den Akten gekommenen Schriftstücke, insbesondere der Zeugenaussagen. Ein weiterer wichtiger Punkt ist die Klärung juristischer Fragen. Hinsichtlich der Strafzumessungsgründe werden ggf. auch Stichwortnotizen gemacht.
Die Solicitor räumten aber auch ein, daß es sich bei den von ihnen vor den Magistrates' Courts vertretenen Fällen häufig um Routine-Fälle handelt, die keiner intensiven Vorbereitung bedürfen.

3.7.3. Wirksamstes Recht der Solicitor

Einhellig waren die Solicitor[88)] der Ansicht, daß ihr wirksamstes Recht in der Hauptverhandlung das Kreuzverhör sei.

86) FBS V 3.
87) FBS V 4.
88) FBS V 7.

3.7.4. Strategien der Solicitor

Wie in Deutschland konnten auch in England keine Angaben[89] zu typischen Strategien in der Hauptverhandlung gemacht werden. 2 Solicitor gaben jedoch an, daß sie es als einen wichtigen Punkt ihrer Strategie ansahen, daß sie von dem Mandanten die volle Wahrheit gesagt bekommen. Sie wollten - wie auch teilweise deutsche Anwälte - nur vor dem Hintergrund der vollen Kenntnis der Umstände verteidigen.

3.7.5. Informelle Kontakte zu Richtern

Einhellig verneinten die Solicitor die Frage[90] nach informellen Kontakten zu Richtern. Nur in einem Interview wurde angegeben, daß solche Kontakte sehr selten seien und dann, wenn sie doch einmal eintreten sollten, stets auch nur im Beisein des Vertreters der Anklage erfolgten.
Dies legt den Schluß nahe, daß auf der Ebene der Magistrates' Courts nur selten informelle Kontakte und Verhandlungen über Tatvorwurf und Strafmaß stattfinden.

3.7.6. Atmosphäre der Gerichtsverhandlung

Die außerordentlich schnellen Verfahren vor den Magistrates' Courts legten den Solicitor die Antwort nahe[91], daß die Atmosphäre der Gerichtsverhandlungen konzentriert und nüchtern sei. Nur bei politischen Verfahren und bei schwierigen sozialen Fragen wird die Atmosphäre durch zu Tage tretende Emotionen verändert.
Zu Spannungen käme es daher nur in Ausnahmefällen.

89) FBS V 8.
90) FBS III 9.
91) FBS V 10, 11.

3.7.7. Kontakte zu Sozialarbeitern

Zur Vorbereitung der Erörterung der Strafzumessung könnte es notwendig sein, mit Sozialarbeitern verschiedener Institutionen Kontakt aufzunehmen. Diese Möglichkeit wird von den Solicitor[92] primär hinsichtlich der Bewährungshelfer wahrgenommen. Hat der Mandant einen Bewährungshelfer, so nimmt der Solicitor mit diesem Kontakt auf, jedoch nur, wenn es nach Ansicht des Solicitor für den Fall notwendig ist, was insbesondere von der Schwere des Falles abhängt.

3.8. Die Barrister und die Hauptverhandlungen vor dem Crown Court

3.8.1. Vorbereitung der Barrister

Im Gegensatz zu den Solicitor ist die Vorbereitung der Barrister[93] auf die Hauptverhandlung sehr umfangreich. Neben dem Aktenstudium stehen die Ausarbeitung der juristischen Schwierigkeiten des Verfahrens, die gezielte Vorbereitung auf die Kreuzverhöre sowie die Vorbereitung der Eröffnungs- bzw. der Schlußrede. Zu letzteren wird - je nach persönlichem Stil - auch ein Stichwortzettel angelegt.
Für die Urkunden und die Zeugenvernehmungen wird in umfangreichen Verfahren ein Index in logischer Abfolge erstellt.
Schon diese kurzen Angaben der Barrister zeigen, wie umfangreich und gründlich die Verhandlungen vor dem Crown Court vorbereitet werden.

---

92) FBS V 15.
93) FBB V 1.

3.8.2. Offenlegungspflicht des anklagenden Anwalts

Die sachgerechte Verteidigung des Beschuldigten erfordert es, daß ihm rechtzeitig das belastende Material vorgelegt wird, damit er darauf reagieren kann. Es besteht daher für den Anklagevertreter die Pflicht, seine Beweise offenzulegen.[94]
Drei Viertel der befragten Barrister[95] waren der Ansicht, daß sie in 99% der Fälle früh genug informiert werden, daß es also praktisch kaum Fälle gäbe, in denen dieser Pflicht in nicht genügender Weise nachgekommen wird.
In zwei Interviews wurden kritische Fälle etwas deutlicher angesprochen: es hieß, daß es bestimmte Fälle gäbe, in denen die Offenlegung regelmäßig nicht rechtzeitig erfolge (wohl in politischen Verfahren), und daß es Fälle gäbe, in denen die Offenlegung nicht vollständig erfolge.
Der letztere Fall bezog sich darauf, daß u.U. nicht die Adressen von Zeugen mitgeteilt werden, da eine Beeinflussung oder Gefährdung durch den Angeklagten vermieden werden soll.
Für diesen Fall wurde von den Barrister Verständnis gezeigt, wie überhaupt an dieser Stelle von mehreren Barrister darauf hingewiesen wurde, daß sie auf Grund des Strafverfahrensrechts in dem einen Fall als Verteidiger, in einem anderen Fall aber als Ankläger auftreten könnten. Dies brächte es mit sich, daß sie die Notwendigkeiten und Bedürfnisse beider Seiten - der Verteidigung und der Strafverfolgungsbehörden - kennen und auf Grund dieser Kenntnis auch gut gegeneinander abwägen könnten. Ferner müsse man auch schon den nächsten Fall im Auge haben, in dem sich die Rollen zwischen den beiden im Verfahren befindlichen Barrister vertauschen könnten: der jetzige Ankläger wird Verteidiger, der jetzige Verteidiger wird der Ankläger. Beides führe zu einem ausgewogenen und sachgerechten Umgang mit der Offenbarungspflicht, wie überhaupt zu einem fairen Verfahren,

94) ZANDER, a.a.O. 1984, 223f.
95) FBB V 4.

zu einer fairen Berücksichtigung der einander widersprechenden Interessen.

3.8.3. Verhältnis der Barrister untereinander

Entsprechend den eben wiedergegebenen Angaben der Barrister schilderten sie übereinstimmend, daß das Verhältnis der Barrister untereinander[96] sehr gut und freundschaftlich sei: man kenne sich, man habe u.U. zusammen studiert, man sei Mitglied der gleichen Zunft und begegne sich von daher mit einem gewissen Vertrauen. In einem Interview hieß es:

"Members of the bar talk to another with a degree of trust".

Dies hindere sie aber nicht, vor Gericht wie Katze und Hund miteinander umzugehen:

"Cats and dogs in court - outside friends"

3.8.4. Kontrolle der Geschworenenliste

Die Verteidigung hat das Recht, vor der Verhandlung die Liste mit den Geschworenen einzusehen[97], um ggf. die Geschworenen ablehnen zu können.
Von dieser Überprüfungsmöglichkeit wird jedoch - so die übereinstimmende Angabe der Barrister[98] - in der Regel kein Gebrauch gemacht.

96) FBB IV 6.
97) EMMINS, a.a.O. 1983, 83; vgl. auch ZANDER, a.a.O. 1984, 368ff.
98) FBB IV 1.

3.8.5. Nachforschungen über die Geschworenen

Nachforschungen über die Geschworenen[99], über ihre Einstellung zu dem Verfahren und gegenüber dem Angeklagten, finden in der Regel nicht statt. Ausnahmen gibt es hier nur in "politischen" Verfahren.
In der Praxis wird vor Verhandlungsbeginn die Geschworenenliste mit dem Beschuldigten daraufhin überprüft, ob er einen der Geschworenen kennt, was gewöhnlich zu einer Ablehnung dieses Schöffen führt.
Auch von der Möglichkeit der "peremptory challenge", der ohne Begründung möglichen Ablehnung von maximal drei Schöffen, wird nur zurückhaltend Gebrauch gemacht; es gibt aber hier deutliche Unterschiede zwischen den einzelnen Barrister:
1 Barrister gab an, dies in fast jedem Fall zu tun, 1 Barrister gab an, in etwa 20% seiner Fälle Geschworene abzulehnen, die übrigen Barrister gaben an, von der Ablehnungsmöglichkeit nur selten oder nie Gebrauch zu machen bzw. nur dann, wenn es ihnen zwingend notwendig erscheint.
Die Notwendigkeit der Ablehnung von mehr als drei Geschworenen, die dann mit Begründung erfolgen müßte, scheint nie gegeben zu sein.
Die Ablehnung von Geschworenen hat keine nachhaltigen Auswirkungen auf die Atmosphäre während der Verhandlung: zwar wird die Möglichkeit eines Einflusses nicht ausgeschlossen, zumeist jedoch sei die Ablehnung "nach 2 Minuten vergessen".

3.8.6. Bedeutung der Geschworenen für das Verfahren

Die Barrister sehen die Probleme[100], die sich für die Geschworenen bei sehr komplizierten Rechtsfragen und schwierigen, unübersichtlichen Sachverhalten ergeben können, und sie bemühen sich daher, die Kernpunkte des Verfahrens so klar wie möglich

---
99) FBB IV 2, 3, 4.
100) FBB IV 7-9.

herauszustellen. Den Möglichkeiten dabei seien allerdings Grenzen gesetzt.
Die Barrister sind jedoch der Ansicht, daß die Geschworenen meist sehr genau erspüren, worum es in dem Verfahren geht und ob es sich um einen "ehrenhaften Mann" handelt oder nicht.
Überlegungen, die Jury mit sog. qualifizierten Geschworenen zu besetzen, stehen die Barrister skeptisch gegenüber. Unter qualifizierten Geschworenen werden z.B. solche Geschworene verstanden, die berufsmäßig mit Wirtschafts- und Steuerfragen zu tun haben, und die dann gemäß dieser Qualifikation in entsprechenden Strafverfahren (hier: Wirtschafts- und Steuerstrafverfahren, Betrug etc.) eingesetzt werden. Ein Argument gegen diese qualifizierten Geschworenen war, daß es kaum möglich sein wird (aus finanziellen Gründen), Geschworene aus diesem Berufsfeld für die gerichtliche Tätigkeit zu gewinnen. Ferner waren die Anwälte - wie erwähnt - der Ansicht, daß die "Laien-Geschworenen" sehr gut erkennen können, worum es sich handelt.
Eine Änderung in diesem Bereich wurde daher nicht erwartet.

3.8.7. Informelle Gespräche unter Barrister

Zwischen dem anklagenden und dem verteidigenden Barrister gibt es informelle Gespräche[101)], oder, um es mit den Worten eines Interviewpartners auszudrücken: es ist nicht realistisch zu behaupten, daß es keine informellen Gespräche zwischen den Barrister gäbe.
Zwei der befragten Barrister gaben sogar an, daß es in allen ihren Verfahren zu solchen Gesprächen käme, während in den anderen Interviews die Häufigkeit solcher Kontakte auf umfangreiche Verfahren und auf die Fälle, in denen ein solcher Kontakt notwendig erscheint, beschränkt wurde.
Gegenstand bzw. Ziel dieser Gespräche sind vorwiegend eine Übereinkunft hinsichtlich (der Zahl) der Zeugen und die Gewich-

101) FBB IV 5.

tung der Beweise; nicht Gegenstand solcher Gespräche sind die Sachverständigen.
Übereinstimmend gaben die Barrister an, daß nicht ein plea-bargaining der Sinn bzw. das Ziel das Kontakte sei, sondern eine Vereinfachung und Beschleunigung des Verfahrens.

3.8.8. Informelle Gespräche mit Richtern

Die Existenz informeller Gespräche[102] zwischen den Barrister und den Richtern wird - wie in Deutschland - nicht bestritten. Über die Häufigkeit solcher Kontakte besteht aber in England ebensowenig Klarheit wie in der Bundesrepublik: Die Angaben zu der Häufigkeit solcher Gespräche schwankten stark: sie gingen von "selten" (4 Barrister) über "10% der Verfahren" (1 Barrister) bis zu "30-35% der Verfahren" (1 Barrister). Durchschnittlich ergäbe sich so ein Anteil von 10% der Verfahren, in denen informelle Kontakte mit den Richtern stattfinden.
Ziel bzw. Gegenstand solcher Gespräche sind: private Angelegenheiten des Beschuldigten, persönliche Probleme des Beschuldigten, Probleme des Verfahrens, Zeitablauf des Verfahrens und der Abbau eines frostigen Verhandlungsklimas. Kommen solche Gespräche zustande, werden sie als sehr bedeutend und hilfreich für das Verfahren angesehen.
Allerdings betonten die Barrister auch hier, daß die Gespräche nicht dem "plea-bargaining" dienten.
Daraus kann jedoch nicht geschlossen werden, daß es in England keine Verfahren mit "plea-bargaining" gibt, denn die Gerichte hatten bereits wiederholt mit solchen (mißlungenen) Vergleichen zu tun[103].

---

102) FBB IV 8.
103) Vgl. ZANDER, a.a.O. 1984, 240ff.

3.8.9. Atmosphäre der Hauptverhandlung

Das Verhandlungsklima wird von den Barrister[104] für die Verhandlungen vor dem Crown Court generell als sehr gut bezeichnet. Eine Ausnahme besteht jedoch für die "politischen" Verfahren: hier habe man als Verteidiger das Gefühl, daß jeder gegen den Anwalt eingestellt sei.
Ferner wurde in den Interviews hervorgehoben, daß die Bedeutung des Richters für die Atmosphäre der Verhandlung nicht hoch genug eingeschätzt werden könne.

3.8.10. Wichtigstes Recht der Barrister

Die Barrister haben - im Gegensatz zu den Solicitor - zwei Rechte als besonders wichtig für die Verteidigung hervorgehoben[105]: zum einen das Kreuzverhör, zum anderen aber auch die "closing speach", also das Plädoyer zum Abschluß des Verfahrens.
Die Beurteilung der effizientesten Mittel der Verteidigung ist damit in England einheitlicher als die durch die deutschen Anwälte.

3.8.11. Strategien in der Hauptverhandlung

Die Benennung typischer Strategien für die Hauptverhandlung[106] war in England ebensowenig zu erhalten wie von den Anwälten in der Bundesrepublik.
In einem Interview wurde die Ausnutzung informeller Kontakte als eine solche Strategie bezeichnet, in einem anderen Interview das Herausarbeiten der Hauptschwerpunkte des Verfahrens.

---

104) FBB IV 9.
105) FBB V 10.
106) FBB V 11.

3.8.12. Plädoyer zu Strafzumessungsfragen

Die Fragen der Strafzumessung[107] rücken erst in jüngerer Zeit als ein wichtiger Ansatzpunkt für eine effiziente Verteidigung in den Vordergrund, da auf Grund der Überfüllung der Gefängnisse von den Richtern zunehmend Anknüpfungstatsachen für die Gewährung von Bewährung angefordert werden. In einem eindrucksvollen Beitrag wies einer der Barrister darauf hin, daß das derzeitige Defizit in diesem Punkt nicht von den Barrister zu vertreten sei, da bislang von den Gerichten hierauf kein besonderer Wert gelegt worden sei. Es sei jedoch eine Änderung in der Einstellung der Richter zu bemerken, die sich auch auf die Aktivitäten der Barrister in diesem Bereich auswirken wird.
Dies hat Auswirkungen auch auf die Anforderungen, die die Barrister an die Solicitor stellen; letztere müssen nun vermehrt Beurteilungen des Arbeitgebers des Beschuldigten, Angaben zu den finanziellen Verhältnissen sowie Berichte von Bewährungshelfern und anderen Sozialarbeitern etc. beibringen, um den Barrister für ihre Ausführungen zu den Strafzumessungsfragen Material an die Hand zu geben.

3.8.13. Schwerpunkt der Tätigkeit

Die Barrister waren sich darin einig, daß im Ermittlungsverfahren sehr viel für den Beschuldigten getan werden könne; der Schwerpunkt ihrer Tätigkeit liegt jedoch auf Grund der Aufgabenverteilung zwischen Solicitor und Barrister eindeutig in der Hauptverhandlung.[108]

---

107) FBB V 13.
108) FBB V 14.

3.9. "Legal Aid" (Prozeßkostenhilfe)

An Stelle des deutschen Systems der Pflichtverteidigung gibt es in England ein Prozeßkostenhilfesystem (Legal Aid). Die Gewährung der Prozeßkostenhilfe hängt zum einen von der Bedeutung der Sache (The merits test)[109] und zum anderen von den Vermögensverhältnissen des Beschuldigten (The means test)[110] ab.
Für die Verfahren vor dem Crown Court wird in 98-100% der Fälle "Legal Aid" gewährt, während die Zahlen der Anträge auf und der Gewährung von "Legal Aid" für die Magistrates' Courts seit 1972 schwankt zwischen 58% und 73%.[111]
Allerdings kann nach dem Verfahren von dem Antragsteller - je nach den finanziellen Möglichkeiten - die Rückerstattung der Kosten oder eines Anteils daran verlangt werden.[112] Die Anwälte waren hier sogar der Ansicht, daß diese Beiträge durchaus erhöht werden könnten.[113] Die Solicitor schätzten den Anteil ihrer Mandanten, denen diese Prozeßkostenhilfe für Strafverfahren gewährt wird, überwiegend auf 70-90% ihrer Verfahren; nur ein Anwalt gab einen Anteil von 30-40% an.
Von den Barrister wurde dieser Anteil überwiegend auf 75-95% geschätzt, nur ein Barrister gab einen Anteil von 20-40% an.
In Verbindung mit dem duty-solicitor scheme garantiert das Legal-Aid-System die anwaltliche Vertretung des Beschuldigten vom ersten Tag an, und zwar von der ersten Vernehmung an. Die englischen Anwälte waren mit diesem System sehr zufrieden.

109) ZANDER, a.a.O. 1984, 464.
110) ZANDER, a.a.O. 1984, 467.
111) ZANDER, a.a.O. 1984, 470.
112) HAMPTON, a.a.O. 1982, 444f.
113) FBB VI 1-3; FBS VI 1-3.

3.10. Bail (Aussetzung des Vollzugs des Haftbefehls)

Das Betreiben der Aussetzung des Vollzugs des Haftbefehls gegen den Beschuldigten[114] ist allein Sache der Solicitor, die Barrister sind damit nicht befaßt.
Nach den Erfahrungen der Solicitor ist es nicht zweckmäßig, die Aussetzung des Vollzugs des Haftbefehls zu früh zu beantragen, da dann - und hier stimmen sie mit den Erfahrungen der deutschen Anwälte überein - eine große Chance dafür besteht, daß der Mandant (unter Auflagen) freigelassen wird.
Die Sicherheitsleistungen wurden von den Solicitor mit einer Höhe von 50.000 - 100.000 angegeben, das entspricht etwa 150.000 - 300.000 DM und liegt damit wesentlich über den in der Aktenanalyse ermittelten Zahlen.
Ferner wird häufig der Paß des Beschuldigten einbehalten.

3.11. Die Betreuung des Mandanten

Die über die juristische Beratung hinausgehende soziale und menschliche Betreuung des Mandanten[115] ist praktisch ausschließlich eine Angelegenheit der Solicitor.
Die Häufigkeit solcher Betreuung wurde von den Solicitor überwiegend zurückhaltend eingeschätzt, die Antworten lauteten hier: "selten", "wenn es nötig ist" und "gelegentlich". Nur ein Anwalt gab an, daß er sich häufiger und intensiv um den Mandanten, seine Familie und sonstige soziale Angelegenheiten kümmert, insbesondere wenn der Klient in (Untersuchungs-)Haft ist. Umfang und Art der Betreuung sind damit gut mit dem in der Bundesrepublik Geleisteten vergleichbar.

---

114) FBB VII 1-3; FBS VII 1-3.
115) FBB VIII 1-2; FBS VIII 1-2.

3.12. Zusammenfassung

Die Angaben der Solicitor und der Barrister in den Interviews lassen sich für die Rechtsvergleichung zu drei Gruppen zusammenfassen:

a) Systembedingte Unterschiede
b) Vergleichbare Problemstellungen trotz der unterschiedlichen Verfahrensordnungen
c) Bessere Regelungen in England.

a) Systembedingte Unterschiede

Bei den Solicitor haben auf Grund der anderen Verfahrensordnung die Entlastungszeugen (3.5.4.) und die Sachverständigen (3.5.5.), insbesondere ihre Auswahl und Beauftragung, einen anderen Stellenwert als bei den deutschen Anwälten. Ohne Entsprechung ist auch die Beratung des Mandanten zu der Frage, ob er sich schuldig bekennen soll oder nicht. Diese Frage (3.7.1.) ist m.E. nicht mit der Frage, ob der deutsche Angeklagte ein Geständnis ablegen soll oder nicht, vergleichbar, da sich im englischen Strafverfahren aus einem "plea guilty" bzw. "plea not guilty" gravierendere Unterschiede für die je nachfolgenden Verfahren ergeben.
Die Solicitor haben praktisch überhaupt keinen Kontakt zu den Richtern der Magistrates' Courts i.S. von informellen Gesprächen (3.7.5.). Von den Solicitor und Barrister wird übereinstimmend das Kreuzverhör als eines der wichtigsten Rechte des Anwalts bezeichnet (3.7.3./3.8.10.); da das Kreuzverhör im deutschen Strafprozeß praktisch nicht ausgeübt wird, ist auch dies ein systembedingter Unterschied. Aus den Barrister-Interviews zeigen sich ferner die Offenlegungspflicht (3.8.2.) und die Bedeutung der Geschworenen für das Verfahren (3.8.6.) als Besonderheiten des englischen Strafverfahrens, für die es im deutschen Strafprozeß keine Entsprechung gibt.

b) Vergleichbare Problemstellungen trotz der unterschiedlichen Verfahrensordnungen

Trotz der unterschiedlichen Verfahrensordnungen gibt es in beiden Ländern zahlreiche Übereinstimmungen in verfahrensrechtlichen Fragen, aber auch in den während eines Verfahrens entstehenden Beziehungen zwischen den Verfahrensbeteiligten.
Aus den Interviews mit den Solicitor lassen sich hierfür nennen:
der Umfang und die Gründe für Mandatskündigungen (3.4.), Umfang und Art der Beratung des Mandanten (3.5.2.), der zwiespältige Erfolg des Einsatzes von Privatdetektiven (3.5.6.), die Effizienzeinschätzung der anwaltlichen Tätigkeit während des Ermittlungsverfahrens (3.5.7.), das Fehlen typischer Strategien (3.7.4./dies gilt auch für die Barrister, 3.8.11.), die Häufigkeit der Kontakte zu Sozialarbeitern (3.7.7.) und die Betreuung des Mandanten (3.11.).
Aus den Interviews mit den Barrister ist hier zu ergänzen:
die informellen Kontakte der Barrister untereinander (3.8.7.), die insofern mit den informellen Gesprächen zwischen den deutschen Anwälten und Staatsanwälten vergleichbar sind, ferner die informellen Kontakte zu Richtern (3.8.8.), die Kontrolle der Geschworenenliste (3.8.4.) und die Nachforschungen über die Geschworenen (3.8.5.).

c) Bessere Regelungen in England

Die Vertretung mehrerer Mandanten durch einen Anwalt (3.3.2.) ist in England in etwa so möglich, wie dies früher auch in der Bundesrepublik möglich war; d.h. Begrenzungen beruhen für Konfliktfälle auf dem Standesrecht.
Vorbildlich ist die gesetzliche Regelung des Anwesenheitsrechts des Anwalts bei polizeilichen Vernehmungen des Beschuldigten (3.5.1.3.) sowie das Legal-Aid-System (3.9.), das in Verbindung mit dem duty-solicitor scheme (3.2.1.2.) zu einer raschen Vertretung des Beschuldigten durch einen Anwalt insbesondere bei gravierenden Vorwürfen führt.

6. Kapitel: ZUSAMMENFASSUNG UND RECHTSPOLITISCHE KONSEQUENZEN DER UNTERSUCHUNGSERGEBNISSE

Die Zusammenfassung enthält die wichtigsten Ergebnisse aus den Interviews, aus der Aktenanalyse und - in beschränktem Umfang - aus der rechtsvergleichenden Untersuchung, wobei zu gleichen Fragestellungen in den ersten beiden Teilen der Untersuchung eine vergleichende Gegenüberstellung erfolgt.

1. Spezialisierung der Strafverteidiger

Die Interviews beruhten darauf, daß sich ein Teil der Anwaltschaft auf die Strafverteidigung spezialisiert hat.[1] Diese Spezialisierung hat sich in der Befragung bestätigt[2], und es hat sich darüber hinaus gezeigt, daß rund 80% der auf Strafverteidigungen spezialisierten Anwälte auch noch "subspezialisiert" sind, d.h. daß sie über besondere Erfahrungen in der Verteidigung ausgewählter Gebiete des Strafrechts oder Strafverfahrensrechts bzw. auf besonderen Teilbereichen der Kriminalität (z.B. Wirtschafts- und Steuerdelikte, Verkehrsdelikte, Revision, Gewaltkriminalität, Jugendstrafverfahren) verfügen[3]. Die Anwälte wissen untereinander von den jeweiligen Subspezialisierungen (Spezialisierungen im engeren Sinn) und geben ggf. ein Mandat an einen darauf spezialisierten Anwalt ab oder ziehen einen weiteren Anwalt zu dem Fall hinzu.[4]
Ausdruck dieser Spezialisierung sind auch die - vor allem in den letzten 10-15 Jahren entstandenen - Zusammenschlüsse der Verteidiger in Arbeitsgemeinschaften, Vereinigungen und Vereinen. Es wäre wünschenswert, daß auch diejenigen, die der Ver-

---

1) Vgl. oben, S. 57.
2) Vgl. oben, S. 54ff.
3) Vgl. oben, S. 57ff.
4) Vgl. oben, S. 107 und S. 37f.

teidigung bedürfen, erkennen könnten, welcher Anwalt sich auf die Strafverteidigung spezialisiert hat. Mit anderen Worten: Die Einführung des Fachanwalts für Strafrecht (Strafverteidiger) ist nachdrücklich zu befürworten. Sie entspricht dem Informationsbedürfnis des Bürgers und der tatsächlich bestehenden Qualifizierung der Anwälte; sie steht zudem in keinerlei Zusammenhang mit einer Werbung für den Anwalt[5].

2. Kontaktaufnahme des Mandanten mit dem Anwalt

In den Interviews und der Aktenanalyse zeigte sich, daß rund 56%[6] bzw. 75%[7] der Mandate im Laufe des Ermittlungsverfahrens mit den Wahlverteidigern zustande kommen; diese Ergebnisse stimmen zumindest in der Tendenz gut miteinander überein und dürften so die Rechtswirklichkeit ziemlich genau widerspiegeln.

Es hat sich aber genauso gezeigt, daß demgegenüber nur 12% der Pflichtverteidiger während des Ermittlungsverfahrens, aber 70% im bzw. bei Abschluß des Zwischenverfahrens bestellt werden.[8] Dies bedeutet, daß Pflichtverteidiger in der Regel 3 1/2 Monate später in das Verfahren eingreifen können als Wahlverteidiger[9]. In Verfahren, in denen der Gesetzgeber die Verteidigung für notwendig erachtet (§ 140 StPO), wird der Beschuldigte also regelmäßig später anwaltlich vertreten als in Verfahren, in denen die Verteidigung nicht für notwendig gehalten wird, wenn sich der Beschuldigte keinen Wahlverteidiger leisten kann. Dies

5) Vgl. oben, S. 59ff.
6) Vgl. oben, S. 76ff.
7) Vgl. oben, S. 223.
8) Vgl. oben, S. 231.
Bei den Wahlpflichtverteidigungen hatte sich für die Beteiligung am Vorverfahren ein Anteil von 48% ergeben, was darauf zurückzuführen war, daß viele der Wahlverteidiger, die später einen Antrag auf Bestellung zum Pflichtverteidiger gestellt hatten, schon während des Vorverfahrens mandatiert worden waren.
9) Vgl. oben, S. 229.

ist weitgehend gleichbedeutend damit, daß in Verfahren mit gravierendem Tatvorwurf der Beschuldigte später anwaltlich vertreten wird als in Verfahren mit leichterem Tatvorwurf.
Ursache dafür ist, daß der Gesetzgeber auf Grund einer anderen Bewertung des Ermittlungsverfahrens die Verteidigung für das Zwischen- und vor allem für das Hauptverfahren sicherstellen wollte und die Bestellung für den Zeitpunkt der Aufforderung zur Erklärung über die Anklageschrift vorsah (§ 141 I StPO).
Nach dem grundsätzlichen Wandel in der Beurteilung der Bedeutung des Ermittlungsverfahrens[10)] und der durch diese und andere Untersuchungen[11)] festgestellten Ungleichheit in der Rechtswirklichkeit, kann an dem Zeitpunkt der Bestellung in § 141 I StPO nicht mehr festgehalten werden.
In Anlehnung an die englische Verfahrenspraxis[12)] ist daher zu fordern, daß dem Beschuldigten ein Pflichtverteidiger zur ersten polizeilichen Vernehmung zu bestellen ist.

3. Spannungen zwischen Verteidiger und Mandant - Auflösung des Mandats

Aus den Interviews[13)] hatten sich fünf typische Spannungssituationen im Verhältnis zwischen dem Verteidiger und dem Mandanten ergeben, nämlich die Situation, das Verhalten und die Erwartungen des Mandanten, die Differenzen über die Verteidigungsstrategie, die Überzeugung des Anwalts von der Schuld des Mandanten trotz dessen Beteuerung der Unschuld, das Geständnis in der Hauptverhandlung und finanzielle Fragen. Als besonders kritisches Stadium hatte sich in der Aktenanalyse das Zwischenverfahren[14)] (bei Wahlverteidigern und Wahlpflichtverteidigern) erwiesen. Dabei trat bei den Wahlverteidigern besonders der Um-

10) Vgl. oben, S. 271.
11) GEBAUER, a.a.O. 1987, 314; JABEL, a.a.O. 1988, 201.
12) Vgl. oben, S. 384 und oben, S. 203.
13) Vgl. oben, S. 100f.
14) Vgl. oben, S. 217, 230.

stand hervor, daß in ca. 60% der Verfahren mit Mandatsauflösungen der Mandant in Untersuchungshaft war.
Diese Ergebnisse ergänzen sich sehr gut, und es kann deshalb gesagt werden, daß es insbesondere während des Zwischenverfahrens zu Spannungen zwischen dem Anwalt und einem in Untersuchungshaft befindlichen Mandanten kommen kann, die sogar zur Auflösung des Mandats führen können.
Die Verteidiger sollten daher während dieses Stadiums besonderes Verständnis für den Mandanten aufbringen und ihn auch mit menschlicher Zuwendung betreuen, zumal der Verteidiger oftmals auch jene Vertrauensperson ist, die dem Mandanten in dieser Situation am nähesten steht.

4. Anwesenheit bei der polizeilichen Vernehmung

Die Aktenanalyse hat gezeigt, daß sich bei der polizeilichen Vernehmung das Aussageverhalten von Beschuldigten mit Wahlverteidigern gegenüber den anders oder nicht vertretenen Beschuldigten unterscheidet, und zwar sagen deutlich weniger von ihnen vor der Polizei aus; sie wählen dafür häufiger den Weg über die schriftliche Einlassung durch den Verteidiger[15].
Auf der anderen Seite hatte sich in den Interviews gezeigt, daß rund zwei Drittel der Anwälte nur in Ausnahmefällen bei den polizeilichen Vernehmungen anwesend sind.[16]
Beides zusammen gibt zu der Überlegung Anlaß, ob nicht durch ein de lege ferenda gewährtes Anwesenheitsrecht des Anwalts bei der ersten polizeilichen Vernehmung eine Beschleunigung der Verfahren dadurch eintritt, daß die Zeit in Anspruch nehmende schriftliche Einlassung ersetzt wird durch eine im Beisein des Anwalts erfolgte Vernehmung, die auch dem Verteidiger spätere Bemühungen um eine Korrektur einer unzulänglichen Einlassung des Beschuldigten ohne anwaltliche Beratung ersparen könnte.

15) Vgl. oben, S. 284.
16) Vgl. oben, S. 131.

Aber auch ohne diese Überlegungen gibt es genügend Gründe, ein gesetzliches Anwesenheitsrecht zu befürworten[17], wie es nun auch in England eingeführt worden ist[18].
Dennoch ist zuzugeben, daß in Teilen der Anwaltschaft Bedenken wegen einer aus dem Recht resultierenden Anwesenheitspflicht existieren[19], und daß es noch zahlreiche ungelöste dogmatische Probleme gibt.[20]

5. Bestellung des Sachverständigen

Zwei Drittel der befragten Anwälte waren nicht mit der in Nr. 70 RiStBV vorgeschriebenen Kooperation der Staatsanwaltschaften mit den Verteidigern bei der Auswahl und Bestellung eines Sachverständigen zufrieden.[21]
In Anbetracht der Bedeutung der Sachverständigen für den Ausgang eines Verfahrens bedarf dies dringend einer Änderung, vorwiegend durch eine größere Kooperationsbereitschaft der Staatsanwälte. Darüber hinaus dürfte es aber auch zweckmäßig sein, das Beteiligungsrecht des Anwalts de lege ferenda in der Strafprozeßordnung abzusichern.

6. Beweisanträge der Verteidiger

In den Interviews waren von den Anwälten die hohe Bedeutung des Beweisantragsrechts hervorgehoben[22] und eine hohe Anzahl von Beweisanträgen angegeben worden[23].

---

17) Vgl. oben, S. 131ff.
18) Vgl. oben, S. 400.
19) Vgl. oben, S. 131f.
20) Vgl. oben, S. 133.
21) Vgl. oben, S. 143f.
22) Z.B. für den Ortstermin, S. 148.
23) Z.B. Antrag auf Zeugenvernehmungen, S. 149.

In der Aktenanalyse zeigte sich, daß in 34% der Ermittlungsverfahren[24] und nur 12% der Zwischenverfahren[25] Beweisanträge gestellt wurden. Während der Hauptverhandlung wurden in 10,5% der Verfahren Anträge auf Vernehmung von Zeugen[26], in 10% der Verfahren Anträge auf Anhörung von Sachverständigen[27] und in 9% der Verfahren Anträge auf Herbeischaffung von Urkunden[28] gestellt.

Diese Zahlen stimmten gut mit den in der Untersuchung von BARTON[29] gewonnenen Ergebnissen überein, die von ihm jedoch als zu geringe Aktivität der Verteidigung angesehen wurden, was auch Anlaß für die Befürchtung war, in der Bundesrepublik Deutschland könne "nach wie vor eher die angepaßte konfliktfreie, ausschließlich auf den favor iudicis ausgerichtete Verteidigung"[30] überwiegen. Diesen Schlußfolgerungen kann m.E. in dieser Form nicht zugestimmt werden. In der Aktenanalyse hat sich gezeigt, daß die aktenkundig gewordenen Aktivitäten der Staatsanwälte und der Strafverteidiger etwa gleich umfangreich sind: so wurden von den Staatsanwälten 32 Beweiserhebungen betrieben (20 Zeugen, 12 Urkunden)[31], während die Verteidiger 31 Beweisanträge stellten (18 Zeugen, 13 Urkunden)[32], wozu noch die 25 Beweisanträge aus dem Zwischenverfahren[33] hinzugenommen werden müßten, da die Verteidiger mitunter erst in diesem Stadium die Chance haben, in das Verfahren einzugreifen. Nimmt man die Beweisanträge der Verteidigung während des Ermittlungsverfahrens und des Zwischenverfahrens zusammen, so ergibt sich sogar eine etwa doppelt so große Anzahl von Verteidigeraktivitä-

---

24) Vgl. oben, S. 333.
25) Vgl. oben, S. 334.
26) Vgl. oben, S. 344.
27) Vgl. oben, S. 346.
28) Vgl. oben, S. 347.
Die Anträge auf Herbeischaffung von Augenscheinsobjekten und auf Wahrnehmung von Ortsterminen kamen nur in Einzelfällen vor.
29) BARTON, a.a.O. 1984, 395f.
30) GATZWEILER, a.a.O. 1984, 41; GATZWEILER, a.a.O. 1985.
31) Vgl. oben, S. 286f.
32) Vgl. oben, S. 294f.
33) Vgl. oben, S. 333f.

ten als für die Aktivitäten der Staatsanwaltschaften auf Grund § 161 StPO festgestellt werden konnten.
Die Beurteilung der Verteidigeraktivitäten kann demnach nicht ohne Berücksichtigung der dem deutschen Strafprozeß zugrunde liegenden Strukturen erfolgen; danach zeigt sich aber in der Rechtswirklichkeit, daß die Hauptlast der Beweisermittlungen von der Polizei getragen wird[34] und die Staatsanwaltschaft nurmehr eine kontrollierende Tätigkeit ausübt. Auch die Verteidigung hat - anders als in England[35] - nicht die Aufgabe, alleine das entlastende Material zu sammeln; auch hier ist primär nur Raum für korrigierende Eingriffe.
Letzteres entspricht auch der rechtlichen Struktur des deutschen Strafverfahrens und der dem Verteidiger dort zugewiesenen Funktion[36]. Auf Grund der gut vergleichbaren Aktivitäten der Verteidiger in Deutschland und England[37] kann vermutet werden, daß die deutschen Anwälte mehr entlastendes Beweismaterial in das Verfahren einbringen würden, wenn dafür eine Notwendigkeit bestünde.
Insgesamt kann daher auf Grund dieser Untersuchung gesagt werden, daß die Verteidiger ihre Rolle im Ermittlungsverfahren und im Zwischenverfahren in der hier untersuchten Beziehung funktionsgerecht wahrnehmen.
Für die Ziele von Beweisanträgen in der Hauptverhandlung konnte in den Interviews ein sehr differenziertes Bild gewonnen werden.[38]

7. Typische Verteidigerstrategien

In den Interviews[39] war versucht worden, von den Verteidigern die Beschreibung von typischen Strategien für die Fälle zu erhalten, in denen sie besonders erfolgreich gewesen waren.

34) ROXIN, a.a.O. 1987, 51.
35) Vgl. oben, S. 409.
36) Vgl. oben, S. 28ff.
37) Vgl. oben, S. 410.
38) Vgl. oben, S. 179f.
39) Vgl. oben, S. 175ff.; vgl. auch S. 398.

Aus den Antworten konnten jedoch keine verallgemeinerungsfähigen Angaben zur Entwicklung von typischen Strategien gewonnen werden, da die Äußerungen dazu zu vage ausgefallen waren.
Dies kennzeichnet zugleich einen auch in der Wissenschaft zutage tretenden Mangel an der Erfassung und Darstellung von effizienten Strategien der Verteidigung; auch in dieser Untersuchung konnte nur das Defizit konstatiert werden.

8. Informelle Kontakte der Verteidiger zu Staatsanwälten und Richtern

Die Einstellung der befragten Verteidiger gegenüber den informellen Kontakten zur Staatsanwaltschaft (während des Ermittlungsverfahrens) war geteilt: Je nach Einstellung und Stil des Verteidigers werden solche Kontakte häufig bzw. nur von Fall zu Fall genutzt, eine dritte Gruppe lehnte solche Kontakte grundsätzlich ab.[40]
Die informellen Kontakte während der Hauptverhandlung[41] erwiesen sich als häufiger als die informellen Gespräche mit den Staatsanwälten im Ermittlungsverfahren.
Nur 7 bzw. 5% der Anwälte gaben an, daß die informellen Gespräche mit den Staatsanwälten bzw. Richtern auch Verhandlungscharakter i.S. des plea-bargaining annehmen können.
Diese Untersuchung konnte damit zumindest einige Grundbedingungen für das Zustandekommen von informellen Kontakten aufzeigen; es ergab sich auch eine gewisse Notwendigkeit für solche Kontakte.
Das Ausmaß und die Grenzen informeller Gespräche (Vereinbarungen) bedürfen aber weiter der wissenschaftlichen Untersuchung und Diskussion.

---

40) Vgl. oben, S. 139ff.
41) Vgl. oben, S. 188ff.

9. Effizienzeinschätzungen der Verteidiger

Die Verteidiger schätzten die Effizienz ihrer Aktivitäten sowohl während des Ermittlungsverfahrens[42] als auch während der Hauptverhandlung[43] hoch ein. Dabei fiel die Einschätzung besonders für die Verfahren positiv aus, auf die der Verteidiger im engeren Sinn spezialisiert war. Auffallend war ferner, daß als Verfahren, in denen die Verteidiger besonders effektiv sein können, jene Fälle genannt wurden, in denen die Schuldfähigkeit des Beschuldigten eine Rolle spielt. Dies kann durch die Aktenanalyse insofern bestätigt werden, als die Verteidiger sich während des ganzen Verfahrens[44] weitgehend erfolgreich um die Anhörung von Sachverständigen bemühen.
Im übrigen dürfte den Effizienzeinschätzungen der Verteidiger ein sehr weiter Begriff zugrunde gelegen haben[45], wonach die Effizienz der Verteidigung nicht nur darin liegt, das Strafmaß zu senken, sondern auch darin, den Mandanten zu betreuen, seine Sicht zu Gehör zu bringen, und darin, auf die Einhaltung der strafprozessualen Regeln zu achten.

10. Unterschiede zwischen den Arten der Verteidigung

In der Literatur wird immer wieder der Vorwurf erhoben, die Pflichtverteidiger seien weniger aktiv als die Wahlverteidiger und würden primär darauf achten, sich den "favor iudicis" zu erhalten, um auch weiterhin zum Pflichtverteidiger bestellt zu werden. Daher galt den Unterschieden zwischen den Arten der Verteidigung in der Aktenanalyse ein besonderes Augenmerk.
Ein besonderer Unterschied wurde schon oben unter 2. erwähnt, nämlich daß die Pflichtverteidiger in der Regel erst 3 1/2 Mo-

---

42) Vgl. oben, S. 158ff.
43) Vgl. oben, S. 201f.
44) Vgl. oben, S. 295f.; S. 325; S. 346.
45) Vgl. oben, S. 2.

nate später in das Verfahren kommen, zumeist mit Abschluß des Zwischenverfahrens. Dies bedeutet aber, daß den Pflichtverteidigern Stadien, in denen ein wirksames Eingreifen möglich ist, genommen sind. Dieser Umstand wird m.E. in der Literatur[46] nicht mit der genügenden Schärfe berücksichtigt.

Die wichtigsten Unterschiede zwischen den Arten der Verteidigung[47] gab es bei einigen Sozialdaten des Beschuldigten (Familienstand, gegenwärtige Beschäftigung, monatliches Nettoeinkommen, Umfang und Schwere der Vorstrafen)[48], bei dem Schwereindex für das jeweils schwerste Delikt in der Anzeige und der Anklageschrift[49], bei dem Aussageverhalten des Beschuldigten[50] sowie bei der Untersuchungshaft, insbesondere bei den Rechtsmitteln (Beschwerde, Haftprüfung gemäß § 117)[51]. Jedoch kann gerade an dem Beispiel der Rechtsmittel gegen die Untersuchungshaft gesagt werden, daß die Pflichtverteidiger nicht weniger aktiv sind als die Wahlverteidiger und Wahlpflichtverteidiger, denn es hatte sich kein Fall mit einem Antrag eines Pflichtverteidigers auf Haftprüfung gemäß § 117 StPO ergeben (die Pflichtverteidiger wurden erst bestellt), wohl hat es aber Anträge von Pflichtverteidigern gemäß §§ 120, 122 StPO (Haftprüfung durch das OLG) gegeben. Eine weitere Bestätigung der Gleichwertigkeit kann man darin sehen, daß es bei den Beweisanträgen[52] keine Unterschiede zwischen den Aktivitäten der Verteidiger gibt, die ihre Ursache allein darin haben, daß die Verteidiger als Wahlverteidiger mandatiert bzw. als Pflichtverteidiger oder Wahlpflichtverteidiger bestellt worden waren.
Insgesamt vermittelt die Aktenanalyse den Eindruck, daß auch Pflichtverteidiger - sind sie erst bestellt - adäquat für den Beschuldigten tätig werden.

---

46) Vgl. oben, S. 212.
47) Vgl. zu der Beschreibung der einzelnen Typen oben, S. 208ff.
48) Vgl. oben, S. 264ff.
49) Vgl. oben, S. 275, 328.
50) Vgl. oben, S. 284.
51) Vgl. oben, S. 317ff.
52) Vgl. dazu ausführlich oben 6.

LITERATURVERZEICHNIS

ABSHAGEN, A.: Sind Fachgebietsbezeichnungen erforderlich? AnwBl. 1984, 77-78

AHRENS, W.: Die Einstellung der Hauptverhandlung gem. §§ 153 II, 153a II StPO. Eine empirische Analyse über neue Formen der Bekämpfung der Bagatellkriminalität. Kriminologische Studien Bd. 27. Hrsg. v.: F. SCHAFFSTEIN, H. SCHÜLER-SPRINGORUM. Göttingen 1978

ALTERNATIV-KOMMENTAR: Kommentar zur Strafprozeßordnung Bd. I, §§ 1-93. In: R. WASSERMANN (Hrsg.): Reihe Alternativkommentare. Neuwied, Darmstadt 1988 (zitiert: AK-StPO/(Bearbeiter)...)

ALSBERG, M.: Anmerkung zum Beschluß des 4. Senats des RG vom 2. Nov. 1926 14a J 317/24. JW 1926, 2756-2757

ALSBERG, M., K.-H. NÜSE, K. MEYER: Der Beweisantrag im Strafprozeß. 5. Auflage, Köln u.a. 1983

ALTERNATIV-ENTWURF: Novelle zur Strafprozeßordnung - Strafverfahren mit nichtöffentlicher Hauptverhandlung. Hrsg. v.: ARBEITSKREIS DEUTSCHER UND SCHWEIZERISCHER STRAFRECHTSLEHRER. Bearbeitet v.: J. BAUMANN u.a. Tübingen 1980

ALTERNATIV-ENTWURF: Novelle zur Strafprozeßordnung - Reform der Hauptverhandlung. Hrsg. v.: ARBEITSKREIS DEUTSCHER UND SCHWEIZERISCHER STRAFRECHTSLEHRER. Bearbeitet v.: J. BAUMANN u.a. Tübingen 1985

AMELUNG, K.: Rechtsschutz gegen strafprozessuale Grundrechtseingriffe. Strafrechtliche Abhandlungen N.F. Bd. 28. Hrsg. v.: E. SCHMIDHÄUSER. Berlin 1976

AMELUNG, M.: Ein gelöstes Problem schafft viele neue. StV 1983, 181-184

AMELUNG, M.: Strafverteidiger-Kolloquium 1986 und Mitgliederversammlung der AG Strafrecht des DAV. AnwBl. 1987, 29-30

ARBEITSGEMEINSCHAFT SOZIALDEMOKRATISCHER JURISTEN (ASJ) IM BEZIRK HANNOVER: Stellungnahme der Arbeitsgemeinschaft Sozialdemokratischer Juristen (ASJ) im Bezirk Hannover. In: W. HOLTFORT (Hrsg.): Strafverteidiger als Interessenvertreter (Demokratie und Rechtsstaat; Bd. 44). Darmstadt 1979, 61-62

ARBEITSGEMEINSCHAFT SOZIALDEMOKRATISCHER JURISTEN (ASJ) IM BEZIRK HAMBURG: Antwort der Arbeitsgemeinschaft Sozialdemokratischer Juristen (ASJ) im Bezirk Hamburg. In: W. HOLTFORT (Hrsg.): Strafverteidiger als Interessenvertreter (Demokratie und Rechtsstaat; Bd. 44). Darmstadt 1979, 66-68

ARBEITSKREIS STRAFPROZESSREFORM: Die Verteidigung - Gesetzentwurf mit Begründung. Vorgelegt von: G. BAUMANN u.a. Heidelberg, Karlsruhe 1979

ARBEITSKREIS STRAFPROZESSREFORM: Die Untersuchungshaft - Gesetzentwurf mit Begründung. Vorgelegt von: K. AMELUNG u.a. Heidelberg 1983

ATTESLANDER, P.: Methoden der empirischen Sozialforschung. 4. Aufl., Berlin, New York 1975

AUGSTEIN, J.: Der Anwalt: Organ der Rechtspflege? NStZ 1981, 52-54

BANDISCH, G.: Die zukünftige Praxis der Strafverteidigung im reformierten Ermittlungsverfahren. AnwBl. 1986, 69-72

BARNARD, D.: The Criminal Court in Action. Second Edition, London 1979

BARTON, S.: Strafverteidigungs-Aktivitäten im Justizalltag. StV 1984, 394-401

BAUMANN, J.: Strafprozeßreform in Raten. ZRP 1975, 38-44

BAUMANN, J.: Die Situation des deutschen Strafprozesses. In: G. KOHLMANN (Hrsg.): Festschrift f. U. Klug Bd. II. Köln 1983, 495-475

BAUMANN, J.: Forum: Wie reformbedürftig ist die Strafprozeßordnung? JuS 1987, 681-687

BEULKE, W.: Wohin treibt die Reform der Strafverteidigung? In: H.-L. SCHREIBER (Hrsg.): Strafprozeß und Reform (Demokratie und Rechtsstaat; Bd. 45). Neuwied, Darmstadt 1979, 30-51

BEULKE, W.: Der Verteidiger im Strafverfahren. Frankfurt/M. 1980

BEULKE, W.: Das Einsichtsrecht des Strafverteidigers in die polizeilichen Spurenakten. In: E.-W. HANACK, P. RIESS, G. WENDISCH (Hrsg.): Festschrift f. H. Dünnebier. Berlin, New York 1982, 285-299

BEULKE, W.: Verbot der gemeinschaftlichen Verteidigung nur bei konkreter Interessenkollision? - Zugleich eine Besprechung von OLG Stuttgart vom 3.9.1984 - 4 WS 227/84, NStZ 1985, 326 - NStZ 1985, 289-294

BEUTEL, P., H. KÜFFNER, W. SCHIEBO: SPSS 8 Statistik-Programm-System für die Sozialwissenschaften. 3. Aufl., Stuttgart, New York 1980

BLANKENBURG, E., K. SESSAR, W. STEFFEN: Die Staatsanwaltschaft im Prozeß strafrechtlicher Sozialkontrolle. Strafrecht und Kriminologie. Untersuchungen und Forschungsberichte des Max-Planck-Instituts für ausländisches und internationales Strafrecht. Freiburg im Breisgau Bd. 5. Berlin 1978

BODE, H.J.: Verständigung im Strafprozeß. DRiZ 1988, 281-288

BODE, K.-W.: Ist ein Verteidiger berechtigt, nach Eröffnung des Hauptverfahrens dem Angeklagten einen Aktenauszug zu überlassen? MDR 1981, 287-288

BÖNITZ, D.: Experimentelle Forschungsmöglichkeiten in der Kriminologie. In: H. KURY (Hrsg.): Methodologische Probleme in der kriminologischen Forschungspraxis. Köln u.a. 1984, 287-306

BORTZ, J.: Lehrbuch der empirischen Forschung für Sozialwissenschaftler. Berlin u.a. 1984

BOTTKE, W.: Wahrheitspflicht des Verteidigers. ZStW 96 (1984), 726-760

BRANGSCH, H.: Spezialisierung und Werbung im Bereich des Anwaltsberufs. NJW 1980, 1817-1822

BRINGEWAT, P.: Die sogenannte Pflichtverteidigung - Strafverteidigung zweiter Klasse? ZRP 1979, 248-253

BRÜSSOW, R.: DAV-Forum zum Recht der Untersuchungshaft. AnwBl. 1983, 115-116

BRUSTEN, M.: Die polizeiliche Vernehmung und ihre Bedeutung für das spätere Strafverfahren. In: VEREINIGUNG BERLINER STRAFVERTEIDIGER e.V. u.a. (Hrsg.): Schriftenreihe der Strafverteidiger-Vereinigungen. 10. Strafverteidigertag vom 25.-27. April 1986. Bremen

BUNDESRECHTSANWALTSKAMMER: Beschlüsse der 49. Hauptversammlung der BRAK vom 8.5.81 in Lindau. AnwBl. 1981, 223

BURMANN, M.: Reform des Strafverfahrens - Opferschutz. Seminarschriften der Deutschen Anwaltsakademie, Bd. 6. München 1987

CHEMNITZ, J.: Tätigkeitsbericht 1980/81. AnwBl. 1981, 255-259

CLITHEROE, J.: A Guide to Conducting a Criminal Defence. Southampton, London 1980

DAHRENDORF, R.: Über den Ursprung der Ungleichheit unter den Menschen. In: Pfade aus Utopia. Arbeiten zur Theorie und Methode der Soziologie. Gesammelte Abhandlungen I. München 1974, 352-379

DAHS, H.: Verteidigung im Strafverfahren - heute und morgen. ZRP 1968, 17-22

DAHS, H.: Ausschließung und Überwachung des Strafverteidigers - Bilanz und Vorschau. NJW 1975, 1385-1392

DAHS, H.: Handbuch des Strafverteidigers. 5. Aufl., Köln 1983 (zitiert: a.a.O. Handbuch, ...)

DAHS, H.: Zur Verteidigung im Ermittlungsverfahren. NJW 1985, 1113-1118

DANIELL, T.T.: The Lawyers. Dobbs Ferry, New York 1976

DAV-FORUM: Reform des Ermittlungsverfahrens 11. Oktober 1985. AnwBl. 1986, 49-88

DECKER, G., P. KOTZ: Erfolg in Strafsachen durch aktive Verteidigerstrategie Stand: Februar 1989. Kissing 1989

DECKERS, R.: Die Notwendigkeit der Verteidigung im Ermittlungsverfahren. AnwBl. 1986, 60-62

DEMMER, J.H.: Tätigkeitsbericht 1978/79. AnwBl. 1979, 250-256

DENCKER, F., R. HAMM: Der Vergleich im Strafprozeß. Frankfurt/M. 1988

DEUTSCHE ANWALTSAKADEMIE: (Tätigkeitsbericht) AnwBl. 1984, 83-84

DEUTSCHER ANWALTVEREIN: Ausschließung und Überwachung des Verteidigers. Stellungnahme des Deutschen Anwaltvereins vom 2.12.74. AnwBl. 1975, 17-19

DEUTSCHE STRAFVERTEIDIGER: 2. Deutsche Strafverteidigertagung. AnwBl. 1980, 23-26

DIERKS, J.: Beiträge zu: Podiumsdiskussion. AnwBl. 1986, 72-88

DÖLLING, D.: Die Zweiteilung der Hauptverhandlung - Eine Erprobung vor Einzelrichtern und Schöffengerichten -. Kriminologische Studien Bd. 28. Hrsg. v.: F. SCHAFFSTEIN, H. SCHÜLER-SPRINGORUM. Göttingen 1978

DÖLLING, D.: Probleme der Aktenanalyse in der Kriminologie. In: H. KURY (Hrsg.): Methodische Probleme in der kriminologischen Forschungspraxis. Interdisziplinäre Beiträge zur kriminologischen Forschung. Bd. 5. Köln u.a. 1984, 265-286

DOLPH, W.: Der Pflichtverteidiger. AnwBl. 1972, 67-68

DÜNNEBIER, H.: Ausschließung von Verteidigern und Beschränkung der Verteidigung. NJW 1976, 1-7

DÜNNEBIER, H.: Anmerkung zu BGH, Urteil vom 26.5.1981 - 1 StR 48/81 (LG München II). StV 1981, 504-507

DÜNNEBIER, H.: Über Änderungen im Recht der Verteidigung. In: O.F. Freiherr von GAMM, P. RAISCH, K. TIEDEMANN (Hrsg.): Strafrecht, Unternehmensrecht, Anwaltsrecht. Festschrift f. G. Pfeiffer. Köln u.a. 1988, 265-286

DÜRKOP, M.: Was sind Mandanten-Interessen? In: W. HOLTFORT (Hrsg.): Strafverteidiger als Interessenvertreter (Demokratie und Rechtsstaat; Bd. 44). Darmstadt 1979, 152-166

EMMINS, C.J.: A Practical Approach to Criminal Procedure. Second Edition, London 1983

ERNESTI, G.: Grenzen anwaltlicher Interessenvertretung im Ermittlungsverfahren. JR 1982, 221-229

FACHAUSSCHUSS I: "Strafrecht und Strafvollzug" des Bundeszusammenschlusses für Straffälligenhilfe. In: Reform der Untersuchungshaft. Hrsg. v.: H. JUNG, H. MÜLLER-DIETZ. Bonn 1983, 6-46 (zitiert: FACHAUSSCHUSS, a.a.O. 1983)

FEEST, J. , E. BLANKENBURG: Die Definitionsmacht der Polizei. Strategien der Strafverfolgung und soziale Selektion. Düsseldorf 1972

FEZER, G.: Richterliche Kontrolle der Ermittlungstätigkeit der Staatsanwaltschaft vor Anklageerhebung. In: W. STREE, T. LENCKNER, P. CRAMER, A. ESER (Hrsg.): Gedächtnisschrift f. H. Schröder. München 1988, 407-423

FRIEDLAENDER, M.: Anmerkung zu EGH Urteil v. 28. Feb. 1923, G Nr. 20/22 = JW 1923, 609. JW 1923, 609-611

FRIEDLAENDER, A. und M.: Kommentar zur Rechtsanwaltsordnung vom 1. Juli 1878. 3. Aufl., München u.a. 1930

FRIEDRICHS, J.: Methoden empirischer Sozialforschung. 13 Aufl., Opladen 1985

GALLANDI, V.: Vertrauen im Strafprozeß. MDR 1987, 801-804

GATZWEILER, N.: Möglichkeiten und Risiken einer effizienten Strafverteidigung. In: ARBEITSGEMEINSCHAFT STRAFRECHT, Mainzer Tagung 1984. Schriftenreihe der Arbeitsgemeinschaft des Deutschen Anwaltvereins. Essen o.J. (1984), 39-53

GATZWEILER, N.: Möglichkeiten und Risiken einer effizienten Strafverteidigung. StV 1985, 248-252

GEBAUER, M.: Die Rechtswirklichkeit der Untersuchungshaft in der Bundesrepublik Deutschland. Neue Kriminologische Studien Bd. 7. Hrsg. v.: F. SCHAFFSTEIN, H. SCHÖCH, H. SCHÜLER-SPRINGORUM. Göttingen 1987

GEERDS, F.: Besprechung: Wolfgang KNAPP, Der Verteidiger - ein Organ der Rechtspflege? GA 1975, 347-348

GEIER, W.: Einsichtnahme in Gnadenakten. Für eine Erweiterung der Befugnisse des Verteidigers. ZRP 1971, 174

GEISSER, H.: Das Anklagemonopol der Staatsanwaltschaft und die Gewährsperson als Aufklärungsmittel im Ermittlungs- und als Beweismittel im Strafverfahren. GA 1983, 385-403

GERLACH, H.: Der Verteidiger im Bagatellverfahren - Ein überflüssiges Organ der Rechtspflege? In: K. WASSERBURG, W. HADDENHORST (Hrsg.): Wahrheit und Gerechtigkeit im Strafverfahren. Festgabe f. K. Peters. Heidelberg 1984, 153-167

GESETZENTWURF der Fraktion DIE GRÜNEN: Entwurf eines Gesetzes zur Reform der Untersuchungshaft. BT-Drucksache 11/2181 vom 21.4. 1988

GESSNER, K.: Spezialistenlisten. AnwBl. 1985, 19

GÖDDEKE, D.: Die Einschränkung der Strafverteidigung. Köln 1980

GÖSSEL, K.H.: Die Stellung des Verteidigers im rechtsstaatlichen Strafverfahren. StW 94 (1982), 5-36

GROSS, K.-H.: Die gesetzliche Regelung des Verteidiger-Ausschlusses. ZRP 1974, 25-32

GRÜNWALD, G.: Empfiehlt es sich, besondere strafprozessuale Vorschriften für Großverfahren einzuführen? Gutachten für den 50. Deutschen Juristentag. In: Verhandlungen des fünfzigsten Deutschen Juristentages. Hamburg 1974. Hrsg. v. d. STÄNDIGEN DEPUTATION DES DEUTSCHEN JURISTENTAGES. Bd. I (Gutachten) Teil C. München 1974

GRÜNWALD, G.: Die Verteidigung - Grundlagen und Ziele des Gesetzentwurfs des Arbeitskreises Strafprozessreform -. AnwBl. 1980, 5-10

GÜDE, M.: Die Verteidigung aus der Sicht der Anklage. In: W. HOLTFORT (Hrsg.): Strafverteidiger als Interessenvertreter (Demokratie und Rechtsstaat; Bd. 44). Neuwied, Darmstadt 1979, 112-123

GÜNTHER, H.-L.: Zur strafprozessualen Problematik der sog. sukzessiven Verteidigung mehrerer Beschuldigter durch einen Verteidiger. JZ 1981, 816-821

HAMM, R.: Entwicklungstendenzen der Strafverteidigung. In: R. HAMM (Hrsg.): Festschrift f. W. Sarstedt. Berlin, New York 1981, 49-63

HAMM, R.: Die Verteidigungsschrift im Verfahren bis zur Hauptverhandlung. StV 1982, 490-495

HAMM, R.: Rechtsbehelfe im Ermittlungsverfahren. AnwBl. 1986, 66-69 (zitiert: HAMM, a.a.O. 1986a)

HAMM, R.: Zur Prognosegenauigkeit der Haftentscheidungen. StV 1986, 489-500 (zitiert: HAMM, a.a.O. 1986b)

HAMM, R. u. I. LOHBERGER: Beck'sches Formularbuch für den Strafverteidiger. München 1988 (zitiert: HAMM/LOHBERGER (Bearbeiter))

HAMMERSTEIN, G.: Verteidigung ohne Verteidiger. JR 1985, 140-143

HAMPTON, C.: Criminal Procedure. Third Edition, London 1982

HANACK, E.-W.: Besprechung: ARBEITSKREIS STRAFPROZESSREFORM, Die Verteidigung. Gesetzentwurf mit Begründung. ZStW 93 (1981), 553-585

HANACK, E.-W.: Vereinbarungen im Strafprozeß, ein besseres Mittel zur Bewältigung von Großverfahren? StV 1987, 500-504

HANNOVER, H.: Strafverteidigung in der Vertrauenskrise. KJ 11 (1978), 221-234

HASSEMER, R., G. HIPPLER: Informelle Absprachen in der Praxis des deutschen Strafverfahrens. StV 1986, 360-363

HASSEMER, W.: Reform der Strafverteidigung. ZRP 1980, 326-332

HASSEMER, W.: Die "Funktionstüchtigkeit der Strafrechtspflege" - ein neuer Rechtsbegriff? StV 1982, 275-280 (zitiert: a.a.O. 1982a)

HASSEMER, W.: Informelle Programme im Strafprozeß. StV 1982, 377-382 (zitiert: a.a.O. 1982b)

HEIMESHOFF, E.: Die Stellung von Staatsanwaltschaft und Polizei bei der Verbrechensbekämpfung. DRiZ 1972, 164-166

HEINICKE, G.: Das Gemeinsame beim "gemeinschaftlichen Verteidiger" i.S. des § 146 StPO. NJW 1978, 1497-1503

HEINICKE, G.: Der Beschuldigte und sein Verteidiger in der Bundesrepublik Deutschland (Rechtswissenschaftliche Forschung und Entwicklung; Bd. 47). München 1984

HELDMANN, H.H.: Vom neuen Strafprozeß und alten Grundgesetz. DuR 3 (1975), 315-325

HELDMANN, H.H.: Plädoyer zum Stammheimer Prozeß. KJ 10 (1977), 193-208

HELMS, W.: Wirtschaftliche Aspekte der Strafverteidigung. In: W. HOLTFORT (Hrsg.): Strafverteidiger als Interessenvertreter (Demokratie und Rechtsstaat; Bd. 44). Neuwied, Darmstadt 1979, 167-187

HERRMANN, J.: Die Reform der deutschen Hauptverhandlung nach dem Vorbild des anglo-amerikanischen Strafverfahrens. Rechtsvergleichende Untersuchungen zur gesamten Strafrechtswissenschaft N.F. Heft 44. Hrsg. v.: MAX-PLANCK-INSTITUT für ausländisches und internationales Strafrecht. Bonn 1971

HERRMANN, J.: Die Strafprozeßreform vom 1.1.1975. JuS 1976, 413-420

HERRMANN, J.: Besprechung: BEULKE, Werner: Der Verteidiger im Strafverfahren. Funktionen und Rechtsstellung. ZStW 95 (1983), 104-111

HERTWIG, V.: Die Einstellung des Strafverfahrens wegen Geringfügigkeit. Eine empirische Analyse der Handhabung der §§ 153, 153a StPO in der staatsanwaltschaftlichen und gerichtlichen Praxis. Kriminologische Studien Bd. 41. Hrsg. v.: F. SCHAFFSTEIN, H. SCHÜLER-SPRINGORUM. Göttingen 1982

HOLSTE, H.: Fachanwaltschaften. AnwBl. 1956, 33-3

HOLTFORT, W.: Ein Stück sozialer Gegenmacht. KJ 1977, 313-316

HOLTFORT, W.: Der Anwalt als soziale Gegenmacht. In: W. HOLTFORT (Hrsg.): Strafverteidiger als Interessenvertreter (Demokratie und Rechtsstaat; Bd. 44). Darmstadt 1979, 37-47 (zitiert: 1979a)

HOLTFORT, W.: Interessenvertreter ohne Interessenvertretung. In: W. HOLTFORT (Hrsg.): Strafverteidiger als Interessenvertreter (Demokratie und Rechtsstaat; Bd. 44). Neuwied, Darmstadt 1979 (zitiert: 1979b)

HOMMERICH; C.: Die Anwaltschaft unter Expansionsdruck. AnwBl. Beilage zu Heft 5/1988 (zitiert: 1988a)

HOMMERICH, C.: Die Anwaltschaft unter Expansionsdruck: Eine Analyse der Berufssituation junger Rechtsanwältinnen und Rechtsanwälte. Essen 1988 (zitiert: 1988b)

HUSMANN, J.H.: Nochmals: Postulationsfähigkeit und Grundgesetz. DRiZ 1971, 311-312

INFRATEST/PROGNOS: WETTMANN, R.W., K. JUNGJOHANN: Inanspruchnahme anwaltlicher Leistungen. Zugangsschwellen, Beratungsbedarf, Anwaltsimage. Basel, München 1986 (Sonderheft März 1987 des Anwaltsblattes) (zitiert: INFRATEST/PROGNOS ... 1987)

ISELE, W.: Bundesrechtsanwaltsordnung vom 1. August 1959 nach dem Stande vom 15. September 1975. Kommentar. Essen 1976

JABEL, H.-P.: Die Rechtswirklichkeit der Untersuchungshaft in Niedersachsen. Kriminalpädagogische Praxis. Schriftenreihe Bd. 8. Hrsg. v.: G. KOOP, B. WISCHKA. Lingen 1988

JÄHNKE, B.: Rechtliche Vorgaben einer künftigen Neuregelung des anwaltlichen Standesrechts. NJW 1988, 1888-1893

JESSNITZER, K.: Bundesrechtsanwaltsordnung. Kommentar. 3. Aufl., Köln u.a. 1985

JÖRKE, R.: Akteneinsicht als Voraussetzung effektiver Verteidigung. Jur. Diss. Tübingen 1987

JOLMES, A.: Der Verteidiger im deutschen und österreichischen Strafprozeß (Rechts- und Staatswissenschaftliche Veröffentlichungen der Görres-Gesellschaft; N.F., Heft 37). Paderborn u.a. 1982

JUNG, H.: Bilanz der Reform des Strafverfahrensrechts zum 1.1.1975. JuS 1975, 261-265

JUNGFER, G.: Eigene Ermittlungstätigkeit des Strafverteidigers - Strafprozessuale und standesrechtliche Möglichkeiten und Grenzen. StV 1981, 100-105 (zitiert: a.a.O. 1981a)

JUNGFER, G.: Eigene Ermittlungstätigkeit des Strafverteidigers - Strafprozessuale und standesrechtliche Möglichkeiten und Grenzen. In: Die eigene Ermittlungstätigkeit des Strafverteidigers. Strafprozessuale und standesrechtliche Möglichkeiten und Grenzen. Schriftenreihe der Vereinigung Berliner Strafverteidiger e.V. Berlin o.J. (1981), 7-28 (zitiert: a.a.O. 1981b)

KÄHLER, W.-M.: SPSS^{x} für Anfänger. Braunschweig 1986

KAISER, G.: Strategien und Prozesse strafrechtlicher Sozialkontrolle. Frankfurt/M. 1972

KAISER, G.: Kriminologie. Heidelberg 1980

KARLSRUHER KOMMENTAR zur Strafprozeßordnung und zum Gerichtsverfassungsgesetz mit Einführungsgesetz. Hrsg. v.: G. PFEIFFER. 2. Auflage, München 1987 (zitiert: KK-(Bearbeiter), a.a.O. 2)

KATZ, E.: Stellungnahme auf dem 22. Deutschen Anwaltstag zu Leipzig am 10. und 11. September 1920. JW 1921, 950

KERSCHER, J.: Sozialwissenschaftliche Kriminalitätstheorien. 4. Aufl., Weinheim 1981

KION, D.: Anwesenheitsrecht des Verteidigers im Ermittlungsverfahren. NJW 1966, 1800-1801

KLEINE-COSACK, M.: Antiquierte Standesrichtlinien. Reformbedürftigkeit des Standesrechts der rechtsberatenden Berufe. AnwBl. 1986, 505-512

KLEINE-COSACK, M.: Verfassungswidriges Standesrecht. Notwendigkeit einer Ersetzung der Standesrichtlinien durch ein grundgesetzkonformes Berufsrecht. NJW 1988, 164-174

KLEINING, G., H. MOORE: Soziale Selbsteinstufung (SSE). KZfSS 20 (1968), 502-552

KLEINKNECHT, T., K. MEYER: Strafprozeßordnung. Gerichtsverfassungsgesetz, Nebengesetze und ergänzende Bestimmungen. 38. Auflage, München 1987 (zitiert: KLEINKNECHT/MEYER, a.a.O. 38, ...)

KMR: Kommentar zur Strafprozeßordnung. Begründet von: T. KLEINKNECHT, H. MÜLLER, L. REITBERGER. Neubearbeitet von: H. MÜLLER, W. SAX, R. PAULUS. Stand: August 1988. 7. Auflage, Frankfurt/M. 1988

KNAPP, W.: Der Verteidiger - ein Organ der Rechtspflege? (Schriftenreihe Annales Universitatis Saraviensis; Bd. 73). Köln u.a. 1974 (zitiert: 1974a)

KNAPP, W.: Ausschluß des Verteidigers und Berufsfreiheit - BVerfGE 34, 293. JuS 1974, 20-25 (zitiert: 1974b)

KOCH, K.: Die Beschlagnahme von Geschäftsunterlagen in Wirtschaftsstrafverfahren und der Grundsatz der Verhältnismäßigkeit. Wistra 1983, 63-66

KOCH, L.: Werbeverbot. AnwBl. 1987, 220-221

KOOLWIJK, J. van: Die Befragungsmethoden. In: J. van KOOLWIJK, M. WIEKEN-MAYSER (Hrsg.): Techniken der empirischen Sozialforschung 4. Band, Erhebungsmethoden: Die Befragung. München, Wien 1974

KORNBLUM, U.: Zum Werbeverbot für die rechts- und wirtschaftsberatenden akademischen freien Berufe. BB 1985, 65-76

KRÄMER, A.: Der Rechtsanwalt - ein "staatlich gebundener Vertrauensberuf"? NJW 1975, 849-853

KRÄMER, A.: Die "gemeinschaftliche Verteidigung" i.S. des § 146 StPO. NJW 1976, 1664-1669

KRÄMER, A.: Das Verbot der Mehrfachverteidigung gem. § 146 StPO. AnwBl. 1978, 14-17

KRAUSE, D.: Anmerkung zu: BGH, Urt. v. 11.5.1976 - 1 StR 166/76 = NJW 1976, 1546 -1547. NJW 1976, 2029

KRAUSE, D.: Einzelfragen zum Anwesenheitsrecht des Verteidigers im Strafverfahren. StV 1984, 169-175

KREKELER, W.: Strafverfahrensrecht und Terrorismus. AnwBl. 1979, 212-217

KREKELER, W.: Das Verbot der Mehrfachverteidigung gem. § 146 StPO und seine extensive Auslegung durch die Rechtsprechung. Ein Appell an den Gesetzgeber. AnwBl. 1981, 5-8

KREKELER, W.: Probleme der Verteidigung in Wirtschaftsstrafsachen. Wistra 1983, 43-49

KREKELER, W.: Der Beweiserhebungsanspruch der Verteidigung im Ermittlungsverfahren unter besonderer Berücksichtigung des Sachverständigenbeweises. AnwBl. 1986, 62-65

KROMREY, H.: Empirische Sozialforschung. Opladen 1980

KRÜGER, R.: Der Verteidiger im Strafverfahren. Kriminalistik 1974, 392-398, 444-447

KÜHNE, H.-H.: Strafprozeßlehre. 3. Aufl., Heidelberg 1988

KUHLMANN, G.-J.: Gedanken zum Bericht über das Verhältnis "Staatsanwaltschaft und Polizei". DRiZ 1976, 265-269

LAMPE, J.: Ermittlungszuständigkeit von Richter und Staatsanwalt nach dem 1. StVRG. NJW 1975, 195-198

LAMPE, J.: Anlaufschwierigkeiten des neuen Strafverfahrensrechts (Streitfragen beim Ausschluß des Strafverteidigers und im Strafvollstreckungsrecht). MDR 1975, 529-531

LIEMERSDORF, T.: Beweisantragsrecht und Sachverhaltsaufklärung. StV 1987, 175-179

LINGENBERG, J., F. HUMMEL: Kommentar zu den Grundsätzen des anwaltlichen Standesrechts. Köln 1981

LINGENBERG, J., F. HUMMEL, R. ZUCK, W. EICH: Kommentar zu den Grundsätzen des anwaltlichen Standesrechts. 2. Aufl., Köln 1988 (zitiert: LINGENBERG/HUMMEL (Bearbeiter))

LÖWE, E. - ROSENBERG, W.: Die Strafprozeßordnung und das Gerichtsverfassungsgesetz. 23. Aufl., Berlin, New York 1976ff; 24. Aufl., Berlin, New York 1988 (zitiert: 23. Aufl.: LR-Bearbeiter, a.a.O. 23, ... 24. Aufl.: LR-Bearbeiter, a.a.O. 24, ...)

LÜDERSSEN, K.: Beiträge zu: Podiumsdiskussion. AnwBl. 1986, 72-88

LÜDERSSEN, K.: Die Pflichtverteidigung. NJW 1986, 2742-2748

LÜTTGER, H.: Das Recht des Verteidigers auf Akteneinsicht. NJW 1951, 744-747

MANGOLD, W.: Empirische Sozialforschung. Heidelberg 1967

MARTIN, L.: Die Änderungen des StPO durch das Gesetz zur Ergänzung des Ersten Gesetzes zur Reform des Strafverfahrensrechtes vom 20.12.1974 in der Rechtsprechung des Bundesgerichtshofes und des Bundesverfassungsgerichts. In: H.-H. JESCHEK, H. LÜTTGER (Hrsg.): Festschrift f. E. Dreher. Berlin, New York 1977, 647-667

MAYNTZ, R., K. HOLM, P. HÜBNER: Einführung in die Methoden der empirischen Soziologie. 9. Aufl., Opladen 1974 (zitiert: MAYNTZ et al., ...)

MEHLE, V.: Der Verteidiger - Ein Korrektiv auch zu Lasten des Beschuldigten? In: K. WASSERBURG, W. HADDENHORST (Hrsg.): Wahrheit und Gerechtigkeit im Strafverfahren. Festgabe f. K. Peters. Heidelberg 1984, 201-213

MEIER, B.-D.: Die Bestrafung von Rückfalltätern in der Bundesrepublik Deutschland und in den USA. Eine rechtstatsächliche und rechtsvergleichende Untersuchung zu § 48 StGB. Jur. Diss. Göttingen 1982

MESSER, H.: Standesrechtliches Werbeverbot des Rechtsanwalts und Kartellrecht. In: O.F. Freiherr von GAMM, P. RAISCH, K. TIEDEMANN (Hrsg.): Strafrecht, Unternehmensrecht, Anwaltsrecht. Festschrift f. G. Pfeiffer. Köln u.a. 1988, 973-984

MEYER-GOSSNER, L.: Das Strafverfahrensänderungsgesetz 1987. NJW 1987, 1161-1169

MÖRSCH, R.: Zur Rechtsstellung des Beschuldigten und seines Verteidigers im Vorverfahren unter Berücksichtigung der Aufgaben des gesamten Strafverfahrens. Jur. Diss. Mainz 1968

MOMBERG, R.: Die Ermittlungstätigkeit der Jugendgerichtshilfe und ihr Einfluß auf die Entscheidung des Jugendrichters. Jur. Diss. Göttingen 1982

MÜLLER, E.: Der Grundsatz der Waffengleichheit im Strafverfahren. NJW 1976, 1063-1067

MÜLLER, E.: Strafverteidigung. NJW 1981, 1801-1807

MÜLLER, E.: Bemerkungen zu den Grundlagen der Reform des Ermittlungsverfahrens. AnwBl. 1986, 50-54

MÜLLER, E.: Aus der Rechtsprechung zum Recht der Strafverteidigung. NStZ 1989, 111-113

MÜLLER, El.: Verteidigung in Straßenverkehrssachen. Heidelberg 1984

MÜLLER, I.: 100 Jahre Wahrheit und Gerechtigkeit. KJ 10 (1977), 11-28 (zitiert: 1977a)

MÜLLER, I.: Neue Grenzen anwaltlicher Tätigkeit? DuR 1977, 267-286 (zitiert: 1977b)

MÜLLER, I.: Rechtsstaat und Strafverfahren. Frankfurt/M. 1980

MÜTZELBURG, G.: Über Verteidigung im Verständnis der Verteidiger. In: E.-W. HANACK, P. RIESS, G. WENDISCH (Hrsg.): Festschrift f. H. Dünnebier. Berlin, New York 1982, 277-284

NELLES, U.: Der Einfluß der Verteidigung auf Beweiserhebungen im Ermittlungsverfahren. StV 1986, 74-80

NESTLER-TREMEL, C.: Das Verbot der Mehrfachverteidigung gemäß § 146 StPO in aktuellen Verfahren wegen Mitgliedschaft in einer terroristischen Vereinigung. NStZ 1986, 534-539

NESTLER-TREMEL, C.: Die durch das StVÄG 1987 gebotene Neuorientierung beim Verbot der Mehrfachverteidigung gemäß §§ 146, 146a StPO. NStZ 1988, 103-108

NIRK, R.: Neuordnung des Standesrechts aus eigener Kraft - zum "unrühmlichen Ende" der Standesrichtlinien. AnwBl. 1987, 574-575

NOTHACKER, G.: Zu Durchsuchung und Beschlagnahme. Archiv für Kriminologie 178 (1986), 1-14

OELLERICH, R.: Voraussetzungen einer notwendigen Verteidigung und Zeitpunkt der Pflichtverteidigerbestellung. StV 1981, 434-442

ÖTV: Strafrechtskommission der Fachgruppe Richter und Staatsanwälte in der Gewerkschaft ÖTV: Leitsätze zur Reform des Rechts der Verteidigung. AnwBl. 1981, 224-231

OPPENHOFF, W.: Anwaltsgemeinschaft, ihr Sinn und Zweck. AnwBl. 1967, 267-275

OSTENDORF, H.: Strafvereitelung durch Strafverteidigung. NJW 1978, 1345-1350

OSTLER, F.: Der Rechtsanwalt als Strafverteidiger. JR 1959, 121-129

OSTLER, F.: Die deutschen Rechtsanwälte 1871-1971. Essen 1971

OSTLER, F.: Neueste Entwicklungen in der Rechtsanwaltschaft. NJW 1987, 281-283

PAWLITA, C.: Die Wahrnehmung des Akteneinsichtsrechts im gerichtlichen und behördlichen Verfahren durch Überlassung der Akten in die Rechtsanwaltskanzlei. AnwBl. 1986, 1-7

PETERS, K.: Anmerkung zu KG, Beschl. v. 10.5.1971 - 1 WS 33 u. 35/71, JR 1971, 338-340. JR 1971, 340-341

PETERS, K.: Fehlerquellen im Strafprozeß. Eine Untersuchung der Wiederaufnahmeverfahren in der Bundesrepublik Deutschland. 2. Band: Systematische Untersuchungen und Folgerungen. Karlsruhe 1972

PETERS, K.: Der neue Strafprozeß. Darstellung und Würdigung. Karlsruhe 1975

PETERS, K.: Strafprozeß. Ein Lehrbuch. 3. Aufl., Karlsruhe 1981

PETERS, K.: Anmerkung zu BVerfG, Beschl. v. 12.1.1983 - 2 BvR 864/81. NStZ 1983, 275-276

PHILLIPS, B.S.: Empirische Sozialforschung. Strategie und Taktik. Hrsg. v. E. BODZENTA. Wien, New York 1970

PIETZCKER, J.: Neuordnung des anwaltlichen Berufsrechts. NJW 1988, 513-520

PRICE, J.P.: The English Legal System. Plymouth 1979

QUACK, K.: Sinn und Grenzen anwaltlicher Unabhängigkeit heute. AnwBl. 1975, 259-266 (zitiert: 1975a)

QUACK, K.: Sinn und Grenzen anwaltlicher Unabhängigkeit heute. NJW 1975, 1337-1343 (zitiert: 1975b)

QUEDENFELD, H.D.: Beweisantrag und Verteidigung in den Abschnitten des Strafverfahrens bis zum erstinstanzlichen Urteil. In: K. WASSERBURG, W. HADDENHORST (Hrsg.): Wahrheit und Gerechtigkeit im Strafverfahren. Festgabe f. K. Peters. Heidelberg 1984, 215-233

RABE, H.-J.: Zur Standespolitik des Deutschen Anwaltsvereins. AnwBl. 1979, 248-249

RABE, H.-J.: Anwaltschaft 1980. AnwBl. 1980, 269-273

RABE, H.-J.: Anwaltschaft 1981. AnwBl. 1981, 253-255

RABE, H.-J.: "Werbung um Praxis". AnwBl. 1985, 360-361

RASCH, W., S. HINZ: Für den Tatbestand ermitteln. Kriminalistik 1980, 377-382

REBMANN, K.: Terrorismus und Rechtsordnung - Erfahrungen mit den Rechtsänderungen der vergangenen Jahre - Vorschläge de lege ferenda. DRiZ 1979, 363-370

REBMANN, K.: Das Verbot der Mehrfachverteidigung nach § 146 StPO - Anwendung und Grenzen -. NStZ 1981, 41-46

REDEKER, K.: Spezialisierung und Team-Arbeit in der anwaltlichen Praxis. ZRP 1969, 268-272

REDEKER, K.: Freiheit der Advokatur - heute. NJW 1987, 2610-2616

RHEINSTEIN, M.: Einführung in die Rechtsvergleichung. München 1974

RICHTER II, C.: Grenzen anwaltlicher Interessenvertretung im Ermittlungsverfahren. AnwBl. 1981, 337-340

RICHTER II, C.: Praktische Theorie. Immer noch einmal: Der Mitbeschuldigte als Zeuge - Zur Revisionsbegründungsfrist - Die Zeugenvernehmung durch den Verteidiger. In: K. WASSERBURG, W. HADDENHORST (Hrsg.): Wahrheit und Gerechtigkeit im Strafverfahren. Festgabe f. K. Peters. Heidelberg 1984, 235-247

RICHTER II, C.: Zum Bedeutungswandel des Ermittlungsverfahrens - Bestandsaufnahme und Reformtendenzen -. StV 1985, 382-389

RIESS, P.: Der Hauptinhalt des Ersten Gesetzes zur Reform des Strafverfahrensrechts (1. StVRG). NJW 1975, 81-94

RIESS, P.: Gesamtreform des Strafverfahrensrechts - eine lösbare Aufgabe? ZRP 1977, 67-77

RIESS, P.: Der Beschuldigte als Subjekt des Strafverfahrens in Entwicklung und Reform der Strafprozeßordnung. In: BUNDESMINISTERIUM DER JUSTIZ (Hrsg.): Vom Reichsjustizamt zum Bundesministerium der Justiz. Köln 1977, 373-440

RIESS, P.: Vereinfachte Verfahrensarten für die kleinere Kriminalität. In: H.-L. SCHREIBER (Hrsg.): Strafprozeß und Reform (Demokratie und Rechtsstaat; Bd. 45). Neuwied, Darmstadt 1979, 113-149

RIESS, P.: Prolegomena zu einer Gesamtreform des Strafverfahrensrechts. In: H. HASSENPFLUG (Hrsg.): Festschrift f. K. Schäfer. Berlin, New York 1980, 155-221

RIESS, P.: Neuordnung des Rechtsschutzes gegen strafprozessuale Zwangsmaßnahmen. ZRP 1981, 101-104

RIESS, P.: Über die Beziehungen zwischen Rechtswissenschaft und Gesetzgebung im heutigen Strafprozeßrecht. ZStW 95 (1983), 529-564

RIESS, P.: Amtlich verwahrte Beweisstücke (§ 147 StPO). In: K. WASSERBURG, W. HADDENHORST (Hrsg.): Wahrheit und Gerechtigkeit im Strafverfahren. Festgabe f. K. Peters. Heidelberg 1984, 113-129

RIESS, P.: Zur Häufigkeit der Mitwirkung von Verteidigern. StV 1985, 211-214 (zitiert: a.a.O. 1985a)

RIESS, P.: Besprechung zu: Festschrift für Ulrich Klug, zum 70. Geburtstag. Herausgegeben von Günther KOHLMANN. Dr. Peter Deubner Verlag, Köln 1983. 2. Bände. XIX, insgesamt 635 S., Leinen, DM 198.- GA 1985, 332-335 (zitiert: a.a.O. 1985b)

RIESS, P.: Beiträge zu: Podiumsdiskussion. AnwBl. 1986, 72-88

RIESS, P.: Hauptverhandlungsreform - Reform des Strafverfahrens? In: W. KÜPER, I. PUPPE, J. TENCKHOFF (Hrsg.): Festschrift f. K. Lackner. Berlin, New York 1987, 965-989

RIESS, P.: 15 Jahre Strafprozeßreform in Raten - Rückblick und Bilanz -. In: O.F. Freiherr von GAMM, P. RAISCH, K. TIEDEMANN (Hrsg.): Strafrecht, Unternehmensrecht, Anwaltsrecht. Festschrift f. G. Pfeiffer. Köln u.a. 1988, 155-174

RIESS, P., H. HILGER: Das neue Strafverfahrensrecht - Opferschutzgesetz und Strafverfahrensänderungsgesetz 1987 -. 2. Teil. NStZ 1987, 204-209

RIESS, P., J. THYM: Rechtsschutz gegen strafprozessuale Zwangsmaßnahmen. GA 1981, 189-212

RÖHMEL, K.: Beschränkung der Verteidigung und Ausschließung eines Verteidigers nach dem Gesetz zur Ergänzung des Ersten Gesetzes zur Reform des Strafverfahrensrechts (StVRGErgG). JA 1976, 519-524

RÖMER, J.: Kooperatives Verhalten der Rechtspflegeorgane im Strafverfahren? In: R. HAMM, W. MATZKE (Hrsg.): Festschrift f. E. Schmidt-Leichner. München 1977, 133-144

ROESEN, A.: Exklusivität des Verteidigers. Zur Neufassung des § 146 StPO. AnwBl. 1975, 132

ROMBERG, H.P.: Die Richter Ihrer Majestät. Porträt der englischen Justiz. Stuttgart 1965

ROTH, E.: Sozialwissenschaftliche Methoden. München, Wien 1984

ROXIN, C.: Die Reform der Hauptverhandlung im deutschen Strafprozeß. In: Probleme der Strafprozeßreform. Hrsg. v.: H. LÜTTGER. Berlin, New York 1975, 52-72

ROXIN, C.: Strafverfahrensrecht. 20. Aufl., München 1987

RUDOLPH, M.: Gesetzliche Regelung der Ausschließung des Verteidigers? DRiZ 1973, 257-260

RUDOLPHI, H.-J.: Strafprozeß im Umbruch. Eine Bilanz der strafverfahrensrechtlichen Reformen seit Kriegsende. ZRP 1976, 165-173

RÜCKEL, C.: Die Notwendigkeit eigener Ermittlungen des Strafverteidigers. In: K. WASSERBURG, W. HADDENHORST (Hrsg.): Wahrheit und Gerechtigkeit im Strafverfahren. Festgabe f. K. Peters. Heidelberg 1984, 265-284

RÜCKEL, C.: Strafverteidigung und Zeugenbeweis. Praxis der Strafverteidigung Bd. 9. Hrsg. v.: J. AUGSTEIN, W. BEULKE, H.-L. SCHREIBER. Heidelberg 1988

RÜPING, H.: Theorie und Praxis des Strafverfahrens. Bonn 1979

RÜPING, H., G. DORNSEIFER: Dysfunktionales Verhalten im Prozeß. JZ 1977, 417-420

RÜTHERS, B.: Wir denken die Rechtsbegriffe um ... Weltanschauung als Auslegungsprinzip (Texte + Thesen; Bd. 199). Zürich 1987

SACHSE, Dr.: Die Mitgliederversammlung 1956 der DAV. AnwBl. 1956, 130-132

SACK, F.: Probleme der Kriminalsoziologie. In: R. KÖNIG (Hrsg.): Handbuch der empirischen Sozialforschung. Bd. 12: Wahlverhalten, Vorurteile, Kriminalität. Stuttgart 1978, 192-492

SANNWALD, D.: Verfassungsrechtsprechung zu § 146 StPO. AnwBl. 1980, 10-14

SARSTEDT, W.: Der Beweisantrag im Strafprozeß. DAR 1964, 307-314

SARSTEDT, W.: Max Alsberg, ein deutscher Strafverteidiger. AnwBl. 1978, 7-14

SARSTEDT, W., R. HAMM: Die Revision in Strafsachen. 5. Aufl., Berlin, New York 1983

SCHAEFER, H.-C.: Zur Anwesenheit des Verteidigers bei polizeilichen Vernehmungen des Beschuldigten. MDR 1977, 980-982

SCHAEFER, H.-C., RÖHL: Das Frankfurter Rechtsberatungsprojekt. StV 1986, 456-458

SCHARDEY, G.: Fachanwaltschaften - oder Spezialisierungshinweise anderer Art? AnwBl. 1978, 41-47

SCHARDEY, G.: Werbung und Fachgebietsbezeichnung - Ein aktuelles Thema? -. AnwBl. 1979, 256-261

SCHARDEY, G.: Fachgebietsbezeichnungen für Anwälte. AnwBl. 1984, 347

SCHARDEY, G.: Spezialisierung von Rechtsanwälten - auch als Werbung. AnwBl. 1986, 274-276

SCHENK, D.: Beweis- und Ermittlungsanregungen des Strafverteidigers an die Kriminalpolizei. In: Die eigene Ermittlungstätigkeit des Strafverteidigers. Strafprozessuale und standesrechtliche Möglichkeiten und Grenzen. Schriftenreihe der Vereinigung Berliner Strafverteidiger e.V. Berlin o.J. (1981), 35-37

SCHEUCH, E.K.: Das Interview in der Sozialforschung. In: R. KÖNIG (Hrsg.): Handbuch der empirischen Sozialforschung. Grundlegende Methoden und Techniken der empirischen Sozialforschung. Erster Teil. Band 2. 3. Aufl., Stuttgart 1973 (zitiert: SCHEUCH, a.a.O. Handbuch 2, ...)

SCHEUCH, E.K.: Auswahlverfahren in der Sozialforschung. In: R. KÖNIG (Hrsg.): Handbuch der empirischen Sozialforschung. Grundlegende Methoden und Techniken. Zweiter Teil. Band 3a. 3. Aufl., Stuttgart 1974, 1-96 (zitiert: SCHEUCH, a.a.O. Handbuch 3, ...)

SCHIEFER, W.: Anwalt im Zeitalter der Dienstleistung - Herausforderung zum Wandel. NJW 1986, 1969-1978

SCHLOTHAUER, R.: Vorbereitung der Hauptverhandlung durch den Verteidiger. Praxis der Strafverteidigung Bd. 10. Hrsg. v.: J. AUGSTEIN, W. BEULKE, H.-L. SCHREIBER. Heidelberg 1988

SCHLÜCHTER, E.: Das Strafverfahren. 2. Aufl., Köln u.a. 1983

SCHMALZ, K.: Zulassung von Fachanwaltsbezeichnungen. NJW 1987, 307-308

SCHMIDT, H.-W.: Grundsätze der Rechtsprechung des BGH zu § 137 Abs. 1 Satz 2 und § 146 StPO. MDR 1977, 529-532

SCHMIDT-HIEBER, W.: Verständigung im Strafverfahren. München 1986 (zitiert: a.a.O. 1986a)

SCHMIDT-HIEBER, W.: Der strafprozessuale "Vergleich" - eine illegale Kungelei? StV 1986, 355-357 (zitiert: a.a.O. 1986b)

SCHMIDT-LEICHNER, E.: Strafverfahrensrecht 1975 - Fortschritt oder Rückschritt? NJW 1975, 417-422

SCHNEIDER, H.-P.: Das Leitbild des Rechtsanwalts im Grundgesetz. In: W. HOLTFORT (Hrsg.): Strafverteidiger als Interessenvertreter (Demokratie und Rechtsstaat; Bd. 44). Neuwied, Darmstadt 1979, 26-36

SCHNEIDER, R.: Der Rechtsstaat, ein unabhängiges Organ der Rechtspflege (Schriften zum öffentlichen Recht; Bd. 311). Berlin 1976

SCHNEIDER, R.: Verfassungsrechtliche Grundlagen des Anwaltsberufs. NJW 1977, 873-877

SCHÖCH, H.: Strafzumessungspraxis und Verkehrsdelinquenz. Kriminologische Aspekte der Strafzumessung am Beispiel einer empirischen Untersuchung zur Trunkenheit im Verkehr. Stuttgart 1973

SCHÖCH, H.: Methoden, Dunkelfeld. In: Fälle zum Wahlfach Kriminologie, Jugendstrafrecht, Strafvollzug. Hrsg. v.: H. JUNG. München 1975, 104-120

SCHÖCH, H.: Strafzumessung und Persönlichkeitsschutz in der Hauptverhandlung - Erfahrungen aus einer Erprobung des informellen Tatinterlokuts -. In: W. FRISCH, W. SCHMID (Hrsg.): Festschrift f. H.-J. Bruns. Köln u.a. 1978, 457-474

SCHÖCH, H.: Die Reform der Hauptverhandlung. In: Strafprozeß und Reform. Hrsg. v.: H.-L. SCHREIBER (Demokratie und Rechtsstaat; Bd. 45). Neuwied 1979, 52-81

SCHÖCH, H.: Forschungsmethoden - Grundbegriffe - Forschungsplan - Erhebungsmethoden - Auswertungsverfahren - Schuldinterlokut. In: G. KAISER, H. SCHÖCH: Juristischer Studienkurs Kriminologie, Jugendstrafrecht, Strafvollzug. 3. Aufl., München 1987

SCHÖCH, H.: Neues Strafrecht und Struktur der Hauptverhandlung - Kooperative Verfahren und kontradiktorischer Prozeß -. In: Gesamtreform des Strafverfahrens. Hrsg. v.: H.-L. SCHREIBER, R. WASSERMANN. Neuwied, Darmstadt 1987a, 98-111 (zitiert: a.a.O. 1987a)

SCHÖCH, H.: Wird in der Bundesrepublik Deutschland zu viel verhaftet? Versuch einer Standortbeschreibung anhand nationaler und internationaler Statistiken. In: W. KÜPER, J. PUPPE, J. TRENCKHOFF (Hrsg.): Festschrift f. K. Lackner. Berlin, New York 1987b, 991-1008 (zitiert: a.a.O. 1987b)

SCHÖCH, H., H.-L. SCHREIBER: Ist die Zweiteilung der Hauptverhandlung praktikabel? ZRP 1978, 63-67

SCHOECK, H.: Soziologisches Wörterbuch. 10. Aufl., Freiburg 1979

SCHREIBER, H.-L.: Verfahrensrecht und Verfahrenswirklichkeit. ZStW 88 (1976), 117-161

SCHREIBER, H.-L.: Zur Rolle des psychiatrisch-psychologischen Sachverständigen im Strafverfahren. In: C. BRODA, E. DEUTSCH, H.-L. SCHREIBER, H.-J. VOGEL (Hrsg.): Festschrift f. R. Wassermann. Neuwied, Darmstadt 1985, 1007-1020

SCHREIBER, H.-L.: Zur Rolle des psychiatrisch-psychologischen Sachverständigen im Strafverfahren. In: H. KURY (Hrsg.): Ausgewählte Fragen und Probleme forensischer Begutachtung. Interdisziplinäre Beiträge zur kriminologischen Forschung Bd. 14. Köln u.a. 1987, 49-74

SCHREIBER, H.-L.: Die Entwicklung der Reformdebatte - Strafprozeß ohne Gesamtperspektive -. In: H.-L. SCHREIBER, R. WASSERMANN (Hrsg.): Gesamtreform des Strafverfahrens. Internationales Christian-Broda-Symposion 1986. Neuwied, Darmstadt 1987

SCHREIBER, H.-L., H. SCHÖCH, D. BÖNITZ: Die Jugendgerichtsverhandlung am "Runden Tisch". Kriminologische Studien Bd. 38. Hrsg. v.: F. SCHAFFSTEIN, H. SCHÜLER-SPRINGORUM. Göttingen 1981

SCHÜNEMANN, B.: Reflexionen über die Zukunft des deutschen Strafverfahrens. In: O.F. Freiherr von GAMM, P. RAISCH, K. TIEDEMANN (Hrsg.): Strafrecht, Unternehmensrecht, Anwaltsrecht. Festschrift f. G. Pfeiffer. Köln u.a. 1988, 461-484

SCHULZ, W.: Die Geschichte der Entwicklung des Akteneinsichtsrechts im Strafprozeß. Jur. Diss. Marburg 1971

SCHUMANN, K.F., G. WINTER: Zur Analyse der Hauptverhandlung im Strafprozeß. In: J. FRIEDRICH (Hrsg.): Teilnehmende Beobachtung abweichenden Verhaltens. Stuttgart 1973, 174-212

SCHUNCK, B.: Die Zweiteilung der Hauptverhandlung - Die Erprobung des informellen Tatinterlokuts bei Strafkammern -. Kriminologische Studien Bd. 38. Hrsg. v.: F. SCHAFFSTEIN, H. SCHÜLER-SPRINGORUM. Göttingen 1982

SEIER, J.: Der strafprozessuale Vergleich im Lichte des § 136a StPO. JZ 1988, 683-688

SESSAR, K.: Wege zu einer Neugestaltung der Hauptverhandlung. ZStW 92 (1980), 698-722

SIEG, H.O.: Zur Anwesenheit des Verteidigers bei Vernehmungen des Beschuldigten im Ermittlungsverfahren. NJW 1975, 1009

SIM, R.S., D.M.M. SCOTT: 'A' Level English Law. London 1984

SKUHR, R.: Anwesenheitsrecht des Verteidigers im Ermittlungsverfahren. NJW 1966, 1350-1351

STATISTISCHES BUNDESAMT: Rechtspflege. Fachserie 10. Reihe 2.2. Strafgerichte. 1980. Stuttgart, Mainz 1981

STRAFRECHTSAUSSCHUSS DER BUNDESRECHTSANWALTSKAMMER: Stellungnahme (Arbeitspapier) zum Gesetzentwurf des Arbeitskreises Strafprozeßreform. Die Verteidigung durch U. LANTZKE, E. MÜLLER, E. WAHLE (Schriftenreihe der Bundesrechtsanwaltskammer; Bd. 5). München 1984

STRZYZ, W.: Die Abgrenzung von Strafverteidigung und Strafvereitelung (Jur. Diss. Kiel 1982). München 1983

SUE, J.: Rechtsstaatliche Probleme des anwaltlichen Standesrechts. Jur. Diss. Göttingen 1986

TEMMING, G.: Der Verteidiger als (modifiziertes) Organ der Rechtspflege. StV 1982, 539-544

TETTINGER, P.J.: "Abschied vom Werbeverbot?" - Gedanken zum freiberuflichen Standesrecht. JZ 1988, 228-233

THE ROYAL COMMISSION ON LEGAL SERVICES: Final Report, Volume One, Chapters 1-28. Hrsg. v.: HER MAJESTY'S STATIONERY OFFICE. London 1979

THOMAS, S.: Erweiterte Teilhaberechte der Verteidigung im reformierten Ermittlungsverfahren. AnwBl. 1986, 56-59

ULSENHEIMER, K.: Zur Regelung des Verteidigerausschlusses in §§ 138a-d, 146 n.F. StPO. GA 1975, 103-120

VOGEL, H.-J.: Strafverfahrensrecht und Terrorismus - eine Bilanz. NJW 1978, 1217-1228

VOGEL, H.-J.: Pro und Kontra Fachanwaltsbezeichnungen. AnwBl. 1982, 401-404

WÄCHTLER, H.: Thesen zur rechtspolitischen Diskussion des § 146 n.F. - Zugleich Stellungnahme des Republikanischen Anwaltsvereins e.V. DuR 11 (1983), 49-51

WAGNER, H.: Verteidiger im Zwielicht? AnwBl. 1975, 1

WANNAGAT, G.: Für ein stärkeres Engagement der Anwaltschaft in der Sozialgerichtsbarkeit. NJW 1977, 878-881

WASSERBURG, K.: Das Einsichtsrecht des Anwalts in die kriminalpolizeilichen Spurenakten. NJW 1980, 2440-2446

WASSERMANN, R.: Die Verminderung des Machtgefälles in der Strafgerichtsverhandlung als rechtspraktisches und rechtspolitisches Problem. ZRP 1986, 133-137

WASSERMANN, R.: Die Verminderung des Machtgefälles im Strafverfahren als rechtspolitisches Problem. In: H.-L. SCHREIBER, R. WASSERMANN (Hrsg.): Gesamtreform des Strafverfahrens. Internationales Christian-Broda-Symposion 1986. Neuwied, Darmstadt 1987, 25-35

WASSMANN, H.-J.: Strafverteidigung und Strafvereitelung. Jur. Diss. Hamburg 1982

WEBER, K.: Der Mißbrauch prozessualer Rechte im Strafverfahren. GA 1975, 289-304

WEIDER, H.-J.: Pflichtverteidigerbestellung im Ermittlungsverfahren und Opferschutzgesetz. StV 1987, 317-320

WEIGAND, T.: Tagungsbericht - Diskussionsbeiträge der Strafrechtslehrertagung 1981 in Bielefeld. ZStW 94 (1981), 46-67

WEIHRAUCH, M.: Verteidigung im Ermittlungsverfahren. Heidelberg 1984

WEISSMANN, U.: Die Stellung des Vorsitzenden in der Hauptverhandlung. Die Entwicklung einer Verfahrensordnung zum Wechselverhör mit einer empirischen Studie über den "Passivrichter". Kriminologische Studien Bd. 40. Hrsg. v.: F. SCHAFFSTEIN, H. SCHÜLER-SPRINGORUM. Göttingen 1982

WELP, J.: Der Verteidiger als Anwalt des Vertrauens. ZStW 90 (1978), 101-131 (zitiert: 1978a)

WELP, J.: Die Rechtsstellung des Strafverteidigers. ZStW 90 (1978), 804-828 (zitiert: 1978b)

WELP, J.: Die Verteidigung. Demokratie und Recht 1980, 39-44

WELP, J.: Probleme des Akteneinsichtsrechts. In: K. WASSERBURG, W. HADDENHORST (Hrsg.): Wahrheit und Gerechtigkeit im Strafverfahren. Festgabe f. K. Peters. Heidelberg 1984, 309-330

WELP, J.: Rechtsschutz gegen verweigerte Akteneinsicht. StV 1986, 446-451

WESSING, J.: Die Kommunikation des Verteidigers mit seinem Mandanten. Jur. Diss. Köln 1985

WIDMAIER, G.: Der strafprozessuale Vergleich. StV 1986, 357-359

WINTERFELD, A. von: Staatsschutz und Rechtsstaat im Konfliktsfeld des Verteidigers. In: R. HAMM, M. MATZKE (Hrsg.): Festschrift f. E. Schmidt-Leichner. München 1977, 219-228 (zitiert: 1977a)

WINTERFELD, A. von: Terrorismus - "Reform" ohne Ende? Konzept eines neuen Weges zur Abwehr des Terrorismus. ZRP 1977, 265-269 (zitiert: 1977b)

WINTERS, K.P.: Jahresbericht 1986/87. AnwBl. 1987, 302-323

WOLTER, J.: Strafverfahrensrecht und Strafprozeßreform. GA 1985, 49-92

WURSTER, H.-D.: Die Erschwerungen in der Strafverteidigung seit 1975. Jur. Diss. Bremen 1982

ZANDER, M.: The State of Knowledge about the English Legal Profession. Chichester 1980

ZANDER, M.: Cases and Materials on the English Legal System. Fourth Edition, London 1984

ZIERL, G.: Der Vergleich im Strafverfahren - Oder "Tausche Geständnis gegen Bewährung". AnwBl. 1985, 505

ZIPF, H.: Kriminalpolitik. 2. Aufl., Karlsruhe 1980

ZOEBE, G.: Die Kunst, Ambivalenzen im Strafprozeß zu vermeiden. In: R. HAMM, W. MATZKE (Hrsg.): Festschrift f. E. Schmidt-Leichner. München 1977, 229-241

ZUCK, R.: Einige verfassungsrechtliche Bemerkungen zum Grundsatz "ein Verteidiger - ein Beschuldigter" (§ 146 StPO n.F.). NJW 1975, 434-435

ZUCK, R.: Anwaltsberuf und Bundesverfassungsgericht. NJW 1979, 1121-1127

ZUCK, R.: Der Fachanwalt. AnwBl. 1987, 201-204 (zitiert: 1987a)

ZUCK, R.: Anwaltswerbung. MDR 1987, 366-368 (zitiert: 1987b)

ZUCK, R.: Standesrecht in Satzungsform. Für eine Satzungskompetenz der Bundesrechtsanwaltskammer. ZRP 1987, 145-149 (zitiert: 1987c)

ZUCK, R.: Die notwendige Reform des anwaltlichen Berufs- und Standesrechts. NJW 1988, 175-181 (zitiert: 1988a)

ZUCK, R.: Anwaltswerbung zwischen zulässiger Informations- und unzulässiger Mandatswerbung. NJW 1988, 528-532 (zitiert: 1988b)

ZUCK, R.: Standesrecht und Verfassungsrecht. In: O.F. Freiherr von GAMM, P. RAISCH, K. TIEDEMANN (Hrsg.): Strafrecht, Unternehmensrecht, Anwaltsrecht. Festschrift f. G. Pfeiffer. Köln u.a. 1988, 1007-1021 (zitiert: 1988c)

Anhang 1

Fragebogen zu den Interviews

I. Persönliche Daten

1. Wieviele Jahre sind Sie schon als Strafverteidiger tätig?

2. Wieviele Verteidigungen haben Sie etwa pro Jahr?

3. In welchem Verhältnis stehen diese Verteidigungen zu Ihren zivilrechtlichen u. a. Fällen schätzungsweise?

II. Mandat

1. Haben Sie Erkenntnisse bzw. Vermutungen, warum die Mandanten gerade zu Ihnen als Verteidiger kommen?
   Können Sie die Gründe nach ihrer Häufigkeit einstufen?

2. a) Können Sie angeben, zu welchem Zeitpunkt sich die Mandanten hauptsächlich bei Ihnen melden?

   b) Können Sie versuchen, für die in Betracht kommenden Zeitpunkte prozentuale Schätzungen anzugeben?

   - unmittelbar nach der Tat
   - vor der polizeilichen Vernehmung
   - nach der polizeilichen Vernehmung
   - sonst im Vorverfahren
   - nach Zulassung der Anklage
   - im Hauptverfahren
   - nach dem Urteil (aus der Strafhaft)
   - vor Berufung/Revision
   - sonst

   Noch eine spezielle Frage zum Strafbefehlsverfahren:

   c) Wie häufig kommen die Mandanten erst nach Zustellung eines Strafbefehls und wie häufig nach Ablauf der Einspruchsfrist?

3. Gibt es Ihrer Erfahrung nach eine Abhängigkeit zwischen dem Zeitpunkt der ersten Kontaktaufnahme und dem Delikt, dessen der Mandant beschuldigt wird?

4. Welchen sozialen Schichten entstammen Ihre Mandanten hauptsächlich?

5. Gibt es Ihrer Erfahrung nach eine Abhängigkeit zwischen dem Zeitpunkt der ersten Kontaktaufnahme und der sozialen Stellung Ihres Mandanten?

6. a) Gibt es bei Ihnen Schwerpunkte hinsichtlich der Straftaten Ihrer Mandanten, für die Sie als Verteidiger auftreten?

   b) Kann man Sie als Spezialisten für diese Fälle bezeichnen?

   c) Wie hoch ist der Anteil dieser Fälle gegenüber den anderen Verteidigungen?

7. Wie etwa verteilt sich Ihre Verteidigertätigkeit auf die folgenden Spruchkörper?

   - Einzelrichter

   - Schöffengericht

   - Strafkammer 1. Instanz

   - Berufungskammer

   - Revision OLG/BGH

8. Gibt es Delikte, bei denen Sie <u>nicht</u> als Verteidiger auftreten würden?

9. a) Gibt es Fälle, in denen Sie den Mandanten zusammen mit
   einem
   oder mit
   zwei
   anderen Rechtsanwälten verteidigen?

   b) Wie häufig kommt das vor?

   c) Gibt es Fälle, in denen Sie <u>nur</u> mit anderen Verteidigern zusammen die Verteidigung übernehmen würden?

   d) Gab es bei Ihnen schon Fälle, in denen die Anzahl von drei Verteidigern im Prinzip nicht ausreichte?

10. a) Würden Sie es begrüßen, wenn Sie in einem Strafverfahren auch mehrere Angeklagte (Mittäterschaft) verteidigen könnten?

    b) Wie könnten evtl. auftauchende Konfliktsituationen ohne Nachteil für die Angeklagten gelöst werden?

11. a) Wie oft kommt es vor, daß ein Mandat aufgelöst wird?

- durch Sie

- durch den Mandanten

b) Gibt es häufiger auftretende Gründe dafür und welche sind dies?

c) Wie groß ist der Anteil der Mandatsauflösungen im Verhältnis zu Ihren gesamten Mandaten?

12. a) Spielt die Tatsache, daß der Mandant in einer Rechtsschutzversicherung ist, für die Kontaktaufnahme und für das weitere Verfahren eine Rolle?

b) Wie hoch ist der Anteil Ihrer Mandanten, die in einer Rechtsschutzversicherung sind?

III. Ermittlungsverfahren

1. Während des gesamten Verfahrens haben Sie gemäß § 147 StPO das Akteneinsichtsrecht.

a) Machen Sie davon regelmäßig Gebrauch und zu welchen Zeitpunkten, oder gibt es Fälle, in denen Ihnen eine Einsichtnahme nicht notwendig erscheint?

b) Gibt es bei der Akteneinsicht gelegentlich Schwierigkeiten bei der Polizei bzw. Staatsanwaltschaft oder bei der Geschäftsstelle?

c) Wie oft wurde Ihnen die Akteneinsicht aufgrund § 147 II StPO verweigert?
War diese Verweigerung Ihrer Ansicht nach mißbräuchlich?

d) Würden Sie für ein unbeschränkbares Akteneinsichtsrecht plädieren - mit allen Konsequenzen hinsichtlich der dadurch im Verhältnis mit dem Mandanten entstehenden Schwierigkeiten?

e) Machen Sie von dem Recht, die Akten mit in die Kanzlei zu nehmen, Gebrauch?
Gibt es Fälle, in denen Sie die Akten nicht mitnehmen?
Welche Fälle sind dies und wie groß ist ihre Zahl im Verhältnis zu den Akten, die Sie mitnehmen?

f) Teilen Sie stets dem Mandanten den Akteninhalt mit oder machen Sie hier Ausnahmen?

g) Wie oft machen Sie von dem Recht, Beweisstücke anzusehen, Gebrauch?

2. a) Wie häufig kommt es vor, daß Sie bei polizeilichen Vernehmungen Ihres Mandanten anwesend sind?

   b) Würden Sie es begrüßen, wenn Sie ein Anwesenheitsrecht besäßen?

   c) Warum?

   d) Hielten Sie eine Anwesenheit insbesondere deshalb für notwendig, um auf das Protokoll der Vernehmung Einfluß nehmen zu können?

3. Raten Sie Ihren Mandanten, ohne Sie nicht auszusagen?

4. a) Wie häufig gibt es während des Ermittlungsverfahrens Kontakte (Gespräche, Schriftsätze) zu der Staatsanwaltschaft?

   b) Welche Ziele verfolgen Sie mit solchen Kontakten?

   c) Welche Effektivität messen Sie solchen Kontakten - insbesondere im Hinblick auf §§ 153, 153a StPO - bei?

   d) Wie häufig haben solche Kontakte eher informellen Charakter?

5. Gemäß §§ 168 c, d StPO haben Sie das Recht, bei richterlichen Untersuchungshandlungen im Ermittlungsverfahren anwesend zu sein.

   a) Wie häufig kommt es nach Ihrer Erfahrung zu solchen richterlichen Untersuchungshandlungen?

   b) Wie häufig etwa nehmen Sie diese Anwesenheitsmöglichkeit wahr?
   Gibt es Fälle, in denen Ihnen eine Anwesenheit nicht notwendig erscheint?

   c) Gibt es gelegentlich Schwierigkeiten, wenn Sie anwesend sein wollen -
   etwa solche terminlicher Art oder dadurch,
   daß Sie nicht rechtzeitig informiert wurden?

6. a) Beantragen Sie selbst gelegentlich psychiatrische oder psychologische Gutachten zur Schuldfähigkeit?

   b) Warum?

7. Welche Gutachten beantragen Sie besonders häufig?

8. a) Arbeiten Sie überwiegend mit bestimmten Gutachtern zusammen?

   b) Welche Gründe gibt es bei Ihnen, einen bestimmten Gutachter zu beauftragen?

9. Wie schätzen Sie die Zusammenarbeit mit Gericht und Staatsanwaltschaft hinsichtlich der zu bestellenden Gutachter ein?

10. Zu welchem Zeitpunkt beantragen Sie Gutachten bzw. beauftragen Sie selbst Gutachter?

11. Welche Bedeutung messen Sie der Möglichkeit des Ortstermins für die Urteilsfindung bei?

12. a) Wie häufig beantragen Sie zusätzliche Zeugenvernehmungen?

    b) Wie häufig machen Sie von der Möglichkeit des "präsenten" Zeugen Gebrauch?

    c) Wie häufig sprechen Sie mit Zeugen vor der Hauptverhandlung?
    Mit welchen?

    d) Wie häufig weisen Sie Zeugen schon vorsorglich auf ihr Zeugnisverweigerungsrecht hin, um diese Zeugenaussage zu verhindern?

    e) Wie schätzen Sie das Verhältnis der von Ihnen zu den von der Staatsanwaltschaft genannten Zeugen ein?

    f) Gibt es gelegentlich Schwierigkeiten, wenn Sie bei
    - Gericht
    - Staatsanwaltschaft
    die Vernehmung eines Zeugen beantragen?

13. a) Wie häufig machen Sie eigene Ermittlungen, um (entlastendes) Material für Ihren Mandanten zu erlangen?

    b) Welchen (zeitlichen/finanziellen) Umfang haben solche Ermittlungen?

    c) Beauftragen Sie bestimmte Personen mit privaten Ermittlungen?
    Welche?

14. Welche Vorteile hat es nach Ihrer Ansicht für den Mandanten, wenn Sie im Vorverfahren tätig sind?

15. Wo sehen Sie den Schwerpunkt Ihrer Tätigkeit als Verteidiger

- im Vorverfahren oder
- im Hauptverfahren?

16. a) Wie würden Sie die Effektivität Ihrer Tätigkeit im Vorverfahren einschätzen?

b) Gibt es Delikte, bei denen Ihre Bemühungen im Vorverfahren besonders effektiv sind?

c) Welche Delikte sind dies?

IV. Hauptverhandlung

1. a) Bereiten Sie den Mandanten (insbesondere Ersttäter) auf die Hauptverhandlung (Ablauf, Atmosphäre) vor?

b) "Üben"Sie bestimmte Aussagen mit den Mandanten "ein"?

2. a) Wie bereiten Sie sich im Hinblick auf Strafzumessung und Rechtsfolgenentscheidung für Ihr Plädoyer bzw. entsprechende Anträge in der Hauptverhandlung vor?

b) Haben Sie Kontakte zu der Gerichtshilfe, zumindest in den Fällen, in denen diese für das Gericht tätig wird?

c) Haben Sie Kontakte zu der Jugendgerichtshilfe?

d) Stellen Sie in diesem Zusammenhang eigene Ermittlungen an?

e) Wie schätzen Sie die Effektivität Ihrer Tätigkeit in diesem Bereich ein?

f) Gibt es Mandantengruppen, bei denen Sie in dieser Hinsicht besonderd erfolgreich tätig sein können?
Welche Gruppen sind dies?

3. a) Welche Erfahrungen haben Sie mit Gesprächen gemacht, die Sie außerhalb der Hauptverhandlung mit Staatsanwälten über den anstehenden Fall geführt haben?

b) Welche Erfahrungen haben Sie mit Gesprächen gemacht, die Sie mit Richtern über die anstehenden Fälle geführt haben?

c) Welche Bedeutung messen Sie solchen Gesprächen - insbesondere im Hinblick auf die Einstellungsmöglichkeiten des Verfahrens - zu?

4. a) Gibt es Fälle, in denen Sie einen Mandanten in einem anderen als Ihrem Gerichtsbezirk verteidigen?

b) Wie kommt es dazu?

c) Wie hoch ist der Anteil dieser Verteidigungen im Verhältnis zu Ihren "heimischen" Verteidigungen?

d) Ändert sich Ihr Auftreten bzw. Ihre Strategie bei Auswärtsverteidigungen gegenüber Ihrem Verhalten vor den "heimischen" Gerichten?

e) Gibt es Deliktsgruppen, bei denen Ihre Verteidigungstätigkeit vor auswärtigen Gerichten effektiver ist als vor heimischen Gerichten?

5. a) Machen Sie Unterschiede in Ihren Plädoyers danach, ob es sich um eine Verhandlung vor einem Spruchkörper mit Laienrichtern oder nicht handelt?

b) Wenn ja, wie schätzen Sie die Schöffen ein?

c) Haben Sie bzw. holen Sie sich Informationen über die Schöffen?
Regelmäßig oder nur in bestimmten Fällen?

d) Ausschließlich im Hinblick auf die Besetzungsrüge oder auch, um das Plädoyer entsprechend zu gestalten?

6. a) Wenn abzusehen ist, daß Ihr Mandant verurteilt wird, machen Sie dann in Ihrem Plädoyer Ausführungen zur Ausgestaltung der Rechtsfolgen im einzelnen (z.B. Bewährungshilfe, Weisungen, Auflagen o. ä.)?

b) Wenn abzusehen ist, daß Ihr Mandant zu Freiheitsstrafe ohne Bewährung verurteilt wird, führen Sie dann Ihr Plädoyer zur Strafzumessung auch mit Rücksicht darauf, in welche JVA Ihr Mandant bei einer bestimmten Strafhöhe eingewiesen wird?

c) Haben Sie regelmäßig Kontakt zu den JVAen in Ihrem Bereich?

d) Wirken Sie in irgendeiner Weise auf den Vollzugsplan ein?

7. a) Würden Sie, um das "Verteidigerdilemma" zu vermeiden, eine Zweiteilung der Hauptverhandlung (nach dem Göttinger Modell) begrüßen?

b) In allen Fällen?

c) Sind Sie häufig im "Verteidigerdilemma"?

8. Verhältnis Mandant - Anwalt

a) Wie würden Sie das Verhältnis zwischen Ihnen und dem Mandanten umschreiben?
(Stimmungsmäßig, z.B. Vertrauen - Mißtrauen o. ä.)

b) Können Sie typische Spannungssituationen zwischen Ihnen und dem Mandanten beschreiben?

c) Haben Sie den Eindruck, daß sich der Mandant hin und wieder von Ihnen bevormundet fühlt?

d) Wie schätzen Sie die Wahrhaftigkeit und Vollständigkeit der Angaben Ihrer Mandanten ein?

e) Haben Sie den Eindruck, daß Sie in Ihrer Verteidigung des Mandanten durch Ihre Stellung als Organ der Rechtspflege beeinträchtigt werden?
Wie würden Sie diese Beeinträchtigungen beschreiben?

f) Erleichtert Ihnen die derzeitige Situation (Verteidiger als "Organ der Rechtspflege") in manchen Fällen die Verteidigung?

9. Verhältnis zu Staatsanwalt / Richter

a) Können Sie typische Spannungssituationen zwischen Ihnen und dem Staatsanwalt bzw. Richter beschreiben?

b) Können Sie typische Situationen beschreiben, in denen eine betont entspannte Situation herrscht?

c) Worin sehen Sie jeweils die Ursachen?

10. Legen Sie sich Ihre Strategie für die Hauptverhandlung fest?

a) Wenn ja, zu welchem Zeitpunkt?

b) Können Sie eine typische Strategie anhand einer Ihrer besonders erfolgreichen Verteidigungen beschreiben?

11. Können Sie einschätzen, in welchen Fällen Ihre Bemühungen während der Hauptverhandlung besonders erfolgreich sind?
Worin sehen Sie die Gründe für diese Effektivität?

12. a) Welche Ziele verfolgen Sie mit Beweisanträgen und wie schätzen Sie den Erfolg ein?

b) Welche Ziele verfolgen Sie mit Anträgen zum Verfahren und wie schätzen Sie den Erfolg ein?

V. Pflichtverteidigung

1. Treten Sie gelegentlich als Pflichtverteidiger auf?

2. Worauf gründen sich diese Pflichtverteidigungen:

   a) auf § 140 I (notwendige V.)

   b) auf § 140 II (Schwierigkeit der Sach- oder Rechtslage)?

3. Wie häufig sind die Fälle, in denen Sie zunächst von Ihrem Mandanten als Wahlverteidiger bezahlt worden sind, dann aber wegen Zahlungsunfähigkeit Ihres Mandanten als Pflichtverteidiger bestellt werden mußten?

4. Wie verhält sich die Pflichtverteidigung zur Wahlverteidigung größenordnungsmäßig bei Ihnen?

5. Würden Sie eine Ausdehnung der Möglichkeit begrüßen, als Pflichtverteidiger bestellt zu werden?
   Wenn ja, warum?

6. Würden Sie eine solche Ausdehnung von einer Erhöhung Ihrer derzeitigen Vergütung abhängig machen?

7. Halten Sie den derzeitigen Zeitpunkt der Bestellung für richtig?

8. Welche Erfahrungen haben Sie mit der Bestellung im Vorverfahren gemacht?

9. Haben Sie den Eindruck, daß das Engagement eines Pflichtverteidigers anders ist als das eines Wahlverteidigers?

10. Ändert sich Ihre Stellung und Ihr Einfluß auf das konkrete Verfahren gegenüber Staatsanwaltschaft (Gericht) dadurch, daß Sie Pflichtverteidiger sind (bzw. geworden sind beim Wechsel von Wahlverteidiger zu Pflichtverteidiger); m. a. W.: glauben Sie, daß die Chancen für einen Angeklagten mit Pflichtverteidiger geringer sind als für einen Angeklagten mit Wahlverteidiger - in sonst gleichgelagerten Fällen?

11. Können Sie einen Unterschied feststellen, ob Sie bei notwendiger Verteidigung als Pflichtverteidiger oder als Wahlverteidiger auftreten?

VI. U-Haft / Beschlagnahme

1. a) Werden Sie von Mandanten im Rahmen des § 114 b benachrichtigt?

   b) Wenn ja, nur von solchen Mandanten, die Sie schon einmal verteidigt haben, oder auch von Ihnen noch unbekannten?

2. Wann werden Sie sonst von einem Haftbefehl bzw. von einem U-Häftling benachrichtigt?

3. Werden Sie im Rahmen des § 116 StPO tätig?
   Was unternehmen Sie ggf. regelmäßig?

5. In wievielen Fällen beantragen Sie Haftprüfung?

6. Sind Sie dann regelmäßig bei der mündlichen Verhandlung anwesend?

7. Wie häufig kommt es zu Beschlagnahmen im Rahmen Ihrer Verteidigertätigkeit?

8. Von welchen Möglichkeiten machen Sie in einem solchen Fall regelmäßig Gebrauch?

VII. Kosten

1. In welchen Fällen rechnen Sie nur nach der Mittelgebühr der BRAGO ab?

2. In wievielen Fällen treffen Sie Honorarvereinbarungen?

3. Wenn Sie in Ihren Honorarvereinbarungen über die Mittelgebühr der BRAGO hinausgehen, um wieviel % etwa?

4. In wievielen Fällen nehmen Sie Vorschuß von den Mandanten?
   Wie hoch ist dieser Vorschuß?

5. Es gibt die Ansicht, daß auch in Strafverteidigungen ein Erfolgshonorar zulässig ist.

   a) Halten Sie dies ebenfalls für möglich und sinnvoll?

   b) Vereinbaren Sie selbst ein solches Erfolgshonorar?
      In welchen Fällen?

6. Wonach bemessen Sie sonst bei Honorarvereinbarungen die zu leistenden Geldzahlungen?

VIII. Tätigkeiten außerhalb der eigentlichen Verteidigung

1. Nehmen Sie über Ihre rein juristischen Aufgaben als Verteidiger auch Tätigkeiten wahr, die eher der sozialen oder menschlichen Betreuung des Mandanten zuzuordnen sind?

2. Wie ist dies insbesondere

   - während der U-Haft

   - während der Strafhaft

   - während der Bewährungszeit?

IX. Verständnis von Strafe

1. Wird nach Ihrer Ansicht heute zu oft oder zu selten Freiheitsstrafe verhängt?

2. Wenn Sie darüber nachdenken, welche Alternativen würden Sie begrüßen?

Anhang 2

Erhebungsbogen - Aktenanalyse

001 Kennziffer

<u>1. Abschnitt: Angaben zur Erhebung</u>

002 1. Erhebungsort:

1 = Göttingen 3 = Nürnberg
2 = Kassel 4 = Hannover

003 2. Verfahren:

1 = eingestelltes Verfahren 5 = große Strafkammer
2 = Strafrichter 6 = Wirtschaftskammer
3 = Schöffengericht 7 = Schwurgericht
4 = Strafbefehl 8 = erweitertes Schöffeng.

004 3. Verteidigung:

0 = ohne Verteidiger 2 = Pflichtverteidiger
3 = Wahlverteidiger

<u>2. Abschnitt: Einschätzung und Dauer des Verfahrens</u>

005 1. Grad des Verdachts:

1 = sehr gering 4 = hoch
2 = gering 5 = sehr hoch
3 = mittel

2. Schwierigkeit des Verfahrens:

006 im Tatsächlichen:

1 = sehr leicht 4 = schwierig
2 = leicht 5 = sehr schwierig
3 = mittel

007 im Rechtlichen:

1 = sehr leicht 4 = schwierig
2 = leicht 5 = sehr schwierig
3 = mittel

008 3. Umfang der Akte (Seitenzahl)

4. Dauer des Verfahrens: Tag Monat Jahr

009 Datum der Anzeige

010 Datum der 1. Stellungnahme des Beschuldigten

011 Datum des Haftbefehls

012 Datum der 1. Haftprüfung

013 Datum der Aufhebung des Haftbefehls

014 Datum der Außer-Vollzug-Setzung des Haftbefehls

015 Datum der Vollmacht

016 Datum der Bestellung als Pflichtverteidiger

017 Datum der ersten Akteneinsicht

018 Datum der 1. Stellungnahme des Anwalts

Folgekartennummer DUP. 1 - 3

019 Datum der Entscheidung des StA

020 Datum der Entscheidung über die Eröffnung

021 Datum des 1. Hauptverhandlungstages

022 Datum des Plädoyers des Verteidigers

023 Datum der Entscheidung des Gerichts

024 Datum der Berufung durch Angekl./Vert.

025 Datum der Revision durch Angekl./Vert.

026 Datum der Berufungsverhandlung (1. Tag)

027 Datum des Berufungsurteils

028 Datum der Revisionsverhandlung (1. Tag)

029 Datum des Revisionsurteils/Beschluß

3. Abschnitt: Verteidigung

1. Wahlverteidigung

030 Anzahl der Wahlverteidiger insgesamt ◯

031 Anzahl der ortsansässigen Wahlverteidiger ◯

Einschätzung der Berufserfahrung:

032 1. Wahlverteidiger ◯

033 2. Wahlverteidiger ◯

034 3. Wahlverteidiger ◯

1 = gering   2 = mittel
3 = hoch

Folgekartennummer   DUP. 1 - 3   (0)(3)

Geschlecht der Wahlverteidiger (Anzahl)

035 männlich ◯

036 weiblich ◯

Stadium der Mandatierung (Karte 1):

037 1. Wahlverteidiger ◯◯

038 2. Wahlverteidiger ◯◯

039 3. Wahlverteidiger ◯◯

Vollmachtsanzeige:

040 1. Wahlverteidiger ◯

041 2. Wahlverteidiger ◯

042 3. Wahlverteidiger ◯

1 = selbstgefertigtes Formular   5 = C. V. Engelhard & Co KG Hannover
2 = Hans-Soldan-Stiftung   6 = W. Sicius
3 = Kurt Pönninghaus Nr.24   7 = Bimberg - Sürano
4 = Dreske & Krüger Nr. 567   8 = ohne Angabe des Herstellers

Stadium der Mandatsauflösung (Karte 1):

043 1. Wahlverteidiger ◯◯

044 2. Wahlverteidiger ◯◯

045 3. Wahlverteidiger ◯◯

Handelt es sich um eine Sozietätsvollmacht?:

046 0 = nein   1 = ja ◯

Erfolgte eine Beschränkung auf einen Sozius?:

047 0 = nein   2 = konkludent
1 = ausdrücklich   4 = sonst ◯

Wieviele Untervollmachten wurden erteilt?:

048 Anzahl der UV bei Hauptwahlverteidiger ◯

Wie häufig fand ein Verteidigerwechsel statt?:

049 Anzahl ◯

050 Stadien (Karte 1) ◯◯

051 ◯◯

052 War der Mandant zum Zeitpunkt des Wechsels in Untersuchungshaft?:

0 = nein   1 = ja ◯

Stellte der Wahlverteidiger einen Antrag auf Beiordnung als Pflichtverteidiger?:

053 Antrag
0 = nein   1 = ja ◯

054 Stadien (Karte 1) ◯◯

055 ◯◯

056 Erfolg des Antrags

0 = nein   1 = ja ◯

Verteidigerstrategie:

057 Anzahl aller schriftlichen Einlassungen aller Wahlverteidiger ◯◯

058 Form der Einlassungen:

0 = nicht einschätzbar
1 = ausschließl. schriftlich
2 = überwiegend schriftlich
3 = teils schriftl./teils mündl.
4 = überwiegend mündlich
5 = ausschließlich mündlich

2. Pflichtverteidigung

059 Anzahl der Pflichtverteidiger insgesamt

060 Anzahl der ortsansässigen Pflichtverteidiger

061 Berufserfahrung des Pflichtverteidigers:

1 = gering
2 = mittel
3 = hoch

062 Geschlecht des Pflichtverteidigers:

1 = männlich
2 = weiblich

063 Stadium der Bestellung (Karte 1)

064 Stadium der Entpflichtung (Karte 1)

Grund der Bestellung:

065 § 140 I Nr.1 StPO

066 § 140 I Nr.2 StPO

067 § 140 I Nr.3 StPO

068 § 140 I Nr.4 StPO

069 § 140 I Nr.5 StPO

070 § 140 I Nr.6 StPO

071 § 140 I Nr.7 StPO

072 § 140 I Nr.8 StPO

073 § 140 II StPO

0 = nein
1 = ja

Hatte der Beschuldigte die Möglichkeit, sich den Pflichtverteidiger auszuwählen?:

074 0 = nein
1 = ja
2 = nicht erkennbar

Wechsel der Pflichtverteidigung:

075 1 = von Pflichtverteidiger zu Pflichtverteidiger
2 = von Pflichtverteidiger zu Wahlverteidiger

Grund der Entpflichtung:

076 1 = gestörtes Vertrauensverhältnis
2 = Interessenkollision
3 = Gefahr des Parteiverrats
4 = anderer Verteidiger wurde gewählt
5 = zeitliche Verhinderung
6 = Voraussetungen nicht mehr gegeben
7 = sonst

Verteidigerstrategie:

077 Anzahl aller schriftlichen Einlassungen der Pflichtverteidiger

078 Form der Einlassungen:

0 = nicht einschätzbar
1 = ausschließlich schriftlich
2 = überwiegend schriftlich
3 = teils/teils
4 = überwiegend mündlich
5 = ausschließlich mündlich

3. Ersatzverteidigung

079 Anzahl der Ersatzverteidiger

080 Anzahl der ortsansässigen Ersatzverteidiger

081 Stadium der Bestellung (Karte 1)

082 Stadium der Entpflichtung (Karte 1)

083 Grund für die Ersatzverteidigerbestellung

0 = nicht erkennbar
1 = Dauer des Verfahrens
2 = Verteidigerwechsel befürchtet
3 = sonst

4. Akteneinsicht

084 Anzahl der Bitten um Akteneinsicht insgesamt

085 Stadien (Karte 1)

086

087 Wurden die Akten zugeschickt?:

0 = nein 1 = ja

088 Dauer der Akteneinsicht bei Pflichtverteidigung (Anzahl der Tage)

Folgekartennummer DUP. 1 - 3 (0)(4)

---

089 Dauer der Akteneinsicht bei Wahlverteidigung (Anzahl der Tage)

090 Anzahl der abgelehnten Bitten

091 Stadien der Ablehnung (Karte 1)

092

093 Gründe der Ablehnung:

0 = nicht erkennbar
1 = Akten nicht verfügbar
2 = Akten nicht entbehrlich
3 = Ermittlungszweck gefährdet
4 = sonst

094 Einschränkungen der Akteneinsicht vor Abschlußvermerk?

1 = nur in Behörde
2 = nur für Stunden
3 = nur Teile der Akten
4 = sonst

095 Wurde ein Zeitpunkt genannt, ab dem Akteneinsicht erneut erbeten werden kann?:

0 = nein 1 = ja

096 Erfolgte pünktliche Rückgabe?

0 = nicht erkennbar
1 = ja
2 = Überschreitung um 1 - 3 Tage
3 = Überschreitung um 4 - 7 Tage
4 = Überschreitung um bis zu 2 Wochen
5 = über 2 Wochen

5. Terminverlegung

097 Wieviele Anträge auf Terminsverlegung wurden von den Verteidigern gestell?

098 Wurde einem Antrag stattgegeben?:

0 = nein 1 = ja

099 Gab es Terminabsprachen mit dem Gericht?:

0 = nein 1 = ja

100 Gab es in den Akten Anhaltspunkte für solche Absprachen?:

0 = nein 1 = ja

4. Abschnitt: Sozialdaten und Vorstrafen des Beschuldigten

101 Nationalität:

1 = Deutscher
2 = Grieche
3 = Italiener
4 = Jugoslawe
5 = NATO - Truppen
6 = Türke
7 = staatenlos
8 = sonst

102 Alter in Jahren

103 Geschlecht:

1 = männlich 2 = weiblich

104 Familienstand:

1 = ledig
2 = verlobt
3 = ständig mit Partner zusammenlebend
4 = verheiratet
5 = getrennt lebend
6 = geschieden
7 = verwitwet

105 Zahl der Kinder:

1 ... 9 und mehr

106 Schulabschluß:

0 = kein Schulabschluß
1 = Sonderschule ohne Abschluß
2 = Sonderschule mit Abschluß
3 = Hauptschule ohne Abschluß
4 = Hauptschule mit Abschluß
5 = abgebrochene weiterführende Schule ohne Abschluß
6 = abgebrochene weiterführende Schule mit Hauptschulabschluß
7 = abgebrochene weiterführende Schule mit Realschulabschluß
8 = mittlere Reife
9 = Abitur

107 Berufsausbildung:

0 = keine Ausbildung
1 = Anlernberuf (mit Abschluß)
2 = Lehrabschluß (Gesellenprüfung oder Gehilfenprüfung)
3 = Meister - oder Technikerprüfung
4 = Fachhochschule
5 = Pädagogische Hochschule
6 = abgeschlossesnes Hochschulstudium (oder zur Zeit studierend)
7 = sonst

108 Berufsgruppe nach letztem Beruf:

00 = nicht einstufbar
01 = Landwirt (auch bei gelegentlichem Nebenverdienst)
02 = Hilfsarbeiter
03 = Facharbeiter
04 = einfacher oder mittlerer Angestellter
05 = besonders qualifizierter Angestellter oder leitender Angestellter
06 = einfacher oder mittlerer Beamter
07 = gehobener oder höherer Beamter
08 = kleiner selbständiger Unternehmer oder Gewerbetreibender (bis 5 Arbeitskräfte)
09 = größerer selbständiger Unternehmer oder Gewerbetreibender (mehr als 5 Arbeitskräfte)
10 = Freiberufler
11 = Student oder zur Zeit in Berufsausbildung
12 = Wehrdienst
13 = Rentner/Pensionist
14 = ohne Beruf
15 = Hausfrau
16 = Zeitsoldat
17 = Zivildienstleistender

109 Gegenwärtige Beschäftigung:

1 = voll berufstätig
2 = gelegentlich arbeitend
3 = arbeitslos

110 Monatliches Nettoeinkommen:

00 = kein Einkommen
01 = bis unter 400DM
02 = 400 bis 799DM
03 = 800 bis 999DM
04 = 1000 bis 1499DM
05 = 1500 bis 1999DM
06 = 2000 bis 2499DM
07 = 2500 bis 2999DM
08 = 3000 bis 3499DM
09 = 3500 bis 3999DM
10 = 4000 bis 4499DM
11 = 4500 bis 5000DM
12 = über 5000DM

111 Index nach KLEINING/MOORE

112 Sozial - ökonomischer Status:

0 = nicht einstufbar
1 = manual
2 = non-manual

Vorstrafen des Beschuldigten

113 Wurden schon strafrechtliche Sanktionen gegen den Beschuldigten verhängt?:

0 = nein
1 = ja

114 Zahl der bereits verhängten strafrechtlichen Sanktionen

115 Anzahl der strafrechtlichen Sanktionen, die wegen einschlägiger Delikte verhängt wurden

116 Anzahl der Sanktionen wegen Verkehrsdelikten ohne Alkoholeinfluß

1 ... 9 und mehr

117 Anzahl der Sanktionen wegen Verkehrsdelikten mit Alkohol ○

118 ... Diebstahl oder Unterschlagung ○

119 ... Diebstahl in einem besonders schweren Fall (§243 StGB) ○

120 ... Raub, räuberischer Diebstahl, räuberische Erpressung ○

121 ... sonstiges Vermögensdelikt ○

122 ... Straftaten gegen die sexuelle Selbstbestimmung ○

123 ... Aggressionsdelikte ○

124 ... Verstoß gegen BtMG ○

125 sonst ○

126 Schwerpunkt der bisherigen Delinquenz ○○

00 = nicht einstufbar
01 = Diebstahl und Unterschlagung geringwertiger Sachen (§ 248a StGB)
02 = unbefugter Gebrauch von Fahrzeugen (§248b StGB)
03 = Erschleichen von Leistungen (§ 265a StGB)
04 = einfacher Diebstahl oder Unterschlagung (§ 242, §246 StGB)
05 = Diebstahl in einem besonders schweren Fall (§§ 242,243 StGB)
06 = Raub, räuberischer Diebstahl, räuberische Erpressung (§§ 249ff StGB)
07 = sonstige Vermögensdelikte
08 = Sexualdelikte
09 = Aggressionsdelikte
10 = Verkehrsdelikte ohne Alkoholeinfluß
11 = Verkehrsdelikte mit Alkoholeinfluß
12 = Verstoß gegen BtMG
13 = sonst

127 Schwerste bisher verhängte Sanktion ○

1 = Erziehungsmittel, Zuchtmittel
2 = Geldstrafe
3 = Freiheitsstrafe, Jugendstrafe mit Bewährung
4 = Freiheits-, Jugendstrafe ohne Bew.
5 = Freispruch wegen Schuldunfähigkeit

<u>5. Abschnitt: Ermittlungstätigkeit</u>

Polizeiliche Ermittlungstätigkeit

128 Anzahl der Anzeigen ○

129 Schwerstes Delikt ○○○○○○

130 Anzahl der mitangezeigten Delikte (nur bei Realkonkurrenz) ○

131 Fortgesetzte Handlung 2 ... 9 und mehr ○

132 Anzahl der Delikte in Realkonkurrenz ○

133 Deliktsgruppe (wie bei 126) ○○

134 Index für die Schwere des Delikts Karte 2) ○

135 Anzahl der Mitbeschuldigten ○

136 Geht die Anzeige von Täterschaft oder Teilnahme aus?:

1 = Alleintäterschaft 3 = Beihilfe
2 = Mittäterschaft 4 = Anstiftung ○

137 Geht die Anzeige von vorsätzlicher oder fahrlässiger Deliktsbegehung aus?:

1 = Vorsatz 2 = Fahrlässigkeit ○

138 Geht die Anzeige von versuchtem oder vollendetem Delikt aus?:

1 = Versuch 2 = Vollendung ○

139 Tatort (Postleitzahl, 5555 = Ausland) ○○○○

140 Anzeigeerstatter ○○

01 = Opfer
02 = Tatzeuge
03 = sonstige Person aus Opferbereich
04 = sonstige Person aus Täterberich
05 = sonst. Privatperson
06 = Behörde
07 = anonym
08 = Selbstanzeige
09 = Polizei v. A. w.
10 = sonst

141 Strafantrag

0 = nein   1 = ja

Folgekartennummer   DUP. 1 - 3   (0)(5)

---

142 Schadenshöhe in DM

143 Wieviele Zeugen ermittelte die Polizei im Ermittlungsverfahren?

144 ... Urkunden

145 ... Augenscheinsobjekte

146 Wie häufig wurde der Tatort besichtigt?

147 Anzahl der Vernehmungen des Beschuldigten

148 Aussageverhalten des Beschuldigten:

0 = nicht einstufbar
1 = keine Aussage
2 = A. nur vor StA
3 = A. nur vor Richter
4 = A. nur in Anwesenheit des V.
5 = A. erfolgt schriftlich
6 = A. erfolgt schriftlich über V.
7 = nicht erschienen
8 = zur Aussage bereit

149 Umfang der Aussage des Beschuldigten/Verhalten zu Tatvorwurf

0 = keine Aussage
1 = geringer Umfang
2 = mittlerer Umfang (Teilgeständnis)
3 = volles Geständnis

150 Konstanz der Einlassung

0 = nicht einstufbar
1 = konstante Einlassung
2 = wechselnde Einlassungen (Nebenbereiche)
3 = wechselnde Einlassung (Kernbereich)

151 Beantragte der Beschuldigte die Anwesenheit eines Verteidigers?:

0 = nein   1 = ja

152 Wurde die Anwesenheit des V. gestattet?:

0 = nein   1 = ja

153 Anzahl der Vernehmungen in Anwesenheit des V.

154 Änderte B. seine Einlassung nach Kontakt mit dem V.?:

0 = nein   1 = ja

155 Wie oft wurde von der StA weitere Sachaufklärung verlangt?

Staatsanwaltschaftliche Ermittlungstätigkeit

156 Wie oft wurde B. von der Staatsanwaltschaft vernommen?

157 Aussageverhalten des B.:

0 = nicht einstufbar
1 = keine Aussage
2 = A. nur vor dem Richter
3 = A. nur in Anwesenheit des V.
4 = A. erfolgt schriftlich
5 = A. erfolgt schriftlich über V.
6 = zur Aussage bereit

158 Umfang der Aussage des B./Verhalten zu Tatvorwurf

0 = keine Aussage
1 = geringer Umfang
2 = mittlerer Umfang (Teilgeständnis)
3 = volles Geständnis
4 = Bestreiten des Tatvorwurfes

159 Konstanz der Einlassung

0 = nicht einstufbar
1 = konstante Einlassungen
2 = wechselnde Einlassungen (Nebenfragen)
3 = wechselnde Einlassungen (Kernfragen)

160 Beantragte B. die Anwesenheit eines V.?:

0 = nein   1 = ja

161 Wurde die Anwesenheit eines V. gestattet?:

0 = nein 1 = ja

162 Anzahl der Vernehmungen in Anwesenheit des V.

163 Anzahl der Zeugenvernehmungen durch die StA

164 Anzahl der Zeugenvernehmungen durch die StA in Anwesenheit des V.

165 Anzahl der von der StA neu erhobenen Urkundenbeweise

166 ... Augenscheinsobjekte

167 Anzahl der Tatortbesichtigungen durch die StA

168 Anzahl der von der StA beauftragten Gutachter

169 Gutachter zur Schuldfähigkeit

0 = nein
1 = Psychiater
2 = Psychologe
3 = Psychiater und Psychologe
4 = Nervenfacharzt
5 = Alkoholgutachten
6 = sonst ______

170 Sonstige Gutachter

0 = nein
1 = Schriftsachverständiger
2 = zu Tatwerkzeugen
3 = zu Tatablauf/Gerichtsmedizin
4 = zu wirtschaftlichen Fragen
5 = zu Rechtsfragen
6 = zur Glaubwürdigkeit von Zeugen
7 = Gutachten in Zusammenhang mit LMBG
8 = Verhandlungsfähigkeit
9 = sonst

171 Fand eine Abstimmung mit V. hinsichtlich der zu bestellenden Gutachter statt?:

0 = nein 1 = ja

Anträge des B. und des V. im Ermittlungsverfahren

172 Anzahl der von B. beantragten Zeugenvernehmungen

173 ... Urkundenbeweise

174 ... Augenscheinsobjekte

175 ... Tatortbesichtigungen

176 ... Gutachter

1 ... 9 und mehr

177 Gutachter zur Schuldfähigkeit (wie 169)

178 Sonstige Gutachter (wie 170)

---

179 Anzahl der von V. beantragten Zeugenvernehmungen

180 ... Urkundenbeweise

181 ... Augenscheinsobjekte

182 ... Tatortbesichtigungen

183 ... Gutachter

1 ... 9 und mehr

184 Gutachter zur Schuldfähigkeit (Wie 169)

185 Sonstige Gutachter (wie 170)

Erfolgskontrolle der Verteidigertätigkeit

186 Formeller Erfolg : Zeugenvernehmungen ○

187 Materieller Erfolg : Zeugenvernehmungen ○

188 Formeller Erfolg : Urkunden ○

189 Materieller Erfolg : Urkunden ○

190 Formeller Erfolg : Augenscheinsobjekte ○

191 Materieller Erfolg : Augenscheinsobjekte ○

192 Formeller Erfolg : Tatortbesichtigung ○

193 Materieller Erfolg : Tatortbesichtigung ○

194 Formeller Erfolg : Gutachter ○

195 Materieller Erfolg : Gutachter ○

Formeller Erfolg:

0 = Antrag nicht nachgegangen
1 = Antrag teilweise nachgegangen
2 = Antrag ganz nachgegangen
3 = Antragsanliegen schon erfüllt

Materieller Erfolg:

0 = nicht einschätzbar
1 = kein Erfolg
2 = teilweise Erfolg
3 = voller Erfolg
4 = Bewirken des Gegenteils

---

196 Anzahl der Dienstaufsichtsbeschwerden durch B. ○

197 Anzahl der Dienstaufsichtsbeschwerden durch V. ○

198 Anzahl der Dienstaufsichtsbeschwerden durch Opfer ○

Zwangsmaßnahmen: Durchsuchung

199 Anzahl der Durchsuchungen durch Polizei und StA ○

Folgekartennummer DUP. 1 - 3 (0)(6)

---

200 Anzahl der Anträge der StA ○

201 Anzahl der richterl. Genehmigungen ○

202 Hat B. die Durchsunchung gestattet?: ○

0 = nein 1 = ja

203 Hat B. Beschwerde erhoben ?: ○

0 = nein 1 = ja

204 Erfolg der Beschwerde ○

0 = kein Erfolg 2 = ganz
1 = teilweise

205 Anzahl der Durchsuchungen mit V.-Anwesenheit ○

206 Hat V. Beschwerde erhoben?: ○

0 = nein 1 = ja

207 Erfolg der Beschwerde ○

0 = kein Erfolg 2 = ganz
1 = teilweise

208 Hat B. richterl. Entscheidung beantragt?: ○

0 = nein 1 = ja

209 Erfolg des Antrags ○

0 = kein Erfolg 2 = ganz
1 = teilweise

210 Hat V. richterl. Entscheidung beantragt?: ○

0 = nein 1 = ja

211 Erfolg des Antrag

0 = kein Erfolg 2 = ganz
1 = teilweise

Zwangsmaßnahme: Beschlagnahme

212 Anzahl der Beschlagnahmen/Sicherstellungen bei B. bzw. sonst im Zusammenhang mit diesem Verfahren

213 Hat B. widersprochen?:

0 = nein 1 = ja

214 Erfolg des Widerspruchs

0 = kein Erfolg 2 = ganz
1 = teilweise

215 Hat V. widersprochen?:

0 = nein 1 = ja

216 Erfolg des Widerspruchs

0 = kein Erfolg 2 = ganz
1 = teilweise

217 Hat B. richterl. Entscheidung beantragt?:

0 = nein 1 = ja

218 Erfolg des Antrags

0 = kein Erfolg 2 = ganz
1 = teilweise

219 Hat V. richterl. Entscheidung beantragt?:

0 = nein 1 = ja

220 Erfolg des Antrags

0 = kein Erfolg 2 = ganz
1 = teilweise

221 Hat B. Beschwerde erhoben?:

0 = nein 1 = ja

222 Erfolg der Beschwerde

0 = kein erfolg 2 0 ganz
1 = teilweise

223 Hat V. Beschwerde erhoben?:

0 = nein 1 = ja

224 Erfolg der Beschwerde

0 = kein Erfolg 2 = ganz
1 = teilweise

225 Hat B. ein Verzeichnis gem. § 107 StPO verlangt?

0 = nein 1 = ja

226 Erfolg des Antrags

0 = kein Erfolg 2 = ganz
1 = teilweise

227 Hat V. ein Verzeichnis gem. §107 StPO verlangt?:

0 = nein 1 = ja

228 Erfolg des Antrags

0 = kein Erfolg 2 = ganz
1 = teilweise

Zwangsmaßnahme : Haft

Antrag

229 Wie oft wurde HB von StA beantragt?

230 Schwerstes dem HB zugrunde liegendes Delikt

231 Anzahl der Delikte (in Realkonkurrenz)

232 Wechselten die zugrunde gelegten Delikte in den HB - Anträgen der StA?:

0 = nein 1 = ja

233 **Haftgründe**

1 = Fluchtgefahr
2 = Verdunkelungsgef.
3 = Schwere des Delikts
4 = Wiederholungsgef.
5 = 1 und 2
6 = Verborgenhalten
7 = Strafvollstreckungssache
8 = § 230 StPO
9 = sonst

234 **Äußerte sich B. zum Antrag?:**

0 = nein
1 = schriftlich
2 = mündlich
3 = 1 und 2
4 = sonst

235 **Äußerte sich V. zum Antrag?:**

0 = nein
1 = schriftlich
2 = mündlich
3 = 1 und 2
4 = sonst

Anordnung

236 **Wieviele HB wurden insgesamt angeordnet?**

237 **Schwerstes Delikt**

238 **Anzahl der Delikte (in Realkonkurrenz)**

239 **Haftgründe (wie 233)**

Hafttermin

240 **War V. im Hafttermin anwesend?:**

0 = nein 1 = ja

241 **Äußerte sich B. im Hafttermin ?:**

0 = nein 1 = ja

242 **Äußerte sich V. im Hafttermin ?:**

0 = nein 1 = ja

243 **Umfang der schriftlichen Äußerungen des B. zum Hafttermin (Seiten)**

244 **Umfang der schriftlichen Äußerungen des V. zum Hafttermin (Seiten)**

Außer - Vollzug - Setzung

245 **Wer beantragte die Aussetzung?**

0 = kein Antrag
1 = StA
2 = B.
3 = V.
4 = B. und V.
5 = StA und B. und / oder V.

246 **Wurde die U - Haft außer Volzug gesetzt?:**

0 = nein 1 = ja

247 **Begründung der Aussetzung**

0 = keine Begründung
1 = § 116 I
2 = § 116 II
3 = §§ 116 I und 116 II
4 = sonst

248 **Wer beantragte bzw. machte Vorschläge zur Sicherheitsleistung?:**

0 = weder A. noch V.
1 = StA
2 = B.
3 = V.
4 = B. und V.
5 = mehrere Vorschläge von versch. Seiten

249 **Höhe der vorgeschlagenen Sicherheitsleistung**

250 **Höhe der festgesetzten Sicherheitsleistung**

251 **Anzahl der (schriftlichen) "Verhandlungen" über die Sicherheitsleistung**

Folgekartennummer DUP. 1 - 3 0 7

---

252 **Wurde der HB wieder in Vollzug gesetzt?:**

0 = nein 1 = ja

253 Begründung für Vollzug des HB

0 = keine Begründung
1 = § 116 IV Nr. 1
2 = § 116 IV Nr. 2
3 = § 116 IV Nr. 3
4 = mehrere Gründe
5 = sonst

254 Wurde der Haftbefehl aufgehoben?:

0 = nein
1 = ja

255 Stadium (Karte 1)

256 Begründung

0 = keine Begründung
1 = Voraussetzungen entfallen
2 = außer Verhältnis
3 = Freispruch/Einstellung/Zahlung
4 = Verurteilung zu Freiheitsstrafe mit Bewährung
5 = Haftantritt/Haft in anderer Sache
6 = Umwandlung in Unterbringungsbefehl
7 = Ersetzung durch anderen HB
8 = Vorführung in HV

Rechtsmittel gegen Haftbefehl

257 Hat B. Beschwerde erhoben?:

0 = nein
1 = ja

258 Erfolg der Beschwerde

0 = kein Erfolg
1 = teilweise
2 = ganz

259 Hat V. Beschwerde erhoben?:

0 = nein
1 = ja

260 Erfolg der Beschwerde

0 = kein Erfolg
1 = teilweise
2 = ganz

261 Hat B. weitere Beschwerde erhoben?:

0 = nein
1 = ja

262 Erfolg der weiteren Beschwerde

0 = kein Erfolg
1 = teilweise
2 = ganz
3 = zurückgenommen

263 Hat V. weitere Beschwerde erhoben?:

0 = nein
1 = ja

264 Erfolg der weiteren Beschwerde

0 = kein Erfolg
1 = teilweise
2 = ganz
3 = zurückgenommen

265 Hat B. einen Haftprüfungsantrag gestellt?:

0 = nein
1 ... 9 und mehr

266 Hat V. einen Haftprüfungsantrag gestellt?:

0 = nein
1 ... 9 und mehr

267 Erfolgte Haftprüfung von Amts wegen?:

0 = nein
1 ... 9 und mehr

268 War B. bei der Haftprüfung anwesend?:

0 = nein
1 ... 9 und mehr

269 War V. bei der Haftprüfung anwesend?:

0 = nein
1 ... 9 und mehr

270 Beschluß

0 = kein Beschluß
1 = Aufhebung des HB
2 = Fortdauer der Haft
3 = Aussetzung des Vollzuges
4 = sonst
5 = kein Beschluß, da Rücknahme durch A. und / oder V.

271 Hatten die Ausführungen des B. Einfluß auf den Beschluß?:

0 = nein
1 = unbedeutend
2 = gering
3 = mittel
4 = hoch
5 = sehr hoch

272 **Hatten die Ausführungen des V. Einfluß auf den Beschluß?:**

0 = nein 3 = mittel
1 = unbedeutend 4 = hoch
2 = gering 5 = sehr hoch

OLG - Prüfung

273 **Fand eine OLG - Prüfung statt?:**

0 = nein 1 = ja

274 **War B. bei der Verhandlung anwesend?:**

0 = nein 1 = ja

275 **War V. bei der Verhandlung anwesend?:**

0 = nein 1 = ja

276 **Umfang der Ausführungen des V. (Seiten)**

277 **Beschluß**

0 = kein Beschluß 3 = Aussetzung des Vollzuges
1 = Aufhebung des HB 4 = sonst
2 = Fortdauer der Haft

278 **Hatten die Ausführungen des B. Einfluß auf den Beschluß?:**

0 = nein 3 = mittel
1 = unbedeutend 4 = hoch
2 = gering 5 = sehr hoch

279 **Hatten die Ausführungen des V. Einfluß auf den Beschluß?:**

0 = nein 3 = mittel
1 = unbedeutend 4 = hoch
2 = gering 5 = sehr hoch

280 **Anzahl der richterlichen Vernehmungen des B.**

281 **Aussageverhalten des B.**

0 = nicht einstufbar 5 = A. erfolgt schriftlich über V.
1 = keine Aussage 6 = zur Aussage bereit
2 = Aussage nur in HV 7 = nicht erschienen
3 = Aussage nur in Anwesenheit des V. 8 = sonst
4 = A. erfolgt schriftlich

282 **Umfang der Aussage des B./Verhalten zu Tatvorwurf**

0 = keine Aussage 3 = volles Geständnis
1 = geringer Umfang 4 = Bestreiten des Tatvorwurfes
2 = mittlerer Umfang (Teilgeständnis)

283 **Konstanz der Einlassungen**

0 = nicht einstufbar 3 = wechselnde Einlassungen (Kernfragen)
1 = konstante Einlassungen
2 = wechselnde Einlassung (Nebenfragen)

284 **Anzahl der Vernehmungen in Anwesenheit des V.**

285 **Anzahl der Beweisanträge des B.**

286 **Anzahl der Beweisanträge des V.**

287 **Anzahl der richterlichen Vernehmungen von Zeugen und Sachverständigen**

288 **Anzahl dieser Vernehmungen in Anwesenheit desB.**

289 **Anzahl dieser Vernehmungen in Anwesenheit des V.**

290 **Anzahl richterlicher Augenscheinseinnahmen**

291 **Anzahl dieser A. in Anwesenheit des B.**

292 **Anzahl dieser A. in Anwesenheit des V.**

Abschluß des Ermittlungsverfahrens

293 Wurde von der StA eine Einstellung erwogen?:

0 = nein	5 = § 154 a
1 = § 170 II	6 = Privatklageweg
2 = § 153	7 = § 20 StGB
3 = § 153 a	8 = sonst
4 = § 154	

294 Wurde von B. eine Einstellung angeregt?
(wie 293)

295 Wurde von V. eine Einstellung angeregt?
(wie 293)

296 Anzahl der "Verhandlungen" über Einstellung

297 Datum der Einstellung gem. § 205 StPO

298 Datum der Wiederaufnahme der Ermittlungen

299 Erfolgte eine Einstellung?
(wie 293)

300 Hatten die Ausführungen des B. Einfluß auf die Einstellung?:

0 = nein	3 = mittel
1 = unbedeutend	4 = hoch
2 = gering	5 = sehr hoch

301 Hatten die Ausführungen des V. Einfluß auf die Einstellung?:

0 = nein	3 = mittel
1 = unbedeutend	4 = hoch
2 = gering	5 = sehr hoch

302 Mußte B. nicht-finanzielle Leistungen erbringen?:

0 = nein 1 = ja

303 Höhe der finanziellen Leistungen (in DM)

304 Hatten die Ausführungen des B. Einfluß auf die Höhe der Leistungen?:

0 = nein	3 = mittel
1 = unbedeutend	4 = hoch
2 = gering	5 = sehr hoch

305 Hatten die Ausführungen des V. Einfluß auf die Höhe der Leistungen?:

0 = nein	3 = mittel
1 = unbedeutend	4 = hoch
2 = gering	5 = sehr hoch

306 Erging "Widersprch" gegen die Einstellungsverfügung?

0 = nein	2 = B.
1 = StA	3 = V.
	4 = sonst

307 Erfolgte Widerruf der Einstellung?:

0 = nein 1 = ja

Folgekartennummer DUP. 1 – 3 (0)(1)

---

308 Beantragte die StA einen Strafbefehl?:

0 = nein 1 = ja

309 Regte B. das Strafbefehlsverfahren an?

0 = nein 1 = ja

310 Regte V. das Strafbefehlsverfahren an?

0 = nein 1 = ja

311 Anzahl der " erhandlungen" über den Strafbefehl

312 Erging Strafbefehl?:

0 = nein 1 = ja

313 Hatten die Ausführungen des B. Einfluß auf den Erlaß des Strafbefehls?:

0 = kein Einfluß
1 = unbedeutend
2 = gering
3 = mittel
4 = hoch
5 = sehr hoch

314 Hatten die Ausführungen des V. Einfluß auf den Erlaß des Strafbefehls?:

0 = kein Einfluß
1 = unbedeutend
2 = gering
3 = mittel
4 = hoch
5 = sehr hoch

315 Höhe der Geldstrafe (in DM)

316 Hatten die Ausführungen des B. Einfluß auf die Höhe der Geldstrafe?:

0 = kein Einfluß
1 = unbedeutend
2 = gering
3 = mittel
4 = hoch
5 = sehr hoch

317 Hatten die Ausführungen des V. Einfluß auf die Höhe der Geldstrafe?:

0 = kein Einfluß
1 = unbedeutend
2 = gering
3 = mittel
4 = hoch
5 = sehr hoch

318 Hatten die Ausführungen des B. Einfluß auf andere Sanktionen?:

0 = kein Einfluß
1 = unbedeutend
2 = gering
3 = mittel
4 = hoch
5 = sehr hoch

319 Hatten die Ausführungen des V. Einfluß auf andere Sanktionen?:

0 = kein Einfluß
1 = unbedeutend
2 = gering
3 = mittel
4 = hoch
5 = sehr hoch

320 Erging Einspruch gegen des Strafbefehl?:

0 = nein
1 = StA
2 = B
3 = V.
4 = B. und V.
5 = B. eingelegt und zurückgenommen
6 = V. eingelegt und zurückgenommen

321 Welche Folgen hatte der Einspruch gegen den Strafbefehl?:

0 = keine Folgen
1 = Einstellung
2 = Hauptverhandlung
3 = Einspruch zurückgenommen
4 = Einspruch verspätet
5 = sonst

Anklageschrift

322 Schwerstes Delikt

323 Anzahl der mitangeklagten Delikt (Realkonkurrenz)

324 Fortgesetzte Handlung

325 Anzahl der Delikte in Idealkonkurrenz

326 Deliktsgruppe (wie 126)

327 Index für die Schwere des Delikts (Karte 2)

328 Geht die Anklage von Täterschaft oder Teilnahme aus?:

1 = Alleintäterschaft
2 = Mittäterschaft
3 = Berhilfe
4 = Anstiftung

329 Geht die Anklage von vorsätzlicher oder fahrlässiger Deliktsbegehung aus?:

1 = Vorsatz
2 = Fahrlässigkeit

330 Geht die Anklage von versuchtem oder vollendetem Delikt aus?:

1 = Versuch
2 = Vollendung

331 Anzahl der Mitangeklagten

332 Ergeben sich Abweichungen von der Anzeige?:

0 = nein
1 = ja

333 Anzahl der Zeugen ○○

334 Anzahl der Urkunden ○○

335 Anzahl der Sachverständigen ○

336 Anzahl der Augenscheinsobjekte ○

337 Bei welchem Gericht wurde die Eröffnung beantragt?: ○

1 = Strafrichter
2 = Schöffengericht
3 = erweitertes Schöffengericht
4 = Große Strafkammer
5 = Schwurgericht
6 = Wirtschaftskammer
7 = sonst

6. Abschnitt: Zwischenverfahren

338 Anzahl der Vernehmungen des B. ○

339 Aussageverhalten des B (wie 281) ○

340 Umfang der Aussage/Verhalten zu Tatvorwurf (wie 282) ○

341 Konstanz der Einlassung (wie 283) ○

342 Anzahl der Vernehmungen des B. in Anwesenheit des V. ○

343 Anzahl der Zeugenvernehmungen ○

344 Anzahl der Zeugenvernehmungen in Anwesenheit des B. ○

345 Anzahl der Zeugenvernehmungen in Anwesenheit des V. ○

346 Anzahl der Sachverständigenvernehmungen ○

347 Anzahl der Sachverständigenvernehmungen in Anwesenheit des B. ○

348 Anzahl der Sachverständigenvernehmungen in Anwesenheit des V. ○

349 Anzahl der neuen Urkundenbeweise ○

350 Anzahl der neuen Augenscheinsobjekte ○

351 Anzahl der Tatortbesichtigungen ○

352 Anzahl der Einlassungen des B. ○

353 Anzahl der schriftlichen Einlassungen des B. ○

354 Anzahl der Beweisanträge des B. ○

355 Erfolg der Beweisanträge des B.: ○

0 = kein Erfolg
1 = teilweise
2 = ganz

356 Anzahl der Einlassungen des V. ○

357 Anzahl der schriftlichen Einlassungen des V. ○

358 Anzahl der Beweisanträge des V. ○

359 Erfolg der Beweisanträge des V.: ○

0 = kein Erfolg
1 = teilweise
2 = ganz

360 Zuständigkeit ○

0 = Gericht ist zuständig
1 = zuständig ist Gericht niederer Ordnung
2 = zuständig ist Gericht höherer Ordnung

Eröffnungsbeschluß

361 Schwerstes Delikt ○○○○○○

362 Anzahl der Delikte (in Realkonkurrenz)

363 Fortgesetzte Handlung

364 Anzahl der Delikte (in Idealkonkurrenz)

Folgekartennummer DUP. 1 - 3 (0)(3)

---

365 Deliktsgruppe (wie 126)

366 Index für die Schwere des Delikts (Karte 2)

367 Geht der Eröffnungsbeschluß von Täterschaft oder Teilnahme aus?:

1 = Alleintäterschaft 3 = Beihilfe
2 = Mittäterschaft 4 = Anstiftung

368 Geht der Eröffnungsbeschluß von vorsätzlicher oder fahrlässiger Deliktsbegehung aus?:

1 = Vorsatz 2 = Fahrlässigkeit

369 Geht der Eröffnungsbeschluß von versuchtem oder vollendetem Delikt aus?:

1 = Versuch 2 = Vollendung

370 Wurde die Eröffnung des Verfahrens abgelehnt?:

0 = nein 1 = ja

371 Wie wurde die Ablehnung der Eröffnung begründet?:

0 = keine Begründung
1 = Einstellung nach § 153
2 = Einstellung nach § 153 a
3 = Einstellung nach § 154
4 = Einstellung nach § 170 II
5 = Anklage wurde zurückgenommen
6 = sonst

372 Ergaben sich Abweichungen von der Anklage?:

0 = nein 1 = ja

7. Abschnitt: Ladung

373 Anzahl der von B. beantragten Ladungen von Zeugen

374 ... Sachverständigen

375 ... Herbeischaffung von Urkunden

376 ... Augenscheinsobjekten

377 Anzahl der abgelehnten Zeugenladungen

378 ... Sachverständige

379 ... Herbeischaffung von Urkunden

380 ... Augenscheinsobjekte

381 Anzahl der von B. unmittelbar geladenden Zeugen

382 Anzahl der von V. beantragten Ladungen von Zeugen

383 ... Sachverständigen

384 ... Herbeischaffung von Urkunden

385 ... Augenscheinsobjekten

386 Anzahl der abgelehnten Zeugenladungen

387 ... Sachverständige

388 ... Herbeischaffung von Urkunden

389 ... Augenscheinsobjekten

390 Anzahl der von V. unmittelbar geladenen Zeugen

8. Abschnitt: Kommissarische Vernehmung

391 Anzahl der kommissarischen Vernehmungen von Zeugen

392 Anzahl der kommissarischen Vernehmungen von Sachverständigen

393 Unterblieb die Benachrichtigung des B. von der Zeugenvernehmung wegen Erfolgsgefährdung?:

0 = nein 1 = ja

394 Unterblieb die Benachrichtigung des V. von der Zeugenvernehmung wegen Erfolgsgefährdung?:

0 = nein 1 = ja

395 Anzahl der Anträge auf Anwesenheit des B.

396 Anzahl der Anträge auf Anwesenheit des V.

397 Anzahl der Vernehmungen in Anwesenheit des B.

398 Anzahl der Vernehmungen in Anwesenheit des V.

9. Abschnitt: Mitteilung der Besetzung

399 Stadium der Mitteilung

1 = vor der Hauptverhandlung
2 = in der Hauptverhandlung

10. Abschnitt: Befangenheitsanträge

400 Anzahl der Befangenheitsanträge

11. Abschnitt: Hauptverhandlung

401 Anzahl der Protokolle

402 Anzahl der versuchten Hauptverhandlungen

403 Unentschuldigtes Fernbleiben des Angeklagten (Anzahl)

404 Anzahl der Hauptverhandlungstage

405 Anzahl der Stunden

406 Geschlecht des Vorsitzenden

407 Geschlecht der Richter

408 Geschlecht der Schöffen

1 = männlich
2 = weiblich
3 = beide männlich
4 = beide weiblich
5 = männlich und weiblich

409 Anzahl der Sitzungsvertreter der StA

410 Anzahl der männlichen Sitzungsvertreter

411 Anzahl der weiblichen Sitzungsvertreter

412 Wechselten die Sitzungsvertreter?:

0 = nein 1 = ja

413 Anzahl der anwesenden Verteidiger

414 War V. dauernd anwesend?:

0 = nein 1 = ja

415 Anzahl der Mitangeklagten

416 Anzahl der Zeugen

417 Anzahl der Sachverständigen

418 Gutachter zu Schuldfähigkeit (wie 169)

419 Sonstige Gutachter
(wie 170)

420 Anzahl der Urkunden

421 Anzahl der Augenscheinsobjekte

422 Anzahl der Ortstermine

423 Aussageverhalten des A.
(wie 281)

424 Umfang der Aussage/Verhalten zu Tatvorwurf
(wie 282)

425 Konstanz der Einlassung
(wie 283)

426 Anzahl der Aussageverweigerungen nach § 52

427 Anzahl der Aussageverweigerungen nach § 53

428 Anzahl der Auskunftsverweigerungen nach § 55

429 Anzahl der protokollierten Aussagen
auf Wunsch des A.

430 Anzahl der protokollierten Aussagen
auf Wunsch des V.

431 Anzahl der protokollierten Aussagen
auf Wunsch der StA.

Anzahl der Anträge des Angeklagten

432 Zeugenvernehmungen

433 Sachverständigenvernehmungen

434 Urkundenbeweise

435 Beweis durch Augenscheinsobjekte

Folgekartennummer DUP. 1 - 3

436 Ortstermine

Anzahl der abgelehnten Beweisanträge des A.

437 Zeugenvernehmungen

438 Sachverständige

439 Urkunden

440 Augenscheinsobjekte

441 Ortstermine

Anzahl der Beweisanträge des Verteidigers

442 Zeugen

443 Sachverständige

444 Urkunden

445 Augenscheinsobjekte

446 Ortstermine

Anzahl der abgelehnten Beweisanträge des V.

447 Zeugen

448 Sachverständige

449 Urkunden

450 Augenscheinsobjekte

451 Ortstermine

Begründung der Ablehnung der Anträge des A. und des V. (Anzahl)

452 Unzulässigkeit

453 Offenkundigkeit

454 Bedeutungslosigkeit

455 Ungeeignetheit

456 Unerreichbarkeit

457 Prozeßverschleppung

458 Wahrunterstellung

459 Eigene Sachkunde

460 Erwiesensein der Beweistatsache

461 Sachverst. hat keine überlegenen Forschungsmittel

462 Beweisermittlungsantrag

Anträge der StA, des Nebenklägers, des V., des A.

Anträge der StA

463 Schwerstes Delikt

464 Anzahl der Delikte (in Realkonkurrenz)

465 Fortgesetzte Handlung

466 Anzahl der Delikte (in Idealkonkurrenz)

467 Deliktsgruppe (wie 126)

468 Schwereindex (Karte 2)

469 Täterschaft oder Teilnahme

1 = Alleintäterschaft 3 = Beihilfe
2 = Mittäterschaft 4 = Anstiftung

470 Vorsatz oder Fahrlässigkeit

1 = Vorsatz 2 = Fahrlässigkeit

471 Versuch oder Vollendung

1 = Versuch 2 = Vollendung

472 Sanktion

00 = Freispruch
01 = Verwarnung mit Strafvorbehalt
02 = Absehen von Strafe
03 = Geldstrafe
04 = Freiheitsstrafe mit Bewährung
05 = Freiheitsstrafe ohne Bewährung
06 = Einstellung nach § 153 II
07 = Einstellung nach § 153 a II
08 = Einstellung nach § 154 I Ziff. 1
09 = Unterbringung nach § 63
10 = Unterbringung nach § 63 unter Bewährung
11 = Unterbringung nach § 64
12 = Verweisung
14 = Freiheitsstrafe, die durch die U - Haft vollzogen ist
15 = Freiheitsstrafe aus U - Haft + Rest zur Bewährung
16 = Sonst

473 Nicht - finanzielle Leistungen

474 Höhe der finanziellen Leistungen (in DM)

475 Freiheitsstrafe

Anzahl der Monate
200 = lebenslänglich

Geldstrafe

476 Anzahl der Tagessätze

477 Höhe eines Tagessatzes (in DM)

Antrag des Nebenklägers

478 Schwerstes Delikt ○○○○○○

479 Sanktion (wie 472) ○○

480 Freiheitsstrafe (wie 475) ○○○

Folgekartennummer DUP. 1 - 3 (1)(1)

Geldstrafe

481 Anzahl der Tagessätze ○○○

482 Höhe eines Tagessatzes (in DM) ○○○○○

Antrag des Verteidigers

483 Schwerstes Delikt ○○○○○○

484 Anzahl der Delikte (in Realkonkurrenz) ○

485 Fortgesetzte Handlung ○

486 Anzahl der Delikte (in Idealkonkurrenz) ○

487 Deliktsgruppe (wie 126) ○○

488 Schwereindex (Karte 2) ○

489 Täterschaft oder Teilnahme ○

1 = Alleintäterschaft 3 = Beihilfe
2 = Mittäterschaft 4 = Anstiftung

490 Vorsatz oder Fahrlässigkeit ○

1 = Vorsatz 2 = Fahrlässigkeit

491 Versuch oder Vollendung ○

1 = Versuch 2 = Vollendung

492 Sanktion (wie 472) ○○

493 Nicht - finanzielle Leistungen ○

494 Höhe der finanziellen Leistungen (in DM) ○○○○○○

495 Freiheitsstrafe (wie 475) ○○○

Geldstrafe

496 Anzahl der Tagessätze ○○○

497 Höhe eines Tagessatzes (in DM) ○○○○○

Antrag des Angeklagten

498 Schwerstes Delikt ○○○○○○

499 Täterschaft oder Teilnahme ○

1 = Alleintäterschaft 3 = Beihilfe
2 = Mittäterschaft 4 = Anstiftung

500 Vorsatz oder Fahrlässigkeit ○

1 = Vorsatz 2 = Fahrlässigkeit

501 Versuch oder Vollendung ○

1 = Versuch 2 = Vollendung

502 Sanktionsantrag des Angeklagten ○

0 = A. äußerte sich nicht zur Sanktion
1 = A. bat um mildere Strafe als StA-Antrag
2 = A. schloß sich dem Verteidiger an
3 = A. war mit StA-Antrag einverstanden
4 = eigene Ausführungen
5 = Freispruch
6 = Einstellung
7 = "ich will bestraft werden"
8 = sonst

503 Sanktion (wie 472) ○○

504 Nicht - finanziell Leistungen ○

505 Höhe der finanziellen Leistungen (in DM) ○○○○○○

506 Freiheitsstrafe (wie 475) ○○○

Geldstrafe

507 Anzahl der Tagessätze ○○○

508 Höhe eines Tagessatzes (in DM) ○○○○○

Abweichung der Anträge

509 Wichen die Anträge der StA und des V. voneinander ab?: ○

0 = identische Anträge
1 = die Anträge wichen erheblich voneinander ab
2 = die Anträge wichen etwas voneinander ab
3 = die Anträge lauteten in etwa gleich
4 = nicht vergleichbar, da kei konkreter Antrag des V.

Folgekartennummer DUP. 1 - 3 ①②

Urteil

510 Schwerstes Delikt ○○○○○○

511 Anzahl der Delikte (in Realkonkurrenz) ○

512 Fortgesetzte Handlung ○

513 Anzahl der Delimte (in Idealkonkurrenz) ○

514 Deliktsgruppe (wie 126) ○○

515 Schwereindex (Karte 2) ○

516 Täterschaft oder Teilnahme ○

1 = Alleintäterschaft 3 = Beihilfe
2 = Mittäterschaft 4 = Anstiftung

517 Vorsatz oder Fahrlässigkeit ○

1 = Vorsatz 2 = Fahrlässigkeit

518 Versuch oder Vollendung ○

1 = Versuch 2 = Vollendung

519 Sanktion (wie 472) ○○

520 Nicht - finanzielle Leistungen ○

521 Höhe der finanziellen Leistungen (in DM) ○○○○○○

522 Freiheitsstrafe (wie 475) ○○○

Geldstrafe

523 Anzahl der Tagessätze ○○○

524 Höhe eines Tagessatzes (in DM) ○○○○○

Abweichung des Urteils von den Anträgen

525 Abweichung vom Antrag der StA (wie 509) ○

526 Abweichung vom Antrag des V. (wie 509) ○

527 Abweichung vom Antrag des A. (wie 509) ○

12. Abschnitt: Rechtsmittel

Berufung

528 Von wem wurde Berufung eingelegt?: ○

0 = keine Berufung 3 = V.
1 = A. 4 = A. und V.
2 = StA 5 = alle

529 Zeitpunkt der Berufungseinlegung ○

1 = sofort 3 = Fristversäumnis
2 = innerhalb der Frist

Revision

530 Vom wem wurde Revision eigelegt? (wie 528) ○

531 Zeitpunkt der Revisionseinlegung (wie 529) ○

13. Abschnitt: Urteilsanalyse

532 Waren andere Verfahren mit in das Urteil einbezogen worden?: ○

0 = nein 1 = ja

533 Liegt eine Gesamtstrafenbildung vor?: ○

0 = nein 1 = ja

Urteilsanalyse (in 10 - Zeilen)

534 Ausführungen zur Person ○

535 Festgestellter Sachverhalt ○

536 Beweisergebnis ○

537 Rechtliche Würdigung ○

538 Sanktionsbegründung ○

539 Liegt ein abgekürztes Urteil vor?: ○

0 = nein 1 = ja

540 Wie stark wirkten sich die Aktivitäten des Angeklagten auf das Urteil aus?: ○

0 = keine Auswirkung
1 = unbedeutend
2 = gering
3 = mittel
4 = hoch
5 = sehr hoch

541 Wie wirkten sich die Aktivitäten des Verteidigers auf das Urteil aus? (wie 540) ○

542 Auswirkung des Gerichts (wie 540) ○

14. Abschnitt: Berufungsverhandlung

543 Anzahl der Zeugen insgesamt ○○

544 Anzahl der Zeugen neu ○

545 Anzahl der Sachverständigen insgesamt ○

546 Neue Gutachter zur Schuldfähigkeit (wie 169) ○

547 Neue sonstige Gutachter (wie 170) ○

549 Anzahl der Urkunden insgesamt ○○

550 Anzahl der Urkunden neu ○

551 Anzahl der Augenscheinsobjekte insgesamt ○

552 Anzahl der Augenscheinsobjekte neu ○

553 Anzahl der Tatortbesichtigungen ○

554 Aussageverhalten des Angeklagten (wie 281) ○

555 Umfang der Aussage/Verhalten zu Tatvorwurf (wie 282) ○

556 Konstanz der Einlassungen (wie 283) ○

557 Sind entscheidende Änderungen in der Strategie des A. erkennbar? ○

558 Anzahl der Aussageverweigerungen nach § 52 ○

559 Anzahl der Aussageverweigerungen nach § 53 ○

560 Anzahl der Auskunftsverweigerungen nach § 55

Folgekartennummer DUP. 1 - 3

Anzahl der Anträge des A.

561 Zeugen

562 Sachverständige

563 Urkunden

564 Augenscheinsobjekte

565 Ortstermine

Anzahl der Anträge des V.

566 Zeugen

567 Sachverständige

568 Urkunden

569 Augenscheinsobjekte

570 Ortstermin

571 Sind entscheidende Änderungen in der Strategie des V. erkennbar?

Anzahl der abgelehnten Anträge des A.

572 Zeugen

573 Sachverständige

574 Urkunden

575 Augenscheinsobjekte

576 Ortstermine

Anzahl der abgelehnten Anträge des V.

577 Zeugen

578 Sachverständige

579 Urkunden

580 Augenscheinsobjekte

581 Ortstermine

Begründung der Ablehnungen der Anträge des A. und des V. (Anzahl)

582 Unzulässigkeit

583 Offenkundigkeit

584 Bedeutungslosigkeit

585 Ungeeignetheit

586 Unerreichbarkeit

587 Prozeßverschleppung

588 Wahrunterstellung

589 Eigene Sachkunde

590 Erwiesensein der Beweistatsache

591 Sachverts. hat keine überlegenen Forschungsmittel

592 Beweisermittlungsantrag

593 Verwerfung

Antrag der Staatsanwaltschaft

594 Sanktion (wie 472) ○○

595 Nicht - finanzielle Leistungen ○

596 Höhe der finanziellen Leistungen (in DM) ○○○○○○

597 Freiheitsstrafe (wie 475) ○○○

Geldstrafe

598 Anzahl der Tagessätze ○○○

599 Höhe eines Tagessatzes (in DM) ○○○○○

Antrag des Angeklagten

600 Sanktion (wie 472) ○○

601 Nicht - finanzielle Leistungen ○

602 Höhe der finanziellen Leistungen (in DM) ○○○○○○

603 Freiheitsstrafe (wie 475) ○○○

Geldstrafe

604 Anzahl der Tagessätze ○○○

605 Höhe eines Tagessatzes (in DM) ○○○○○

Folgekartennummer DUP. 1 - 3 (1)(4)

Antrag des Verteidigers

606 Sanktion (wie 472) ○○

607 Nicht - finanzielle Leistungen ○

608 Höhe der finanziellen Leistungen (in DM) ○○○○○○

609 Freiheitsstrafe (wie 472) ○○○

Geldstrafe

610 Anzahl der Tagessätze ○○○

611 Höhe eines Tagessatzes (in DM) ○○○○○

612 Abweichungen zwischen StA und V. (wie 509) ○

Urteil

613 Schwerstes Delikt ○○○○○○

614 Anzahl der Delikte (in Realkonkurrenz) ○

615 Fortgesetzte Handlung ○

616 Anzahl der Delikte (in Idealkonkurrenz) ○

617 Deliktsgruppe (wie 126) ○○

618 Schwereindex (Karte 2) ○

619 Täterschaft oder Teilnahme ○

1 = Alleintäterschaft 3 = Beihilfe
2 = Mittäterschaft 4 0 Anstiftung

620 Vorsatz oder Fahrlässigkeit ○

1 = Vorsatz 2 = Fahrlässigkeit

621 Versuch oder Vollendung ○

1 = Versuch 2 = Vollendung

622 Sanktion (wie 472) ○○

623 Nicht - finanzielle Leistungen

624 Höhe der finanziellen Leistungen (in DM)

625 Freiheitsstrafe (wie 475)

Geldstrafe

626 Anzahl der Tagessätze

627 Höhe eines Tagessatzes (in DM)

Abweichung des Urteils von den Anträgen

628 Abweichung vom Antrag der StA (wie 509)

629 Abweichung vom Antrag des V. (wie 509)

630 Abweichung vom Antrag des A. (wie 509)

631 Wurde Revision eingelegt?:

0 = nein 1 = ja

15. Abschnitt: Revision

632 Worauf stütze V. die Revision?:

0 = nicht einschätzbar
1 = § 338 Nr.1 ... 8 = § 338 Nr. 8
9 = mehrere absolute Revisionsgründe
10 = § 337

633 Welchen Umfang hatte die Revisionsbegründungsschrift des V. (Anzahl der Seiten)?

634 Revisionsurteil/Beschlüsse

1 = Revision unzulässig
2 = offensichtlich unbegründet
3 = Aufhebung und Zurückverweisung
4 = eigenes Urteil

635 In welchem Maß wirkten sich die Aktivitäten des V. auf die Revision/das Rev.urteil aus?:

0 = keine Auswirkung 3 = mittel
1 = unbedeutend 4 = hoch
2 = gering 5 = sehr hoch

Folgekartennummer DUP. 1 - 3 (1)(5)

---

16. Abschnitt: Kosten für Verteidigung

636 Gebühr für Verteidigung - Beiordnung - 1. Rechtszug (§§ 83, 90, 91, 92, 94, 95, 97 BRAGebO)

637 Gebühren für Verfahren außerhalb der Hauptverhandlung (§§ 84, 97I(2)BRAGebO)

638 Gebühren für Verteidigung - Beiordnung - Berufungsverfahren(§§ 85I,II,III, 97 BRAGebO)

639 Gebühren für Verteidigung - Beiordnung - Revisionsverfahren (§§ 86,I,II,III, 97 BRAGebO)

640 Post-, etc. Gebühren

641 PKW - Fahrten

642 Sonst

643 Kosten insgesamt

17. Abschnitt: Strafvollstreckung

644 Anzahl der Schreiben des V. in Angelegenheiten der Strafvollstreckung

645 Sind sonstige (z. B. Telepfongespräche) Aktivitäten des V. erkennbar?:

0 = nein 1 = ja

Anhang 3

Sonderbogen - Aktenanalyse

Kennziffer ○○○

1. Besonderheiten bei der Verteidigung:

1.1. Unzulässigkeit nach § 146 StPO

1.2. Genaue Begründung für Bestellung nach § 140 II StPo:

1.3. Darstellung des Verfahrens, in dem Verteidiger nach § 140 II StPO bestellt wurde:

2. Akteneinsicht:

2.1. Informelle Akteneinsicht:

2.2. Kurze Darstellung des Verfahrens mit informeller Akteneinsicht:

3. Kommunikation des Beschuldigten:

3.1, Schwierigkeiten des Beschuldigten, sich verständlich zu machen:

3.2. Klagen über Vernehmungsmethoden:

3.3. Außergewöhnliche Vernehmungszeiten:

4. Verfahrenslenkung:

Gibt es Anhaltspunkte dafür, daß das Verfahren von Polizei und / oder StA in eine bestimmte Richtung gelenkt wurde?:

5. Besonderheiten bei der Durchsuchung:

6. Besonderheiten bei Beschlagnahme, besonders Postbeschlagnahme:

7. Überwachung des Fernmeldeverkehrs:

8. Verhandlungen über den Abschluß des Ermittlungsverfahrens (Beteiligte, Angebote, Bedingungen):

9. Verhandlungen über die Zuständigkeit des Gerichts:

10. Besetzungsrügen (Zeitpunkt, erfolg):

11. Divergierende Anträge der Verteidiger:

12. Verhandlungen über die Verfahrenseinstellung o. ä. in, vor, neben der Hauptverhandlung:

13. Erfolgsbeschreibung bei Tätigkeit in Strafvollstreckungssache:

Anhang 4

Schwereindex

Tatbestand	Index
Abbruch der Schwangerschaft	3
Bankrott	3
Baugefährdung	3
Beabsichtigte schwere Körperverletzung	3
Bedrohung	2
Beischlaf zwischen Verwandten	2
Beleidigung	1
Besonders schwerer Fall des Diebstahls	4
Bestechung	3
Betrug	3
Brandstiftung	2
Diebstahl und Unterschlagung geringwertiger Sachen	1
Diebstahl am Arbeitsplatz	1
Diebstahl von Feld- und Gartenfrüchten	1
Diebstahl mit Waffen	4
Einfache Körperverletzung	1
Entführung gegen den Willen der Entführten	3
Entziehung elektrischer Energie	2
Erpresserischer Menschenraub	6
Erpressung	4
Erschleichung von Leistungen	1
Exhibitionistische Handlung	1
Fälschung technischer Aufzeichnungen	3
Fahren ohne Fahrerlaubnis	1
Fahren ohne Versicherungsschutz	1
Fahrlässige Brandstiftung	1
Fahrlässiger Falscheid	2
Fahrlässige Körperverletzung	2
Fahrlässige Tötung	3
Falsche Verdächtigung	2

Tatbestand	Index
Falsche Versicherung an Eides Statt	3
Falsche uneidliche Aussage	3
Fischwilderei	1
Förderung der Prostitution	3
Freiheitsberaubung	3
Gefährliche Körperverletzung	3
Gefährlicher Eingriff in den Straßenverkehr	2
Gefangenenmeuterei	4
Geiselnahme	4
Gemeinschädliche Sachbeschädigung	3
Hausfriedensbruch	2
Hehlerei	3
Herbeiführen einer Sprengstoffexplosion	4
Homosexuelle Handlungen	2
Jagdwilderei	1
KFZ-Diebstahl	3
Kindstötung	5
Körperverletzung mit Todesfolge	6
Ladendiebstahl	2
Meineid	4
Menschenhandel	4
Minder schwerer Fall des Totschlags	5
Mißbrauch von Titeln	1
Mißhandlung von Schutzbefohlenen	3
Mord	8
Nötigung	2
Raub	6
Räuberische Erpressung	6
Räuberischer Angriff auf Kraftfahrer	5
Räuberischer Diebstahl	5
Rauschmitteldelikte	2

Tatbestand	Index
Sachbeschädigung	2
Schmuggel	2
Schwere Körperverletzung	3
Sexuelle Nötigung	4
Sexueller Mißbrauch von Kindern	2
Steuerhinterziehung	1
Störung von Fernmeldeanlagen	2
Störung des öffentlichen Friedens durch Androhung von Straftaten	3
Straftaten nach der Abgabenordnung	2
Straftaten nach dem Ausländergesetz	2
Straftaten nach dem FernmeldeanlagenG	1
Straftaten nach dem GmbHG	2
Straftaten nach dem LebensmittelG	1
Straftaten nach dem PaßG	1
Straftaten nach der ReichsversicherungsO	2
Straftaten nach dem TierschutzG	1
Straftaten nach dem WaffenG	2
Straftaten nach dem WehrstrafG	2
Strafvereitelung	2
Strafvereitelung im Amt	3
Totschlag	7
Trunkenheit im Verkehr	2
Üble Nachrede	2
Unerlaubtes Entfernen vom Unfallort	2
Unerlaubte Veranstaltung eines Glücksspiels	2
Unterschlagung	2
Untreue	3
Urkundenfälschung	3
Urkundenunterdrückung	2
Vereitelung der Zwangsvollstreckung	2
Vergewaltigung	6
Vergiftung	5
Verletzung der Unterhaltspflicht	2

Anhang 5

Questionnaire

SOL 1

I. Personal facts

1. How many years are you acting as a solicitor in criminal cases?

2. How many defences in criminal cases do you have a year?

3. How many other cases do you have a year?

II. Brief

1. Do you have an idea or do you know the reasons why the clients choose you as solicitor?
   Could you quote the frequency of these reasons (in %)?

2. a) At what stage in the course of the criminal proceedings are you contacted by the clients especially?

   b) Could you rate the frequency of the clients` authorisations in the following stages (in %)?:
   (1) immediately after the crime
   (2) before charge (while police making inquieries)
   (3) during police questioning
   (4) after police questioning
   (5) before summary trial
   (6) during summary trial
   (7) before committal proceeding
   (8) during committal proceeding
   (9) before trial on indictment
   (10) during trial on indictment
   (11) before appeal

3. Could you say - from your experience - that there are differences in the timing of the clients'authorisations in regard to the offences charged with?

4. From which social classes do your clients come (in %)?:
   (1) professionals
   (2) employers and managers
   (3) intermediate and junior non - manual
   (4) skilled manual and own account workers
   (5) semi - skilled manual
   (6) unskilled manual

5. Could you say - from your experience - that there are differences in the timing of the authorisations in regard to the client's social class?

6. a) Are there criminal cases in which you are acting especially?

   b) Could you be regarded as a specialist in these cases?

   c) How many cases of this kind do you have?

7. Could you rate your activities in the following courts (in %)?:
   (1) Magistrates'Courts - Summary trial
   (2) Magistrates'Courts - Commital proceeding
   (3) Crown Court (with barrister)
   (4) Divisional Court (")
   (5) Court of Appeal (")
   (6) House of Lords (")

8. Are there Magistrates'Courts'Cases in which you contact a barrister?

9. In which criminal cases do you refuse to act and why?

10. a) Are there criminal cases in which you act with one or more other solicitors?

b) Are there criminal cases in which you act only with one or more other solicitors?

11. a) In how many criminal cases do you act for more than one client?

b) Do you have problems in acting for more than one clients in a single case?

c) How do you settle such problems?

12. a) Could you characterize the relations to your clients?

b) Are there typical tensions in these relations?

13. a) How often do you speak with your clients during the whole criminal proceeding?

b) At which stages of the proceeding do you speak with your client especially?

c) Do you prepare the clients'statements (at the police, in the trial)?

d) Do you teach some clients the statement?

14. In how many cases do the clients withdraw the brief (in %)?

15. Could you quote the reasons for this?

16. Is there a typical stage for this?

III. (Police) Investigations

1. Are there problems, if the client wish to contact you before or during the police questioning?

2. Are there problems, if you wish to speak with your client before or during the police questioning?

3. Do you expect a generell change in this point through the new Police and Criminal Evidence Act 1984 (s. 58)?

4. Is it (sometimes) possible for you to be present at the police questioning?

5. Would you like to have the right to be present at the police questioning? Why?

6. Do you advise your clients not to make statements or to answer questions during the police questioning?

7. Do you have any contacts with the police officers in the cases during the stage of investigations?

8. How many witnesses do you question
   - in regard to the facts and circumstances of the case
   - and especially in regard to the mitigation ?

9. a) How often do you instruct experts and which?

b) Are there experts with whom you cooperate more often? Which and why?

c) Is there any cooperation with the police or the prosecuting counsel in regard to the experts?

10. How often do you take documentary evidences?

11. Do you instruct private detectives ?

12. How would you estimate your efficiency in the stage of investigations?

13. Are there cases, in which you can be more effecive than in others?

14. Where do you see more chances for an effective criminal defence: during the stage of investigations or during the trial?

IV. Choosing the barrister

1. Do you have specific criterions for choosing the barrister?
   Which are these?

2. At which stage of the proceeding do you instruct the barrister?

3. a) Are there cases, in which you discuss the problems of the case with the barrister?

b) Are there cases, in which you discuss the problems with the barrister and the client?

4. Could you characterize the relation to the barristers?

5. Are there cases with specific tensions in the relations to the barristers?

6. Are there cases, in which - in your opinion - it would be better, if you could represent your client by yourself, but it is now necessary to instruct a barrister?

V. Trial

1. Do you prepare the clients for the trial (e. g.: the course of the trial, the atmosphere)?

2. Are there differences in the range of preparation in regard to the courts?

3. In which cases do you advice your client not to plea guilty?

4. How do you prepare yourself for the trial (the cross-examinations, the opening speech, the closing speech)?

5. Do you make representations as to whether a trial on indictment or a summary trial would be the more suitable method of trial?

6. How do you rate your efficiency in these representations?

7. Which is - in your opinion - your most effective right or instrument in the trial? Why?

8. Do you have a specific strategy in acting for the defendant?
Could you describe this strategy?

9. a) How often do you see the judge in private?

b) Are there specific cases?

c) How importent are these meetings for the trial?

d) Are there cases, in which the other party is not present at these meetings?

10. Could you characterize the atmosphere in the court?

11. Are there specific tensions during the trial between the parties? Which and why?

12. Do you see one of the other party in private?

13. In which cases do you try to get a special trial for sentencing?

14. Do you prepare yourself for these trials especially?

15. Do you have contacts to social workers or other people, who have to write a report for sentencing?

16. Could you rate your efficiency in acting for the defendent?

SOL 8

VI. Legal aid

1. How many of your clients get Legal Aid?

2. Is there sometimes a difference in the effords of solicitors or counsels in respect to the payment (Legal Aid or not)?

3. If you could change the Legal Aid Act - what would you do?

VII. Bail

1. At whicht stage of the proceeding do you apply for bail mostly?

2. What kind of sureties do you offer mostly?

3. Could you rate your efficiency in this respect?

VIII. Care for client

1. Do you care in any kind for your client out of your duties?

2. At which stage do you care for your client especially:
   - during arrest
   - during imprisonment
   - after release?

Anhang 6

Questionnaire BAR 1

I. Personal facts

1. How many years are you acting as a barrister in criminal cases?

2. How many defences in criminal cases do you have a year?

3. How many prosecuting cases do you have a year?

4. How many other cases do you have a year?

II. Brief

1. Do you have an idea or do you know the reasons why the solicitors choose you as a barrister?

2. At what stage in the course of the criminal proceeding are you instructed by the solicitors?:
   (1) immediately after the crime
   (2) before charge (While police making inquieries)
   (3) during police questioning
   (4) after ploce questioning
   (5) before summary trial
   (6) during summary trial
   (7) before committal proceeding
   (8) during committal proceeding
   (9) before trial on indictment
   (10) during trial on indictment
   (11) before appeal

3. Are there differences in the timing of the briefing in regard to the defendants'offences?

4. From which social classes do the defendants come?:
   (1) professionals
   (2) employers and managers
   (3) intermediate and junior - non-manual
   (4) skilled manual and own account workers
   (5) semi-skilled manual
   (6) unskilled manual

5. Are there differences in the timing of the briefing in regard to the defendants'social classes?

6. a) Are there criminal cases, in which you are acting especially?

   b) Could you be regarded as a specialist in these cases?

   c) How many cases of this kind do you have?

7. Could you rate your activities in the following courts (in %)?:
   (1) Magistrates'Courtds - Summary trial
   (2) Magistrates'Courts - Committal proceeding
   (3) Crown Court
   (4) Divisional Court
   (5) Court of Appeal
   (6) House of Lords

8. Why are you instructed by solicitors in Magistrates'Courts' cases?

9. If you would like to refuse a case, is there a possibility?

10. Are there criminal cases in which you act with one or more other barristers?

BAR 3

11. a) In how many cases do you act for more than one defendant in a case?

b) Do you have problems in acting for more than one defendant in a case?

c) How do you cope these problems?

12. a) How often do you speak with the defendant (with solicitor) during the whole proceeding?

b) What are the subjects of these talks?

c) At which stages of the proceeding do you speak with the defendant especially?

d) Do you prepare the defendants' statements (at the police, in the trial)?

13. a) Could you characterize your relationship to the defendants?

b) Are there typical tensions in these relationships?

c) It is said that barristers don't have a close relationship to the defendants. Is this right and where are the advantages?

14. In how many cases do the clients (or their solicitors) withdraw the brief? Why?

III. Stage of Investigations

1. How often do you speak with the solicitor in a single case?

2. Are there cases, in which you speak with the solicitor more often? Why?

3. a) Could you characterize the relationship to the solicitors?

   b) Are there specific tensions in these relationships? Why?

3. a) Do you think that the solicitors′activities are effective during the stage of investigation?

   b) Are there cases, in which they should do more? Which and why?

   c) Are there specific cases, in which you have to instruct the solicitors to question witnesses or to make other inquieries more often than in other cases?
   Which and why?

4. a) In how many cases is it necessary to instruct experts?

   b) Do you speak with the solicitors about the experts, e. g. which expert could probably the best for the case in question?

<u>IV. Jury</u>

1. a) Do you inspect the panel from which the jurors are be drawn?

   b) Do you inspect these lists in all cases or only in special cases?

c) At which stage of the proceeding do you inspect the panel?

2. Do you instruct the solicitor to make inquieries about the jurors?
   In which cases and why?

3. In how many cases do you use the right of peremptory challenge?

4. How often is it necessary to challenge more than three jurors?

5. Could you rate your efficiency in these challenges for cause?

6. Does the use of thisright have any effects on the atmosphere of the trial?

7. Is it possible to make sure that the jurors understand all details of complicated cases (e.g. white - collar - crimes)?

8. Would it be better, if there were qualified jurors in such complicated cases?

9. Do you expect any change in this respect during the next years?

V. Trial

1. How do you prepare yourself for the trial?

2. Do you make representations as to whether a trial on indictment or a summary trial would be the more suitable

method of trial?

3. Could you rate your efficiency in these representations?

4. a) It is the duty of prosecuting counsels to disclose their evidences.
   Do you get really all informations?

   b) At which stage of the proceeding do the prosecuting counsels disclose their evidences?

   c) Did you have any problems in this regard in anyone of your cases?

5. a) How often do you speak with the prosecuting counsel before or during the trial in private?

   b) What are the subjects of these talks?

   c) Is there sometimes anything like a "plea - bargaining"?

6. Could you characterize the relationship to the prosecuting counsels?

7. Are there sometimes problems (tensions) in these relationships? Which and why?

8. a) How often do you see the judge in private?

   b) At which stage of the whole proceeding do you see the jugde in private?

   c) Are there specific cases, in which you see the jugde in

private more often?

d) How important are these meetings for the trial?

e) What are the subjects of these talks?

f) Is there sometimes a plea - bargaining?

g) Are there cases, in which the prosecuting counsel is not present at these meetings?

9. Could you characterize the atmosphere during the trial?

10. Which is - in your opinion - the most effective right or instrument in the trial?

11. Do you have a specific strategie in acting for the defendant?
Could you describe this strategy?

12. In which cases do you try to get a special trial for sentencing?

13. Are there cases, in which you have to instruct the solicitors to make more inquieries in regard to the mitigation?

14. Where do you see more chances for an effective criminal defence: during the stage of investigation or during the trial?

BAR 8

VI. Legal Aid

1. How many of your clients are granted Legel Aid?

2. Is there sometimes a difference in the effords of solicitors or counsels in respect to the payment (Legal Aid or not)?

3. If you could chance the Legal Aid Act - what would you do?

VII. Bail

1. At which stage of the proceeding do you apply for bail mostly?

2. What kind of sureties do you offer?

3. Could you rate your efficiency in this respect?

VIII. Care for client

1. Do you care in any kind for your client out of your duties?

2. At which stage do you care for your client especially?:
   - during arrest
   - during imprisonment
   - after release.

Printed by
CPI books GmbH, Leck

Kolibri 360 GmbH
Ferdinand-Jühlke-Straße 7
99095 Erfurt, Deutschland
produktsicherheit@kolibri360.de